Ten Years

STORIES ON THE
BELT AND ROAD

共建一带一路
西安实践 2013/2023
发展报告

西安市推进"一带一路"建设工作领导小组办公室
西安市发展和改革委员会 | 编

西北大学出版社
·西安·

图书在版编目(CIP)数据

共建"一带一路"西安实践(2013—2023)发展报告 / 西安市推进
"一带一路"建设工作领导小组办公室,西安市发展和改革委员会编.
—西安:西北大学出版社,2024.7.
ISBN 978-7-5604-5448-1
Ⅰ.F127.411
中国国家版本馆CIP数据核字第20246QZ492号

共建"一带一路"西安实践(2013–2023)
发展报告

编委会（以姓氏笔画为序）

主　　任：	吕来升
副 主 任：	李西宁
编委会成员：	王　凯　张海玲　张军胜　杨　治　严广运
课题组成员：	王　勇　王　琛　王向军　马　理　马　骐　刘　迎
	刘阿强　刘洪涛　刘　航　刘　涛　李　方　李苗苗
	李晓伟　杨　立　肖　瑜　余　静　张　军　张　侠
	张晓军　张　博　张立明　陈　磊　陈三选　姜　毅
	党李明　高强胜　霍向辉　朱丽霞　许　曼　罗芙蓉
	段鸿雁　袁若国　夏　楠　黄　贞　曹少团

出版发行：	西北大学出版社
	（地址：西安市太白北路229号　邮编：710069　电话：029-88302590）
印　　刷	陕西瑞升印务有限公司
开　　本：	170*240mm　　印　张：27.5　　字　数：450千字
版　　次：	2024年8月第1版　　印　次：2024年8月第1版
书　　号：	ISBN 978-7-5604-5448-1
定　　价：	128.00元

*本版图书如有印装质量问题，请拨打029-88302966予以调换。

*部分图片素材源自网络，若涉及版权问题，敬请及时联系，我们将积极处理并支付相应稿费，以确保
　尊重原创权益。

CONTENTS
目 录

一、总报告 ·· 2
西安参与"一带一路"建设的机遇、历程及成效······················ 4

二、专题篇章 ·· 56
2.1 政策沟通篇
01. 西安"一带一路"政策发展报告······································ 58
02. 制度创新：中国（陕西）自由贸易试验区（西安区域）便利化改革措施···· 69
03. 法律保障：跃动的法治脉搏助力"一带一路"建设·············· 77
04. 携手未来：欧亚经济论坛搭建开放合作大平台·················· 83
05. 大道同行：中国—中亚峰会开启中国同中亚国家关系新篇章········ 88

2.2 设施联通篇
01. 西安"一带一路"设施联通发展报告······························ 94
02. 坦途如虹：中欧班列"长安号"打造优质高效国际贸易通道······ 106
03. 共享机遇：加速推进中欧班列（西安）集结中心建设············ 116
04. 行稳致远：第五航权货运航线搭建丝绸之路"空中桥梁"········ 123
05. 深度融合："四型"国家物流枢纽全布局 中亚"五国六城"通航全覆盖···· 134

2.3 贸易畅通篇
01. 西安"一带一路"贸易发展报告······································ 144
02. 加速出海：法士特汽车传动集团主动融入"一带一路"迈向全球高端···· 153
03. 花开丝路：西安爱菊粮油工业集团形成"一带一路"农产品供应链服务
    模式·· 160
04. 重点项目：中俄丝路创新园打造中俄企业交流合作"直通车"········ 167
05. 互利共赢：丝博会助力西安迈入发展新时代························ 177

I

2.4 资金融通篇
01.西安"一带一路"资金融通发展报告 ······ 182
02.金融布局:农商银行发展联盟助力"一带一路"建设 ······ 191
03.产品创新:西安银行科技金融贷款护航科创企业乘风破浪 ······ 193
04.特色平台:"通丝路"跨境电子商务人民币结算服务平台 ······ 197
05.实践案例:中欧班列"长安号"数字金融综合服务平台 ······ 206

2.5 民心相通篇
01.西安"一带一路"文旅发展报告 ······ 210
02."西市"模式:大唐西市集团助力共建"一带一路" ······ 219
03.共谱新曲:丝绸之路国际艺术节唱响丝路欢歌 ······ 225
04.赋能发展:丝绸之路国际旅游城市联盟构建国际旅游合作新图景 ······ 236
05.共建共享:新丝绸之路大学联盟创新举措和积极成效 ······ 238

三、板块实践 ······ 248

3.1 西咸新区
01.西咸新区"一带一路"建设发展报告 ······ 250
02.秦创原总窗口建设谱写丝路发展新篇章 ······ 260
03.空港新城加快构建"空中丝绸之路" ······ 265

3.2 西安国际港务区
01.西安国际港务区"一带一路"建设发展报告　　270
02.高质量推动港产港贸港城联动发展　　282

3.3 西安高新区
01.西安高新区"一带一路"建设发展报告　　287
02.西安软件新城助力构建"创新之都"　　296

3.4 西安其他区域
01.西安曲江新区建设丝路文化高地　　304
02.长安区全面推进校地企深度融合　　311
03.临潼区建设内陆开放新高地　　315
04.浐灞生态区融入"一带一路"大格局　　324

四、未来展望　　332
西安服务"一带一路"建设的未来展望　　334

五、大事记（2013—2023）　　338

古丝绸之路起源于古都**长安**

"一带一路"倡议源于**中国**

机遇和成果属于**世界**

PART ONE

一、总报告

西安参与"一带一路"建设的机遇、历程及成效

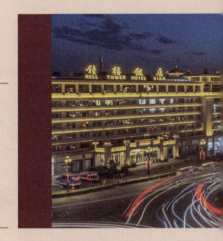

TEN YEARS
ENDEAVOUR

总报告

西安参与"一带一路"建设的
机遇、历程及成效

> 西安是中华文明和中华民族的重要发祥地之一,也是古丝绸之路的东方起点。自国家"一带一路"倡议提出以来,西安充分整合各方资源,迎来了前所未有的历史性机遇。西安参与建设"一带一路"不仅是激发优化产业结构,提升经济质量的内生动力;而且是激活织密交通网络,打造物流枢纽的外部推力;同时也是汇聚加强人文交流,促进民心相通的磅礴伟力。十年来,西安认真贯彻落实国家、省政府决策部署,各项工作扎实有效推进。通过加强政策沟通、推动设施联通、促进贸易畅通、助力资金融通、促进民心相通等方式,推动了"一带一路"建设的高质量发展。

2013年9月7日,在哈萨克斯坦纳扎尔巴耶夫大学,国家主席习近平在演讲中讲述了中国古代丝绸之路的历史故事。他指出:"我的家乡陕西,就位于古丝绸之路的起点。站在这里,回首历史,我仿佛听到了山间回荡的声声驼铃,看到了大漠飘飞的袅袅孤烟。"[1]十年来,陕西省紧紧抓住加快对外开放和西部大开发的重大机遇,提出把陕西省建设成为丝绸之路经济带新起点、向西开放前沿。党的二十大报告强调:"推动共建'一带一路'高质量发展。""提高中西部和东北地区开放水平。"[2]陕西作为新丝绸之路的重要过境通道和国家对外开放的重点枢纽,区位优势凸显,路网优势明显,在加强新时代内陆地区改革开放、促进西部大开发、实现国家高质量发展等过程中被赋予重要地位。

---

[1]弘扬人民友谊 共创美好未来 习近平在纳扎尔巴耶夫大学的演讲[N].人民日报,2013-9-8(03).
[2]党的二十大报告辅导读本[M].北京:人民出版社,2022:29-30.

/ 一、总报告：西安参与"一带一路"建设的机遇、历程及成效 /

>2013年9月7日，国家主席习近平在哈萨克斯坦纳扎尔巴耶夫大学发表演讲时，首次提出"一带一路"倡议。新华社记者 王晔摄

西安作为西北第一大城市、陕西省省会城市，地处中国版图中心，是推进"一带一路"建设的核心区域，也是国家向西扩大开放的前沿阵地。西安在历史底蕴、文化底蕴、产业基础、科技教育等方面与丝绸之路沿线其他国家和地区相比优势明显。共同建设"一带一路"的伟大构想，提出了新的时代课题，也给西安提供了实现高质量发展的时代机遇。自共建"一带一路"提出以来，西安紧紧围绕这一倡议，积极融入"一带一路"大格局，抢抓机遇，迅速行动，持续推进"一带一路"建设，各项工作取得了明显成效。

十年来，西安站在向西开放的前沿，先后制定了《推进丝绸之路经济带新起点建设实施方案(2013)》《西安市"一带一路"建设行动方案(2015—2016年)》，特别是2018年12月，西安被正式批准为"一带一路"综合试验区，为"一带一路"的参与建设提供了新的方向和目标。随后，《"一带一路"综合配套改革开放试验区总体方案(2019)》《"一带一路"综合配套试验区实施方案(2019—2021年)》《"十四五"西安建设"一带一路"综合试验区实施方案》等先后出台。今日的西安，是新亚欧大陆桥中国段和黄河流域的国家中心城市，交通连接东西，贯穿南北，在共建"一带一路"倡议下更显朝气蓬勃。

十年来，西安围绕和平之路、繁荣之路、开放之路、创新之路、文明之路"五路"为基本纹路，以政策沟通、设施联通、贸易畅通、资金融通、民心相通"五通"为中心，以服务国家发展为主攻方向，充分发挥区域地缘优势和综合资源优势，在深度融入共建"一带一路"大格局中，书写着开放包容、互利共赢的华美篇章。

一、共建"一带一路"为西安带来发展机遇

2020年习近平总书记来陕考察时指出："陕西地处西部地区，在新时代也要有勇立潮头、争当时代弄潮儿的志向和气魄。既要抓住西部大开发、共建'一带一路'等重大机遇，又要化危为机，善于从眼前的危机和挑战中创造机遇，不断发展新模式、新业态、新技术、新产品，不断迈上新的台阶。"[①]十年来，西安主动融入国家共建"一带一路"倡议，充分利用各种资源，将各项比较优势转化为发展动力，迎来了前所未有的历史性机遇。西安参与建设"一带一路"不仅是激发优化产业结构，提升经济质量的内生动力；而且是激活织密交通网络，打造物流枢纽的外部推力；同时也是汇聚加强人文交流，促进民心相通的磅礴伟力。

---

① "陕西要有勇立潮头、争当时代弄潮儿的志向和气魄"——习近平总书记陕西考察纪实[N].人民日报，2020-4-25(01).

>2023年9月22日，中共陕西省委书记、省人大常委会主任赵一德出席2023年欧亚经济论坛并致辞。

（一）激发优化产业结构，提升经济质量的内生动力

创新是现代化经济体系建设的重要基石，也是促进发展的主要动力。党的十八大以来，西安坚持以加快经济结构调整和产业优化升级为中心的新发展理念，以供给侧结构性改革为主线，不断推动创新成果与产业发展紧密对接，主动融入"一带一路"大格局，经济发展实现了有质量、有效益、有水平的新发展，各项工作取得了质的飞跃。西安于2022年10月发布《西安市人民政府关于印发"十四五"工业和信息化发展规划的通知》，为加快西安工业转型升级，助推经济增长新动能，打造特色现代产业体系，促进高质量的经济发展指明了方向和路径。

1.加速培育新兴产业。新兴产业蕴藏着无限潜力，是支撑国民经济发展的骨干力量。通过改革创新激发动力、促进开放，实现区域协调可持续发展已经成为促进经济内生增长动力的重大举措。从经济社会发展全局和产业结构调整的高度来看，新兴产业代表着科技创新的方向，也指引着产业发展的方向。共建"一带一路"倡议的提出，为落实重点措施，促进形成陆海内外联动、东西部互济的对外开放格局提供了强大动力。习近平总书记多次强调，要加强"一带一路"建设与国家发展战略的全面对接，打破地域限制，充分挖掘各地区优势，形成优势互补的协同发展效应。作为西北地区第一大城市，西安拥有突出的政策优势和明显的后发优势。建设"一带一路"倡议的提出，使西安能够根据沿线国家的政策法规、产业技术发展状况和历史文化传统,主动对接沿线国家的利益诉求和发展需求,力争在新兴产业前沿领域实现新突破,从而形成标志性的新兴产业链条,加快推动主导产业向高端化、智能化、绿色化、服务化方向升级。

2. 推动先进制造业与现代服务业融合发展。当前,全球经济呈现出"工业型经济"和"服务型经济"融合发展的趋势。一些制造企业为了在竞争中占领优势地位,采取"制造+服务"产业链模式。我国作为制造大国,大而不强的特点突出,因此在全球价值链中处于低端位置。推动先进制造业和现代服务业融合发展不仅有助于引领我国制造业从价值链低端向高端跃升,而且有利于培育新的经济增长点。

先进制造业和现代服务业融合发展是顺应新一轮科技革命和产业变革,增强制造业核心竞争力、培育现代产业体系、实现高质量发展的重要途径。西安始终坚持把推动先进制造业和现代服务业深度融合发展与建设先进制造业强市目标结合起来,立足区域资源禀赋和制造业发展实际,确立以链长制为核心的两业融合工作推进机制。同时,"一带一路"的巨大机遇使得西安瞄准海外市场,统筹发展布局,搭上"丝路快车",共享政策红利。2021年,西安高新区和陕西鼓风机(集团)有限公司、西安诺瓦星云科技股份有限公司申报并成功获批国家第二批先进制造业和现代服务业融合发展试点区域和试点企业。

西安企业通过与沿线国家企业开展创新合作,实施项目帮扶带动,延伸产业链条,共享技术经验等多种合作方式,积极开拓市场空间,在提升企业核心竞争力的同时,积极推动现代金融、现代物流、通信服务、文化旅游和信息服务等服务业发展,为经济增长注入新活力。2023年,西安有7家企业入选"2022中国新经济企业500强",17家企业荣获国家绿色工厂称号,2家企业入选创建世界一流专精特新示范企业,76家企业新增为两化融合贯标试点企业,23家企业新晋陕西省制造业单项冠军,数量为历史之最。

3. 促进数字经济的迅速发展。随着互联网、大数据、人工智能的广泛应用,人类正在进入一个全新的时代:数字时代。在数字时代,数字经济成为推动全球经济和社会发展变革的重要力量,数字经济已然成为当前中国最具活力和创新力的经济形态。当前正处在转变经济发展方式、优化经济结构、增强经济增长动力的关键阶段,西安推进大数据智能创新,有利于适应市场需求新变化,加快经济转型升级。数字丝绸之路建设是共建"一带一路"的重要内容,也是进一步服务沿线国家尤其是发展中国家提升数字基础设施发展服务水平,促进数字经

> 2023年6月26日,首届"数字丝路"先进科技发展论坛在西安举办。

济、人工智能和智慧城市建设的重要途径。通过开展数字技术合作、共享数据资源,对于沿线各国人民缩小数字鸿沟、共享数字红利、实现可持续发展意义重大。

在《西安市"十四五"产业发展规划》中明确数字经济发展目标,到2025年,数字经济成为西安经济社会发展的强劲引擎,全市数字经济规模达7000亿元。以西安为起点,推动技术优势向经济优势、产业优势转化,有助于推动"数字丝路"从中亚国家向沿线各国拓展,共同推进网络互通、信息共享、平台共建,实现优势互补、发展互鉴、合作互惠,不断拓展数字经济发展新空间。

(二)激活织密交通网络,打造物流枢纽的外部推力

西安地处中国地理版图的几何中心,东临蓬勃发展的东亚经济圈,西接繁华的欧洲经济圈,具有沟通欧亚大陆的桥梁功能,起着承东启西、连接南北的重要交通枢纽作用。西安积极参与国家共建"一带一路"倡议,建设交通物流中心,发展"一带一路"国际商贸物流中心,有利于充分利用西安的区位优势和西北地区的龙头带动作用,以此来促进西部地区在全球范围内发挥更重要的资源配置与服务作用。

1.推进国际交通枢纽建设。党的十八大以来,习近平总书记高度重视交通运输工作,多次围绕"交通先行"作出一系列重要论述,强调"要想富,先修路"不过时;城市现代化,交通要先行等。因此,促进国际交通枢纽综合性、系统性建设

>西安咸阳国际机场夜景

是共建"一带一路"的基础性任务。根据中共中央、国务院2021年发布的《全国综合立体交通网规划纲要(2021—2050年)》,我国规划建设4个国际一流水平的综合交通枢纽集群。西安将与其他20个城市共同建成国际级综合交通枢纽城市。

2020年4月,习近平总书记在陕西考察时作出重要批示,强调要加快推进中欧班列(西安)集结中心建设。"要加快建设形成面向中亚、南亚、西亚国家的通道,商贸物流枢纽、重要产业和人文交流基地,构筑内陆地区效率高、成本低、服务优的国际贸易通道。"①随着"一带一路"建设的不断推进,西安在向中亚、中东欧、非洲、南亚等地区拓展外向开放的同时,充分抓住机遇,逐步完善交通网络。截至2023年9月底,17条国际干线,辐射45个国家和地区、遍及亚欧大陆的21条"+西欧"集合线已经实现常态化运营。西安咸阳国际机场累计开通客货运航线386条(1991年西安咸阳国际机场建成启用至2023年8月的累计开通航线)。2023年以来新开、恢复国际客运航线23条,开通运营国际货运航线10条,实现了中亚"五国六城"客运航线全覆盖。

2. 打造国际物流新高地。物流作为连接生产与消费的关键环节,在跨国跨区域贸易中占据重要地位。构建国际物流大通道,实现产业区域联动发展,需要在共建"一带一路"过程中,依托物流节点,助力产业高效低成本输出,打造物流

---

①习近平.扎实做好"六稳"工作落实"六保"任务 奋力谱写陕西新时代追赶超越新篇章[M].人民日报社,2020-4-24(01).

良好环境。西安是中欧班列"长安号"的重要节点和集结中心，贯通着亚欧大陆的物流通道，这种地理位置使其在国家地理几何中心和古丝绸之路上扮演着不可或缺的角色。自共建"一带一路"倡议提出以来，西安充分发挥服务国家向西开放重要门户的优势，打造了西安国际港站，成为西北地区最大的国际物流枢纽中心。中欧班列"长安号"开箱量、货运量和重箱率三大核心指标稳居全国之首，在促进西部地区在全球资源配置和服务中发挥更重要作用的同时，也成为陕西逐步发展开放的重要平台。

（三）汇聚加强人文交流，促进民心相通的磅礴伟力

文化因交流而精彩，民心因相知而相亲。人文是西安最独特的优势资源，蕴藏着支撑城市未来发展的巨大潜力。"一带一路"建设的重要人文基础，就是民心相通。西安为加强民心相通，弘扬丝绸之路精神，通过与沿线国家广泛开展科学、教育、文化、旅游等领域的合作，充分发挥西安独特的历史文化魅力，与沿线国家的人文交流取得了重要进展，进一步提升了国家的文化软实力。同时，也探索了中华文明与各国文明交流互鉴的新途径，为共建"一带一路"注入了源源不断的活力。

1. 深化科技创新合作。 创新是引领经济发展的第一动力，而提高科技创新能力，是实现经济转型的根本途径。2021年审议通过的《科技体制改革三年攻坚方案（2021—2023年）》提出要增强科技创新能力和应急应变能力，实现高水平科技自立自强。共建"一带一路"倡议提出后，中国先后成立了与东盟、南亚、西亚、中东欧共建区域技术转移平台，并发起了促进科技成果在沿线国家应用和转化的"一带一路"国际科学组织联盟。《共建"一带一路"2017年科技创新行动计划》的启动，为加强西安与沿线国家的科技合作提供了一个很好的契机。西安充分发挥高校、科研院所、高等人才等资源优势，持续推进科技创新驱动发展，加强"秦创原"科技平台建设，全面提升装备制造、新能源汽车、航空航天等支柱性产业的创新供给能力，促进创新优势转化为发展优势。西安强化与共建"一带一路"沿线国家在科技创新、人才培养、成果转移等方面的合作，吸引了一大批创新科研项目落地，不仅实现了科技资源共享共赢，而且畅通了科技创新资源内外联动的双向合作通道。

2. 推进国际教育合作。 国之交的关键在于民相亲，民相亲的关键在于心相通，而心相通的关键在于教育。党的二十大报告提出："推动共建'一带一路'高质量发展。优化区域开放布局，巩固东部沿海地区开放先导地位，提高中西部和

东北地区开放水平。"①教育部要求加强西部地区高等教育的对外合作,特别强调要以西安、兰州为主要基地,发挥高水平大学的引领作用,为"一带一路"教育合作起到推动作用,促进和引领西部地区高等教育工作全面进步。实现高水平的教育教学资源共享,不仅能够促进中国与世界各国之间的文化交流和互学互鉴,而且对于携手构建人类命运共同体,推进中国特色大国外交具有重要意义。西安有着丰富的科教资源和人才优势,其融入共建"一带一路"不仅可以在"一带一路"沿线地区开展境外办学,在国际人才培养、对外教育援助等方面进行有效尝试,而且可以为沿线国家提供优质教育资源和硬件设施,分享教育经验,提升沿线国家教师队伍建设和人才培养能力。以西安高校为主体,陆续发起成立"一带一路"智库机构联盟、丝绸之路高校联盟、"一带一路"职教联盟,为沿线各国人才交流、教育合作、区域与国别研究等提供了重要平台和载体。

3.加强文化旅游合作。 文化旅游产业能够凝聚区域人气,推动贸易发展,强化交流合作,带动相关行业协同发展。加强文化旅游政策互惠互享和文化资源优化配置,提升各民族各地区文化旅游创造力、竞争力和影响力是共建"一带一路"的题中应有之义。西安作为陕西省旅游的核心区域和重要承载地,以打造国际文化旅游中心、丝路文化高地、传承中华优秀传统文化的世界级旅游目的地城市为目标,加强文化建设促进文化旅游融合发展,旅游工作取得了较好的成果。

随着"一带一路"倡议的不断推进,作为丝绸之路起点的西安,与外界的交流合作愈加紧密。一方面,西安可以对接丝路沿线各国丰富的多元历史文化资源,对沿线旅游线路和市场进行整合,在文化旅游方面与"一带一路"沿线国家

---

① 党的二十大报告辅导读本[M].北京:人民出版社,2022:29-30.

开展合作。另一方面,可以通过促进西安与沿线国家城市间的经济交流合作和对外经贸交流,加强中华优秀传统文化的国际传播,让更多的人更加深入地了解西安,喜欢西安,从而进一步实现与沿线国家的文化交流和互联互通。长期以来,西安通过文化旅游讲好中国故事、拓展国际交流的朋友圈,不断增强文化旅游的"地心引力",为展现古都新形象打开了一扇窗。

二、西安共建"一带一路"实践发展历程

2017年5月,中国举办首届"一带一路"国际合作高峰论坛,标志着共建"一带一路"倡议已由构想、规划、行动、落实阶段进入到新阶段。2018年8月,国家主席习近平在推进"一带一路"建设工作5周年座谈会上强调:"过去几年共建'一带一路'完成了总体布局,绘就了一幅'大写意',今后要聚焦重点、精雕细琢,共同绘制好精谨细腻的'工笔画'。"①可以说,以推进"一带一路"建设工作5周年座谈会为转折点,共建"一带一路"工程正式进入实质性阶段。

建设"一带一路"倡议的提出和推进,使西安在全国对外开放方面走在了前列。西安作为"一带一路"的重要节点城市,认真贯彻国家、省政府决策部署,倡导开放、改革、创新、发展的新理念,致力于建立陆海内外联动、东西双向互动的开放格局,完成由"大写意"向"工笔画"的转变,努力成为内陆改革开放的重要中心。

(一)总体布局,制定共建"一带一路"发展规划

1.《共建丝绸之路经济带西安宣言》:启动西安"一带一路"实践计划。 2013年9月27日,在西安大唐西市博物馆举办了"丝绸之路经济带城市圆桌会"。会议通过了《共建丝绸之路经济带西安宣言》,并就城市间合作发展达成一致,还签署了由意大利、伊朗、乌兹别克斯坦、亚美尼亚、印度、葡萄牙、西班牙等9个国家城市代表团共同商定的《加强丝绸之路经济带城市合作协议》。《共建丝绸之路经济带西安宣言》的发布旨在实现国家主席习近平提出的"丝绸之路经济带"伟大构想,推动沿线各城市开展实质性合作,助力"丝绸之路经济带"战略构想落地。基于此,该宣言的发布,标志着西安在推动政策交流方面走在了前列,已成为"一带一路"沿线地区开启国际务实合作的重要里程碑。就在前一天即9月26日,西安投资环境推介会暨2013欧亚经济论坛项目对接会举行。会上,

---

① 习近平.坚持对话协商共建共享合作共赢交流互鉴 推动共建"一带一路"走深走实造福人民[N].人民日报, 2018-8-28(01).

>2013年9月28日,"丝绸之路经济带城市圆桌会"在西安召开。

来自全球各地的近2000名嘉宾围绕金融、科技、文化、旅游等方面的话题进行了充分对接洽谈。同年11月,新亚欧大陆桥20多年来"交通不便"的难题,被从西安口岸发出的"长安号"国际货运班列彻底解决。

2014年3月,西安正式获批跨境贸易电子商务服务国家试点城市。此次获批的跨境贸易电子商务服务试点项目,成为西安与"一带一路"沿线国家相互衔接、沟通交流的中介机构和桥梁纽带。同年10月,西安以综合保税区为依托,以网上开放试点平台的方式,正式推出跨境出口业务。2014年3月27日,国家主席习近平在联合国教科文组织总部发表演讲,提出"我们应该推动不同文明相互尊重、和谐共处,让文明交流互鉴成为增进各国人民友谊的桥梁、推动人类社会进步的动力、维护世界和平的纽带"①。6月22日,由中国、哈萨克斯坦、吉尔吉斯斯坦三国联合申报的"丝绸之路:长安—天山廊道路网"被联合国教科文组织第38届世界遗产委员会评为世界文化遗产。资料显示,在汉长安城未央宫遗址、唐长安城大明宫遗址、大雁塔、小雁塔、兴教寺塔等在内的22处中国考古遗址中,西安遗产点数量占5处。这表明西安在加强世界文明交流互鉴,促进全球文明多样化,提升沿线国家保护人类遗产的意识具有重要的历史地位和现实作用。10月,陕西省人民政府与俄罗斯斯科尔科沃创新中心、俄罗斯直接投资基金、中俄投资基金代表共同签署了《中俄丝绸之路高新技术产业园合作备忘录》,西咸新区沣东新城已经成为推动中俄加强交流合作的全新平台。

这一年,经国务院批准,西安咸阳国际机场口岸72小时过境免签51个国家

---

① 习近平在联合国教科文组织总部的演讲[N].人民日报,2014-3-28(03).

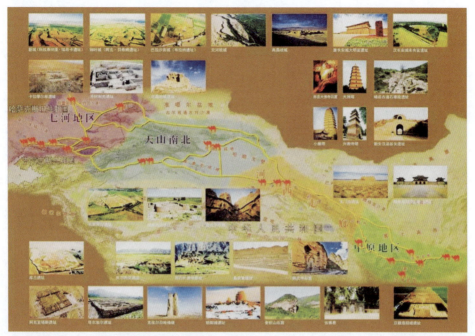

>"丝绸之路:长安—天山廊道路网"33处遗产分布点

公民。西安成为西北地区首个获准实施72小时过境免签的城市。实施72小时过境免签政策,既有利于推动西安提升对外开放水平,加快西北地区融入国家发展大趋势的步伐,又能发挥陕西的区位优势,为陕西打造丝绸之路经济带新起点创造有利条件,推动陕西在经贸、旅游、文化等领域与世界各国的交流与合作,可谓一举多得。同年,西安港正式启用国际国内双代码,成为中国第一个获得两个代码,并正式纳入国际贸易运输体系的内陆型港口。

2.《陕西省"一带一路"建设2015年行动计划》:实现"一带一路"良好开局。 2015年是完成规划并逐步落实共建"一带一路"倡议的一年。《西安建设丝绸之路经济带(新起点)战略规划》和《西安欧亚经济综合园区发展规划》两个项目成果由西安市发展和改革委员会于2015年3月首次公布。按照战略部署,西安将充分利用地缘优势和资源优势,着力建设具有历史文化特色的国际大都市。同时,围绕打造丝绸之路经济带核心区,西安积极争取开创改革开放内陆型新境界,致力推动让古丝绸之路焕发新的生机与活力。《丝绸之路旅游部长会议西安倡议(草案)》以《推动共建丝绸之路经济带和21世纪海上丝绸之路的愿景与行动》为指导,于2015年6月在西安通过。该倡议在扩大人员往来规模,促进旅游便利化水平;联合开展"丝路畅游"活动,促进旅游交流质量提升等方面达成了深化

>2015年5月22日,西安交通大学发起成立"新丝绸之路大学联盟"。

区域内合作的共识。由此可见,作为"一带一路"核心区域的西安,其"朋友圈"在沿线国家城市日益扩大,优势越来越突出。

丝绸之路大学联盟是西安交通大学2015年为深入推进"一带一路"国际教育合作而成立的。该联盟致力于推动沿线国家与地区高校间的教育教学、人才培养、项目落地、科研共享、政策互通、医疗服务等方面的交流与合作,为沿线国家的发展提供人才支持和智力支持。截至2022年10月,已有37个国家和地区的160多所高校成为联盟成员,并在全球五大洲形成了高等教育合作平台。

2015年7月,《陕西省"一带一路"建设2015年行动计划》正式出台。该行动计划提出,通过推动大开放,加快口岸建设,推进网上丝绸之路和西安港、空港、西铁物流集散中心建设,增开航空线,启动重点项目库等措施,推动互联互通建设;通过搭建人文交流平台,加强国际旅游合作,扩大民间友好往来,加快文物保护和考古工作,积极发展文化保税产业,推动丝绸之路国际文化名城建设;通过推进丝绸之路创新中心建设,加强培训教育合作,推进"一带一路"智库建设;通过以重点项目推进、融资保险服务机制完善、优势企业国际合作扶持、驻外商贸服务机构优化整合、优势产品海外市场拓展等为重点,深化经贸领域合作。该行动计划的出台,标志着陕西"一带一路"建设步入全面启动、全面实施的攻坚阶段。

这一年,西安跨境贸易电子商务服务(进口)试点平台正式启用,对企业走向国际市场有很大的促进作用,也对企业间的资源调配、交流合作等有加速作用。同时,第十九届中国东西部合作与投资贸易洽谈会、丝绸之路国际博览会、

"一带一路"海关高层论坛、丝绸之路旅游部长会议、第七届世界旅游组织丝绸之路旅游国际大会等重要会议先后在西安举办。此外，国家主席习近平在西安会见了印度总理莫迪，为推动中印关系进一步向前发展作出了特殊贡献。在"一带一路"建设中影响力和感召力大幅提升的西安，正在以开放的胸怀、国际化的形象展现在世人面前，让西安在世界舞台的聚光灯下，更加引人注目。

3.西安市"一带一路"建设计划正式实施。2015年12月，西安市人民政府印发了《西安市"一带一路"建设2016年行动计划》。该行动计划提出，2016年西安将加快口岸建设，推进铁路物流集散中心建设，加强陆空联动，增加国际航线，推进信息丝绸之路建设。继续实施项目带动战略，加快推进西安铁路物流集散中心建设，推动互联互通政策深入开展。搭建交流平台，加强旅游合作，扩大友好往来，加强文物保护和考古研究，推动文化保护产业发展。加强教育培训等方面的合作，促进人文交流与合作。通过推进重点合作项目建设，支持优势企业在国际合作中取得进展，以及对驻外商贸服务机构的优化整合等措施，推动经贸合作与发展，在国际合作中不断取得新的进展。从推动自贸区申报工作顺利推进、丝路产品体验馆、丝路风情街建设、西安领事馆区建设等方面搭建对外开放平台。在创新金融合作方面，争取开展国际租赁贸易和国际商业保险代理工作的同时，积极吸引各类国际、区域性金融机构总部入驻，加强与丝绸之路沿线国家和地区在金融领域的合作。加强媒体宣传引导，争取在新起点上开设西安丝绸之路经济带电视频道。

>2016年3月26日，首趟中欧班列"长安号"国际货运回程班列驶抵西安。

2016年1月，一列国际货运班列鸣笛出发，该班列沿陇海兰新线向中亚五国进发。两个月后，满载1000吨葵花籽油和1000吨菜籽油的中欧班列"长安号"国际货运返程班列从哈萨克斯坦启程，成为中哈贸易史上首个满载货物的铁路班列。这象征着"一带一路"倡议实施以来，中国内地与中亚地区铁路贸易实现双向交流。同时，首批大宗商品从哈萨克斯坦成功运抵中国内陆，中哈两国在农业领域的历史性产能合作再上新台阶。同年5月，2016丝绸之路国际博览会暨第二十届中国东西部合作与投资贸易洽谈会在西安举行。共有来自世界各地37个国家和地区的政要客商，国内27个省区市代表团，香港经贸团代表，陕西省13个分团代表参加了此次洽谈会。面对全球经济下行的挑战，陕西省代表团在成功签约一系列投资总额达1170.8亿美元的外资项目的同时，还签约了高达6810.53亿元的多个国内合作项目，不仅在经济上取得了很好的成绩，而且在社会上也获得很好的口碑。本次大会的举办既是对中华民族爱好和平优良传统的传承，也是国家赋予的重要使命，更为西安实现追赶超越带来了新机遇。

这一年，西安先后举办了中国西安丝绸之路国际旅游博览会、丝绸之路工商领导人（西安）峰会、第三届丝绸之路国际艺术节等系列大型活动。中国西安丝绸之路国际旅游博览会以加强丝路旅游合作为会议议题，在人才、技术、资金等领域有效促进了沿线国家和地区的交流与合作。本届博览会与往届相比，国际元素更加多元、会议内容更加丰富、展览水平再次提升、媒体聚焦度更加集中、惠民力度不断加大。丝绸之路工商领导人（西安）峰会·丝绸之路国际总商会合作发展会议签署了《共同建立丝绸之路工商合作机制与平台框架协议》和《丝绸之路国际发展基金框架协议》，通过了《丝绸之路国际总商会合作发展大会2016西安宣言》。第三届丝绸之路国际艺术节以丝路文化交流为核心，以和平、和谐、合作为价值理念。艺术节上丝绸之路沿线各国、地区风格文化的碰撞、交融，以开放、包容、多元的视角展现出丰富的成果和当代丝绸之路主题美术创作的独特魅力。以"丝绸之路"命名的我国首个国际性大型电影节——第三届丝绸之路国际电影节，将独特的魅力和蓬勃的生命力充分彰显在丝绸之路文化中。

2017年，中国举办首届"一带一路"国际合作高峰论坛，标志着中国在塑造营商环境方面实现了"一带一路"经贸投资活动的新突破。与丝绸之路沿线国家城市联系更加紧密的西安，也深度融入国家"一带一路"建设。为充分发挥陕西省区域、科教、产业等优势，强化陕西省在新一轮西部大开发中的重要支撑作用，陕西省制定了《陕西省推进丝绸之路经济带和21世纪海上丝绸之路建设实

>2017年5月14日,国家主席习近平同出席"一带一路"国际合作高峰论坛的代表们合影。

施方案(2015—2020年)》,明确提出建设"一带一路"交通商贸物流中心、国际产能合作中心、科技教育中心、国际旅游中心、区域金融中心五大中心的主要目标,并将五大中心作为陕西实践"五通"(政策沟通、设施联通、贸易畅通、资金融通、民生相通)要求的核心措施。在此指导下,西安制定了《西安市2017年"一带一路"建设行动方案》。该行动方案提出,2017年西安将实现先行先试,建设国际开放门户网站,推进自贸试验区建设,深化开放平台建设,加快跨境电子商务发展,力争在全国率先建成自由贸易试验区;搭建人文交流平台,深化国际旅游合作,打造丝绸之路文化高地;完善国际功能,加强领事交流与合作和对外交往中心建设,密切环保、生态等领域合作,加强国际交往中心建设和国际领事交流与领事合作;支持优势企业在深化对外经贸合作中开展国际合作,加快推进国际合作产业园区建设;打造金融"金三角",做大金融业务,引领金融平台建设向纵深发展,持续深化金融创新。

西安航空基地综合保税区于2017年2月经国务院批准正式挂牌。保税区的挂牌意味着以航空制造业为特色的我国中西部地区首个综合保税区应运而生,我国中西部地区迎来了航空产业全面开放的新时代。3月,中国(陕西)自由贸易试验区总体方案由国务院批准。4月,中国(陕西)自由贸易试验区西安管委会媒体见面会在西安市人民政府举行,中国(陕西)自由贸易试验区正式设立,这标志着陕西省以及西安市正式进入"自贸时代"。中国(陕西)自由贸易试验区的设立,使西安成为内陆型改革开放的试验田,成为"一带一路"合作发展的重要区域,并且带来了一系列改革创新、吸引全球资本和高端产业的利好。6月,境外驻陕非政府组织颁证仪式在西安举行。丝绸之路国际总商会陕西代表处的成立，标志着丝绸之路国际总商会在陕"安家落户"。丝绸之路国际总商会成为陕西第一个立足海外、辐射全国的组织，将陕西与沿线国家和地区的务实合作向"一带一路"纵深推进。

  9月7日，西安广播电视台丝路频道正式开播，是经国家新闻出版广电总局批准的全国第一家以"丝路"命名的电视频道。丝路频道首批推出的栏目主要有《丝路新闻联播》《我的丝路故事》《行走丝路》《丝路书简》《一带一路天气预报》《品味中华经典》和《丝路剧场》。丝路频道还将陆续推出《解读丝路》《丝路家训》《丝路城市对话》《丝路朗读》等精品文化节目。丝路频道既是推动丝绸之路文化新高度建设的重要传播力量，也是"一带一路"建设的积极成果。8月，中国(陕西)自贸试验区服务中心揭牌。作为承担着推动西部大开发重任的"一带一路"经济合作和人文交流的重要枢纽，中国(陕西)自由贸易试验区已经成为内陆型改革开放的新高地。中国国际经济贸易仲裁委员会经中国贸促会同意，在西安高新区设立"丝绸之路仲裁中心"，以落实推进"一带一路"建设，构建"一带一路"法律保障体系，支持中国(陕西)自由贸易试验区打造"一带一路"经济合作和人文交流重要支点。对涉及"一带一路"沿线国家的商事纠纷，通过仲裁等方式予以解决，助力"一带一路"良好的法治营商环境建设。该中心的建立，将构建起多元化知识产权维权保护体系，打造"一带一路"知识产权服务高地，为中国(陕西)自由贸易试验区国际贸易合作保驾护航。11月，在芬兰科沃拉成功开行了中欧班列(科沃拉—西安)的首班列车。这条班列是国际联运铁路线中第一条往返于北欧地区的铁路线。该班列的开通，为西安国际港务区2018年实现中欧中亚班列全年开行1000列的目标打下了重要基础。此次中欧班列(科沃拉—西安)的开行具有标志性意义，西安国际港务区将继续与芬兰、北欧加强合作，共同推进"一带一路"建设，同时也为国际合作注入新的生机。

  这一年，西安还成功举办了多项盛会，如2017丝绸之路国际商协会(西安)圆桌会、2017欧亚经济论坛等。2017丝绸之路国际商协会(西安)圆桌会议旨在构建开放型多边工商合作机制，通过沿线国家和地区代表"一带一路"协商交流，实现互利共赢发展。会议达成了包括加强经贸政策协调对接、积极促进贸易便利化、合力打造经贸产业合作区等在内的《2017年丝绸之路商务理事会西安共识》。该共识指出，在促进贸易平衡发展、进口与出口同等重要的情况下，"一带一路"沿线各国应积极推动市场的相互开放；加大贸易便利化合作力度，积极

> 2023年9月22日,陕西省委常委、西安市委书记方红卫出席2023欧亚经济论坛并主持会议。

参与"一带一路"自由贸易网络建设,打造"一带一路"沿线国家商品交易国际化平台。以"共建'一带一路':对接发展战略"为主题的2017欧亚经济论坛致力于"通过政商学界的广泛对话,加强政策协调和发展战略对接,发掘欧亚地区市场潜力,促进地区投资和消费,增进沿线各国的人文交流与文明互鉴,打造规划衔接、产业互补、协同发展的合作新格局。"①本届论坛较往届更加重视各国之间潜力领域的合作,在以往的基础上,增设了教育、农业、气象等分会,还举办了与矿业、绿色建筑、中医药等相关的"一带一路"国际地学活动。

(二)精雕细琢,推动共建"一带一路"高质量发展

2018年8月,国家主席习近平在推进"一带一路"建设工作5周年座谈会上指出,"经过夯基垒台、立柱架梁的五年,共建'一带一路'正在向落地生根、持久发展的阶段迈进。我们要百尺竿头、更进一步,在保持健康良性发展势头的基础上,推动共建'一带一路'向高质量发展转变,这是下一阶段推进共建'一带一路'工作的基本要求。"②这一时期,西安向为沿线各国人民带来福祉、推动人类命运共同体建设的高质量发展转变,在"一带一路"领域取得了巨大成就。

1.打造政策、基础设施、金融、科技四位一体的"一带一路"新格局。 2018年

---

① 2017欧亚经济论坛9月举行将采取"论坛+博览会+投洽会"新架构[EB/OL]http://www.yidaiyilu.gov.cn/20642.html,2017-7-23.
② 习近平:坚持对话协商共建共享合作共赢交流互鉴 推动共建"一带一路"走深走实造福人民[N].人民日报,2018-8-28(01).

是改革开放走过的第40年，也是提出共建"一带一路"倡议的第5年。为贯彻落实《陕西省推进丝绸之路经济带和21世纪海上丝绸之路建设实施方案（2015—2020年）》，强化陕西在"一带一路"建设、枢纽经济发展、门户经济发展、流动经济发展、打造内陆改革开放新高地和"一带一路"五大中心建设等方面的支撑作用，切实推进2018年各项工作，陕西省制定了《陕西省"一带一路"建设2018年行动计划》，提出打造交通商贸物流中心：以轨道交通和航空为重点，以"一带一路"沿线重要航点布局为重点，推进枢纽型交通和综合交通网络建设。建立国际产能合作中心：围绕推进中俄丝路创新园、中哈元首苹果友谊园建设，引导企业与吉尔吉斯斯坦、哈萨克斯坦等国企业进行合作，共同开拓在陕产业园区建设平台；支持企业为形成产能合作示范效应，扩大沿线国家能源资源合作、装备制造合作和农业技术开发合作。成立一个科技教育中心：推动省内的大学、科研机构、企业和国外的创新机构进行合作，共同建立创新合作平台；开展跨国联合研发、技术转让等工作，使全省教育对外开放水平进一步扩大。规划建设国际文化旅游中心：致力于推进陕西动漫游戏产业基地、西安对外文化贸易基地等项目建设，扩大人文交流合作，巩固各类对外文化交流合作平台，提升陕西国际旅游版图影响力。打造国际一流的丝绸之路金融中心：积极创新国际化融资模式，进一步加大外资机构引进力度，加快丝绸之路经济带跨境资金结算功能建设；加强对重大境外项目投资的合作，如国际金融机构和丝路基金等。这五大中心构成了陕西省在2018年实施"一带一路"建设的核心，同时也为西安"一带一路"建设的推进提供了指引和方向。

为加快"走出去""引进来"，扩大对外开放和商贸往来，2018年5月，"一带一路"核心区与中国（陕西）自由贸易试验区建设智库座谈会在西安召开。同时，西安"一带一路"国际商贸中心启用。为有效促进西安贸易发展，助力西安浐灞生态区开展全球招商，推动陕西与"一带一路"沿线国家深度合作，西安浐灞自贸功能区商务中心揭牌运营。西安浐灞通过这一举措，以自贸区为抓手，为陕西经济社会发展作出重要贡献，成功实现了区域跨越升级。同年6月，深化服务贸易创新发展试验区陕西西咸新区获国务院批复。伴随着中国（陕西）自由贸易试验区的正式挂牌成立，西咸新区正式迈入国家级自贸区时代。西咸新区以促进互联互通和人文交流开放合作为目标，打造了"一带一路"门户区域。同时，中国（陕西）自由贸易试验区与国家级新区"双区"联动发展的新模式已在西咸新区形成。

>2018年5月6日,"一带一路"核心区和中国(陕西)自由贸易试验区建设智库论坛在西安举办。

国家主席习近平在出席"一带一路"国际合作高峰论坛时强调,"要把互联互通作为'一带一路'建设的重点领域,完善基础设施互联互通网络,努力加强政策、规则、标准等方面的'软联通',充分发挥互联互通对实体经济的辐射和带动作用,打造稳定多元的金融联通和合作格局。"[①]这就将标准化工作的作用提到了"三位一体机制保障"的新高度,明确了"软联通"的新定位。2018年1月,国家制定并公布了《标准联通共建"一带一路"行动计划(2018—2020年)》。该行动计划提出,为提高标准体系的兼容性,通过建立标准"软联通",加强标准与政策、规则的有机衔接,打造合作"硬机制"。2018年8月,陕西省采取了包括"走出去"政策在内的有力措施,进一步促进了陕西省与"一带一路"沿线国家的技术交流和产能合作。在"一带一路"倡议活动中,为了积极支持陕西企业的国际合作和拓展市场,陕西省制定了《陕西省标准联通共建"一带一路"行动方案(2018—2020年)》。

为助推丝绸之路国际金融中心建设,西安于2018年7月发布了《西安市关于加快金融业发展的若干扶持办法(暂行)》。该办法提出,要广泛吸引各类金融机构和金融中介服务机构在西安落户。此外,为进一步提高对金融机构的奖励支持力度,吸引国内外金融资源向当地聚集,西安加强了对《西安市加快金融业发

---

① "一带一路"国际合作高峰论坛举行圆桌峰会 习近平主持会议并致辞强调密切政策协调 对接发展战略 深化务实合作 实现互利共赢 共同推动"一带一路"建设合作不断取得新进展[N].人民日报,2018-8-28(01).

展的若干扶持办法（暂行）》的修订。2018年12月，"新形势下的社会财富之路——融通'一带一路'金融动脉论坛"在西安召开，标志着中国外贸信托"五行财富"理财品牌在西安正式落地。

科学技术是实现国家富强、城市发展的关键因素，西安拥有优质的科技资源和人才储备资源。2018年8月，在西安召开了"一带一路"全球硬科技创新合作大会。此次大会以促进沿线国家与城市在科技交流合作、经贸交流、文化碰撞交汇等方面取得进展为宗旨，彰显了西安作为国家中心城市的地位，是积极打造国际化开放平台的重要举措。大会还发布了以硬科技产业为重点，以硬科技推动创新发展的《2018中国硬科技产业投资发展白皮书》，宣读了在加大推进共享共赢的硬科技协作、培养高素质的科技人员、加强硬科技协作、促进成果转化等四个方面达成共识的《一带一路硬科技创新合作西安宣言》。同年11月，"十三五"科学教育发展战略工程科技人才培养与国际学术研讨会在杭州召开。会上，西安交通大学作为创始成员，联合浙江大学、清华大学、诺维萨德大学、马来西亚拉曼大学等10余所国内外高校发起成立了"一带一路"工程教育国际联盟。联盟旨在以工程科技服务"一带一路"建设为抓手，促进沿线国家工程科技人才培养、科技成果转化、数据信息对接等合作，推动中国工程技术、工程文化、工程精神、工程标准"走出去"，助力"设施联通"。

这一年，唐都长安1400年国际学术研讨会、2018世界文化旅游大会峰会、"一带一路"西安历史文化国际学术研讨会等大型国际活动均在西安举行。唐都长安1400年国际学术研讨会以"长安对话世界"为主题，旨在为国家中心城市和国际大都市建设再添动力，推动西安新发展、新变化走向世界，为大西安引入更多智慧和资源。可以说，举办此次研讨会，不仅是让世人了解长安、探寻古都文化根脉的绝佳时机，更是汇聚智慧，共同打造大西安的重要举措。2018世界文化旅游大会峰会以"融合思维，共建未来"为主题，旨在以开放包容的国际化态度，汇聚中外思想和东西方文化，融汇全球各方思想智慧，积极探索旅游业的升级转型，为全球旅游业的发展寻找新的机遇。此外，落户西安浐灞的世界文化旅游大会永久会址揭牌仪式也在峰会上举行。"一带一路"西安历史文化国际学术研讨会以"论道丝路文化，服务西安发展，促进教育合作"为主题，围绕提升丝路沿线各国文化交流展开深入研讨和研究。不仅如此，此次会议还扩大了西安作为丝绸之路起点城市的影响力，为打造"历史文化名城"，创建"丝绸之路文化高地"增添了新的内容、注入了新的生机。

>2018年10月9日,2018世界文化旅游大会峰会在西安浐灞生态区开幕。

2.进一步明确共建"一带一路"发展目标。获批建设"一带一路"综合试验区以来,西安先后出台《西安建设"一带一路"综合试验区实施方案(2019—2021年)》,提出要加快构建畅通的连接"一带一路"大通道,积极探索建立"一带一路"大平台,推动投资贸易自由化、便利化,积极推动丝绸之路总部落户西安,服务国家向西开放战略。加快推进"一带一路"人文交流大平台、"一带一路"文化旅游创新示范区、"一带一路"丝路科技创新中心建设,建设"一带一路"综合配套改革开放先导区。

2019年3月,中欧班列(西安)集结中心合作论坛暨共建陆海联运大通道倡议发布仪式在西安举行。论坛发布了《共建"一带一路"(西安)陆海联运大通道的倡议》,旨在通过"公转铁""水转铁"等联程中转或合作开行的方式,充分利用西安承东启西、沟通南北、集散八方、辐射全国的地理位置优势,强化货源向西安口岸的集聚效应。3月25日,西安至宁波、西安至青岛的陆海联运班列在西安国际港务区开通,这是为打造陆海联运大通道迈出了西安口岸的第一步,从而实现了西安港与21世纪海上丝绸之路和丝绸之路经济带的高效衔接,进一步放大西安在"一带一路"建设中的区位优势、时效和成本优势,助推西安外向型经济和国家中心城市建设。

4月22日，西安市推动"一带一路"建设工作领导小组办公室发表了以《共建"一带一路"：进展贡献展望》为题的报告。报告系统总结了实施共建"一带一路"倡议取得的成果，提出了建设成为"和平之路、富裕之路、开放之路、绿色之路、创新之路、文明之路、廉洁之路，推动经济全球化朝着更加开放、包容、普惠、平衡、共赢的方向发展"的愿景展望。4月25日，"助力一带一路，建设大美西安"2019文化金融法治高峰论坛举行。此次论坛立足文化，融合金融与法治，是落实西安"一带一路"建设发展和继承弘扬中华优秀传统文化的重要举措。4月28日，"一带一路"专用通道在西安咸阳国际机场边检口岸正式投入使用。专门通道为方便"一带一路"重点工程、重要合作或有关会议活动中中外人员和车辆，加快边检手续办理速度而设立。

5月5日，西安出台了《2019年度"一带一路"建设行动方案》。该行动方案提出：全年计划开行1800列中欧班列"长安号"列车，积极争取举办2021年"一带一路"国际合作高峰论坛，并计划在"一带一路"沿线国家和地区增设1—2项合作项目；打造境外仓或陕西商品展销中心，成功举办2019西安丝绸之路国际旅游博览会暨第六届丝绸之路国际艺术节；以培育枢纽经济、门户经济、流动经济为重点，积极推动内陆改革开放新格局，在"一带一路"建设中为西安提供清晰指引。5月11日，丝绸之路教育合作交流会在西安举行。开幕式上，丝绸之路大学联盟先进制造子联盟、"一带一路"文化遗产国际合作联盟、西北工业大学—哈萨克斯坦国家博物馆文物科技保护联合实验室等12个丝绸之路教育合作交流项目进行了揭牌。期间，"一带一路"文化遗产国际合作联盟成立大会暨首届文化遗产保护学术研讨会在西安成功召开，研讨会上成立了"一带一路"国际文化遗产合作联盟。合作联盟的成立，代表着保护和研究"一带一路"沿线文化遗产的力量将相互协作，在相关领域形成合力，促进创新研究和多元文化交流，为人类命运共同体建设贡献强大力量。5月13日，陕西首条第五航权货运航线"首尔—西安—河内"在西安举行开航仪式，这标志着西安在打造国际航空枢纽、建设国际最佳中转机场等方面迈出实质性步伐，为陕西省加快打造"陆空内外联动、东西双向互济"发展注入新的动力。这条航线将古丝绸之路与海上丝绸之路重镇紧密相连，进一步巩固和提升西安"一带一路"国家中心城市的地位。同时，这也意味着西安已经有了拥抱全球航空市场的"准入券"，并将成为打造国际航空枢纽强有力的跳板。5月22日，中央全面深化改革委员会第七次会议审议通过《关于新时代推进西部大开发形成新格局的指导意见》，明确提出，"鼓励成都、

/ 一、总报告:西安参与"一带一路"建设的机遇、历程及成效 /

> 2019年3月25日,《共建"一带一路"(西安)陆海联运大通道建设倡议书》发布。

重庆、西安等加快建设国际枢纽城市。支持重庆、四川、陕西发挥综合优势,打造内陆开放高地和开发开放枢纽。支持西部地区自由贸易试验区在投资贸易领域依法依规开展先行先试。"①

9月11日,《关于做好2019年国家物流枢纽建设工作的通知》正式公布,西安陆港型全国物流枢纽等23个物流枢纽入选。此次西安入选2019年国家物流枢纽建设清单,为陕西省加快建设内陆改革开放新高地注入新的活力,有利于构建陆空联动、东西互济、海纳百川的开放格局。同日,欧亚经济论坛在西安举办。论坛以"共建'一带一路':高水平合作、高质量发展"为主题,旨在通过多领域、多层次的欧亚国家对话,推动形成国家层面、国际组织、大型企业和地方政府广泛参与的伙伴关系。9月29日,专为中欧班列企业量身定制的金融创新方案——全国首批"央行长安号票运通"供应链金融新模式在西安国际港务区正式上线。中欧班列"长安号"货运集散能力通过"运单融资"模式进行提升,既可获得信贷担保和银行资金贴息,又可享受比一般流动资金贷款利率更低的优惠,助推"一带一路"高质量发展。

12月7日,丝绸之路工商领导人(西安)峰会举行。此次峰会聚焦资金融通、务实合作、经贸合作、人文交流等议题,在助力陕西发展的同时,也将为打造"一带一路"开放合作新的重要区域,特别是促进陕西枢纽经济、门户经济、流动经

①中共中央、国务院关于新时代推进西部大开发形成新格局的指导意见[M].北京:人民出版社,2020:10.

济的发展作出贡献。另外也将以更加开放、更加包容、更加普惠、更加均衡、更加共赢的姿态，推动经济全球化不断向前发展。12月17日，开通了陕西首条第五航权客运航线"叶卡捷琳堡—西安—普吉"航线，第五航权客运航线实现了"零"的突破。12月18日，2019"一带一路"文化产业与自贸发展高峰论坛召开。本次高峰论坛旨在促进西安与"一带一路"沿线国家在文化领域的交流与合作，共同探索"西安文化+自由贸易"发展新模式。"一带一路"中亚地区行业投资论坛暨投洽会也在此期间在西安成功举办。在借鉴和总结"走出去"和国际"引进来"的基础上，论坛围绕如何在"一带一路"建设框架内，通过协议、规划、机制、项目等多种方式，促进沿线国家在文化、旅游、产业投资、交通、商贸、教育等领域合作，共同促进阶段性发展，展开了深入探讨。在论坛中，中方代表与吉方代表共同签署了中吉"一带一路"产业园区合作协议和中吉企业招商引资项目协议，为双方之后的合作铺平了道路！

2020年，陕西省积极应对外部环境的巨大变化，切实加强各项工作的协调，全面贯彻落实习近平总书记在陕西考察时的重要讲话精神，强调以建设内陆改革开放重要区域为目标，加快构建开放通道和开放平台，有序推进"一带一路"五大核心中心建设，统筹推进新冠肺炎疫情防控和"一带一路"建设优质发展。西安围绕构建陆空内外联动、东西双向互济的全方位开放新格局，着力深度融入共建"一带一路"大格局，不断"强枢纽、扩门户、促流动"，构建"一带一路"建设新格局。

2020年初，新冠肺炎疫情迅速蔓延至全国乃至全球。秉承人类命运共同体理念，统筹国内国际两个大局，把疫情防控和经济社会发展结合起来，积极开展对外援助，促进国际合作和疫病防控，不断推动中国与世界各国合作在共建"一带一路"中实现高质量发展。4月初，陕西省印发了《陕西省"一带一路"建设2020年行动计划》。该行动计划提出了28项举措，包括推动交通商贸物流中心优化升级和深化拓展国际产能合作中心，提升科教中心影响力，推动做强做优国际文化旅游中心，加快丝绸之路金融中心创新发展等。

6月4日，西安交通大学正式加入环太平洋高校联盟。该联盟是西安交通大学加快推进"双一流"和创新港内涵建设的又一重要平台，对于扎实推进学校"十四五"开局，推动国际合作交流工作提质增效再上新高峰，培养全球胜任人才，提升学校国际影响力具有重要意义。6月18日，习近平总书记在"一带一路"国际合作高级别视频会议上发表了书面讲话。倡议"把'一带一路'打造成团结

>2020年8月12日,中欧班列防疫物资专列从中国西安驶向意大利米兰。

应对挑战的合作之路、维护人民健康安全的健康之路、促进经济社会恢复的复苏之路、释放发展潜力的增长之路"。①这段话传递了各国在加大合作信心战胜新冠肺炎疫情的同时,更坚定了与合作伙伴一起高质量共建"一带一路"的信心。全球新冠肺炎疫情发生以来,西安按照国家统一部署和要求,统筹当地防疫和对外援助,确定了第一批对意大利、伊朗、韩国、菲律宾四个疫情最严重的友好城市提供医疗防疫物资,这是古城西安大爱之举的体现。同时,西安还创新性地开行了被共建"一带一路"国家和国际社会普遍赞誉的中欧班列"防疫物资专列",对帮助全球经济复苏起到了至关重要的作用,对"一带一路"建设在新冠肺炎疫情下的整体推进起到了重要作用。

自2020年7月1日起,由中铁集装箱运输有限公司与中欧班列"长安号"合作的每日4班往返欧洲的中欧公共班列,在中铁西安局集团的支持下,实现常态化运营。公共班列具有固定的发车时间、稳定的全程运行时间和低廉的费用等特点,进一步提升了西安港的门户和枢纽地位,有助于实现规模效益,标志着中欧班列(西安)集结中心建设迈上新台阶。随着中欧班列"长安号"持续高品质、高频次运营,欧亚货运铁路网不断扩大,西安"一带一路"朋友圈里有望加入越来越多的欧亚城市,这将为进一步发挥西安向西开放的功能,促进枢纽经济、门户

---

① 习近平向"一带一路"国际合作高级别视频会议发表书面致辞[N].人民日报,2020-6-19(01).

经济、流动经济的发展，有力支撑西安向经济重要枢纽、门户城市看齐的目标迈进，同时也为促进内陆地区高效率、低成本、高质量的国际贸易大通道建设添砖加瓦。7月6日，国家发展和改革委员会宣布，将下达中央预算内投资2亿元，以郑州、重庆、成都、西安、乌鲁木齐5个中欧班列枢纽节点城市创建示范中心为目标，支持开展中欧班列集聚中心示范工程建设。陕西省出台了《陕西支持中欧班列"长安号"高质量发展的若干措施》等相关文件，为提升中欧班列"长安号"服务国家物流干支通道的能力，使其由"点对点"的运营模式向"枢纽对枢纽"模式转变，为支持中欧班列(西安)集结中心建设提供支持。

9月，司法部办公厅印发了《支持西安"一带一路"国际商事法律服务示范区建设的分工方案》。西安国际港务区成立了"一带一路"国际商事法律服务示范区工作推进局，聚集了一支以涉外法律服务工作见长的专业队伍。西安国际港务区作为西北地区唯一的示范区之一，借助首批国家级进口贸易促进创新示范区创建扶持新政策、构建多元国际通道体系的机遇，不断发挥西安港区位优势、科技优势、人才优势，加快各种要素的集聚，为进口贸易建设不断注入新的动力。11月18日，长安大学加入"一带一路"国际建筑大学联盟。该联盟通过共同举办各种学术会议、科技竞赛和中文推广等相关活动，致力于促进科技成果转化，推动建筑类高校在"一带一路"沿线的交流合作、人才培养机制创新和跨文化学科专业建设探索。

12月，司法部、陕西省人民政府共同举办中国—上海合作组织法律服务委员会西安中心、"一带一路"律师联盟西安中心、西安"一带一路"国际商事争端解决中心(以下简称"三个中心")揭牌仪式。"三个中心"成立运行以来，平台作用明显，为建设发展"一带一路"国际商事法律服务示范区提供了重要支撑，有力地促进了示范区的全面建设，使示范区成为陕西法治创新的聚集区和法律服务高地。

这一年，西安举办了多场重要的国际活动，如"一带一路"全球硬科技创新大会、世界文化旅游大会、第七届丝绸之路国际电影节、"一带一路"人工智能高峰论坛、"一带一路"世界知识产权大会、"一带一路"数字健康产业发展合作论坛等。"一带一路"全球硬科技创新大会以"硬科技促进高质量发展"为主题，就新时代国家高新区发展硬科技和新任务路径进行探讨，力求把硬科技打造成高质量发展的新引擎和经济社会新动能。大会期间，西安高新区召开新闻发布会，发布了《西安高新区打造"硬科技创新人才"最优发展生态10条支持政策》，助力做好全市"十大重点工作"和推进"硬科技创新示范区"创建工作,为促进高质量发展贡献自己的力量。在对未来文旅融合发展路径方向进行有益探讨的同时,西安成功举办世界文化旅游大会,是文旅行业转型升级思想碰撞的体现。第七届丝绸之路国际电影节以"丝绸之路连通世界,电影与文明同行"为主题,打造专业化、国际化的电影盛会,宣传展示陕西新时期新责任、新形象。《一带一路人工智能创新联盟——西安宣言》在"一带一路"人工智能高峰论坛上发布。本次论坛的举办,助力"一带一路"科技创新和教育创新,为西安创建国家人工智能创新发展新一代试验区奠定了坚实的学术基础。世界知识产权大会以"新视野新IP,促创新保发展"为主题,对搭建西安国际知识产权产业对接平台,发挥西安知识产权在"一带一路"倡议中的辐射作用,推动西安硬科技产业创新和高新区硬科技创新示范区建设,促进国际知识产权制度,创新和运营的交流与合作,具有十分重要的意义。"一带一路"数字健康产业发展合作论坛暨中国服务贸易协会数字化医疗与健康分会在西安的揭牌成立,标志着"一带一路"服务贸易数字医疗技术出口试点基地建设正式启动。

>2020年10月11日,第七届丝绸之路国际电影节在西安开幕。

3. 全面融入"十四五",推动"一带一路"高质量发展。2021年是"十四五"规划的开局之年,为深入贯彻落实党中央、国务院关于共建"一带一路"总体部署要求,积极推动"一带一路"建设向高质量发展迈进。同时,继续推进"一带一路"五大中心建设,加快内陆改革开放高地建设,推动大项目、大平台、大通道、大数据建设,致力于建立以国内大循环为核心,国内国际双循环相互促进的新发展模式,陕西省于2021年4月印发了《陕西省推进"一带一路"建设2021年工作要点》。该工作要点提出,全面提升交通商贸物流中心对外开放水平,稳步推进国际产能合作中心有序发展,积极拓展科教中心合作领域,不断深化国际文化旅游中心建设内涵。11月,陕西省为打造内陆开放高地,出台了《陕西省"十四五"深度融入共建"一带一路"大格局、建设内陆开放高地规划》。该规划从发展基础、总体要求、推进五大中心建设、拓展国际合作、实施开放合作、完善风险防控、强化服务保障等七个方面释放了陕西未来五年加快改革发展、融入"一带一路"建设的积极信号。该规划提出,要按照总体要求,围绕"一带一路"国际产能合作、科技教育、国际文化旅游、丝绸之路金融五大中心建设,充分利用优势,打造"一带一路"交通商贸物流、国际产能合作、科技教育、国际文化旅游,加快推进面向中亚、南亚、西亚国家以及重要产业、人文交流基地和商贸物流中心等建设。

> 西安"一带一路"文化交流中心

2021年5月，陕西"一带一路"国家计量测试研究中心在西安揭牌成立，标志着全国首家国家级计量技术研究机构正式成立。该中心专注于服务"一带一路"倡议，通过基础保障、技术支持、质量引领为外贸持续稳定增长服务，搭建国际计量交流平台，加强国际合作，从而为促进计量领域在国内外的发展贡献自己的一份力量。8月，"通丝路"跨境电子商务人民币结算服务平台在西北地区成功接入CIPS标准收发器，是西北地区第一个使用CIPS标准收发器的电子商务平台。此次CIPS标准收发器的接入，不仅使该平台更精准地支持海外跨境电商企业的发展，同时也为西安金控建立跨境收支高级架构的可能性进行了积极的探索。从之前的"银银""银企"等通道业务办理模式，到如今的"本外币一体化"的跨境收付架构，平台企业的跨境支付方式发生了转变。在降低跨境支付所需费用的同时，提高了进驻企业的跨境人民币收付体验和支付效率。9月，成功开通了莫斯科—西安—阿拉木图航线，这是陕西省与"一带一路"沿线国家开通的第一条第五航权货运航线，标志着陕西物流迈出了向国际化进军的关键一步。这条航线将"一带一路"核心区直接连接起来，为中俄哈三国经贸往来提供了便捷顺畅的"空中通道"。该航线的顺利开通，使陕西及中西部地区到中亚及东欧地区的货邮运输时间缩短至3至5天，大幅提高货邮运输效率。该航线在提高西北地区与中亚及欧洲地区货邮中转效率的同时，也将促进西北地区航空物流业向西安地区聚集。11月，国家发展和改革委员会办公厅正式印发了《第三轮中欧区域政策合作中方案例地区名单》，确定将北京、西安等22个城市（含新区、开发区）列为中欧区域政策合作第三轮示范区规划，西安成为此次评选的唯一一座西北地区城市。

2021年，第五届丝绸之路国际旅游博览会暨中国东西部合作与投资贸易洽谈会、"中国+中亚五国"外长第二次会晤、"一带一路"国际商事法律服务圆桌会议后疫情时代国际商事法律服务保障研讨会、"一带一路"国际交通研讨会、欧亚经济论坛、"一带一路"人工智能大会等多项大型国际活动在西安举行。第五届丝绸之路国际旅游博览会暨中国东西部合作与投资贸易洽谈会围绕金融合作、可持续投资、绿色金融等议题展开。本次洽谈会致力于共同打造推动金融开放交流和绿色金融市场健康发展的平台，促进经济健康发展和"一带一路"绿色金融，切实把务实的区域金融合作落到实处。"中国+中亚五国"外长第二次会晤达成多项共识和成果，丝绸之路考古合作研究中心、中国—中亚农业合作中心、传统医学中心、减贫惠农计划、教育培训计划和综合农业科技示范园区等

>2021年5月12日,第五届丝绸之路国际旅游博览会在西安召开。

6项涉陕成果加速落地。"一带一路"国际商事法律服务圆桌会议暨后疫情时代国际商事法律服务保障研讨会是西安国家级"一带一路"国际商事法律服务示范区举行的首场高级圆桌会议。此次圆桌会议旨在充分利用陕西在人才、学术、"一带一路"新起点等方面的重要资源,努力打造通道优势、平台优势,全力推进新一轮西部大开发,积极创新适应新的发展格局。"一带一路"国际交通研讨会以"面向碳中和的可持续交通"为主题,就共建"一带一路"国家在碳中和背景下的绿色交通发展现状、机遇和挑战进行了探讨,并就绿色交通的发展理念、交通低碳转型的国内外路径等问题进行了深入交流。此外,会议还启动了《共建"一带一路"国家汽车行业碳排放标准》研究项目。该项目通过全面梳理"一带一路"国家汽车产业绿色发展现状和碳排放标准现状,并与国际通行的汽车产业碳排放标准进行对标,提出共建"一带一路"国家完善汽车产业碳排放标准的政策建议,帮助共建"一带一路"国家汽车产业绿色发展,实现真正助力"一带一路"国家汽车产业绿色发展的愿景。欧亚经济论坛以"把握合作新机遇,开启发展新征程"为主题,探索共同推动欧亚合作取得实质性、深层次进展的新发展路径,进一步发挥区域合作潜力,提升合作层次,开拓区域发展空间。科学技术部国外人才研究中心在论坛上发布的2020年"魅力中国——外籍人才眼中最具吸引力的中国城市",西安入选科学技术部外国人才研究中心评选的中国城市,并位列第5位,展示出了西安具有突出的国际都市建设竞争力、科创环境建设竞争

>2023年9月7日至8日,陕西省委书记赵一德率陕西省代表团在吉尔吉斯斯坦访问。

力、人才引进竞争力和服务能力。"一带一路"人工智能大会以国际化、前瞻性、产业化的视角,对新一代人工智能发展路径进行分析和洞察,为促进产业链与创新链"双链"深度融合,推进"一带一路"建设以及国家和地区的优质发展提供智慧供给。大会期间正式揭牌成立了"西安人工智能研究院"。研究院旨在立足西安、辐射西部、面向"一带一路"汇聚人工智能领域产业力量,推动区域人工智能产业集聚发展,搭建产学研合作平台,促进高校、科研院所科技成果转化。

为着眼于深度融入共建"一带一路"大格局、打造内陆开放高地,继续扩大开放,着力构建以国内大循环为主体,国内国际双循环相互促进的新发展格局,推动"十四五"期间西安"一带一路"综合试验区实现高质量发展,依据《陕西省"十四五"深度融入共建"一带一路"大格局、建设内陆开放高地规划》《西安市国民经济和社会发展第十四个五年规划和二〇三五年远景目标纲要》《西安建设"一带一路"综合改革开放试验区总体方案》,西安于2022年制定并实施了《"十四五"西安建设"一带一路"综合试验区实施方案》。该实施方案提出了推进"一带一路"综合实验区建设的指导思想,确定了西安在"十四五"期间推进"一带一路"综合实验区建设的"总目标",即围绕建设"一带一路"商贸物流中心和"一带一路"科技人文交流中心,加强制度创新,推动新时期更高水平对外开放,深度融入国家重大发展规划,努力打造国内大循环的重要支点和参与国际大循环的关键节点城市,为加快内陆改革开放高地建设提供有力支撑,形成以国内大循

>2023年9月2日,中国—中亚人类与环境"一带一路"联合实验室揭牌。

环为主、国内国际双循环交汇之地的发展图景。该实施方案还提出了积极推进亚欧陆海贸易新通道建设、积极致力于提升国际贸易自由化便利化水平、推动建立高水平开放型经济新体制、大力构建"一带一路"人文交流新高地、高质量打造"一带一路"科创中心5个方面的重点任务。此外,陕西省社会科学院组织编写并发布了《2022年陕西蓝皮书》。该书中的《丝绸之路经济带发展报告(2022)》建议以高质量的基础设施建设推动丝绸之路经济带发展,推进国家、地区和国际组织的能源经贸合作发展,加快实现绿色低碳转型,致力于提升贸易数字化水平,培育具有国际影响力的跨境电子商务企业及产业园区。同时,对丝绸之路经济带沿线受疫情影响的国家,给予更加有力的资金保障。

2022年3月,商务部印发了《关于公示特色服务出口基地(中医药)第二批入围名单和第一批复审结果的通知》,对全国17家第一批特色服务出口基地(中医药)复审结果进行公示。其中,西安中医脑病医院以"优"等成绩通过国家首批中医特色服务出口基地复评。6月,以"通过跨学科的国际合作共同应对人类挑战,促进全球健康"为主题的全球健康国际研讨会在西安召开,研讨会对促进智慧健康大数据在医疗健康方面的应用、推进新型产学研技术的发展起到了关键作用。8月,国际中医药文化传播与学术论坛在西安召开,论坛以"弘扬丝路精神,传播中医药文化"为主题,旨在加强中医药国际交流与合作,推动中医药文化国际传播,为构建人类健康共同体贡献"中国智慧"。

一、总报告：西安参与"一带一路"建设的机遇、历程及成效

>2022年8月，"指尖上的丝绸之路——2023丝路妇女论坛"在西安举办。

这一年，"一带一路"媒体合作论坛、丝路妇女论坛、丝绸之路教育合作交流会、西北五省(区)政协助推服务丝绸之路经济带建设第三次联席会议、丝绸之路国际旅游数字化技术与智慧旅游博览会等大型活动在西安举行。"一带一路"媒体合作论坛的主要目标是促进海峡两岸暨香港在人文交流和互联互通方面的更深层次合作。通过论坛，为推动"一带一路"沿线国家和地区在政治、经济、文化、传媒等方面的合作与发展，提供一个政府、企业、媒体等各方交流合作的平台，从而借鉴、复制和推广经验，为推动"一带一路"的可持续发展提供舆论支持和打造国际传播格局。以"汇聚巾帼力量，共建'一带一路'"为主题的2022丝路妇女论坛旨在促进不同文明之间的交流互鉴，进一步加强各国妇女之间的团结与合作。本次论坛象征着全球女性以各自独特的方式，齐心协力，为"一带一路"事业的推进贡献自己的力量。丝绸之路教育合作交流会以"享·丝路 赢·未来"为主题，展示了18个丝绸之路教育合作协议签约成果，为9个国际教育合作项目揭牌。西北五省(区)政协助推服务丝绸之路经济带建设第三次联席会议以"推进服务丝绸之路经济带建设"为主题，通过视频会议的形式，就建立新陕甘青宁五省(区)区域协商合作平台、协同向西开放等问题，展开协商。本次会议形成了《丝绸之路经济带建设推进西北五省(区)建设的建议和提案》，西北五省(区)政协代表联名向全国两会提交了《关于共同推进建设丝绸之路国家文化公园的提案》《关于加强西北地区寒旱农业合作，提升食物安全保障能力的提案》

> 2023年5月19日上午，国家主席习近平在陕西西安主持首届中国—中亚峰会并发表题为《携手建设守望相助、共同发展、普遍安全、世代友好的中国—中亚命运共同体》的主旨讲话。新华社记者 丁海涛 摄

《关于协同推进亚欧陆海贸易大通道高质量发展的提案》等涉及共同发展重要议题并达成广泛共识的多项联合提案。此次会议对建设丝绸之路经济带，推动西北五省（区）提升合作层次、投资效益、供给质量和发展韧性具有重要作用。丝绸之路国际数字化及智慧旅游博览会以"新动能、新活力、新发展"为主题，紧密结合市场形势，立足产业实际需求，从旅游资源、产业消费，以及新业态、新模式等方面规划，推动展区内产业链条横向拓展、纵向延伸。

2023年既是"一带一路"建设倡议提出十周年，也是推进"十四五"规划的重要一年。西安印发了《西安市2023年推进"一带一路"建设工作要点》，明确了提升交通商贸物流中心枢纽功能和国际产能合作中心发展水平、拓展科技教育中心合作领域、深化国际文化旅游中心建设内涵、加快丝绸之路金融发展、加快"一带一路"建设进程，在中心建设、拓展国际合作新领域、抓好先行先试示范等几个方面的重点工作。2023年5月，中国—中亚峰会在西安召开，这既是中国与中亚地区重要的外交活动，也是六国元首自中国与中亚建交31年来首次以实体形式举行首脑会晤。峰会期间，六国领导人共同签署了《中国—中亚峰会西安宣言》，并通过了《中国—中亚峰会成果清单》。

这一年，中国积极开展与"一带一路"沿线国家的教育交流活动，为国际交流开辟了更加广阔的平台。2023年5月,西北工业大学与"阿里·法拉比"哈萨克斯坦国立大学共同在西安签署了建立"优先国际合作伙伴关系"的协议。协议提出,共建西北工业大学哈萨克斯坦分校,开展共同研究、共同培养师生、建立联合实验室,以实现两国在教育科技领域的新突破。西北工业大学哈萨克斯坦分校将以驻哈中资企业当地理工类人才需求为牵引,开展联合招生、联合制定培养方案,办学层次涵盖本科和研究生,首批面向中亚地区招收60名硕士研究生,为中亚地区培养材料学、计算机等方面的专门人才。哈萨克斯坦萨特巴耶夫大学校长迈拉姆·贝根塔耶夫一行8人在中国—中亚峰会召开之际前往西安铁道职业技术学院参观交流并签署合作协议。根据协议,双方将在课程衔接、学分互认、师生交流、专业建设、中文学习等方面开展全方位的合作,共同打造"秦岭工场"。西北大学申报的"丝绸之路考古与文化遗产保护联合培养人才计划"于2023年首次获得"国家区域科研人才支持计划"项目,进一步助推"一带一路"学校教育"走出去",为西北大学"丝绸之路考古与文化遗产保护"国际化、"考古辐射"国际化构建新格局。该项目的顺利获批,为丝绸之路沿线开展学术研究、教育和教学提供了平台,也为中乌合作开展丝绸之路考古和文化遗产保护实践提供了有力支撑。同时,培养一批具有国际视野和国际工作能力,能够真正深入研究和了解丝绸之路沿线各国历史、文化和社会的年轻一代学者,为修复丝绸之路历史风貌贡献更多力量。

这一年,第二十一届中国国际人才交流大会西安分会场活动、首届"数字丝路"先进科技发展论坛、第十届西部文化产业博览会暨2023西安丝绸之路国际旅游博览会等国际活动都在西安举行。第二十一届中国国际人才交流大会西安分会场围绕人才发展和重点产业方面的热点话题,在聚焦"双循环""一带一路"倡议产业发展和人才引进等方面展开讨论。大会期间,"一带一路"人才战略研究院在西安正式揭牌成立。西安"一带一路"人才战略研究院将突出展示"国际化形象""融合发展能力""可持续发展潜力"等特色,立足于"政府搭平台,企业负责建设,高校提供支持,市场运作"的合作模式,推动"一带一路"人才战略研究,把"一带一路"建设成为推动沿线国家人才交流合作的重要枢纽,建立国家级企业家人才培养基地,培养优秀人才,以国际化、市场化、多元化、人性化为特征,打造内陆改革开放人才高地。首届"数字丝路"先进科技发展论坛以"共享数字成果,共创数字未来"为主题,旨在推动和促进中国科技企业与上海合作组织国家在工业互联网领域的务实合作,进一步扩大中国在互联网领域和先进制造

> 2023年4月17日至19日,第二十一届中国国际人才交流大会西安分会场成功举办。

领域的对外开放。以西安为起点,"数字丝路"将从"一带一路"沿线国家出发,逐渐扩展到中亚国家。以"激发产业新动力,书写协同新篇章"为主题的第十届西部文化产业博览会暨2023西安丝绸之路国际旅游博览会突出展示西部地区文化体制改革、数字文化、广播电视和网络视听、文化惠民、文化遗产保护、乡村文化振兴、文旅深度融合等最新发展成果,以彰显西部文化产业发展新阶段的崭新风貌。

三、西安共建"一带一路"实践的建设成效

共建"一带一路"倡议是根植于古丝绸之路,立足时代发展大势,并致力于实现全人类共同发展的中国智慧和中国方案。十年来,西安在国家推进"一带一路"建设领导小组和陕西省委省政府的正确领导下,深入贯彻落实习近平总书记关于推进"一带一路"建设的重要论述和历次来陕视察时的重要讲话精神,充分发挥"一带一路"综合试验区先行先试作用,立足区位优势,服务国家战略。紧扣"政策沟通、设施联通、贸易畅通、资金融通、民心相通"的要求,以"硬联通"为方向,以"软联通"为支撑,以"心连心"为纽带,不断拓展与"一带一路"沿线国家

新闻链接

携手建设守望相助、共同发展、普遍安全、世代友好的中国—中亚命运共同体

5月19日，国家主席习近平在陕西西安主持中国—中亚峰会，并发表题为《携手建设守望相助、共同发展、普遍安全、世代友好的中国—中亚命运共同体》的主旨讲话。习近平主席在主旨讲话中，精辟总结了中国同中亚各族人民友好交往为世界文明作出的历史贡献，就世界需要一个什么样的中亚、新时代如何建设中国—中亚命运共同体作出深刻阐述，就中国同中亚国家合作提出建议，郑重宣布多项务实举措，全面擘画了未来中国—中亚关系发展蓝图。习近平主席的主旨讲话赢得与会各国嘉宾和国际社会的热烈反响。

中国同中亚各国建交以来，走过了不平凡的历程，双边关系实现从睦邻友好到战略伙伴，再到命运共同体的历史性跨越。特别是"一带一路"倡议提出十年来，各方持续深化各领域合作，取得了丰硕成果。欲穷千里目，更上一层楼。我们要以这次峰会为契机，乘势而上，携手构建更加紧密的中国—中亚命运共同体，为促进地区和平与发展注入正能量，为推动构建人类命运共同体作出新贡献。

来源：央视网 http://opinion.people.com.cn/n1/2023/0520/c1003-32690674.html。

的互联互通、贸易合作和人文交流，加快建设国家中心城市和国际综合枢纽城市，以高水平开放推进深层次改革，以开放带动经济社会发展，助推"一带一路"高质量建设。

（一）加强政策沟通，国际共识广泛凝聚

加强政策沟通，既是加强与沿线国家政治互信、深化交流合作、加强利益合作的基础，也是建设"一带一路"的重要保障。十年来，西安坚持共建、共商、共享原则，发挥政策沟通的引领和催化作用，积极加强与沿线国家的政策对接，制定有利于互利共赢的政策标准，开展国际组织间的合作，使国际共识得到广泛凝聚。

1.制定并出台相关政策。 从2013年由意大利、伊朗、乌兹别克斯坦、亚美尼亚、印度、葡萄牙、西班牙等9个国家在"丝绸之路经济带城市圆桌会议"上与我国共同签署《共建丝绸之路经济带西安宣言》开始，西安走出了共建"一带一路"政策沟通的第一步。此后，西安不仅成立了全市推进"一带一路"建设工作领导小组，采取了"战略规划+行动计划+项目带动"的总体思路，而且先后出台了《西安市"一带一路"建设2016年行动计划》《西安市"一带一路"建设2017年行动计划》《西安建设"一带一路"综合试验区实施方案（2019—2021年）》《2023年度西安市推进"一带一路"建设工作要点》《"十四五"西安建设"一带一路"综合试验区实施方案》等文件，并相继与沿线国家签署了《丝绸之路旅游部长会议西安倡议》《西安建设丝绸之路经济带（新起点）战略规划》《西安欧亚经济综合园区发展规划》《中国—中亚峰会西安宣言》《共同建立丝绸之路工商合作机制与平台框架协议》和《丝绸之路国际发展基金框架协议》《丝绸之路国际总商会合作发展大会2016西安宣言》《2017丝绸之路商务理事会西安共识》《一带一路硬科技创新合作西安宣言》《共建"一带一路"（西安）陆海联运大通道倡议》等，从顶层设计的高度全面推进"一带一路"建设的各项工作。

2.开展国际组织间合作。 十年来，已有上百场国际大型赛事在西安举办，并形成相关成果。据统计，2023年上半年，西安地区共举办各类会展活动249场，增长151.52%。其中，举办各类会展活动60次，同比增长757.14%；大会活动累计举行148场，同比增长111.43%；地方特色节庆活动举办41项，同比增长86.36%；展出面积89.2万平方米，同比增长648.95%；累计参展人数95.6万余人次，累计成交额107.2亿余元。

(二)强化设施联通,互联互通提质增效

设施联通是"一带一路"建设的优先领域,也是"一带一路"贯穿始终的血脉,同时也是"一带一路"建设的重中之重。设施联通包含传统的公路、铁路、航空、航运和管道的互联互通,也包含电力、电信、邮政、边防、海关和质检等新兴领域的互联互通,从而形成了一个互惠互利、互利共赢的利益共同体。开展以基础设施互联互通为基础的交流合作,既能为沿线各国发展提供极大便利,又能增进各国之间的相互联系,为世界经济的复苏和高质量发展注入强劲动力,是一项具有重要意义的合作。十年间,西安与沿线各国建立起陆、海、天、网"四位一体"的互联互通体系,西安与沿线国家不管是在传统的基础设施建设方面,还是在新型的基础设施建设方面,都取得了长足的发展。

新闻链接

赵一德率团出访乌兹别克斯坦、哈萨克斯坦、吉尔吉斯斯坦

陕西省委书记、省人大常委会主任赵一德率陕西省代表团,于2023年9月1日至8日对乌兹别克斯坦、哈萨克斯坦、吉尔吉斯斯坦进行友好访问。其间,代表团将访问我省友好省州,参加有关经贸、文旅、教育等领域交流活动,考察我省企业海外投资经营情况等。

来源:陕西日报
https://esb.sxdaily.com.cn/pc/content/202309/01/content_816226.html.

1.持续推进中欧班列"长安号"常态化运营。2020年4月,习近平总书记在陕西考察时作出重要批示,强调要加快建设中欧班列(西安)集结中心,加快形成面向中亚南亚西亚国家的通道、商贸物流枢纽、重要产业和人文交流基地,构筑内陆地区效率高、成本低、服务优的国际贸易通道。十年来,无论是境内还是境外,中欧班列"长安号"一直按时开行,使班列运行效率进一步提高。中欧班列"长安号"在推广数字金融服务的同时,为减少铁路中转,加快海关查验,采用抵港即装、量价捆绑、往返双向的方式,使企业运营成本进一步降低。同时,中欧班列"长安号"不断优化综合服务平台,"一企一策"为企业提供一站式、一票制、一体化物流解决方案,使得国际联运全程服务水平得到提升。基于此,中欧班列"长安号"现已成为中欧班列中运输时效最快、智能化程度最高、线路辐射范围

> **新闻链接**
>
>
>
> 陕西省委常委、西安市委书记方红卫率西安市代表团,于2023年10月24日至11月2日对乌兹别克斯坦、哈萨克斯坦、白俄罗斯进行友好访问。其间,代表团将访问我市友好城市,参加人文、经贸、科技、物流、农业、文旅等领域交流活动,考察我市企业海外投资经营情况等。
>
> 来源:西安日报
>
> https://epaper.xiancn.com/newxawb/pc/html/202310/24/content_161093.html

一、总报告：西安参与"一带一路"建设的机遇、历程及成效

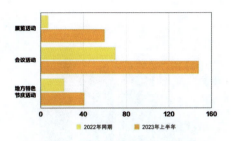

>西安2023年与2022年同期举办会展数量对比

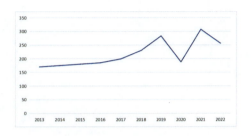

>西安举办会展数量（2013—2022）

最广、服务功能最全、综合成本最低、方便快捷且安全稳定的新型国际运输组织方式，不仅吸引了"一带一路"沿线国家和国内29个省份的货物在西安地区的集散，同时也构造了一条国际贸易"黄金通道"。

经过十年的发展，中欧班列"长安号"已经由最初的分散开行逐步向常态化运营发展。开行量、货运量、重箱率等核心指标稳步提升，辐射范围也从最初的"线"延伸到现在的"面"。截至2023年年底，中欧班列"长安号"开行实现了跨越式发展，年度开行量首次突破5000列，西安已成为全国首个中欧班列年度开行量突破5000列、累计开行量超过20000列的城市。同时，中欧班列"长安号"与国内其他中欧班列形成了新的国际物流体系，横跨欧亚大陆，已经初具雏形。2023年中欧班列"长安号"开行5351列，较上年增长15.3%。目前，中欧班列"长安号"向西、向北常态化开行西安至阿拉木图、塔什干、汉堡、莫斯科及跨里海等国际干线，覆盖亚欧大陆全境；向东开行西安至青岛、宁波、连云港等铁海联运图定班列；向南开行西安至越南、老挝等互联互通班列。这些线路实现了东西向亚欧陆海贸易大通道与南北向西部陆海新通道在西安的集结交汇，初步构建了面向"一带一路"的现代国际物流体系。

2.空中丝路大通道行稳致远。西安咸阳国际机场致力于发展"客货并重"，积极参与"空中丝绸之路"建设，致力于打造完美"空中丝绸之路"，逐步将其建设成欧亚新的中转枢纽，形成了极具西安特色的航线网络。2017年陕西首家本土航空公司长安航空正式开始运营，标志着连接全国的铁路、高铁、高速公路、航空交通网络逐渐完善。中国民用航空局、国家发展和改革委员会于2022年4月联合印发了《"十四五"时期高质量发展推进"空中丝绸之路"建设实施方案》，提出加快西安国际航空枢纽建设，支持向西开放航空通道建设。西安咸阳国际机场基础设施保障能力和运行效率将在三期扩建工程投入使用后得到全面提升。"米"字型高铁网、"米"字型高速公路网加快建设，"四型"国家物流枢纽和国家

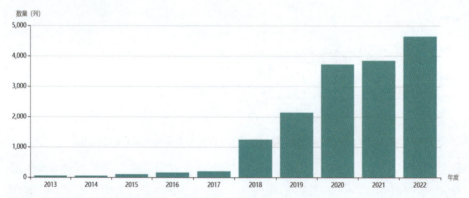

>中欧班列(西安)开行数量(2013—2022)

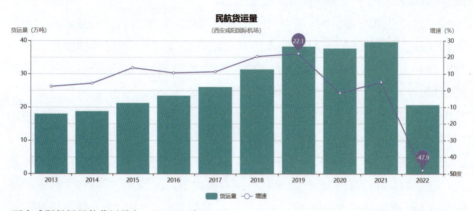

>西安咸阳机场民航货运量(2013—2022)

骨干冷链物流基地先后获批,西安也成为全国首个获批"4枢纽+1基地"建设的内陆城市。

西安航空邮递处理中心是陕西省首家通过航空、公路、铁路三条渠道连接,集国际邮件、商业快件、跨境电子商务监管为一体、形成覆盖全球的邮递网络,能够帮助客户节省50%的时间,节省33%的费用。项目正式启动运行后,预计年处理通关能力2000万件以上,形成邮品进出口吞吐量5000吨以上。同时,满足省内各地市对国际进出境邮件的需求,重点向美、日、韩、俄等国家提供邮件专线发运服务,同时整合上海、广州等各大枢纽港口资源,全方位实现区域间的快速联动。

3.现代物流枢纽建设加速推进。物流枢纽主要用于实现货物的集散、储存、调拨、转运等多种功能,是物流设施集群和物流活动的组织中心。西安从2019年

/ 一、总报告：西安参与"一带一路"建设的机遇、历程及成效 /

>2021年11月，西安获批空港型国家物流枢纽建设。

起顺利获批以陆港为主导、以空带港、以生产为服务的全国物流枢纽。同年7月28日，西安成功获批国家级商贸服务物流枢纽建设项目。自此，西安成为中国第一个拥有陆港、航空港、生产服务中心、商贸服务中心的综合物流枢纽城市。地处西安国际港务区的西安陆港型全国物流枢纽，是国内唯一一座内陆港，拥有国际国内双代码。西安空港型国家物流枢纽以融入全球产业链的服务枢纽周边硬科技适空产业为导向，高质量打造"一带一路"国际航空物流枢纽，立足西北、服务全国、辐射全球。西安生产服务型全国物流枢纽，依托枢纽周边硬质科技先进制造业聚集和城市资源禀赋优势，定位为"一带一路"硬质科技产业供应链组织运营中心、全国绿色物流与先进制造业融合发展示范区、西部应急物流基地和关中平原城市群数字供应链经济发展高地。2022年，西安交通运输、仓储和邮政业增加值324.69亿元，货物运输总量26832.02万吨。注册各类物流企业1.2万多家，其中，5A级物流企业16家、4A级物流企业64家、3A级物流企业138家。中欧班列"长安号"累计完成货物发送量41.7万吨，初步构建起包括向西开放、向东集散航线在内的覆盖全球的货运航线网络。顺丰航空、圆通航空等全货运航空公司充分发挥快递物流产业优势，对两条中亚航线的运营给予了强力支撑。陕西开通了全国首条TIR（国际公路运输系统）国际跨境公路货运班线，为空港型国家物流枢纽建设提供了支撑。目前，西安充分发挥"临空、自贸、保税、跨境、口岸、航权"六大功能平台优势，着力构建面向"一带一路"、辐射全球的货运航线网络。如今，以西安为起点，2小时航程可覆盖我国75%的领土，5小时航程可达亚洲所有城市，12小时航程可达欧洲所有城市。

4.网上"新丝路"实现创新发展。十年来，西安发挥"跨境+自贸+综保+进口贸易+口岸"的国际港务区综合优势,拓展了新的跨境电商专列线路,畅通了跨境电商物流大动脉,线上物流发展实现了质的跨越。西安先后开行了杜伊斯堡、汉堡、莫斯科等多趟中欧班列的跨境电子商务专列和长安国际邮运专线,实现了20多个城市跨境货物直达欧洲。建设白俄罗斯斯维斯洛奇、波兰谢米亚诺夫卡等换装口岸,有效解决马拉舍维奇换装点拥堵问题,使得跨境电商物流服务速度更快、效率更高,实现货物11天左右直达杜堡、汉堡等欧洲城市,跨境电子商务专列运输时效大幅提升。为解决散货集拼中因分柜而产生的多个提单问题,西安推广"先报关、后装箱"的跨境电商散货新模式,节省2—3天的货物通关时间。跨境电商1210保税备货模式、9610集货模式、9710B2B直销模式、9810出口海外仓模式等监管模式已落地。建立"优先装车、优先制票、优先挂运"的跨境电子商务"绿色通道",实行货物随到随检随放,确保24小时内完成通关查验。2022年,西安国际港务区累计开行跨境电商班列198列,是2021年全年发运量的1.6倍。西安国际港务区在2023年第一季度成功开通跨境电子商务班列45列,实现电子商务货物发运2265柜。全市跨境电子商务交易额3317亿元,增幅为23.4%。在国家电子商务示范基地、跨境电子商务综合试验区等叠加机遇下,国际港务区以包括阿里巴巴、京东、亚马逊、易贝等在内的各类电商龙头企业为主导,逐步构建起完整的跨境电商产业生态。2500家企业实现网络交易额超过2000亿元,在全市占比近40%。中欧班列"长安号"+跨境电商,正在成为"一带一路"贸易增长的新引擎。

(三)提升贸易畅通,投资合作迈向纵深

推动"一带一路"建设,畅通贸易是一项重要内容,也是一项大有可为、大可作为的工作。发挥沿线国家发展潜力、拓展合作机遇、促进贸易投资便利化、释放合作潜能、提升贸易自由化便利化水平,从而建立互利共赢、多元平衡、安全高效的经济体系,是促进贸易畅通的目标。十年来,西安积极参与共建"一带一路"倡议,不断加大"一带一路"经贸合作力度,开辟了一条双方共同发展、互惠互利发展之路。

1.贸易规模不断扩大。近年来,西安依托中国国际进口博览会、中国西安丝绸之路国际旅游博览会等重大经贸活动多元化开拓"一带一路"市场。目前,全市共有各类海外仓44个,累计建设面积34.19万平方米,以物流集散、货代、通关服务等为主的海外仓经营模式已成为西安外贸发展的重要海外节点和平台。2022年,西安与"一带一路"沿线国家贸易额已达到9.9亿美元,全市实现进出口

一、总报告：西安参与"一带一路"建设的机遇、历程及成效

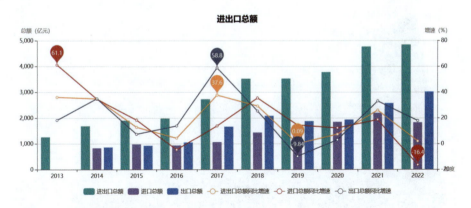

> 西安进出口总额（2013—2022）

总额4474.1亿元人民币，同比增长0.8%，占全省比重达92.5%。2023年1—5月，西安对"一带一路"沿线国家进出口总额累计完成484.4亿元，增长42.9%。

2.双向投资联动高质量发展。2015年，西安爱菊粮油工业集团有限公司积极进军哈萨克斯坦市场，与20多家农场主达成"订单农业"合作协议，合作土地共计150万亩。此次合作将产区和消费区连通起来，实现互利共赢，打造了一个坚实的西安"海外粮仓"。作为《中华人民共和国国家发展和改革委员会与哈萨克斯坦共和国投资和发展部关于中哈产能与投资合作第十五轮重点项目清单的谅解备忘录》中的重点企业，西安爱菊粮油工业集团有限公司逐步构建起生产、加工、销售三位一体的"哈北—阿拉山口—哈西"网络，成功建设了中国与中亚国家物流供应链。在累计收购近40万吨油料、小麦等农产品的同时，在哈萨克斯坦建成年加工量30万吨的油脂厂，为当地带来1000多个就业岗位。同时，隆基绿能光伏科技有限公司马来西亚光伏产业、陕西祥盛实业集团有限公司乌兹别克斯坦水泥建材、陕西法士特汽车传动集团有限责任公司白俄罗斯变速器等重点项目稳定运营；陕西建工控股集团有限公司承建的吉尔吉斯斯坦奥什医院、中交二公局集团有限公司承建的克罗地亚佩列沙茨跨海大桥、中铁二十局集团承建的安哥拉本格拉铁路等重大民生基础设施项目高质量完成。从现代农业技术推广到能源、有色冶金、装备制造等优势产业，西安不断深化与"一带一路"沿线国家和地区的务实合作。同时，国际合作园区建设持续推进，中俄、中哈、中吉、中韩等多个国际合作园区陆续开工建设，西安半导体国际合作产业园加快推进。

3.贸易方式不断创新。西安经过十年的发展，不断创新贸易方式的同时，实

>陕西跨境电商国际快件产业园

现了新型商业模式的建设。近年来,西安扎实推进跨境电子商务综合试验区建设,充分发挥通道优势、产业优势和外贸优势,跨境电子商务发展再上新台阶。全市共划分高新技术产业开发区(以下简称:"高新区")、国际港务区、空港新城、曲江新区、经济技术产业开发区(以下简称:"经开区")、航空基地、航天基地、浐灞生态区、碑林区等三批共9个创新示范先行区。为探索包括园区、基地、孵化、服务在内的全新发展模式,西安建立了重点跨境电子商务产业园。2022年度,全市跨境电子商务交易额144.27亿元,同比增长46.42%,其中出口127.9亿元,增长45.95%;进口16.37亿元,增长50.2%。2023年1—7月,西安跨境电子商务交易额为96.1亿元。目前,全市已有1800多家跨境电子商务及相关企业、3万多名从业人员,成为优质发展跨境电子商务的有力支撑。

4. 贸易结构不断优化。十多年来,西安在农业、林业、渔牧、农机生产和农产品加工等领域,与"一带一路"沿线国家开展了广泛的投资合作。扩大勘探开发煤炭、油气等传统能源资源和金属矿产合作,促进水电、核电、风电、太阳能等清洁和可再生能源合作,形成上下游一体化的能源资源合作链。中欧班列"长安号"出口的货物,从十年前以"大长笨"的机械设备为主,发展为以新能源汽车、太阳能电池等高端产品为主。进口货物品类则拓展到汽车整车及零部件、红酒等高附加值产品。作为打造"一带一路"的旗舰项目和标志性品牌，中欧班列以稳定高效的物流服务撑起了全球产业链供应链的"大动脉"。在比亚迪等产业龙头企业的引领下，"中国车"正在走向中亚及世界各国。从2022年开始，比亚迪汽车带着明确的中国新能源汽车标识，以比亚迪宋PLUS DMI为主力车型，从西安出发，乘坐中欧班列"长安号"，销往德国、匈牙利、乌兹别克斯坦等欧洲及中亚国家，截至2023年年底，已有4列比亚迪新能源专列运行。仅2022年，吉利汽车在"一带一路"沿线国家的出口量为25177辆，出口额达到25.17亿美元，同比增长16.4%。西安国际港务区还全力推进港产、港贸、港城一体化发展，积极承接东部产业转移，规划建设"一带一路"临港产业园。截至2023年9月，"一带一路"临港产业园已落户世界500强企业31家、中国500强企业8家、中国民营500强企业5家。入驻了汇芯5G通讯、中科半导体、中国台湾京虹显示、银河新能源、植之元科技等40余家制造企业，投资总额约100亿元。随着一些重点项目的落地，西安国际港务区的产业聚集优势以其独特的吸引力和旺盛的生命力，在吸引外来投资方面独领风骚。

（四）促进资金融通，融资体系不断完善

资金融通主要依靠加强金融合作，促进亚投行、金砖四国开发银行等的创建，在金融监管等领域加强合作，推动经贸合作向纵深发展，促进沿线国家加强双边本币结算和货币互换的范围和规模，是推动"一带一路"建设的关键支撑。为加快形成具有国际竞争力的金融创新中心，中国（陕西）自由贸易试验区西安高新功能区携手中国（广东）自由贸易试验区深圳前海蛇口片区，共同打造丝路（西安）前海园，在全国率先推广"前海模式"，推动两地金融规则互联互通、金融资源共建共享，为打造西部金融开放新高地提供支撑。西安高新区功能区依托丝路（西安）前海园，先后推出了专精特新信易贷、科技易贷等特色融资产品，累计向500多家中小企业授信31.8亿元。2022年10家企业成功上市，累计首发募资88.88亿元。2023年，西安跨境人民币业务延续2022年良好增长势头，三项指标服务企业增速显著提升。1—8月财政收入及支付525.75亿元，同比增长69.54%。其中，实际到账259.02亿元，同比增长53.73%，实付266.73亿元，同比增长88.34%，净流出7.70亿元人民币跨境收支，在本外币跨境收支的占比达22.24%，较2022年上升约10个百分点。跨境人民币服务企业高达1681户，同比增长35.24%。2023年8月21日，中国银行陕西省分行成功开立中亚地区乌兹别克斯坦土伦银行跨境人民币同业往来账户，这是中国—中亚峰会后全国范围内落地的首个该类型账户,更好地促进了两地经济合作和贸易往来。

十年来,西安在全球149个国家和地区开展跨境人民币业务。截至2023年10月,共有36家银行的416家分支机构,驻市金融机构达到211家,其中银行类56家、保险类77家、证券类58家、期货类20家。着力打造跨境电子商务人民币结算服务平台"通丝路",成功对接跨境人民币支付系统。五年累计成交1.7亿元,年增幅保持在50%以上。两年多时间,为40多家企业提供融资贷款60亿元以上。2023年5月30日,西咸新区空港新城建成启用西北首家省级RCEP企业服务中心,仅4个月的时间,就有500多名注册会员上线,提供了200多项全流程服务,成为西安开放型经济发展的新支点。

(五)推进民心相通,民意基础更加夯实

民心相通是"一带一路"建设的社会基础,也是最基础最结实最持久的互联互通。共建"一带一路"的倡议能否成功,从根本上要看沿线各国民众的参与度,这直接反映了民心能不能连在一起。通过积极倡导和推动传承和弘扬丝绸之路友好合作精神,在文化交流、学术交流、人才交流、媒体合作、志愿服务等方面广泛开展合作,为双方合作的进一步巩固提供坚实民心。十年来,西安在教育、文化旅游、科技、医疗等多个领域与"一带一路"沿线国家开展了内容丰富、形式多样的国际合作,取得了良好的效果。

1.教育方面。西安各高校积极实施不断迎接国际教育变革潮流的教育开放政策,"一带一路"沿线国家积极参与教育合作,在培养国际化人才、支持国外教育等方面作出了有益尝试,培养了不少适合"一带一路"建设需要的高素质专业人才。同时,西安紧紧抓住"一带一路"提供的良好机遇,借助多边对外合作平台,通过提供优质师资条件、硬件设施等教育资源,支援沿线国家学校提升教师队伍建设、增强院校综合实力,并共享教育发展有益经验。"一带一路"建设倡议提出以来,西北大学率先成立中亚学院,是全国最早为中亚各国培养留学生的院校之一,依托综合性大学的学科优势,秉持"全球来源、全球存在、全球影响"的国际化理念,支持重点学科精准招生,因材施教,个性培养,累计为中亚五国培养了1200余名高素质人才。西安外国语大学立足多语种、多学科的办学优势,主动对接"一带一路"倡议,先后增设了10个"一带一路"沿线国家语言专业,包括波兰语、马来语、乌克兰语、哈萨克语、罗马尼亚语、匈牙利语、希腊语、捷克语、菲律宾语、白俄罗斯语,沿线国家的各大语种基本实现全覆盖。西安外国语大学还为中国数十家企业提供订单式外语培训,参训人数超过2000人次。西安

/ 一、总报告：西安参与"一带一路"建设的机遇、历程及成效 /

> 2014年1月10日，西北大学率先成立中亚学院，致力于为中亚各国培养语言+专业的复合型国际人才。

石油大学创新校企联合培养，积极开展国际企业订单式培养项目，与中塔（塔吉克斯坦）天然气管道公司、中吉（吉尔吉斯）天然气管道公司开展了国际化人才培养项目；与哈萨克斯坦曼格什套石油公司、长庆油田、延长石油集团等中外石油企业联合共建实习基地、实施双导师培养，为"一带一路"企业"走出去"提供人才支撑。其中，与中塔天然气管道公司联合开展的来华留学生人才培养项目，被国际劳工组织中国—蒙古局和中国高等教育学会列为国际化校企人才联合培养经典案例。由西安交通大学发起成立的"丝绸之路高校联盟"，共有来自五大洲32个国家和地区的132所高校积极参与，开展各种形式的合作，包括校际交流、人才培养、科研合作以及智库建设等方面。从2019年起，西安根据国家多边协议设立"一带一路"留学回国人员奖学金，累计发放1.28亿元人民币，资助7638名"一带一路"留学回国人员。每年为中亚国家选拔150名优秀留学人员，在西安设立"中亚五国"留学人员教育培养计划专项奖学金，使西安成为中亚学生热衷选择的留学目的地之一。

2.文化旅游方面。十年来，西安积极与沿线国家交流合作，搭建起"一带一路"带来的各种合作平台。从2013年的23个国际友好城市发展到2023年的40个城市，西安顺利当选为世界城市组织联合主席城市并获得连任。同时，西安拥有丰富的文化资源优势，长安十二时辰主题街区、大唐不夜城、易俗社文化街区等文化创新性地标，都向世界展示着古都源源不断的活力。近年来，西安充分发挥

>2023年10月29日晚,第九届丝绸之路国际艺术节在西安圆满落下帷幕。

国际交流平台的作用,东亚文化之都、丝绸之路国际艺术节、西安国际音乐节、西安国际舞蹈节、西安国际时尚周、西安丝绸之路国际电影节等都为推动文化交流,提升西安国际知名度和影响力作出了积极贡献。截至2022年,中国与"一带一路"沿线的142个国家在文化和旅游领域签署了协议或备忘录,组建了丝绸之路国际剧院联盟、博物馆联盟、艺术节联盟、图书馆联盟、美术馆联盟等,形成了多元互动的格局。2023年春节假期,西安文旅全面复苏,接待人次、旅游收入双创新高;重点景区人气爆棚,持续高位运行;西安监测的15家重点旅游景区累计接待227.79万人次,同比增长160%,恢复至2019年同期水平。2023年5月,中国与中亚五国在西安召开的中国—中亚峰会上达成了继续加强文化、旅游等人文合作的协议。此次峰会还提出制定中国至中亚旅游线路,邀请中亚五国共同参与"文化丝路"计划的实施。可以说,越来越多的"一带一路"文旅合作正在由愿景转变为现实,并逐步丰满,持续给沿线人民带来更多红利。不仅如此,西安还积极与沿线各国推进文明交流互鉴。西北大学文化遗产学院教授王建新带领团队在乌兹别克斯坦"寻找大月氏"的考古活动取得阶段性成果,确认了古代月氏西迁后的分布地域和文化特征,为研究古代中亚地区文化交流、文明碰撞等重大国际学术问题提供了新线索和新视野。西安还与沿线国家共同开展文物保护、举办文化遗产保护交流合作论坛等活动,和波兰等国达成一系列文物保护协议。

3.科技方面。 随着新一轮科技革命和产业变革的加速推进,科技创新成为竞争新焦点。西安围绕产业优势和经济社会发展需求，探索推进秦创原、西工大"三项改革"等体制机制创新。在能源开采、精细化工、电子信息、生物医药等领域与中亚国家联合开展技术攻关。2014年，西咸新区沣东新城以西安科研与现代产业基础为依托，打造集高科技、现代产业、第三产业于一体的高科技产业园区，筹建中俄丝绸之路创新园项目；作为高新区企业向中亚沿线国家辐射业务的合作平台，西安高新区于2015年成立了中亚丝绸之路产业园。此外，西安还积极谋求在境外建立国际科技合作产业园，在中亚地区建立中吉石油炼化产业园、中哈纺织产业园、中哈农业合作园等产业园。2021年3月，西安明确提出"创建国家综合性科学中心，为布局西安争取更多国家战略性科技力量"和"为国家区域性科技创新中心而奋斗"。2022年西安技术合同成交额超2600亿元，同比增长17%；全社会研发资金投入规模达到553亿元人民币，同比增长9.41%；研发投入强度达5.18%，居全国副省级城市第2位。2022年，西安荣获首批国家知识产权强市建设示范城市，并被授予全国具有影响力的综合科学中心和科技创新中心，成为继北京、上海、粤港澳大湾区之后的第四个全国"双中心"城市，标志着西安科技创新迈向高质量发展新阶段，为高质量打造"一带一路"科创中心注入强大动能。同年12月，在《自然》增刊上刊发的《2022年自然指数——科研城市》中，西安位列世界百强科研城市排行榜第29位。2023年9月27日，世界知识产权组织（WIPO）发布了最新全球创新指数（GII），西安晋升全球科技集群第19位，位列中国上榜科技集群第7位。

4. 医疗方面。推进中医药高质量融入共建"一带一路"，是健康丝绸之路建设的重要领域。近年来，西安充分发挥"一带一路"重要节点城市和服务国家向西开放的重要门户优势，依托国家中医药服务出口基地，深化与中亚五国，尤其是哈萨克斯坦在医疗领域的合作交流，积极推动中医药"走出去""迎进来"，围绕"五通"要求不断在医疗领域开拓创新合作，促进西安与中亚地区"民心相通"。2022年建成"中国—哈萨克斯坦传统医学中心"，中心和分中心先后在哈萨克斯坦阿斯塔纳及阿拉木图挂牌。截至2023年5月，已累计接诊患者6300余人。在为患者提供诊疗服务的同时，中心还对来自中亚国家的120名学员进行了中医药培训，有力推动了国际中医药文化的传播，成为陕西培育"以针带医、以医带药、以医带培、以医带销、以医带游"中医药服务出口新模式的生动实践。

PART TWO

二、专题篇章

- 2.1 政策沟通篇
- 2.2 设施联通篇
- 2.3 贸易畅通篇
- 2.4 资金融通篇
- 2.5 民心相通篇

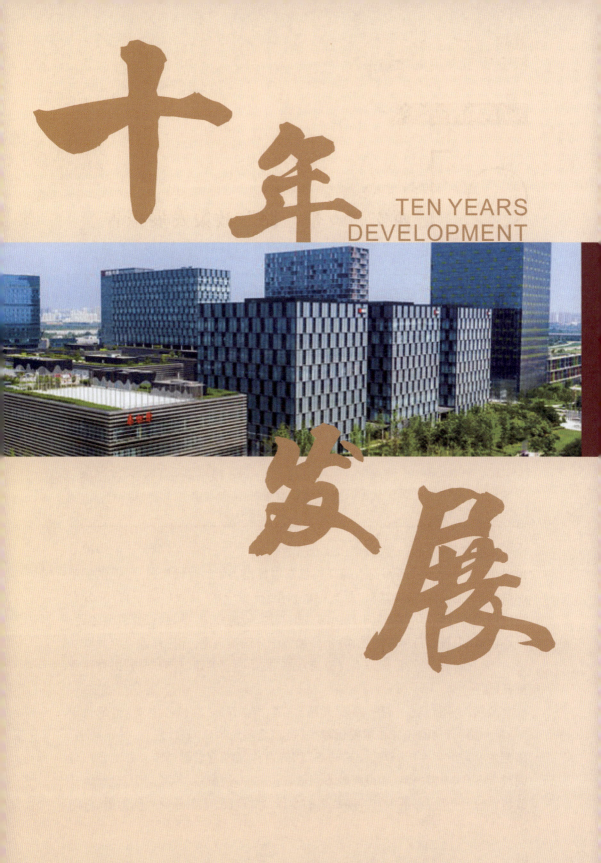

十年发展

TEN YEARS
DEVELOPMENT

2.1 政策沟通篇

01 西安"一带一路"政策发展报告

> 2013年,国家主席习近平在哈萨克斯坦和印度尼西亚访问期间提出了建设"丝绸之路经济带"和"21世纪海上丝绸之路"的重要倡议,旨在传承丝路精神,把自己融入到建设"一带一路"的大局中去,与各国合作建立开放平台,为共同发展和繁荣注入新动力。西安以高质量发展为中心,统筹规划实施,以建立新型发展模式和共建"一带一路"为目标,始终不渝地遵循共商、共建、共享的原则,持续加强基础设施"硬联通"、法律政策"软联通"、创新创业"心联通",在政治、经济、文化、科技、法律、人才等各方面都取得了令人瞩目的成绩,为推进"一带一路"高质量发展贡献了西安智慧和力量。

西安作为西北第一大城市和陕西省会城市,在"一带一路"建设中的地位举足轻重。"一带一路"为西安实现高质量发展提出了新的时代课题,也提供了新的时代机遇。自2013年以来,西安积极利用"一带一路"建设广阔平台,充分发挥区域优势,持续发力拓宽市场,以"政策沟通、设施联通、贸易畅通、资金融通、民心相通"为核心目标开展工作,不断加强国际政策沟通,促进基础设施互联互通,扩大双向贸易投资,促进人文交流互鉴,推动西安共建"一带一路"工作高质量开展。

政策沟通位居"一带一路""五通"之首,是"五通"的核心要素,也是共建"一带一路"行动的先导和重要保障,其特点是多元共商、联合开发、共建共享。国家主席习近平在第一届"一带一路"国际合作高峰论坛圆桌峰会上发表开幕词时指出:"'一带一路'建设跨越不同地域、不同发展阶段、不同文明,是一个开放包容的合作平台,是各方共同打造的全球公共产品。它以亚欧大陆为重点,向

/ 二、专题篇章 / 2.1 政策沟通篇 /

> 2023年10月18日，国家主席习近平在北京人民大会堂出席第三届"一带一路"国际合作高峰论坛开幕式。新华社记者 王晔摄

所有志同道合的朋友开放，不排除、也不针对任何一方。在'一带一路'建设国际合作框架内，各方秉持共商、共建、共享原则，携手应对世界经济面临的挑战，开创发展新机遇，谋求发展新动力，拓展发展新空间，实现优势互补、互利共赢，不断朝着人类命运共同体方向迈进。"[①]政策沟通的主要内容是加强政府间合作，建立多层面的政府间宏观政策交流与沟通机制，加深利益交融，增进政治互信，形成新的合作共识。中国对与"一带一路"沿线国家开展政策沟通极为关注，始终秉持"和平合作、开放包容、互学互鉴、互利共赢"的丝路精神和"共商、共建、共享"的基本理念。截至2023年6月，中国与152个国家、32个国际组织签署的合作文件已超过200个，涵盖投资、贸易、金融、科技、社会、人文和民生等多个方面。同时，中国在积极履行国际责任方面表现突出，尤其是在共建"一带一路"框

[①]中国政府网.习近平"一带一路"国际合作高峰论坛圆桌峰会上的开幕辞

架下，与各方发展规划、政策对接更加深入。在全球范围内，为形成促进全球共同发展的政策合力，使"一带一路"倡议与联合国2030年可持续发展议程进行有效对接。在区域范围内，"一带一路"倡议与《东盟互联互通总体规划》、非盟《2063年议程》、欧盟《欧亚互联互通战略》等区域发展规划或合作倡议有效对接，在促进互联互通和支持区域经济一体化进程方面达成共识。

西安以积极发挥政策沟通的引领和催化作用，在开展国际组织合作的同时，与沿线国家加强政策对接，制定互惠共赢的政策标准，并在国际上达成广泛共识。《共建丝绸之路经济带西安宣言》作为欧亚经济论坛务实合作的里程碑，其发布标志着西安率先推动政策互通，并迅速将丝绸之路经济带建设工作提上了日程。随后，西安以"战略谋划+行动方案+项目带动"的总体思路，成立了"一带一路"建设工作领导小组，在政治、经济、文化、科技、法律、人才培养等方面全方位推进"一带一路"建设。

一、出台丝路政策，描绘"一带一路"新时代壮美画卷

2013年9月，"丝绸之路经济带城市圆桌会议"通过了《共建丝绸之路经济带西安宣言》。2015年3月，《西安建设丝绸之路经济带（新起点）战略规划》和《西安欧亚经济综合园区发展规划》发布，为西安建设丝绸之路经济带新起点描绘出建设蓝图。6月，出台《丝绸之路旅游部长会议西安倡议（草案）》。7月，发布《陕西省"一带一路"建设2015年行动计划》。12月，制定颁发《西安市"一带一路"建设2016年行动计划》。2017年，出台《陕西省推进建设丝绸之路经济带和21世纪海上丝绸之路实施方案（2015—2020年）》，明确将建设交通商贸物流中心、国际产能合作中心、科技教育中心、国际旅游中心、区域金融中心作为"一带一路"建设的主要目标，并把五个中心作为贯彻落实"五通"要求的陕西实践。西安以此为指导，制定了《西安市"一带一路"建设2017年行动计划》。为加强陕西在"一带一路"建设中的支撑作用，推动枢纽经济、门户经济、流动经济的发展，打造内陆改革开放新高地和"一带一路"五大中心，陕西省出台了《"一带一路"建设2018年行动计划》。为促进与"一带一路"沿线国家技术交流、互联互通、服务陕西企业"引进来"和"走出去"计划，陕西省结合全省标准化工作实际，于2018年8月制定了《陕西省标准联通共建"一带一路"行动计划（2018—2020年）》。

2019年4月，推进"一带一路"建设工作领导小组办公室在第二届"一带一

路"国际合作高峰论坛召开之际,发表报告《共建"一带一路"倡议:进展、贡献与展望》,并在同年推出《2019年"一带一路"建设行动计划》。《陕西省"一带一路"建设2020年行动计划》于2020年4月初印发,提出了28项举措,包括推动交通商贸物流中心优化升级、深化拓展国际产能合作中心、提升科教中心影响力、促进国际文化旅游中心做强做优、加快丝绸之路金融中心创新发展等。

  2021年是"十四五"计划开局之年,陕西省为深入贯彻落实党中央、国务院关于建设"一带一路"的总体部署,推动"一带一路"建设高质量发展,不断推进"一带一路"五大中心建设的过程,在内陆加快打造改革开放高地,聚集资源于大项目、大平台、大通道、大数据建设,着力构建以国内大循环为主体、国内国际双循环相互促进的新发展格局,制定了《陕西省推进"一带一路"建设2021年工作要点》。根据《陕西省"十四五"深度融入"一带一路"大格局、建设内陆开放高地规划》《西安市国民经济和社会发展第十四个五年规划和二〇三五年远景目标纲要》《西安建设"一带一路"综合改革开放试验区总体方案》等文件,西安市积极推动西安在"十四五"期间实现优质发展,不断扩大开放,于2022年颁布了《"十四五"西安建设"一带一路"综合试验区实施方案》。2023年是"一带一路"建设倡议提出的十周年,也是"十四五"规划推进的关键之年,西安市制定并印发了《2023年度西安市推进"一带一路"建设工作要点》。

>2023年10月17日,在北京国家会议中心附近拍摄的"一带一路"国际合作高峰论坛景观布置。
新华社记者 陈斌摄

二、聚焦经济政策，筹划"一带一路"开放经济体系

党的十八大以来，西安坚持新发展理念，以供给侧结构性改革为主线，加快推进经济结构战略性调整和产业优化升级，不断推动创新成果与产业发展紧密对接，主动融入"一带一路"大格局，实现了经济的高质量发展。

2022年10月18日，为加快产业转型升级、培育经济增长新动能、打造特色现代产业体系，西安印发了《"十四五"工业和信息化发展规划》。作为"一带一路"核心区域和重要节点城市，西安充分利用"一带一路"的巨大机遇，瞄准海外市场，统筹战略布局，搭乘"丝路快车"，分享政策红利。西安企业通过积极拓展市场空间，与沿线国家的各类企业开展创新合作、深化业务关联、延伸产业链条、共享技术经验等一系列措施，大力发展现代金融、现代物流、通信服务、文化旅游和信息服务等服务业，进而使企业自身的核心竞争力得到显著提升，同时也为西安经济增长贡献了新的活力。

为全面贯彻新发展理念，西安加快推进对外开放相关产业和重点领域的发展，并着力构建具有西安特色的开放型经济体系。为加快推进新时代高水平的

>2023年9月23日，第八届丝绸之路经济带城市圆桌会暨世界文旅局长会议在西安召开。

对外开放,西安结合实际,先后制定了推动服务业转型升级、加快涉外法律服务业发展、推动现代金融业高质量发展、培育电子商务发展新功能、打造国际会展名城、拓展企业发展新空间、推进贸易高质量发展、深化国际经济合作等方面的补充政策。

三、制定文化政策,撰写"一带一路"巍峨壮阔史诗

文化旅游产业能够汇聚区域人气,推动贸易发展与交流合作,带动相关产业协同发展。2014年3月27日,国家主席习近平在联合国教科文组织总部发表演讲,指出:"我们应该推动不同文明相互尊重、和谐共处,让文明交流互鉴成为增进各国人民友谊的桥梁、推动人类社会进步的动力、维护世界和平的纽带"。2014年6月22日,中国、哈萨克斯坦、吉尔吉斯斯坦三国联合申报的"丝绸之路:长安—天山廊道的路网"被联合国教科文组织第38届世界遗产委员会评定为世界文化遗产。"丝绸之路:长安—天山廊道的路网"在我国境内涵盖22处考古遗址,其中陕西省共有7处,西安就占有5处,分别是汉长安城未央宫遗址、唐长安城大明宫遗址、大雁塔、小雁塔和兴教寺塔,这表明西安在加强世界文明交流互鉴、促进全球文明多样化、提升沿线国家保护人类遗产力度方面具有难以替代的历史地位和现实作用。

西安拥有丰富的历史文化、红色文化、丝路文化等资源,对其进行深度挖掘、传承弘扬、创新转化,不仅可以激活其背后所蕴含的深厚底蕴,还可以实现西安文化旅游的优质发展。西安与"一带一路"沿线国家开展文化旅游合作,一方面,可以把丝路沿线国家丰富的多元历史文化资源串联起来,进而将沿线国

省份	申遗点
陕西省	汉长安城未央宫遗址
	唐长安城大明宫遗址
	大雁塔
	小雁塔
	兴教寺塔
	张骞墓
	彬县大佛寺石窟

>陕西省"丝绸之路:起始段和天山廊道的路网"申遗点

家旅游线路和旅游市场进行整合，从而让中国传统文化走出去，让更多的人了解西安；另一方面，可以在实现沿线国家文化交流互联互通的基础上，促进西安与沿线国家城市的经济交流与合作和对外经贸往来。

2011年9月3日，国家文物局和陕西省人民政府在西安召开专题会议，决定联合设立汉长安城国家大遗址保护特区，成立以陕西省人民政府和国家文物局主要领导为组长的特区建设领导小组，制定多项扶持政策，全力推进汉长安城未央宫遗址保护和特区建设，这也是西安成立的全国首个文物保护特区。2012年5月，中国与哈萨克斯坦、吉尔吉斯斯坦共同启动了"丝绸之路：长安—天山廊道的路网"世界文化遗产的申报项目，作为丝绸之路东方起点的汉长安城未央宫遗址名列其中。随后，成立了由西安市市长任组长、分管副市长任副组长并兼任办公室主任的领导小组，印发了《西安汉长安城国家大遗址保护特区实施方案》。在西安市建设特区领导小组及办公室的指导下，未央区按照"政区合一"的模式成立了特区管委会，具体负责特区建设的组织实施工作，同期启动了未央宫遗址区申报世界文化遗产项目。2013年4月，国家文物局和陕西省人民政府在西安召开第二次省部专题会议，对汉长安城未央宫遗址保护与建设、申遗项目建设等工作进行研究部署。

2022年9月，国家文物局和陕西省人民政府在西安召开的第三次省部专题会上，就推进汉长安城未央宫遗址保护利用工作进行研讨。同时，特区管委会会同市自然资源局到自然资源部专题汇报《汉长安城遗址国土空间规划》编制工作，自然资源部国土空间局同意将《汉长安城遗址国土空间规划》编制工作列入全国大遗址国土空间规划编制试点，支持西安统一编制大遗址保护规划和国土空间规划，由自然资源部会同国家文物局组织专家组进行指导。

> 西部科技创新港

2023年6月，西安发布了《关于调整西安汉长安城国家大遗址保护特区管理体制和机构编制的通知》，进一步优化了汉长安城特区的体制机制。

四、推行科技政策，智造"一带一路"科技新型火种

科技是国家强盛之本，也是增强国家综合实力和竞争力的源动力。我们必须借助科技的力量，破解深层次矛盾问题，突破自身发展瓶颈。中国自"一带一路"倡议提出以来，先后开展了中国—东盟、中国—南亚等科技合作项目，联合东盟、南亚、阿拉伯、中亚、中东欧共同建立了区域技术转移平台，发起"一带一路"国际科研合作联盟，促进科技成果在沿线各国的转化与应用。

2017年，共建"一带一路"科技创新行动计划的启动，为加强西安与沿线国家的科技合作提供了良好的契机。近年来，西安充分发挥高校、科研院所、高等人才等资源，持续推进科技创新驱动发展，加强"秦创原"科技平台建设，全面提升装备制造、新能源汽车、航空航天等支柱性产业的创新供给能力，促进创新优势向发展优势转化。西安在科技创新、人才培养、成果转移等方面加强与"一带一路"沿线国家的合作，在实现科技资源共享共赢的同时，也畅通了科技创新资源内外联动的双向合作通道。

2018年8月，全球硬科技创新暨"一带一路"创新合作大会在西安举行。本届大会的举办是西安积极构建国际开放平台，推动丝绸之路沿线国家和城市之间科技交流合作、经贸往来、文化碰撞交汇，充分发挥国家中心城市定位作用的重要举措。大会还发布了《2018年中国硬科技产业发展白皮书》，同时宣读了《"一带一路"硬科技创新合作西安宣言》，并在聚焦硬科技产业，推动创新发展；加强硬科技合作，促进共享共赢；培养硬科技人才，提供坚实支撑；强化硬科技协作，促进成果转化等四个方面达成共识。

2018年11月,"一带一路"背景下的工程科技人才培养暨第十三届科教发展战略国际研讨会在杭州举行。在本次大会中,西安交通大学、浙江大学、清华大学、英国诺维萨德大学、马来西亚拉曼大学等10余所国内外高校作为创始成员,共同发起和创立了"一带一路"工程教育国际联盟。联盟旨在以工程科技服务"一带一路"建设为出发点,促进沿线国家工程科技人才培养、科技成果转化、数据信息对接等合作,推动中国工程技术、工程文化、工程精神、工程标准"走出去",为"设施连通"助力。

西安为贯彻人才强国战略、创新驱动发展战略,加大海外高层次人才智力项目引进力度,进一步加强"综合科研中心""科技创新中心"建设,制定了《西安市引进海外高层次人才智力项目管理办法》。为深入贯彻落实科教兴国、人才强国、创新驱动发展战略,推进西安综合性国家科学中心和科技创新中心建设,深化国际科技合作与交流,加强国际科技合作成果产出,制定了《西安市国际科技合作基地认定管理办法》。为有效提升西安国际化水平,逐步完善创新创业体系,制定了《西安市离岸创新创业平台认定管理办法(试行)》。

为进一步激发社会各界创新创业活力,吸引更多的海内外人才、技术和项目落户,制定了《西安国际创业大赛获奖项目奖励和落地资助实施细则》。为更好地规范对外籍工作人员的服务和管理,切实维护外籍人员和用人单位的合法权益,不断优化引智引才环境,积极引进各类紧缺外籍人才,着力打造"一带一路"人才集聚地,加快建设具有国际竞争力的外籍人才引进体系,更好地为西安市外籍人才就业创业提供有力支撑,制定了《外国人西安工作管理办法(暂行)》。

五、践行法律政策,蕴蓄"一带一路"坚实发展底气

2018年12月,西安紧抓最高人民法院第二国际商事庭在西安国际港务区选址这一契机,决定在西安国际港务区打造"一带一路"国际商事法律服务示范区,推进国际业务法律服务。创建"一带一路"国际商事法律服务示范区,既是习近平总书记的重要指示,又是落实"一带一路"战略,为"一带一路"建设提供法治保障和法律服务的重要举措,对西安乃至陕西更好融入"一带一路"战略、加快构建新的西部大开发格局、打造内陆改革开放高地具有重大作用。

2020年9月,司法部办公厅印发《支持西安"一带一路"国际商事法律服务示范区建设的分工方案》。西安成立了国际港务区"一带一路"国际商事法律服

务示范区工作推进局,组建了一支熟悉涉外法律服务工作的专业队伍。2020年12月,中国—上海合作组织法律服务委员会西安中心、"一带一路"律师联盟西安中心、西安"一带一路"国际商事争端解决中心(以下简称"三个中心")挂牌成立。"三个中心"自设立并运行后,加快了西安建设市场化、法治化、国际化的营商环境,对整个示范区的发展起到了积极的推动作用,对"一带一路"国家商务法律服务示范区的构建与功能的实现具有重要的支持作用。在规划中,示范区将成为法治创新的聚集区和法律服务的高地,立足陕西,服务丝绸之路经济带沿线国家和地区,为推动"一带一路"建设高质量发展提供全方位的法治保障和法律服务。

西安深化涉外法治建设,助力"一带一路"国际商事法律服务示范区的发展稳步前进。近年来,西安充分利用"三个中心"的平台优势,不断推进"涉外法制建设",促进"一带一路"国际商事法律服务示范区(以下简称"示范区")的行稳致远。同时,西安还着力于打造政策保障专区,持续推动"示范区"建设列入省、市"十四五"规划和《陕西省"十四五"深度融入共建"一带一路"大格局、建设内陆开放高地规划》《西安建设"一带一路"综合改革开放试验区方案》,支持"示范区"和"三个中心"建设写进《陕西省律师条例》,支持涉外法律服务业发展具体

> 2021年10月18日,在2021年欧亚经济论坛法律服务分论坛上,与会嘉宾围绕"迈向法律合作新时代 共建人类命运共同体"主题进行深入交流。

措施纳入《西安市加快推进新时代对外开放补充政策》,并发布《西安市涉外法律服务业奖补政策申报指南(2023)》,指导西安国际港务区主动承担起建设主体作用,采取"一企一策",为"示范区"内的各种法律服务机构提供人才税收、子女教育、经营服务等方面的优惠,为"示范区"吸引人才创造了有利的政策环境。

六、实施人才政策,提高"一带一路"人才教育水平

促进国际教育交流与合作,能够在人才方面为沿线各国搭建起沟通的桥梁。教育部提出,要以西安和兰州为战略支点,以"一带一路"为中心,以高水平大学为先导,辐射带动整个西部地区的高等教育发展。

西安为进一步构建规范统一、支持有力、效用明显的科技创新和人才队伍建设体系,在《西安市打造内陆改革开放人才高地强化人才队伍建设及科技创新三年行动计划(2020—2022年)》基础上,结合实际制定了以下补充政策:积极引进硕博研究生、支持市属单位招收博士研究生、加快高技能人才培养、完善培养高技能人才的激励机制、支持军队医学人才引进、加强知识产权创造运用和保护、促进技术交易和合同登记、实施科技金融融合业务奖励补助、持续加大企业研发投入、促进区域协同创新发展、打造创新创业活动平台、支持研发创新平台建设。

> 2.1 政策沟通篇

02 制度创新
中国（陕西）自由贸易试验区（西安区域）便利化改革措施

中国（陕西）自由贸易试验区

中国（陕西）自由贸易试验区总面积119.95平方公里，包括三个片区，分别为中心片区、西安国际港务区片区和杨凌示范区片区。中心片区总面积87.76平方公里，包括西安高新区、西安经开区和西咸新区沣东新城、秦汉新城以及空港新城部分区域，以促进战略性新兴产业和高新技术产业发展为重点，以尖端制造、航空航天、现代物流、经济贸易等产业发展为要点，以深化人文交流深度、拓宽人文交流广度为抓手，着力打造高端产业园区和人文交流区域。西安国际港务区片区总面积26.43平方公里，由西安国际港务区和西安浐灞生态区特定区域组成，以国际贸易、现代物流服务、金融业服务等为主要产业，致力于打造"一带一路"国际内陆中转枢纽港、开放创新的金融产业高地及新的欧亚贸易和人文交流合作平台。杨凌示范区总面积5.76平方公里，包括杨凌示范区部分区域，以发展农业科技创新和技术示范推广为重点，全面拓展国际农业领域交流合作，建立"一带一路"现代农业国际交流合作中心。在中国（陕西）自由贸易试验区中，西安区域总面积114.19平方公里，占比95.2%，包括高新区、经开区、国际港务区、浐灞生态区、空港新城、沣东新城、秦汉新城和能源金贸区等8个功能区。中国（陕西）自由贸易试验区（西安区域）在"一带一路"框架下，探索出一套具有可复制性和可推广性的体制创新模式，为推进我国西部的发展和开放作出积极贡献。

2016年8月31日,党中央、国务院批准设立中国(陕西)自由贸易试验区。2017年4月1日,中国(陕西)自由贸易试验区正式运营。中国(陕西)自由贸易试验区是我国第三批自由贸易试验区,是西北地区首个自由贸易试验区,其中西安区域占陕西自贸区面积超过九成,包括8个功能区。自正式运营到2022年,《中国(陕西)自由贸易试验区总体方案》确定的165项试点任务全面开展,形成622个创新案例。中国(陕西)自由贸易试验区(西安区域)形成以制度创新为核心、可复制、可推广的试点经验,在"一带一路"建设中进一步推动西北地区开发开放。

中国(陕西)自由贸易试验区(西安区域)自设立以来,坚持以制度创新为核心,以可推广为要求,承担着试验新制度、推动地方发展的重任。中国(陕西)自由贸易试验区(西安区域)自运营以来,有30项改革创新成果在全国得到复制和推广,83项改革创新成果在陕西省得到复制和推广。首先,中国(陕西)自由贸易试验区(西安区域)贯彻落实简政放权、放管结合、优化服务的改革政策,坚持目标导向、问题导向,推动政府管理方式变革改革、管理手段不断创新,降低制度创新成本,提升企业认同感和获得感。该区域通过"放"来发挥市场主体的作用,实行关税减让和原产地规则优惠,降低"一带一路"企业贸易成本,加速沿线经济对外开放。另外,中国(陕西)自由贸易试验区以"管"保障市场秩序,推进"双随机,一公开"的市场监管方式,以原产地规则为依据,对"一带一路"国家企业产品原产地的法律法规和规章进行认定,以加强对市场的管理。中国(陕西)自由贸易试验区西咸新区的"三服四化"的改革经验,在全国范围内得到了复制和推广。

西咸新区还通过"服"提供满足青年创业人才需求的园区服务和高效便捷的业务办理,通过打造低本高效、生活便利、项目多元的园区服务来支持青年创新创业,通过推进"一网通办""不见面审批""一件事一次办""省内跨区通办""跨省通办"等创新方式,规定部分企业经营许可"证照分离",大大节约了办事群众的时间,方便了企业办事群众的业务办理。"放、管、服"政策的实施,既保证了市场正常秩序,又激发了市场活力,更是减少了办理流程和办理所需时间,极大地便利了企业群众。

一、减让利好和原产地优惠让企业共享贸易红利

2022年1月1日,由东盟十国和中日韩等国签署的《区域全面经济伙伴关系

/ 二、专题篇章 / 2.1 政策沟通篇 /

>中国(陕西)自由贸易试验区高新功能区

>中国(陕西)自由贸易试验区经开功能区

协定》(RCEP)正式生效，标志着全球规模最大的自由贸易协定达成，是地区国家以实际行动维护多边贸易体制、建设开放型世界经济的重要一步，对深化区域经济一体化、稳定全球经济具有标志性意义。

中国（陕西）自由贸易试验区（西安区域）基于关税减让和优惠原产地规则，开展对外贸易试点，积极探索规则内的优惠，深化全面"一站式"服务，出台多项举措，共享RCEP落地红利，实现贸易双方或多方的共赢。今后，中国（陕西）自由贸易试验区（西安区域）将充分发挥改革开放先行先试平台的作用，与RCEP成员国深化合作，主动融入，逐步建立和推进规则、管理、标准等制度化开放，加大自贸区建设力度，促进西安"一带一路"开放型经济的高水平发展。

二、服务园区为青年搭建创新创业舞台

"一带一路"科技创新成果需要平台载体实现成果转化和产业化发展，中国（陕西）自由贸易试验区（西安区域）不断加快创新步伐，以能源金贸区为依托，将其作为秦创原总窗口形象展示区，重点建设运营科技创新载体平台，吸引青年人才回流，汇聚万众创新智慧，推动科技创新产业持续高速发展。

西咸新区丝绸之路经济带能源金融贸易区积极响应"大众创业、万众创新"号召，与国内著名创业服务机构"飞马旅"开展了全方位深度合作，打造了环境一流、服务一流的西咸新区青年创业园，是西部最大的面向大学生群体的创业园区，成为陕西乃至西部青年渴望和向往的创业创新热土，为青年才俊们提供了一个可以尽情挥洒睿智和激情的舞台。

坐落在上林路南段与能源二路十字东北角的西咸青年创业园，紧邻大西安新中心商务区核心区，项目总投资额约6亿元，占地面积1395亩，总建筑面积约11.82万平方米。作为园区创新创业创造的重要载体，西咸青年创业园不仅肩负着能源金贸区实施创新驱动发展战略的使命，更承载着广大创客创新创业创造的梦想。西咸新区管委会致力于将西咸青年创业园打造成西咸青年创业"示范园"、园区中小企业服务"试验田"、新型社区文化"生长点"。项目以创业、青年、青春、梦想、小镇、社区为主题，以社会化服务和互联网为重点，聚焦社会服务和互联网，形成低成本、高效率、富有生活气息的融合家园、校园、园区为一体的综合性创业社交空间，对青年创业给予全方位的支持和帮助。

截至2023年11月，飞马旅业（西咸）已成功招引科技型企业176家，培育国家级高新技术企业6家，科技型中小企业17家，"科学家+工程师"团队2个。平台先后获得2021年全国百家特色孵化载体、最佳孵化器等荣誉称号。

位于能源金贸区文教园片区的西咸国际文创小镇,总占地约1200亩,总建筑面积20.5万平方米,总投资16亿元。该项目一期占地675亩,建筑面积约12万平方米,以"泛文化"为核心,打造一个由联合办公、小型会展、创业公寓及配套商业为一体的创新创业"生态圈"。同时,围绕"文化+贸易",打造国家对外贸易平台,建设西部最具文创理念和创新创造氛围的创意产业聚集地。园区致力于打造金融贸易、科技文化和绿色生态兼备的多功能文创园区,鼓励创业投资,将创新点子变为创新实业,已有西部传媒、爱克斯未来、西北数字零售产业园、人民中科互联网内容安全风控基地、医佰康儿童发育与智能康复中心、同济技术转移中心嘉博同创园、小犀牛健康科技、清安优能、创新科技园等多个项目落地,可满足青年人对购物、办公和健身娱乐的要求,园区内的产业链正在逐渐成型。

位于地铁16号线秦创原中心地铁站东侧的西咸新区两链融合数字产业园,占地约1665亩,总建筑面积约31万平方米。园区以数字科技和智慧化服务为主题,建设成为具有前沿科技和智慧化体系的以服务平台为核心的起引领作用的产业园区。项目以"两链融合,共生共融"为主题,以多元共生、多层多链的多元

>西安西咸新区国际文创小镇

空间设计和产品布局为主线,构建一座全天候24x7(7天24小时)开放的数字产业园区,塑造公园式"科创园"。"两链融合·数字产业园"项目定位为"未来数字科技谷,智慧服务示范园",以打造门槛适度的数字科技创新高地为建设方向,形成与起步区一、二期协调差异化发展新模式;以开发全链条式的生产生活配套中心为建设举措,强化产业配套、生活配套一体化新发展;以建设产、城、景一体化的示范园区为建设目标,赋予区域产业生态融合发展新内涵。

秦创原安康创新飞地孵化园,总建筑面积约7.8万平方米,占地约35亩,位于金湾科创区三期,致力于打造科技发展和生态文化兼备的以产业创新为核心的技术孵化园区。园区内建有创业创新孵化园、产业技术创新基地、科技企业孵化基地、科技成果转化基地、科技人才培训基地,极大地满足了科技成果落地的需求。

2021年以来,中国(陕西)自由贸易试验区(西安区域)紧紧围绕秦创原创新驱动平台,充分发挥自贸试验区先行先试和秦创原先导区优势,以改革创新促进科技创新,初步释放出"双区联动"的优势。在中国(陕西)自由贸易试验区高新功能区举办的2022年秦创原集成电路加速器(西安电子谷核心区)新春招商推介会上,西安高新丝路通信创新谷有限公司与西安地区科技交流中心等4家行业机构签订合作协议,并与戴德梁行、世邦魏理仕等8家招商机构签订招商推介暨合作协议。秦创原集成电路加速器(西安电子谷核心区)以集成电路、

人工智能、工业互联网等为主要产业对象，致力于建设秦创原电子信息产业转移基地。

同时，中国（陕西）自由贸易试验区（西安区域）还围绕能源金贸区，聚焦以秦创原科创为载体的建设运营，为更多的"创新种子"提供长成"产业大树"的沃土，吸引了越来越多的科创项目在园区落地、生根、发芽。未来，能源金贸区将继续以秦创原为核心，以"创新驱动"为中心，健全"创新、创业"的孵化机制，不断地推动载体平台的建设，推动科技成果的转化，让企业的创新和创新的动力得到充分地释放，为高质量的孵化平台和入孵企业提供全方位的支持，推动科创产业的持续、高速发展。

三、智慧办理便利企业行政审批

中国（陕西）自由贸易试验区西安管委会利用大数据、人工智能等先进技术，按照国家"互联网+政务服务"政策，开发了智慧政务服务审批系统，将过去的人工审核审批变为系统智能研究判定后自动审核审批，从而进一步推进"放、管、服"改革，营造更好的地区营商环境，实行"同标准、无差别、零跑腿、零见面"的"智慧办"，把现代高科技融入到政务服务当中，改革多个环节，研发智能化审批辅助系统，在政务服务平台开设"智能审批"模块，率先开通出版物零售许可证、饮用水供水单位许可证、公共场所卫生许可证等高频业务，由曾经费时费力的人工审核改为现今省时省力的系统自动审核。

中国（陕西）自由贸易试验区西安管委会通过面部图像识别验证来替代传统的人工验证，借助智能审批辅助系统，业务环节得以减少。由此，可以将预审、受理、审批、办结等传统审批环节，整合成一个环节，由系统自动进行审批，使得企业办理事项审批快速完成，并及时得到结果反馈，无需进行繁琐的流程，只需在智能指引系统中完成身份认证及相关材料的填写即可，将传统的多个环节办理流程简化为方便前来办理的群众的一个环节，使群众只需一次递交申请，即可办理完毕。这样的模式减少了经办人员跑动，让所有数据均在系统内，以数据调动代替人员跑动，将企业法人、自然资源、空间地理、电子证照、税收、信用、投资项目、社会保障等信息资源建设成高频数据共享库，统一数据规范，审批申请经企业网上报送后，系统会自动流转数据、自主实时校验、自动审批反馈系统后台、跨部门共享结果。加大督查力度，对监测情况实行全程专人负责，一旦发现违法违规事件，立即可以进行处理。在审批系统中嵌入市场主体信用信息，在审批环节前自动判断申请人资信状况，降低潜在的审批风险。采取人工不定期抽查、现场督查、交叉检查等方式，对"智能审批"的审批手续、审批结果进行检查抽查，存在弄虚作假、恶意欺骗的，依法依规进行行政处罚或联合惩戒，向社会曝光失信情况，形成全流程信用监管链条。智慧化办理，将智能系统审核和人工审核统一起来，让政务服务变得更加智能化，既能确保工作的质量，又能显著地提升工作的效率，智能化已经成为促进地区高质量发展的重要助力。

"智慧办"实施后，企业群众办理审批事项无需预约、无需排队、无需提供纸质材料，只需登录政务服务平台或微信公众号，即可完成网上审批。以办理"公共场所卫生许可证变更"为例，以往申办人员需要提交6份材料，需要经过申报、受理、审核等多个环节，线下前往综合服务大厅领取证件。实行智能审批后，申请人只要在网上提交信息，系统自动受理、智能审批后，几秒钟就能获得电子证书，大大提高了审批的效率，为企业节省了大量的时间。

基于"智慧办"带来的众多成效，中国（陕西）自由贸易试验区西安管委会将继续探索更多领域可以便利民生、促进发展的良策，持续深化"互联网+政务服务"，应用高新技术于政务办理，加快推出更多高频事项智能审批服务，让技术进步和改革红利惠及更多的"一带一路"建设企业，不断提升沿线企业、群众办事的便捷度、满意度、获得感。

此外，中国（陕西）自由贸易试验区（西安区域）还利用"互联网+"智慧办理思路运用于其他优势产业，以优势产业带动其他产业的发展。优势产业是自贸试验区实现更好发展的基础，也是推动制度创新的先决条件。中国（陕西）自由贸易试验区（西安区域）一直以来都坚持把制度创新和网络功能的培养有机地结合起来，充分调动了市场的活力，对新的经济形态和经营方式进行了积极的探索，为产业的成长提供了强大的动力。多年来，中国（陕西）自由贸易试验区（西安区域）结合网络，以点带面，形成了各功能区域特色鲜明的产业集群，其中电信产业、先进技术制造业、会展系列产业、现代科技农业、跨境电子商务等不断做大做强。在中国（陕西）自由贸易试验区（西安区域）的积极探索下，高新功能区聚集了汽车及装备制造、生物医药、电信和新兴产业，经开功能区聚集了制造业和包装业先进技术，国际港务功能区则聚集了综合性物流，浐灞功能区将会展和商贸、旅游等领域融合起来，已初步构建起"互联网+"的发展体系。

2.1 政策沟通篇

03 法律保障
跃动的法治脉搏助力"一带一路"建设

"一带一路"倡议的成功实施依赖于法律的支持与保护以及法治合作的不断加强，通过建立"一带一路"国际商事法律服务示范区，加速市场化、法治化、国际化的商业环境建设，从而推动了西安的对外开放与发展。

中国—上海合作组织法律服务委员会西安中心、"一带一路"律师联盟西安中心、西安"一带一路"国际商事争端解决中心等在西安的揭牌，标志着国内首个"一带一路"国际商事法律服务示范区在西安正式启动。该示范区覆盖西安国际港务区全区域，规划建设总面积89.89平方公里。示范区聚焦于构建以最高人民法院第二国际商事法庭、第六巡回法庭、司法部设立的"三个中心"及西安知识产权法庭为支撑的高水平司法资源平台。其核心服务包括商事诉讼、仲裁、调解、外国法律的查明与应用、公证服务，以及司法交流与合作，旨在建立一个"一站式"的国际商事法律服务生态系统。

>2020年12月1日，中国—上海合作组织法律服务委员会西安中心等在西安揭牌。

一、打造商事法律服务新模式

(一)"三个中心"成立的背景

为进一步优化西安国际营商环境,助力"一带一路"建设,2018年12月,最高人民法院和西安市决定在西安国际港务区建设"一带一路"国际商事法律服务示范区(以下简称示范区)。2020年5月,司法部为贯彻落实习近平总书记来陕考察重要讲话重要指示精神,决定在示范区内成立中国—上海合作组织法律服务委员会西安中心、"一带一路"律师联盟西安中心、西安"一带一路"国际商事争端解决中心,在中国(陕西)自由贸易试验区内实施律师制度政策创新。

(二)"三个中心"的基本情况及职能作用

中国—上海合作组织法律服务委员会西安中心主要承办上海合作组织法律服务有关会议、论坛、培训,开展与上海合作组织有关国家和地区各层次的法律交流合作以及上海合作组织有关国家法律政策、争端解决机制和法律服务热点、难点问题研究,经批准编制和授权发布国际贸易投资指南、涉外法规汇编、法律服务指引、经贸摩擦预警信息,为区域经贸合作提供法律服务和法治保障。

"一带一路"律师联盟西安中心主要负责组织和承办司法部及其下属机构、

>2023年9月23日,域外法查明实务培训交流会走进西安高新区。

律师联盟和中华全国律师协会等机构的相关会议、论坛和培训活动。该中心还加强了与国内外法学院、法律研究机构及律师协会的合作,专注于国际商事法律服务中的关键和热点问题研究,为企业提供跨境贸易与投资的法律咨询和支持。

西安"一带一路"国际商事争端解决中心主要以有效解决国际商事争端为目标,依托最高人民法院第二国际商事法庭,聚合境内外优质法律服务资源,开展国际商事争端仲裁和调解,打造调解、仲裁、诉讼有机衔接的"一站式"国际商事争端解决平台,培育和发展面向"一带一路"国家和地区的国际商事争端解决全产业链和生态链,为境内外商事主体提供综合性的国际商事争端解决服务,最大限度减少跨境投资与贸易交易风险,降低投资交易摩擦成本。

二、构建法律服务产业"一站式"平台机制

2022年10月8日,西安仲裁委员会整体搬迁入驻西安国际港务区。西安仲裁委员会的入区,是"一带一路"国际商事法律服务示范园致力于构建"一站式"国际商事法律服务平台的阶段性成果,对示范区完善全生态链的"一站式"国际

> "一带一路"国际商事法律服务示范区

商事法律纠纷解决机制和建设西安国际仲裁中心具有重要意义。

"一带一路"国际商事法律服务示范园立足国际商事法律服务产业，以新平台、全链条、区域性和综合性为四大特色，全面加强示范区建设，积极打造国际商事争端解决产业"一站式"综合服务平台机制。产业园成立后，招引了北京大成(西安)、上海段和段(西安)、广东海埠(西安)、陕西沃创、陕西众致等多家律师事务所以及中国贸仲丝路中心、西安仲裁委员会、中国贸仲调解中心、商事调解中心、华东政法大学域外法查明中心、西安市破产管理人协会等各类法律服务机构和组织。通过与各类法治平台及法律机构紧密合作、加强互动、形成合力，打造以律师服务为主体、各类法律服务业态相辅相成的空间载体，业务涵盖商事诉讼、仲裁、调解、域外法查明、公证以及司法交流合作等数十类领域，深入法律服务产业的上下游，初步形成由律师事务所与关联产业、国际商事法律、其他服务等有机结合的全链条法律服务产业，为市场主体提供"一站式"法律服务。

如今，"一带一路"国际商事法律服务示范园在示范区全域范围内形成了以国际商事法庭项目大楼、西安仲裁委员会所在的国际仲裁中心项目大楼、司法部"三个中心"、西安知识产权法庭等专业法庭为主的四个法律服务聚集区，"一站式"国际商事法律服务要素体系初步建成。

新闻链接

贸仲丝绸之路仲裁中心获评"'一带一路'法律服务创新典型案例"

2023年11月12日，由法制日报社主办、法制网和法报文化传媒(北京)有限公司承办的第五届"一带一路"法律服务典型案例发布会在北京举办。中国国际经济贸易仲裁委员会丝绸之路仲裁中心(简称"贸仲丝路中心")获评"一带一路"法律服务创新典型案例，贸仲丝路中心副秘书长蒋红梅应邀出席会议。

来源：贸仲委丝绸之路仲裁中心微信公众号

法律服务产业"一站式"平台机制,大大提升了示范区内国际化、法治化营商环境水平,为"一带一路"对外经贸合作提供了高质量的法律服务保障,推动"一带一路"国际商事法律服务示范区成为国际商事纠纷解决及法律服务的首选之地。

三、提升商事法律聚集区服务新高度

"一带一路"国际商事法律服务示范园围绕中欧班列、国际贸易、跨境电商等"一带一路"特色业务,举办了"一带一路"国际建设工程热点法律问题学术研讨会、最高人民法院"一站式"国际商事纠纷多元化解决平台建设暨"一带一路"国际商事法律服务示范区发展研讨会、中欧班列法律服务论坛等活动,推动探讨"一带一路"沿线建设工程、"一带一路"商事纠纷多元化解决机制建设、铁路运单国际流通等法律问题的研究。依托最高人民法院国际商事专家委员会机制和"一站式"国际商事纠纷多元化解决平台等资源,举办了"一带一路"国际商事法律服务圆桌会议暨后疫情时代国际商事法律服务保障研讨会、欧亚经济论坛法律服务分论坛、首届"一带一路"商事法律合作高峰论坛等各类高端论坛、2023欧亚经济论坛"一带一路"商事法律服务分论坛等国际会议10余场,签署了《西北五省(区)省会城市"一带一路"国际商事法律服务合作框架协议》。

此外,"一带一路"国际商事法律服务示范园加强与有关部门、重点涉外企业的对接联系,聚力搭建重点涉外企业与涉外法律服务团队交流平台,建立"法企对接"工作机制。截至2023年10月底,已经组织西安知名涉外法律服务团队为30余家外经贸企业解答了50余个法律问题并提供了"一对一"涉外法律问题解决方案。

为进一步解决企业在跨境投资和国际贸易过程中遇到的争端预防、企业海外利益保护和预警等法律问题,西安组织具有涉外法律业务和实践经验的知名律师事务所、资深法律服务团队,围绕中亚五国的国家概况、法律体系和贸易、投资、税收、劳动与就业、土地承包、获得土地林地、环境保护、知识产权保护等法律制度,以及争议解决、其他法律风险及防范措施等13个方面开展研究,精心编纂并在2023欧亚经济论坛"一带一路"商事法律服务分论坛上发布《中亚五国投资合作指南》,为企业开展跨境贸易投资提供了坚实支撑。推动西安仲裁委员会成立驻秦商总会仲裁服务中心,并分别在哈萨克斯坦、吉尔吉斯斯坦、巴西成立联络处;北京京师(西安)律师事务所成立中亚管理中心,在哈萨克斯坦阿拉木图市设立办公室并投入运营，下一步计划在乌兹别克斯坦设立办公室；北京盈科（西安）律师事务所与哈萨克斯坦、吉尔吉斯斯坦、乌兹别克斯坦等国家的法律服务机构建立全球"一小时"法律服务互通网络；上海段和段（西安）律师事务所联合段和段塔什干办公室建立乌兹别克斯坦法律服务智库平台。

"一带一路"国际商事法律服务示范区自2020年建设以来，随着诸多法律服务机构的竞相入驻，不仅为西安本地企业架起了法治"防护网"，也为国际企业托起了法治的"公平秤"，这片孕育法治营商环境的沃土，正在为西安经济迈向高质量发展提供着不竭动力。

/ 二、专题篇章 / 2.1 政策沟通篇 /

2.1 政策沟通篇

04 携手未来
欧亚经济论坛搭建开放合作大平台

> 2021年10月17日，2021欧亚经济论坛在西安国际会展中心举行。

欧亚经济论坛是经国务院批准成立，以上海合作组织国家为主体、面向广大欧亚地区的大型机制性涉外论坛。论坛以"依托上海合作组织、服务'一带一路'、促进地方发展"为宗旨，以"共建'一带一路'"为目标，以"高端、特色、务实"为品牌定位，在推动"一带一路"沿线各国加强互联互通、开展国际产能合作、搭建投资贸易平台等方面取得了丰硕成果。历届论坛聚焦"一带一路"建设和上海合作组织地区合作优先领域以及欧亚国家共同关注的热点问题，设置有金融、文化、旅游、科技、教育、生态等分会以及投资推介、项目对接等专题活动，邀请上海合作组织成员国、观察员国、对话伙伴国及丝绸之路经济带沿线国家政要，国际组织代表，相关国家驻华使节，国内外友好城市代表及欧亚金融、科技、文化、生态、旅游、经贸、教育领域的政府决策者、大型企业负责人、知名人士及专家学者、媒体代表等齐聚西安,进行交流、洽谈合作。

论坛创办至今,其定位不断跃升,作用日益凸显。2010年中共中央、国务院发布的《关于深入实施西部大开发战略的若干意见》中,提出"办好欧亚经济论坛,促进中西部地区互动合作和对外开放",确立了论坛作为西部大开发重要平台的定位。2015年3月,发布的《推动共建丝绸之路经济带和21世纪海上丝绸之路的愿景和行动》中,明确将欧亚经济论坛列为推动"一带一路"建设的重要平台。

一、影响深远:"一带一路"备受好评

纵观历届盛会,合作与发展是欧亚经济论坛最为核心的主题。2005年,首届论坛在西安举行,搭建中国中西部与中亚及俄罗斯相关地方区域经济合作平台;2007年,与会各国签署《西安共识》,提出在本地区能源、旅游、教育、金融等方面展开全面、广泛、持续的合作;2013年,《共建丝绸之路经济带西安宣言》发布,11月,中欧班列"长安号"正式登场……

2021年,欧亚经济论坛创新"一会一展"模式,首次同期举办欧亚经济论坛经贸合作博览会暨中国(陕西)进出口商品展,引入中国国际进口博览会优质资源。

2023欧亚经济论坛是在全面贯彻党的二十大精神的开局之年、在共建"一

>2023年9月22日,西安市委副书记、市政府党组书记、市长叶牛平出席2023欧亚经济论坛并讲话。

带一路"倡议提出十周年之际、在首届中国—中亚峰会成功举办并取得丰硕成果之后等多重特殊背景下举办的一次重要国际性会议,也是论坛创办以来的第十届会议,具有重要的里程碑意义。

随着内容不断丰富,欧亚经济论坛进一步推动了欧亚地区各国的政治互信、经济互融、人文互通,并作为陕西"一带一路"综合试验区和西安国家中心城市建设的重要载体,持续为深度融入共建"一带一路"大格局注入新的动力。

二、硕果累累:务实交流成绩斐然

经过近20年的发展,欧亚经济论坛已经成为推动"一带一路"建设、促进高水平对外开放的重要平台,不仅有效发挥了公共外交、政策协调、投资促进、项目对接的重要作用,还对促进国际交流合作产生了重要影响。截至2023年10月,已经先后促成了一系列大型合作项目的成功实施,累计完成能源俱乐部、开元城市发展基金、跨国数字图书馆建设、欧亚大陆桥交通一体化建设、"丝绸之路"跨国联合申遗等多个重大项目建设,一大批海内外龙头企业纷至沓来,落户西安。

作为欧亚经济论坛最直接的成果之一,从最初的"东拼西凑"到现在的"一箱难求",便捷高效的中欧班列"长安号",正是欧亚经贸合作不断深化的缩影。如今,西安作为欧亚经济论坛永久会址,"国际朋友圈"不断扩大,"双循环"核心枢纽地位持续巩固,内陆改革开放高地正加速形成。

三、未来可期:高质量描绘新蓝图

自2005年以来,欧亚经济论坛累计举办金融合作、能源开发、经济发展、新兴科技等领域平行分会50余个,签署《西安共识》《西安倡议》等宣言、倡议、白皮书超60个,促成参会各方签署合作协议、意向书、备忘录超200个,推动共建"一带一路"国家高质量发展。

2023年的第十届欧亚经济论坛,紧紧围绕落实"一带一路"倡议和中国—中亚峰会《西安宣言》内容,持续放大中国—中亚峰会成果,助力企业深度挖掘市场潜力、扩大交流合作。与往届相比,本届论坛主题更加鲜明、内容设置更加务实、品牌特色更加凸显、机制模式更加优化,呈现出如下特点:

(一)凝聚了陕西及西安与欧亚各国共建"一带一路"的广泛共识

中外政要在开幕式致辞中充分肯定了陕西及西安在"一带一路"建设中的

重要作用和取得的成绩,并希望论坛继续为加强区域对话、释放区域合作潜力和扩大陕西及西安与"一带一路"沿线国家合作作出新的贡献。各分会围绕落实中国—中亚峰会成果、促进地区相关领域合作进行了深入研讨。其中,法律服务分会针对"中欧班列铁路运单物权化的路径"等国际贸易商事法律难点展开讨论;丝路绿色能源分会组织国内27名学者及企业代表与中亚、东盟11位相关领域嘉宾探讨了合作发展意向、路径和模式,并参观了陕鼓集团绿色智慧能源互联岛示范项目。

(二)加快了陕西及西安深度融入共建"一带一路"大格局进程

在论坛相关会议活动中,省市相关企业、机构分别与哈萨克斯坦、乌兹别克斯坦、塔吉克斯坦等国家的企业签订了一批国际合作项目。配套博览会上,俄罗斯、德国、法国等23个国家展团集中亮相,并举办了14场经贸交流活动,签约项目36个,获得投资、落户意向15个。伊朗法尔斯省副省长默罕默德·法洛克扎德在中车集团展台表达了采购地铁的意愿,并进行详细磋商;欧亚经济论坛综合园区发展论坛上,塔吉克斯坦经济发展和贸易部下属的5个自由贸易区确定在西安领事馆区设立国际关系商务代表处,塔吉克斯坦马尔马里公司与陕西伟志集团确定共同在塔吉克斯坦建设和运营物流中心,中亚互联(西安)商务服务有限公司确定在浐灞生态区设立西北总部,并投资成立中亚国家商品馆;丝绸之路经济带城市圆桌会邀请了10个友好城市及机构、企业代表参会,推介西安旅游资源,市文旅局与韩国安东市签署了观光交流协议,并精选175件唐代精品文物在中亚五国线上展出。

(三)提升了陕西及西安与"一带一路"沿线国家和地区双向开放水平

各分会及博览会从陕西省及西安产业定位出发,围绕承接中国—中亚峰会

成果设计会议内容、邀请目标嘉宾,助力招商引资。欧亚经济论坛综合园区发展论坛促成缔因安大型检测服务中心、广东车海洋集团西北区总部、西部国家版权产业园等项目落户浐灞;企业家分会促成国研智能装备制造及零部件精密生产基地、茵络医疗西部研发中心、中科智谷智能装备产业园等项目落地西安;配套博览会上,西安爱列龙国际贸易有限公司与西安市汽车流通协会、中亚互联(西安)商务服务有限公司达成新能源汽车出口协议;法律服务分会发布了《中亚五国投资合作指南》,与西北五省省会城市律师协会签署了商事法律服务合作框架协议,初步构建了商事法律服务区域性合作框架。

(四)宣传了陕西及西安在"一带一路"建设中的地位和作用

通过新华社、中央电视台、人民日报等10余家央级媒体,CGTN(中国国际电视台)、新华网海外、中国日报网等8家面向海外的媒体、省市相关媒体、互联网媒体及广泛的城市立面氛围营造组成了强大宣传矩阵,各级媒体共刊发原创新闻1418篇(条),其中海外媒体31篇(条),总点击量4500万+,极大宣传了陕西及西安在"一带一路"建设中的优势和取得的成绩,彰显西安开放包容、互利共赢的城市气度。历经十届成功实践,欧亚经济论坛确立了独有的品牌特色,以打造丝绸之路经济带建设平台、上海合作组织国家经贸交流与合作平台和推进新时代西部大开发平台为发展目标,由当初的地方性国际会议发展为国家层面"一带一路"建设十大平台之一,同时也成为陕西"一带一路"综合试验区和西安国家中心城市建设的重要载体。

未来,欧亚经济论坛将明确论坛领导机制,努力构建"国家部委主导,省市联合推进"的运行机制;做好论坛成果跟踪,积极与各签约方和国际组织对接,跟踪成果、掌握动态,切实将意向、协议转化为落地项目;优化论坛内容设计。全面评估论坛十届成效,更有针对性地设置会议形式和内容,提升博览会质效能级。突出论坛配套博览会外向型经济特色,真正做到"以专业展为基础,以进出口展为支撑",探索面向"一带一路"沿线国家"走出去",将博览会打造成陕西及西安对外开放的重要平台,进一步提升配套博览会对"一带一路"沿线国家展商及国内市场的吸引力。

千百年来,丝绸之路承载的和平合作、开放包容、互学互鉴、互利共赢精神薪火相传。向后展望,深度融入共建"一带一路"大格局,西安正以欧亚经济论坛作为重要发力点,将"丝路精神"发扬光大,积极落实论坛达成的各项成果,奋力谱写西安高质量发展新篇章,全面推进中国式现代化西安实践踔厉前行。

2.1 政策沟通篇

05 大道同行
中国—中亚峰会
开启中国同中亚国家关系新篇章

2023年5月18日至19日,中国、哈萨克斯坦、吉尔吉斯斯坦、塔吉克斯坦、土库曼斯坦、乌兹别克斯坦共同在中国西安举行了首届中国—中亚峰会。峰会期间,各国领导人签署了《中国—中亚峰会西安宣言》,形成了54项主要合作共识和倡议,以及19项拟成立的多边合作平台,还达成了9项峰会框架内的多边合作文件。这次峰会是中国与中亚五国建交31年来首次以实体形式举办的中国—中亚峰会,标志着中国—中亚元首会晤机制正式扬帆起航,在绵延2000多年的中亚友好交往史上写就浓墨重彩的篇章,为推动"一带一路"高质量建设持续发展和地区合作注入了新的动力。

>西安街头拍摄的中国—中亚峰会主题装置

一、政治互信日益深化

中亚地区位于欧亚大陆的十字路口,是古丝绸之路的重要组成部分,也是现代"丝绸之路经济带"的重要节点。2013年,习近平主席首次提出共建"丝绸之路经济带"的倡议,这一倡议在他访问中亚国家哈萨克斯坦期间正式提出,彰显了中亚各国与"一带一路"倡议之间密切的关系。

中国与中亚国家的关系得到了高水平的发展,为双方共同建设"一带一路"提供了重要的政治保障。在过去的十年里,习近平主席多次出访中亚国家,以元首外交的方式引领推动了中国同中亚国家关系的跨越式发展。他与中亚五国元首保持着密切的交往,共同制定了高质量共建"一带一路"的宏伟蓝图。习近平主席亲自参与擘画了双方的发展方向,与中亚各国元首达成了重要的共识,共同推动了"一带一路"倡议与哈萨克斯坦的"光明之路"新经济政策、塔吉克斯坦2030年前国家发展战略、吉尔吉斯斯坦2040年发展战略、乌兹别克斯坦国家发展五大优先方向行动战略、土库曼斯坦"复兴丝绸之路"倡议进行了对接,共同签署了政府间合作文件,并制定了实施合作项目清单或合作规划的落实路线图。

在过去十年的"一带一路"建设中,中亚国家领导人积极参与了"一带一路"国际合作高峰论坛,并对此倡议给予了高度赞扬。他们认为"一带一路"倡议是

>2023年5月19日上午,习近平主席同五国元首亲切握手并集体合影。

各国解决后疫情时代危机和挑战的"金钥匙",为各国打开了机遇之窗,将各大洲不同国家紧密联系在一起。同时,中亚五国外长也集体出席了"一带一路"亚太区域国际合作高级别会议,并参与了发起"一带一路"绿色发展伙伴关系倡议、疫苗合作伙伴关系倡议等。

在元首外交的引领下,如今中国与中亚五国已建立了全面战略伙伴关系,并签署了共建"一带一路"的合作文件。双方在许多领域取得了显著成果,各级政府、企业、科研机构等达成了一系列合作共识,采取了多项重要举措,取得了丰硕的务实成果,初步形成了全方位立体化多层次的合作网络。

二、合作成果愈加丰硕

2022年,中国与中亚五国双边贸易额达到702亿美元,比31年前中国与中亚国家建交时增长了100多倍,共建"一带一路"不可忽视。十年来,中国与中亚国家在设施联通、贸易畅通、资金融通等方面紧密合作,共同打造出高质量共建"一带一路"的示范区。

中亚国家均为内陆国家,经济发展最大的障碍是缺少出海口,互联互通是双方合作的重中之重。中哈原油管道、中国—中亚天然气管道ABC三条线路运行顺利,中吉乌铁路、中国—中亚天然气管道D线建设取得积极进展;途经中亚的中欧班列在中欧班列开行总量中占比近80%,特别是在新冠肺炎疫情期间,扮演了全球产业链的"大动脉"和疫情防控的"生命线",成为驰骋欧亚大陆的"钢铁驼队";中哈连云港物流合作基地和"霍尔果斯—东大门"经济特区无水港投入运营,为中亚国家提供了面向太平洋的出海口;"中国西部—欧洲西部"公路、中吉乌公铁联运顺利运营,中塔乌公路常态化运行加快推进,中吉乌铁路项目谈判稳步开展……十年来,中国与中亚国家互联互通合作稳步推进,涵盖公路、铁路、航空、油气管道的全方位、立体化联通网络畅达四方。

中国连续多年位居中亚国家第一大或主要贸易伙伴。2022年,中国与中亚国家贸易额突破700亿美元,创历史新高。中亚小麦、大豆、干果、水果、牛羊肉等数十种优质农产品实现输出中国,有效促进双方贸易平衡健康发展。中哈建立产能与投资合作机制,迄今举行19轮对话,确定涵盖52个项目、总金额212亿美元的项目清单,中国首个跨境贸易和投资合作区——中哈霍尔果斯国际边境合作中心顺利运营;中吉签署了《关于加强产能与投资合作的谅解备忘录》;中土签订政府间五年合作规划(2021—2025年),加快推动两国能源与非资源领域

/ 二、专题篇章 / 2.1 政策沟通篇 /

> 2023年5月18日晚,在大唐芙蓉园紫云楼北广场,为欢迎中亚五国元首夫妇展演的唐朝传统迎宾礼。

合作,积极推动天然气价格谈判;中乌签署产能合作规划,中乌合资的乌鹏盛工业园成为中国国家级境外经贸合作区。

中国还是中亚国家最大或主要投资来源国。中国—欧亚经济合作基金、丝路基金、亚投行等金融机构为中国同中亚国家务实合作提供融资支持。中国银行、工商银行、建设银行、国家开发银行在中亚均设立了分支机构。

三、民心相通互学互鉴

中国和中亚国家山水相连,传统友谊深厚。"一带一路"建设十年来,中国同中亚国家人民赓续千年友好,在教育、文化、卫生、旅游、地方交往等领域开展紧密合作,构建起多元互动的人文交流大格局。

截至2023年10月,中亚国家已有13所孔子学院,深受当地民众欢迎,其培养的一批批优秀学子成为中国和中亚国家交流合作的骨干力量。2022年,"鲁班工坊"在塔吉克斯坦启动运营,这一职业教育国际品牌也由此落户中亚地区,成为当地青年提升学历层次和技术技能水平的新平台。与此同时,中亚国家学生来华留学规模日益扩大,赴华留学成了越来越多中亚五国年轻人的"中国梦"。曾在上海留学的土库曼斯坦留学生克丽丝同中国搭档创作的动画短片《新中国之歌》走红网络,成为双方人文交流的生动注脚。

中国与中亚国家的文化合作也更加频繁。哈萨克斯坦同中国合拍电影《音乐家》,记录了冼星海和拜卡达莫夫用音乐谱写的中哈两国人民间的伟大友谊;乌兹别克斯坦希瓦古城历史古迹保护修复项目在中乌两国专家学者同心协力下圆满竣工,焕发出勃勃生机;中文歌剧《玛纳斯》在吉尔吉斯斯坦成功演出,迪玛希等中亚明星也登上中国舞台。

如今,中国和中亚国家间已结成62对友好省州市;"中国—哈萨克斯坦传统医学中心""中国—中亚农业合作中心""中国—中亚综合农业科技示范园区"相继揭牌,"教育培训计划"和"减贫惠农计划"正式启动……中国与中亚国家延续千年的友好情谊更加深入人心,双方共建"一带一路"的民意基础和社会基础愈加深厚。

四、中亚开启合作新起点

首届中国—中亚峰会的圆满举办,达成一系列共识,形成一系列务实合作协议,对继续合作高质量共建"一带一路"提出了新目标。本次峰会发布的《中国—中亚峰会西安宣言》再次巩固了中国中亚全面战略合作伙伴关系,为双方合作格局全面升级规划了蓝图,为构建中国—中亚命运共同体指明了方向。尤其是中国—中亚机制的正式确立,不仅为区域经济发展、各国相互合作搭建了新平台,有助于促进中亚国家开展更高水平的合作及经济一体化,也为将中国中亚关系带入崭新时代提供了新动力和新保障。借助中国—中亚机制,中国与中亚五国携手共建"一带一路",共同发展的前景广阔,将创造新时代"一带一路"合作的新样板。

以中国—中亚峰会为契机,中国和中亚五国继续加强顶层设计,就重大问题加强沟通协调,着力解决共建"一带一路"过程中面临的问题与挑战,打造包括政治互信、经济融合、文化包容、生态共享、健康卫生协调的利益共同体、责任共同体、安全与发展共同体、命运共同体,开创区域全方位合作的新格局。

/ 二、专题篇章 / 2.1 政策沟通篇 /

>2023年5月19日上午,习近平主席同中亚五国元首挥锹培土,共同种下六棵寄托着美好期待的石榴树。

中国—中亚峰会为中国和中亚国家高质量共建"一带一路"注入强劲动力。当前,中亚国家携手中国高质量共建"一带一路"的愿望更为强烈。在继续提升贸易和投资便利化水平,扩大相互投资和贸易规模的同时,中国同中亚国家将不断深化产能、能源、农业、数字经济等领域合作,确保重点合作项目顺利推进,积极培育双方合作新增长点,为双方人民创造更多福祉。

在首届中国—中亚峰会取得的诸多成果中,既有战略性引领文件全方位巩固和提升了中国—中亚关系,又有务实合作文件为双边合作打下了坚实基础,还有即将落地的具体项目让双方人民直接受益,使双边合作得到了全面升级。首届中国—中亚峰会的成功举办,中国与中亚国家关系将全方位深化,开启了双方合作的新时代。

2.2 设施联通篇

西安"一带一路"设施联通发展报告

自2013年共建"一带一路"倡议提出以来,得到了全球各国政府的高度关注和积极响应,成为中国扩大对外开放、推动经济全球化的重要手段。基础设施互联互通是"一带一路"建设的优先领域,基于对沿线国家主权和安全考虑的尊重,各参与国应加强在基础设施规划和技术标准上的合作,共同推动构建国际主干网络,逐步建立起连接亚洲各子区域及亚洲、欧洲、非洲之间的基础设施网络。设施联通是"一带一路"建设的重要组成部分,在促进经济增长、增强贸易联系和保障社会稳定等方面发挥着关键作用。

作为古代丝绸之路的起点,如今的西安,既有绵延的跨国公路运输线,也有横跨亚欧大陆的"钢铁驼队";既有车水马龙的"空中走廊",更有活跃的线路上穿行其间的"网上丝绸之路"。无论是历史上的长安还是现代的西安,始终坚持开放、包容、互利共赢的理念,不断构建全方位的开放新局面,致力于成为西部地区的新型陆海通道。

一、"陆、空、网"立体交通扩大陕西"朋友圈"

十年来,中欧班列"长安号"的开行总量超过了2万辆。西安咸阳国际机场开通了连接中亚、东南亚等地区的四条第五航权航线。截至2023年9月,陕西已与40多个国家和地区的400多家机构建立合作关系,"朋友圈"不断扩大,火车笛声长鸣,俨然成为陕西高质量发展的一个印记。在西安国际港务区,每天发出的数十列中欧班列"长安号""牵引"着陕西更加深度地融入共建"一带一路"大格局。

西安以中欧班列"长安号"为起点,持续推进交通商贸物流中心建设,致力于建设涵盖陆航、海运的立体交通枢纽。在国际贸易通道高效率、低成本、服务

> 中欧班列"长安号"官方微信公众号图

优的作用不断显现的同时,物流的发展带动了人流、资金流、信息流的加速流动。更重要的是,这条国际贸易大通道提供了另一种观察世界的途径——通过基于陆空网络形成的交通商贸物流中心,将"一带一路"合作伙伴连接起来,让人们的命运彼此关联,从中寻找新的发展机会。

(一)中欧班列"长安号":走在"向西开放"的东风里

2013年11月28日,首趟中欧班列"长安号"在人们满怀期待的目光中缓缓驶出,载着机械配件等货物,驶向哈萨克斯坦阿拉木图。最初,中欧班列"长安号"发车每年都不到100辆;如今,它真正成为"超卓货运首选线路"的国际货运班列。据统计,2023年1—7月,中欧班列"长安号"共开行3045列,同比增加37.3%,累计装运货物274万吨,同比增加47.7%。

经过十年的探索发展,中欧班列"长安号"完成了从"追赶者""跟跑者"到"领先者"的角色转换。其频次稳定、铁路硬件设施和枢纽功能领先,能够有效支撑全国货源分拨集散需求。由点连线,织线成网,中欧班列已成为世界上最繁忙的国际货运线路之一。

为支持中欧班列(西安)作为物流中心,中国(陕西)自由贸易试验区推出了一批独具特色、不断提升通关效率、降低物流成本、优化通关服务的改革举措。对于未来规划,预计到2035年,陕西省将基本建成便捷顺畅、经济高效、绿色集约、智能先进、安全可靠的现代化高质量国家综合立体交通网,实现国际国内互联互通、全国主要城市立体畅达、县级节点有效覆盖,有力支撑"全国123出行交通圈"(都市区1小时通勤、城市群2小时通达、全国主要城市3小时覆盖)和"全球123快货物流圈"(国内1天送达、周边国家2天送达、全球主要城市3天送达)。内联外畅的立体交通网络不仅为商旅、贸易往来提供了便捷,也带动了产业聚集、产城融合。同时，西安依托陕西"一带一路"建设所形成的开放优势，正加速转变为高质量发展的优势。

十年间，中欧班列已经从一条铁路演变为一个横跨欧亚大陆的贸易大通道。顺着这条通道，资本、货物和信息在深居内陆的地区加速流动。作为中欧班列的代表，中欧班列"长安号"乘着这股"向西开放"的东风，在互联互通、合作共赢的道路上行稳致远——突破地域和制度的限制，通过跨区域的合作，为沿线的人们带去新的选择。

（二）首条TIR国际跨境公路货运线路开通

2023年6月，在陕西西咸空港综合保税区，4辆贴有TIR标识、载运价值约百万美元机械设备及跨境电子商务产品的货车发往哈萨克斯坦。这标志着陕西省首条TIR国际跨境公路货运班线的开通，进一步推动陕西省与"一带一路"建设国家的多边经贸合作，特别是与中亚国家的国际跨境公路货运班线，推动陕西对外开放的优质发展。TIR即《国际公路运输公约》，中国于2016年7月正式加入该公约，其通关系统具有手续前置、周转速度快、性价比高、机动灵活等特点。截至2023年底全球有77个缔约国，基本覆盖"一带一路"共建国家。

近年来，西安不断强化对外开放观念，扎实推进"一带一路"交通商贸物流中心建设，其高效的国际贸易通道，让自身处于中国版图中心的区位优势充分

>2023年6月9日，陕西省首条TIR国际跨境公路货运线路开通。

显现。"十三五"期间,西安累计完成交通固定资产投资2200亿元,基础设施建设日益完善,综合运输能力稳步增长。西安铁路网总里程601公里,其中高铁224公里。"米"字型高铁网络体系正在逐步形成,西成、西银高铁相继开通运营,高铁路网不断完善,实现了西安至北京、郑州、成都、兰州、银川等各大城市的快速通达。西安至渭南、安康、榆林、神木、韩城等地的铁路"绿巨人"项目开通,标志着普速客运进入动车时代。西安地铁"八线在建、三线齐通、八线运营",运营总规模达245公里。地铁共开通车站153座,日均客流约260万人次,客流强度稳居全国前列。高速公路通车总里程653公里,外环高速(北段)顺利通车,外环高速(南段)全面开工,第二环线高速即将建成,高速公路网络持续完善,形成连霍、京昆、包茂、福银、沪陕等高速公路快速辐射网。

十年来,中欧班列(西安)集结中心已成功开通包括连接西安至中亚各国等地线路在内的17条干线通道,实现了对亚欧大陆主要货源地的全方位覆盖。驰而不息的中欧班列"长安号",为"中国制造"走出国门提供了新选择,也为开拓空中航线奠定了坚实基础。

(三)西安咸阳国际机场开通多条航线

随着全球化的深入发展和"一带一路"倡议的持续推进,国际航线的拓展为陕西的口岸功能带来了显著的提升。这一变化不仅加强了陕西与世界各地的联系,更为陕西省的经济社会发展注入了新的活力。

西安咸阳国际机场,作为陕西省的重要交通枢纽,近年来积极响应全球化和"一带一路"倡议的号召,不断开通新的国际航线、客货运航线和第五航权航线。这些航线的开通,为陕西的经济发展带来了前所未有的机遇。

1.极大地加强了陕西与世界各地的联系。通过空中丝绸之路,陕西与欧洲、中亚、东南亚等地的距离被大幅缩短,商务洽谈、文化交流、旅游观光等活动变得更加便捷。这不仅促进了陕西的对外贸易发展,也为陕西的开放型经济注入了新的活力。

2.为陕西的优质产品和服务提供了更加便捷地走向国际市场的渠道。陕西的特色农产品、工艺品、高新技术产品等,可以通过这些航线迅速进入国际市场,扩大陕西品牌的知名度和影响力。同时,这些航线也吸引了更多的外国游客和投资者来到陕西,促进了陕西的旅游和投资发展。

在西安咸阳国际机场,还特别设立了一座专门为进口中亚水果指定的监管场地。这座场地严格按照国际标准建设,拥有先进的检验设备和专业的监管团队。一旦中亚水果抵达机场,它们就会立即被运往这个指定监管场地,接受严格的检验和监管。这种即到、即查、即验、即放的流程,大大提高了进口水果的通关效率,缩短了水果的上市时间,同时也保证了水果的品质和口感。这对于满足陕西消费者对高品质水果的需求,促进陕西与中亚地区的经贸合作具有重要意义。

总之,国际航线的拓展为陕西的口岸功能带来了显著的提升,为陕西的经济社会发展注入了新的活力。未来,随着更多国际航线的开通和服务质量的提升,西安咸阳国际机场将继续发挥重要作用,为陕西乃至整个中国的对外开放和经济发展作出更大贡献。

二、数字西安,扬起"数字丝路"的风帆

十年来,西安积极融入"数字丝路"的大潮中,大力发展数字经济核心产业,超前布局人工智能、虚拟现实、区块链等前沿新兴产业,突破一批关键核心技术,努力打造数字技术强市,为高质量发展提供了有力的信息化支撑。

(一)双城联动打造数字丝路发展新引擎

陕西依托秦创原创新驱动平台,推动"丝路科学城"和"丝路软件城"双城联动,引进集成电路、人工智能、物联网、信息技术服务、光伏储能、智能终端等行业企业(项目),旨在打造国家级和省级的创新平台,进而推动数字经济的发展,这一战略举措具有深远的意义。

丝路软件城位于西安高新区西北部,是在原软件新城片区和鱼化片区的基础上一起规划、连片开发,旨在构建"2+5+N"产业发展格局,聚集超50万程序员,打造万亿级智慧产业高地和幸福生活家园。这里聚集了全省90%以上的软件和信息技术服务业企业,是中国西部最大的软件产业聚集地之一,园区综合排名位列全国软件产业基地前五名。

丝路科学城是西安高新区"三次创业"的主阵地,规划面积220平方公里,由中央创新区、生态文创区和硬科技产业区三大片区组成。它致力于打造具有全球影响力的硬科技创新高地、彰显中国气韵的"一带一路"国际科学交流中心、秦创原的高能级科技成果转化大平台以及绿色智慧的未来理想城。丝路科学城承载了西安高新区"55611"现代产业体系,布局了科创金融、国际社区、生态文创、科学中心等多个产业组团。

"丝路科学城"和"丝路软件城"在数字丝路的建设中相互促进、共同发展。

> 西安高新区丝路科学城

一方面,"丝路科学城"通过科技创新和人才引领,为"丝路软件城"提供了强大的科技支撑和人才保障;另一方面,"丝路软件城"通过产业聚集和应用场景拓展,为"丝路科学城"的创新成果提供了广阔的市场空间和落地应用。"丝路科学城"和"丝路软件城"作为数字丝路建设的重要力量,它们通过科技创新、产业聚集和人才培养等举措,共同推动数字经济的发展和升级。在未来,它们将继续发挥重要作用,为数字丝路的建设贡献更多力量。

(二)5G网络推动丝路贸易繁荣发展

在古代中国,长安西市曾经是一个繁华的国际商贸中心,吸引了来自世界各地的客商。他们携带着珍稀的中国瓷器、精美的纸张、香气扑鼻的茶叶和柔软光滑的丝绸,沿着古老的丝绸之路,将这些瑰宝运往遥远的波斯和欧洲。同时,他们也带来了来自异域的香料、色彩缤纷的蔬果和晶莹剔透的玻璃等珍贵物品,为长安带来了无尽的财富和文化的交流。

随着时间的推移,科技的进步为西安注入了新的活力。5G网络的全面建设与应用,西安这座历史悠久的城市正以其独特的地缘优势和技术实力,再次站在了国际舞台的前沿。5G网络如同一座高效的桥梁,将西安与丝绸之路经济带沿线的国家和地区紧密相连,为双方的经贸合作与文化交流提供了前所未有的便利。

在5G网络的助力下，西安能够实时、快速地传输和处理大量数据。无论是商业文件的传输、高清视频的播放，还是复杂的数据分析，都能够得到迅速而准确地处理，这不仅加强了西安与丝绸之路经济带沿线城市的紧密联系，还推动了双方经贸合作的深入发展。

借助5G网络，西安可以更加高效地参与国际贸易活动。商品和服务的流通速度得到了极大的提升，交易效率也随之提高。这使得西安的企业能够更好地把握市场机遇，拓展国际市场。同时，5G网络也为西安的文化交流提供了更加丰富的渠道和形式。通过高清视频直播、在线展览等方式，西安的传统文化和现代文明得以更广泛地传播和展示，吸引了越来越多的国际友人前来参观和交流。

5G网络在推动西安与沿线国家和地区的经贸合作和文化交流方面发挥了重要作用，它为数字丝路的繁荣发展注入了强大的动力，让西安这座古都焕发出新的生机和活力。随着5G技术的不断进步和应用场景的拓展，西安将在国际舞台上展现出更加璀璨的光彩。

展望未来，5G网络将继续为西安的商贸领域注入新的活力。在更加高效、便捷的通信手段的支持下，西安的商贸活动将更加繁荣和多元。更多的国际企业将选择在西安设立分支机构，开展业务合作。同时，西安也将继续加强与沿线国家和地区的经贸合作和文化交流，共同推动数字丝路的繁荣发展。

（三）云网融合展现千年古都新风韵

云网融合在西安数字丝路建设中发挥着核心作用，云计算技术的广泛运用，让这座千年古都的历史文化与现代科技交相辉映。无论是智慧城市的建设，还是智能商贸的发展，云网融合都为其注入了新的活力。通过云计算、大数据、物联网等先进技术的融合应用，西安正加速构建数字丝绸之路，推动城市数字化转型和智能化升级。

在数字丝路建设中，云网融合为西安提供了强大的技术支撑。通过云计算平台，西安可以整合各方资源，构建高效、智能的信息化基础设施，为商贸、物流、金融等领域提供全方位的服务支持。同时，云网融合也促进了跨境电商的发展，让西安的商品能够更便捷地走向世界，进一步拓展国际市场。

在商贸领域，云网融合推动了西安商贸活动的数字化转型。通过电子商务、移动支付等新型商业模式，商贸活动变得更加高效、便捷。同时，云网融合还加

/ 二、专题篇章 / 2.2 设施联通篇 /

>西安先进计算中心

强了支付安全和风险控制能力,为商贸活动提供了更加可靠的保障。

在物流领域,云网融合优化了物流流程,提高了物流效率。通过物联网技术,物流企业可以实时监控货物的位置和状态,确保货物安全、准时送达。同时,云网融合还支持无人驾驶和智能机器人等技术的应用,进一步提高了物流的自动化和智能化水平。

此外,云网融合还为古都西安的文化旅游带来了新的机遇。通过云计算和虚拟现实技术,游客可以更加深入地了解西安的历史文化,体验千年古都的独特魅力。在云网融合的支持下,西安的文化旅游正焕发出新的生机与活力。

因此,云网融合技术在西安数字丝路建设中的应用,不仅推动了商贸、物流、金融等领域的发展,也为西安的智慧城市建设提供了有力支持。未来,随着云网融合技术的不断发展和应用,西安数字丝路建设将迎来更加广阔的发展前景,西安也将以独特的姿态向世界展示着千年文明的崭新风采。

>中国电信加快构建云网融合的先进通信网络

三、"云"上西安,荡起"网上丝路"的驼铃

自2018年被国务院批准为全国第三批跨境电子商务综合试验区以来,西安先后出台了《中国(西安)跨境电子商务综合试验区实施方案》《中国(西安)跨境电子商务综合试验区促进发展若干政策》等政策文件和措施,不断更新西安跨境电子商务综合试验区顶层设计,不断完善跨境电子商务综合试验区的各项改革措施。

在此基础上,西安先后三次设立了9个创新示范先行区,包括空港新城、国际港务区、曲江新区、高新区、经开区、航空基地、航天基地、浐灞生态区以及碑林区,基本形成了跨境电商产业发展格局,西安跨境电商发展驶入快车道。

在加快推进跨境电商产业园建设的同时,依托"一带一路"核心枢纽城市所承载的区位、交通、物流等优势,西安将发展跨境电商作为推动陆港空港协同发展的重要内容,助力西安加快内陆改革开放高地建设。

(一)长安号+跨境电商=互利共赢

西安深入贯彻共建"一带一路"倡议,聚焦打造国际化一流营商环境,发挥国际港务区"跨境+自贸+综保+进口贸易+口岸"综合优势,依托中欧班列"长安号"和西安港口岸平台,持续提升跨境贸易便利化水平,畅通跨境电商物流大动脉,打造国际贸易西部大通道。

1.着力打造提升便利化水平的"最佳通道"。中欧班列"长安号"新开辟了包括杜伊斯堡、汉堡至莫斯科等多条跨境电子商务专列线路。同时还开通了中欧班列"长安号"国际邮运专线，使跨境货物可以直达20多个欧洲城市。西安还是全国首家开展陆路启运港退税试点的城市，将退税时限由平均30天缩短到最快2天，跨境货物通关手续可在西安车站海关即办即结，大幅降低跨境贸易企业经营成本。

2.聚焦实现"最高效率"，创新发运模式。在西安国际港务区建设中欧班列长安号跨境电商集拼中心，打造信息化、可视化、智能化通关服务系统，升级改造跨境电商监管仓，通过与海关监管系统数据互联互通，实现信息化管理和高效通关。引进"先报关、后装箱"的新模式，从根本上缩短货物通关时间，平均节约2至3天时间，解决了散货集拼因分柜而产生的多个提单问题。运用包括1210保税备货、9610集货、9710B2B直接出口、9810出口海外仓等多种监管模式，实现全方位覆盖。建立跨境电子商务"绿色通道"，采取"优先装车、优先制票、优先挂运"策略，对跨境电子商务包裹运输实施快速有效的货物通关查验，确保24小时验放完毕。

3.聚焦提供"最强保障"，优化配套服务。依托铁路西安西站办事大厅，将铁路运单审批与市场监管、税务、行政审批等服务内容进行"一厅集成式"办理，构建政策咨询、登记注册、纳税、货物发运、仓储等全链条综合服务体系。建设中欧班列"长安号"数字金融综合服务平台，开发订舱、租箱、发运、报关、物流运输、集装箱动态、数字金融、跨境结算等数字化应用场景和功能，实现预约订舱与融资服务"一网通办"。在德国、哈萨克斯坦、白俄罗斯等地布局建设8个跨境电商海外仓，衔接当地卡班网络、分拨中心等，为跨境商家提供"端到端、门到门"全链路物流服务，企业综合成本下降约10%。通过购买自备箱、减免跨境电商清单申报货物场站作业费、查验费等措施，实现跨境电商申报货物每柜查验费用平均降低1800元，大幅降低企业运营成本。

（二）把"流量"变为"留量"

西安国际港务区自2015年获批国家级电子商务示范基地后，积极推动跨境电子商务、直播电子商务、平台电子商务等经济新业态的发展，获得包括"跨境电子商务综合试验区""国家进口贸易示范区"等15个国家试点项目，建立起以各大电商为核心的跨境电商产业生态圈，累计注册电子商务及关联企业2500多家，集聚各类电子商务人才5000多名，网络交易额突破2000亿元，在全市占比近40%。

2022年，"一带一路"电商创新中心新注册30家直播企业，新建168个直播间，引进包括80多名外籍主播在内的800名直播人才，国内直播、跨界直播、短视频制作、主播培训一体化的直播电子商务生态圈已经初步建立。此外，西安国际港务区还招引电子商务人才1万余人，已形成完善的跨境电子商务产业生态圈。同时，西安国际港务区已投用13个海外仓，分布在德国、荷兰、波兰、捷克、俄罗斯、白俄罗斯及哈萨克斯坦等7个国家。西安国际港务区进一步提升西安港国际竞争力和影响力，围绕实现可持续发展不断优化商业模式的具体要求，抢抓机遇占领高地，打造"一带一路"电商创新中心，引导各类资源要素聚集。

微聚繁星全球跨境直播基地位于西安国际港务区中央商务区，是由西安国际港务区打造的省内首个海外版语音直播基地，集合了全球领先的数字营销服务独角兽企业，拥有国内唯一一家字节跳动的合作商——世传语音直播团队。基地以西安口岸跨境电商班、中欧班列"长安号"为依托，帮助大量中国品牌通过Tiktok等平台直播带货，沿着"一带一路"向英美等国家和地区"出海"。

西安国际港务区正在国家电子商务示范基地、跨境电子商务综合试验区等叠加机遇下，逐步构建包括阿里、京东、亚马逊、易贝等各类电商巨头公司在内的电商完整产业生态体系。

2023年以来，西安国际港务区又瞄准新发力点，抢占"跨境电商+直播"模式新风口，积极开拓海外直播电商新赛道，以设在中央商务区的"一带一路"电商创新中心为突破平台，打造跨境电商集结中心、直播电商运营中心、国际贸易中心、国际人才培养基地等多个核心功能板块，引进全球独角兽企业，构建集国内直播、跨境直播、短视频制作、主播培训为一体的直播电商生态圈。

/ 二、专题篇章 / 2.2 设施联通篇 /

>2023年7月28日,工作人员在西班牙阿尔卡拉的千象盒子物流仓内工作。古斯塔沃·巴连特摄

>2023年3月3日,一名外籍主播在位于西安国际港务区的电商企业直播带货。新华社发

2.2 设施联通篇

02 坦途如虹
中欧班列"长安号"打造优质高效国际贸易通道

习近平总书记在陕西省考察工作结束时的讲话中指出"陕西是西北地区的重要省份,是实施'一带一路'倡议的重要节点"。西安是国家首批确定的陆港型国家物流枢纽等四类国家物流枢纽城市,是丝绸之路经济带上的最佳中转、分拨和集散中心。《推动共建海上丝绸之路经济带和21世纪海上丝绸之路的愿景与行动》中明确指出"打造'中欧班列'品牌"等战略部署,更加明确了陕西乃至西安在"一带一路"建设中的重要作用。

"西安港"是国内唯一拥有国际、国内双代码的内陆港,拥有一类铁路口岸、二类公路口岸、进境粮食、肉类、整车口岸及跨境电商综试区等开放平台。西安港承载了连接"一带一路"的重要使命,通过全球港口互联互通,连接内陆地区与沿海地区,连接丝绸之路经济带与21世纪海上丝绸之路,增强了内陆地区对全球资源的配置能力。西安国际港务区作为承东启西的交通枢纽,凭借国际货运班列"长安号"与阿拉山口、霍尔果斯等沿边口岸进行合作,开辟了中欧、中亚间的国际贸易通道。[①]西安港已成为我国内陆地区沟通全国、连通世界的"丝路之窗"。

一、钢铁驼队——中欧班列"长安号"
（一）丝路经济带上的"陕西名片"

中欧班列是由中国铁路总公司组织开行的集装箱等铁路国际联运列车,按固定车次、线路、班期和全程运行时刻开行,运行于中国与欧洲以及"一带一路"沿线国家之间。中欧班列自2011年3月19日开始运行,首列中欧班列由重庆开往德国杜伊斯堡,当时称作"渝新欧"国际铁路。2016年6月8日,中国铁路正式启用

---
① 刘威.中欧班列联动下西安内陆港发展模式研究[D].大连海事大学,2018.

>行驶中的中欧班列

"中欧班列"品牌,按照"六统一"(统一品牌标志、统一运输组织、统一全程价格、统一服务标准、统一经营团队、统一协调平台)的机制运行,集合各地力量,增强市场竞争力。中欧班列运行线分为中欧班列直达线和中欧班列中转线。中欧班列直达线是指内陆主要货源地节点、沿海重要港口节点与国外城市之间开行的点对点班列线;中欧班列中转线是指经主要铁路枢纽节点集结本地区及其他城市零散货源开行的班列线,主要采用了集装箱班列和普通货物班列两种组织形式,在城市、港站、口岸间铁路干线上组织开行的"定点、定线、定车次、定时、定价"的快速货物列车[①]。

中欧班列"长安号"以基础设施条件良好的西安国际港务区为起点,肩负为西安发展提供高质量"硬环境"的任务,成为实现西安国际化战略、落实西安现代物流业发展和连通中欧的重要抓手和落脚点。中欧班列"长安号"由"一干两支"组成,"一干"指西安至鹿特丹线路,"两支"指西安至莫斯科和西安至哈萨克斯坦线路。目前,中欧班列"长安号"可直达包括俄罗斯、德国、波兰、芬兰、匈牙利、意大利以及比利时等20多个国家的40多个城市,基本覆盖欧洲地区,把丝绸

---

①张凤琴."长安号"中欧班列竞争力评价与发展对策研究[D].长安大学,2020.

之路从原来的"商贸路"变成产业和人口聚集的"经济带",同时,中欧班列"长安号"国际货运班列业已成为陕西对外开放的标志和动力。

(二)"效率高、服务优、成本低"

中欧班列"长安号"驰骋的十年,是陕西打造内陆改革开放高地,深度融入共建"一带一路"大格局的十年。中欧班列"长安号"开行国际班列线路,构建起连接中亚、西亚、南亚,辐射欧洲腹地的国际物流大通道,昔日丝路古道,成为"一带一路"沿线国家和地区贸易往来的"黄金通途"[①]。

"效率高、成本低、服务优"——这是中欧班列"长安号"在经历数年打造的品牌形象。高效率是指中欧班列"长安号"通过常态化运营,确保境内外全程时刻表可靠运行,不断提高班列运行效率。低成本是指在推广中欧班列"长安号"数字金融服务应用的同时,为更进一步降低企业运营成本,采取抵港直装、量价捆绑、往返对开等措施,减少铁路短途运输,加快海关查验。自2021年起,中欧班列"长安号"中亚方向列车不再依靠政府补贴,全部实行市场化运作。服务优是指为每一家企业提供量身定制的物流综合解决方案,不断完善综合服务平台,提升一站式、一票制的全程国际联运服务品质。

中欧班列"长安号"多元化通道稳定畅通,开辟跨里海运输走廊;枢纽设施承载高效,中欧班列(西安)集结中心建设提速,西安国际港站建成集装箱堆场69万平方米、铁路线路59条,日装卸作业能力3700标箱;运行质效持续提升,中亚方向率先实现市场化运营,率先开行境内外全程时刻表中欧班列,落地实施启运港退税等试点政策,有效降低了综合物流成本;溢出效应日趋显著,推动港产港贸港城融合发展,西安港已落户康佳、汇芯等制造企业40余家,大宗贸易企业达886家。

如今,中欧班列"长安号"已发展成为"五最"班列,即国内运输时效最快、线路辐射最广、服务功能最全、综合成本最低、智能化程度最高,构筑起了一条国际贸易"黄金通道"。

二、打造世界一流"内陆港"

2008年,西安国际港务区设立,是中国首个国际内陆港。随着西安国际港务区运营逐渐成形,"内陆港"的概念也引起了关注和重视。2009年,国家出台了《关中—天水经济区发展规划》,明确提出将西安国际港务区作为重点区域进

[①] 陕西日报评论员.中欧班列长安号:昔日丝路古道 而今黄金通途.陕西日报.2020-10-26.

行重点扶持发展。2010年《中共中央国务院关于新时代推进西部大开发形成新格局的指导意见》印发,明确要求"加快西安国际港务区建设"。2013年,西安国际港务区在国家提出共建"丝绸之路经济带"和"21世纪海上丝绸之路"的倡议后,迎来了新的发展机遇。回顾这十年的发展,中欧班列"长安号"经过探索发展、突破发展,现在已经进入高质量发展期。

(一)互利共赢,搭建合作新平台

西安国际港务区是陕西省、西安市为打造内陆改革开放新高地而设立的经济先导区,是省市践行国家"一带一路"倡议、打造丝绸之路经济带新起点、建设对外开放大通道的重要抓手和主要平台,是中国(陕西)自由贸易试验区的核心板块,是西安国家中心城市建设的东部新中心和第十四届全运会主场馆所在地。

西安国际港务区位于西安市主城区东北部的灞渭三角洲,浐河、灞河、泾河、渭河四水聚港,规划建设面积89.89平方公里,以"建设世界一流内陆港,打造'双循环'核心枢纽"为目标,致力于成为内陆地区开发开放的新引擎。

西安国际港务区区位优势明显,骨干路网与西安三环路、绕城高速无缝对接,距离西安咸阳国际机场28公里,西安高铁站7公里,距西安行政中心仅15分钟车程,穿区而过的西安地铁3号线,地铁14号线已建成通车。园区对外与陕沪、包茂、连霍、福银等8条高速公路通过绕城无缝衔接,是国家多式联运示范基地。2023年全区主要经济指标地区生产总值累计速度6.5%,规模以上工业增加值累计速度13.4%,服务业增加值累计速度2.0%。

西安国际港务区不仅具有普通物流园区的基本功能,还具有保税、仓储、海关、边检、商检、检疫、结汇银行、保险公司、船务市场及船运代理等国际港口所具有的多种功能。在此基础上,已建成较为完善的区域性现代物流服务体系,形成公铁联运、海铁联运的中转物流基地,成为立足西安、服务西部、面向全国、连接国际的西部地区货物的产品配送、货物集散、集装箱转运中心、中国西部最大的综合物流园。同时,该区域重点发展国际贸易、现代物流、金融服务、旅游会展、电子商务等产业。

西安国际港务区凭借其独特的地理位置、发达的交通网络、丰富的产业基础和强大的经济实力,正在成为内陆地区开放发展的新高地和"一带一路"倡议的重要支点。

(二) 量质齐升，创新物流新模式

作为西安港的投资、建设和运营主体，西安国际陆港集团充分发挥中欧班列"长安号"战略通道作用，不断开拓融合创新，创造了"港口后移、就地办单、多式联运、无缝对接"的内陆港模式，先后推出了公共班列、定制班列、德国快线等创新产品，并依托西安港实现临港产业集聚，繁荣临港经济，致力于将西安港打造成内陆型国际物流枢纽港和中欧班列（西安）集结中心。

自2019年以来，中欧班列（西安）集结中心通过"干支结合"的方式构建"+西欧"集结体系，相继开行了襄西欧、徐西欧、蚌西欧、冀西欧、厦西欧、唐西欧、永西欧、渭西欧、贵西欧、芜西欧、安西欧、榆西欧12条集结线路，辐射长三角、珠三角、京津冀、晋陕豫黄河金三角区域等主要货源地。辐射范围实现了由"线"到"面"的转变，形成了国内大循环、国内国际双循环网络，中欧班列（西安）集结中心初步织线成网。

西安国际陆港集团以中欧班列（西安）集结中心建设为契机，先后与青岛、宁波、连云港、上海、深圳等沿海港口城市合作开行陆海联运班列，无缝对接全球航运体系，打造以西安为中心的全球物流网络。向西跨越地中海，利用海铁联运，实现与非洲大陆的高效连通；向东与青岛港、上海港等沿海港口紧密衔接，跨越太平洋，连接美洲与大洋洲；向北通过满洲里、二连浩特，连接中蒙俄经济走廊；向南与陆海新通道对接，实现铁海、公海联运至东盟各国并进一步辐射全球，西安港面向中亚南亚西亚的国际物流通道已全面打通。

2019年，首趟中欧班列"长安号"（西安—安卡拉）专列顺利抵达土耳其安卡拉，这是中欧班列"长安号"运营史上首次跨越里海且穿越海底隧道的国际班列，从此"一带一路"将对接土耳其"中间走廊"，为两国进一步加强经贸往来提供重要助力。专列从西安出发，由霍尔果斯口岸出境，经哈萨克斯坦穿越里海到达土耳其，最终抵达捷克首都布拉格。全程运行超过12000公里，途经10个国家。

与以往不同的是，该专列全程使用铁路、海运两种运输方式，真正意义上实现国际多式联运，是当时开行的中欧线路中途经国最多、运输方式最齐全的线路。班列开辟出由白俄罗斯入境欧盟传统线路之外的另一条运输大通道，对于提升中欧班列"长安号"运行时效和辐射能力，完善亚欧互联互通网络，加强沿线经贸合作和促进陕西省同沿线国家交流意义重大。在接车仪式现场，西安国际港务区管委会与土耳其、哈萨克斯坦、格鲁吉亚和阿塞拜疆等国铁道部门，共同签署了推进中欧班列"长安号"跨里海线路高质量发展合作备忘录。中欧班列

> 西安铁路口岸

"长安号"跨里海班列的开通,使土耳其能更多地参与到"一带一路"建设中,也会给土耳其带来更多机遇。

(三)联通广阔市场,打开"共赢大门"

中欧班列"长安号"国际货运班列实现高质量跨越式发展,迎来重大节点。2023年8月3日,中欧班列"长安号"(西安—塔什干)陕乌经贸合作隆基绿能光伏组件出口专列首发仪式在中铁联集西安中心站召开。装载有西安本土企业隆基20MW光伏组件的专列从西安国际港务区出发,前往乌兹别克斯坦,助力中亚友国绿色能源发展。

十年间,驰骋欧亚大陆的这条钢铁巨龙,为世界经济发展注入了新动力。中亚方向常态化开行了"西安至哈萨克斯坦阿拉木图、乌兹别克斯坦塔什干等干线,并通过多式联运覆盖中亚五国;南亚方向开行西安至尼泊尔加德满都、巴基斯坦伊斯兰堡公铁联运线路;西亚方向开行西安至伊朗(德黑兰)、阿塞拜疆(巴库)等线路,面向中亚、南亚、西亚国家的通道加快形成;东南亚方向开行了西安至越南、老挝等线路;欧洲方向开行了西安至德国汉堡、波兰马拉舍维奇、俄罗斯莫斯科等线路,覆盖亚欧大陆45个国家和地区"[1],开创了亚欧国际运输新格局的繁荣列车,这是搭建了沿线经贸合作新平台的希望列车,以稳定、高效的物

---

[1] 陕西省一带一路网."一带一路十周年":
长安号十年.https://mp.weixin.qq.com/s/SS6aVzoYLoMS_RW2ozUIuw.2023-8-24.

>2023年8月3日,中欧班列"长安号"(西安—塔什干)陕乌经贸合作隆基绿能光伏组件出口专列首发。

流服务支撑起国际产业链供应链"大动脉"。一批国家得以搭乘中国发展快车,获得更好融入开放型世界经济的机会。

十年来,政府加强统筹引导,成立工作专班,设立专家智库,开展前瞻性研究,全力稳运行、提质效,积极支持中欧班列"长安号"加大货源组织力度、组建市场化平台公司、开拓新线路新市场,进一步激活市场资源,促进班列运营质效逐年跨越式提升。

三、"一带一路"建设的闪亮名片

搭乘中欧班列"长安号",走出去的不仅是丰富多彩的"中国制造",还有中国和平发展带来的机遇和继续加大开放的决心。引进来的,也不仅是琳琅满目的商品,还有"一带一路"沿线国家和地区与中国加强合作、共谋发展的信心和期盼。

中欧班列"长安号"不仅是一条陆路物流和商贸通道,而且还是西安陆港与空港之间的支点,二者共同构建具有西安独特竞争力和优势的现代物流体系,并推动西安加快建设享有国际盛誉的综合枢纽和集散中心。新的产业也随着长安号的发展,在国际港务区内聚集。

全网物流体系把陕西和西安从内陆腹地推到了开放的前沿,为陕西和西安带来了贸易的快速发展和产业的快速聚集。中欧班列"长安号"现已发展成为引领发展的全面开放的"龙头班列",促进贸易繁荣的"重要班列",带来美好生活的"幸福班列",是我国首批对外开放的国际一流班列。向西,它开通了11条运营干线的中欧班列"长安号",实现了主要贸易国家和地区在丝绸之路沿线的全覆盖;向东,它真正构建起立体丝绸之路开放通道的"海陆空网",通过海铁联运,实现与美、澳、新等国无缝对接,释放更强牵引力;来自甘肃、宁夏、浙江等15个省(区)的货源在西安港集散分拨,丰富了西部省市资源配置方式,助推西部地区加快融入"一带一路"建设。

如今,中欧班列已经成为我国对外开放的一张新名片。昔日驼铃古道上,"钢铁驼队"一字排开,载着各式各样的货物,述说着延续千年的世界贸易的悠悠岁月。截至2023年10月,中欧班列已联通中国境内112座城市,途经亚洲11个国家和地区的100多座城市,通达欧洲25个国家和地区的200多座城市,形成了巨大影响:

(一)足不出户"享全球"

据西安海关统计,2023年1—10月,中欧班列"长安号"实现进出口货值14.9亿美元,同比增长7.9倍;先后开行的肉品、绿豆料进口专列、跨境电子商务专列、整车进口专列等,实现了粮食、红酒、汽车等进口班列常态化运行。越来越多物美价廉的进口商品搭乘中欧班列"长安号"进入西安港,并走进寻常百姓家,让西安及周边百姓足不出户就能享受到国际高品质的生活。

(二)"买卖全球"更畅通

2018年5月21日,中欧班列经过长途跋涉,顺利抵达西安港,这是京东物流借助中欧班列"长安号"开通的首趟汉堡—西安精品专列,也是中欧班列"长安号"首趟跨境电商物流专列。

自2014年京东西北运营中心落户西安国际港务区后,每周都有从汉堡、杜伊斯堡、马拉舍维奇、布达佩斯等欧洲城市发往西安的进口商品。京东物流与西安国际港务区合作开行的跨境电商专列,将传统海运40天的跨境运输时间缩短至13天,运输成本也只有空运的五分之一,是一条安全、高效、便捷的跨境物流"直通车"。

中欧班列"长安号"的出口货物也从前几年的工程机械、装饰装修材料等,逐步扩展到汽车零配件、家用电器、日用百货、电子产品等,越来越多的陕西高科技产品搭乘中欧班列"长安号"销往世界各地。同时长安号将沿线各地的芯片、汽车等高新技术运回国内，为西部内陆的发展注入源源不断的活力，促进内陆城市经济的高速发展。

全球最大的单晶硅光伏产品制造商隆基绿能科技，已多年蝉联全球单晶组件出货量第一。隆基绿能利用中欧班列"长安号"重塑供应链，将货物从中国运往欧洲的40多天缩短为20多天，交货周期缩短，物流综合成本大大降低，更加稳定的供应链加速了企业迈向更宽广海外市场的步伐。截止2023年8月，隆基绿能组件出口已发出上百列中欧班列"长安号"，构建了全网物流体系，联通了欧亚各主要城市。

（三）提供"出海"新选择

从"走出去"到"引进来"，从"卖全球"到"买全球"，中欧班列"长安号"的发展折射出陕西外贸发展的轨迹。中欧班列"长安号"像一座桥梁，通过它，世界开始熟悉陕西；通过它，陕西加速拥抱世界。

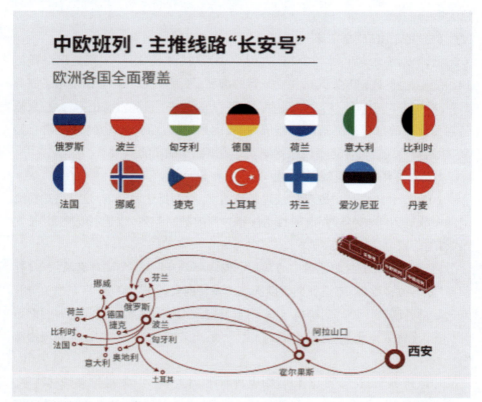

>中欧班列"长安号"主推路线图

2018年8月,西安获批跨境电子商务综合试验区,为陕西发展跨境电商带来了新机遇。11月6日,在首届中国国际进口博览会陕西省采购说明会暨签约仪式上,陕西丝路城控股集团有限公司与哈萨克斯坦最大的蜂蜜生产商帕谢卡公司签订了蜂蜜进口协议,进口哈萨克斯坦优质蜂蜜1000吨,采购合同金额588万美元。

依托西安铁路集装箱中心站、西安综合保税区和粮食、肉类、整车三个进口指定口岸,西安跨境电商出口单量位居全国出口试点城市前列。由中欧班列"长安号"、陆海联运、空铁联运共同形成的立体物流大通道,正加速打造西安跨境电商物流贸易集散中心。西安将继续深化与沿线国家的经济合作,借助对外开放的平台、通道、枢纽、产业等优势,推动"长安号+跨境电商"模式发展,让"中国制造"走出去,让国外的特色产品走进来,让沿线国家百姓分享"一带一路"倡议带来的成果。

截至2023年9月底,中欧班列已经通达欧洲25个国家217个城市,累计开行超过7.8万列,运送货物超过740万标箱;运送货物占中欧贸易总额比重从2016年的1.5%提高到2022年的8%,有力保障了国际产业链供应链稳定,促进了亚欧大陆合作共赢,为波兰、德国、哈萨克斯坦等国的重要过境点和货物集散地带来了新的发展机遇。如今,100多家物流和电子商务等领域的中国公司在德国杜伊斯堡落户,"钢铁驼队"让"中国制造"在欧洲越来越受欢迎,也让越来越多的欧洲产品走进中国千家万户。

2.2 设施联通篇

03 共享机遇
加速推进中欧班列（西安）集结中心建设

"一带一路"建设是我国扩大对外开放的重大举措。"十三五"期间，我国与"一带一路"沿线国家聚焦重点、深耕细作，共同推动"一带一路"建设从总体布局的"大写意"，步入精谨细腻的"工笔画"阶段。随着合作不断深入，"一带一路"建设正沿着高质量发展方向不断前进。

一、中欧班列：成为"一带一路"建设标志性成果

"十三五"期间，中国成功举办两届"一带一路"国际合作高峰论坛。2017年5月的首届"一带一路"国际合作高峰论坛，形成5大类76大项279项具体成果，在不到两年时间里，这些成果先后得到落实。2019年4月的第二届论坛，又形成包含6大类283项的务实成果清单，成为推动"一带一路"建设迈向"工笔画"的重要里程碑。

截至2020年底，中国已同138个国家、31个国际组织签署203份共建"一带一路"合作文件，共同开展了超过2000个合作项目。在这些合作框架下，我国与相关国家在基础设施建设、境外经贸合作区建设、国际产能合作、金融合作等领域的合作不断深化。

2020年，我国与"一带一路"沿线国家的货物贸易额为1.35万亿美元，同比增长0.7%。尽管受到疫情的不利影响，但我国对"一带一路"沿线国家的非金融类直接投资不仅没有减少，反而是倡议提出以来最多的一年。2020年我国对"一带一路"沿线国家非金融类直接投资达177.9亿美元，比2019年增长了18.3%，与几年来的年平均投资额相比，更是增长了18.9%。

在项目建设方面，2020年，匈塞铁路、中孟帕德玛大桥、中老铁路曼迈一号隧道等基建项目成功实现抗疫复工两不误，中白工业园、雅万高铁等重大项目也取得了积极进展。不仅如此，我国与日本、法国签署了在卡塔尔建设首个非化石燃料充电站的协议，与乌干达签署了建设光伏发电站的协议，还与相关国家启动了一批新的建设项目。

作为"一带一路"建设品牌工程，中欧班列的开行和运营，有力地促进了中国对外开放和与"一带一路"沿线国家经贸往来，成为"一带一路"建设的标志性成果。2020年中欧班列共开行1.24万列，逆势增长50%，综合重箱率98.4%，通达欧洲21个国家的97个城市。跨境铁路的快速发展，将全球产业链供应链更加紧密地联系起来。在全球抗疫的危急时刻，一列列驰骋的中欧班列，为"一带一

> 2023年9月28日，位于陕西西安东北郊的西安国际港站汽笛长鸣，X8489次中欧班列装载着165辆汽车一路向西，驶往数千公里外的俄罗斯首都莫斯科。

>无人机视角下的中欧班列(西安)集结中心中央商务区企业总部楼群

路"沿线国家和地区民众带去宝贵的防疫及生产生活物资,成为沿线国家和地区携手抗击疫情的"生命通道""命运纽带"。

从陕西西安出发的中欧班列"长安号"可谓全国中欧班列高质量发展的典范。作为新时代联通"一带一路"沿线国家的"丝路使者",中欧班列"长安号"为服务全国向西开放,打造"东西双向互济,陆海内外联动"的国际贸易新通道作出了重要贡献。

二、西安:高质量建设中欧班列(西安)集结中心示范工程

2020年4月,习近平总书记在陕西考察时指出,要深度融入共建"一带一路"大格局,加快形成面向中亚南亚西亚国家的通道、商贸物流枢纽、重要产业和人文交流基地,构筑内陆地区效率高、成本低、服务优的国际贸易通道。

西安积极践行国家"一带一路"倡议、新时代西部大开发形成新格局、国家中心城市建设等国家战略,全面落实习近平总书记来陕考察重要指示要求,坚持以新发展理念推动高质量发展,以开放创新、协同联动为导向,以深度融入共建"一带一路"大格局为引领,高起点建设中欧班列(西安)集结中心,加快打造联通欧亚、面向东亚南亚西亚的以中欧班列(西安)集结中心为枢纽的亚欧陆海贸易大通道,深化与"一带一路"沿线国家的经贸交流合作,促进交通、物流、商贸、产业、金融、人文等要素融合发展,为陕西加快建设内陆改革开放高地,服务全国向西开放,形成以国内大循环为主体、国内国际双循环相互促进的新发展格局提供重要动力。

2020年7月,国家发展改革委发布消息,下达中央预算内投资2亿元,支持郑州、重庆、西安、乌鲁木齐等5个中欧班列枢纽节点城市开展中欧班列集结中心示范工程建设。作为中欧班列开行规模领先城市,同时也是"一带一路"核心枢纽城市,西安建设中欧班列(西安)集结中心示范工程有着显著的禀赋优势。

西安位于中国地理版图的几何中心,具有承东启西、连接南北的重要枢纽地位,是国家首批确定的陆港型国家物流枢纽等四类国家物流枢纽城市,是丝绸之路经济带上的最佳中转、分拨和集散中心。"西安港"是国内唯一拥有国际、国内双代码的内陆港,拥有一类铁路口岸、二类公路口岸、进境粮食、肉类、整车口岸及跨境电商综试区等开放平台。西安港承载了连接"一带"与"一路"的重要使命,通过全球港口互联互通,连接内陆地区与沿海地区,连接丝绸之路经济带与21世纪海上丝绸之路,增强了内陆地区对全球资源的配置能力。

西安已开通直达中亚、南亚、西亚以及欧洲的15条中欧班列"长安号"干线,覆盖丝路沿线45个国家和地区。中欧班列"长安号"开行以来取得了跨越式发展,已成为全国开行班列城市中线路最全、覆盖最广、效率最高、速度最快的国际货运班列。[①]来自全国29个省市的货源在西安港集散分拨,发往欧洲和中亚的出口货物,超过70%从西安港发出。西安港已成为我国内陆地区沟通全国、连通世界的"丝路之窗"。

为推动中欧班列"长安号"开行由"点对点"向"枢纽对枢纽"转变,提升服务国家物流干支通道的能力,陕西省印发《陕西省"一带一路"建设2020年行动计划》《支持中欧班列"长安号"高质量发展的若干措施》等文件,支持中欧班列(西安)集结中心建设,指导西安进一步明晰建设思路,聚焦优化空间布局、完善基础设施、提高运营效率等领域,梳理了总投资超过420亿元的34个核心项目。陕西省"十四五"规划建议提出,强化开放大通道建设,构建多层次开放平台,要求加快建设"一带一路"交通商贸物流、国际产能、科技教育、文化旅游、金融等五个中心,高水平建设自贸试验区,推进西安"一带一路"综合试验区建设等。

[①]陕西省一带一路网."一带一路十周年":
长安号十年.https://mp.weixin.qq.com/s/SS6aVzoYLoMS_RW2ozUIuw.2023-8-24.

三、陆港集团：创新内陆港模式构建中欧班列"长安号"集结体系

西安国际陆港集团是西安国际港务区管委会独资设立的大型国有企业，是中国内陆港建设运营的开拓者和先行军。西安国际陆港集团充分发挥中欧班列战略通道作用，不断开拓融合创新，创造了"港口后移，就地办单、多式联运、无缝对接"的内陆港模式，推出公共班列、定制班列、德国快线等创新产品，并依托西安港实现临港产业集聚，繁荣临港经济，致力于将西安港打造成为内陆型国际物流枢纽港和中欧班列（西安）集结中心。

西安陆港集团多式联运公司与DHL全球货运（中国）有限公司合力开发的"德国快线"，是目前全球最快的中德货运国际铁路运输通道，创造了全国铁路开行中欧班列时效之最、服务之最。这条线路也成为连通西安和欧洲稳定而高效的"丝路快车"，未来将有更多欧亚城市加入西安不断扩展的"一带一路"朋友圈，为打造中欧班列（西安）集结中心提供更大助力。

从2020年7月1日起，中铁集装箱运输有限责任公司联手中欧班列"长安号"在中铁西安局集团公司的支持下，常态化开行往返欧洲的中欧班列公共班列，每天开行4班。公共班列具有发车时间固定、全程运行时间稳定、费用较低等特性，进一步放大了西安港的门户、枢纽地位，有助于形成规模效应，标志着中欧

>长安号率先开行境内外全程时刻表班列 运行时效更精准

班列(西安)集结中心建设又迈出了坚实的一步。

依托中欧班列(西安)集结中心,西安国际港务区创新"物流＋贸易＋产业"发展模式,积极构建港贸、港产、港城一体化发展新格局,联合大型央企建设现代物流产业示范区、临港金融贸易园,打造国际化大宗商品交易中心和跨境电商集结中心,实现从运输通道到产业集聚的转变。2020年西安港进出口贸易额预计将达95亿元,较上年增长7.7倍。截至2021年2月底,已聚集外贸类企业360余家、物流企业300余家。

随着中欧班列"长安号"的集结效应日益凸显,西安作为全国地理几何中心的地缘优势更加凸显,由中欧班列"长安号"、陆海联运、空铁联运共同形成的立体物流大通道,正在释放出强劲的"西"引力。京东全球购、沃尔沃整车进口、奥迪整车进口项目落户西安港;冠捷科技、隆基股份、陕汽重卡、陕西拓日等企业纷纷发出出口专列,更多"陕西制造"正搭乘中欧班列"长安号"班列走向世界。

四、"十四五":全面建成中欧班列(西安)集结中心示范工程

陕西省第十三届人民代表大会第五次会议提出,陕西将高标准建设中欧班列(西安)集结中心。西安继续主动服务周边城市,常态化扩大开行"＋西欧"集结班列,同时积极应对新形势、新的产业格局和贸易方式,推动班列与贸易、产业、金融等要素融合创新,高质量推进中欧班列(西安)集结中心建设。

2023年,西安港抢抓新经济机遇,创新贸易方式,率先吹响跨境电商全国集结中心建设号角。2月9日,满载着来自义乌、深圳和西安等地生产的41个集装箱的日用百货跨境电商出口专列,从西安铁路集装箱中心站驶出,12天后到达德国纽斯,然后分拨至德国、比利时等国家,这标志着中欧班列"长安号"跨境电商全国集结中心正式启用。以跨境电商出口专列开行为起点,西安国际港务区着力为跨境电商企业打造最优线路、最高效率、最优保障和最低成本,全力为跨境企业构建通往全球的黄金通道。西安港大力推进"班列＋口岸""班列＋金融"模式,推动"关铁通"等创新举措,加快中欧班列"长安号"数字金融综合服务平台建设,探索班列相关的供应链金融服务,进一步为企业提供好服务。推动"港口＋产业""港口＋贸易"突破发展,服务东南沿海产业转移,构建面向"一带一路"产业转移承接基地,推动贸易企业在西安国际港务区落地、发展壮大。

2023年,西安对于中欧班列(西安)集结中心建设已有了清晰的方案。展望未来,到2025年,中欧班列(西安)集结中心示范工程全面建成;基础设施及智

> 2023年4月26日，运载260多辆在西安制造的比亚迪新能源汽车中欧班列"长安号"顺利发车。

能化、信息化水平达到世界一流；带动全国中欧班列开行实现"点对点"到"枢纽对枢纽"转变；全球互联互通的多式联运网络体系构建完成；实现中欧班列高质量、高效率、市场化、可持续开行；"班列+口岸""+产业""+贸易""+金融"等发展成效明显，对区域经济发展带动作用凸显，为构建现代化经济体系提供有力支撑。10个海外服务基地建成投用，集装箱年吞吐量突破100万标箱，货运量超过500万吨，各项指标持续全国领先。

到2035年，全面建成以中欧班列（西安）集结中心为枢纽的亚欧陆海贸易大通道，形成国际循环通道、国内重点循环通道、区域循环网络、区域微循环网络互联互通、东西互济、陆海联动的通道网络新格局。陕西成为"一带一路"沿线国家企业开拓国内市场的重要集聚地、国内外向型企业"走出去"的重要平台；西安港成为服务"一带一路"的国际知名自由贸易港；中欧班列成为联通欧亚的国际贸易主通道，成为陕西服务和引领全国谱写改革开放伟大事业历史新篇章的重要动力和引擎。

2.2 设施联通篇

04 行稳致远
第五航权货运航线搭建丝绸之路"空中桥梁"

十年来，陕西省积极发挥陕西作为中国地理几何中心的区位优势，依托西安国际航空枢纽建设，全力打造国际运输走廊和国际航空枢纽。持续拓宽国际航空网络，先后开通了多条重要洲际客运航线。2023年以来相继开通至塔什干、比什凯克、阿斯塔纳、阿什哈巴德、杜尚别的国际航线，实现中亚"五国六城"通航全覆盖，"空中丝绸之路"不断织密。积极打造临空经济示范区，空港聚集普洛斯、丰树、日立和"三通一达"等近200家现代物流企业，建成投运物流园区13个，落户东航、海航等14家航空公司区域总部和芬兰航空、大韩航空等15家外航办事处，成为西北地区最大的航企聚集区、功能最全的空港型国家物流枢纽。西安咸阳国际机场加速构建"丝路贯通、欧美直达、五洲相连"航线网络格局，形成陆上班列奔驰，空中航线纵横的盛况。

如今，由中欧班列"长安号"、陆海联运、空铁联运共同形成的立体物流大通道，正在释放出强劲的"西"引力，将西安"开放优势"加速转变为"发展胜势"，为亚欧陆海国际贸易大通道建设注入强劲动能。

一、"第五航权"为西安带来新机遇

2018年5月，西安临空经济示范区获批，进一步强化了西安国际航空枢纽功能，标志着陕西又新增一个国家级重大对外开发开放平台。半年之后，国务院印发《关于支持自贸试验区深化改革创新若干措施的通知》，明确提出："在对外航权谈判中支持西安咸阳国际机场利用第五航权，在平等互利的基础上允许外国航空公司承载经西安至第三国的客货业务，积极向国外航空公司推荐并引导申请进入中国市场的国外航空公司执飞西安咸阳国际机场。"

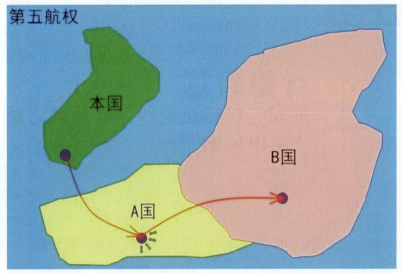

>第五航权示意图

(一)何为"第五航权"

第五航权,即第三国运输权,是指一个国家或地区的航空公司在经营某条国际航线的同时,获得在中途第三国装载客、货的许可,允许它中途经停,并且上下旅客和装卸货物。第五航权被业界誉为"最具有经济实质意义"的航权,对地区经济发展有极大的促进作用,它也是对航权对等原则的颠覆性突破,相当于允许他国飞机获得本国与第三国之间的航线客源与货源,让本国航空公司飞往第三国的航线客源与货源受到分流与竞争。第五航权一旦启用,可带来大量国际中转客流,提供餐饮、娱乐、免税购物、旅游住宿等服务的中转城市可抓住这一契机,打造国际中转服务枢纽。

(二)西安面临的机遇

1.在供给层面,可以降低运输成本,提高运输效率。目前,西安咸阳国际机场拥有三座航站楼,航站楼面积、机位数等均达到了一流水准,在基础设施建设方面有效保障开通更多航线。第五航权的开放能够更充分地促进运输行业供给的灵活性和便利性,相关航线的运营成本大大减少,吸引更多运输公司开展本地航空运输业务,促进航空运输资源市场配置,形成更加开放的、良性的航空运输供给市场的竞争环境,为消费者提供更加高质量的航空运输,充分发挥西安咸阳国际机场运输承载潜力,不断激发本地区国际运输供给活力。

2.在消费层面,可以升级消费体验,提升消费质量。2022年,西安咸阳国际

>2020年6月7日,西安打通首尔—西安—洛杉矶航线。

机场旅客吞吐量1355.8万人次,全国排名第9位,这充分说明以西安咸阳国际机场为中心,形成了较为庞大的消费市场。多元化、便利化的市场供给为消费者提供更多消费选择空间,运输公司之间的竞争促使消费市场服务更多样、价格更廉价,进而促进消费者的航空运输消费体验不断升级。更好的消费体验必然会吸引更多的消费者选择、带来更大的消费市场,而随着航空运输消费的提升,相关购物、住宿、旅游等配套消费也会随之带动。所以,第五航权为消费市场的壮大提供了重要发展机遇。

3.在经济层面,可以发展对外经济,促进转型升级。 近年来,西安对外开放不断扩大,外向型经济发展基础较好,进出口总额、合同利用外资、实际利用外资等各项对外经济数据连年增长。第五航权的开放激发了相关机场自身经济活力,提高了西安国际运输供给和消费水平,带动了相关产业的发展,形成供给促进消费、消费带动供给的良性市场循环。同时,对外开通的不断扩大,外部资金、人员、信息的持续流入,也为西安乃至陕西的经济转型升级注入重要力量。[①]

二、开通第五航权,成为航空枢纽城

开通第五航权给西安的航空枢纽建设和空港经济示范区建设提供原动力的同时,也给西安自贸试验区提供了新的发展机遇,这对"不沿边、不靠海"的西

[①]王伟.关于西安获得利用第五航权国家支持的思考[J].空运商务,2019(01):32-38.

安来说，具有重大意义。

2018年获批西安临空经济示范区的空港新城是国家级临空经济示范区之一，西咸新区空港新城充分使用了第三、第四、第五航权。在西安打通首尔—西安—洛杉矶等航线后，三星产品被高频运输，仅仅2020年一年运输三星产品的货物价值就达到800亿元，通过进出口空运的三星货物重量达1.7万吨，比2019年增长18.5%。[①]

从西安开通第五航权航线后到2020年底，西安咸阳国际机场的国际航线数量已经上升到92条，其中有15条是货运航线。2021年西安着力开放全货运航线，开通了莫斯科—西安—阿拉木图的全货运航线。莫斯科—西安—阿拉木图航线由俄罗斯阿特兰航空执飞，每周执飞两班。航班主要装载机电设备、电子产品、日用品，以及进口水果、奶制品、农副产品、工艺品等货物，可有效保障国际货运需求，预计全年可带动西安咸阳国际机场货邮吞吐量增长约2300吨。[②]

上述开通第五航权的实践表明，越开放的航权，越有利于航空公司进一步扩大和建设航线网络，因为开放的航权能够加快货物的配送，带来更多客流的交汇。这些货流和客流的增加能够构建起更密集的航线网络，航线网络的建立又反过来对城市利用第五航权发展地区经济有着极大的促进作用，二者相辅相成。因此为了全面推进改革开放，促进外向型经济发展，打造国际化的航空枢纽，利用好第五航权是必要过程。

（一）中国版的"孟菲斯"

纵观"世界航空都市"美国孟菲斯的"发家史"，中部区位和物流企业是两个重要因素，而西安两者兼具。一方面，连接东西、贯通南北的西安，1小时航程可覆盖成都、重庆、武汉、郑州等中西部主要城市；2小时航程可覆盖全国70%的领土、85%的经济资源、8亿多的人口；3小时航程能够覆盖国内所有省会城市和重要的旅游城市。另一方面，2016年开始，西安已吸引包括圆通、中通、京东、阿里巴巴、海航等在内的物流企业布局，力图为"物流中心"的建设提供货源加持。

（二）新航线带来强劲暖流

近年来，陕西不断拓宽对外开放大通道，通过"空中丝绸之路"让地处内陆的西安站在了对外开放的前沿，空港新城枢纽集疏运能力不断提升，客流、货流两翼齐飞，可以说拥有了最优的承接和发展"第五航权"航线的平台。

[①]贾焜.陕西省航空物流产业竞争力评价研究[D].天津:中国民航大学,2018.
[②]刘曼.中国开放第五航权问题研究[D].河北经贸大学,2022.

>2019年5月13日,陕西首条第五航权货运航线首尔—西安—河内开航。

2019年5月13日,陕西首条第五航权货运航线"首尔—西安—河内"开航仪式在西安召开,标志着西安打造国际航空枢纽和最佳国际中转机场迈出了实质性的步伐,为加快建设"陆空内外联动、东西双向互济"的航空枢纽奠定了坚实基础,更为全省"三个经济"发展注入新的动力。该航线每周一班,进一步促进了中韩、中越的商贸往来,提升西安咸阳国际机场国际货物中转比例,强化西安作为国际枢纽机场的地位和作用。

2019年12月17日,由俄罗斯叶卡捷琳堡飞来的U6763航班降落在西安咸阳国际机场,经停一个多小时上下客后,该航班再次起飞飞往泰国普吉,标志着陕西首条第五航权客运航线叶卡捷琳堡—西安—普吉航线正式开通。该航线由俄罗斯乌拉尔航空执飞,计划每周四班。该航线开通后,叶卡捷琳堡至西安飞行时间将缩短至6小时左右。此外,这条航线的开通也进一步突显了西安联通俄罗斯与东南亚国家的重要节点作用,打通了俄、中、泰三国的空中通道,积极提升西安咸阳国际机场国际中转旅客比例,助力构建东西双向互济的国际航线网络,为西安咸阳国际机场打造大型国际枢纽机场奠定坚实基础。

2020年6月7日1时45分,来自韩国首尔的KE279航班顺利降落西安咸阳国际机场,5时许满载着108.2吨货物继续飞往美国洛杉矶,这标志着陕西首条洲际第五航权货运航线首尔—西安—洛杉矶正式开通。该航线是西安咸阳国际机场继2019年5月开通首尔—西安—河内航线后,开通的第2条第五航权货运航线,至此累计开通全货运航线达到30条。该航线的开通既是陕西省在北美航线布局上的重要突破,也是稳定国际贸易产业链和供应链的具体举措,为打造西

> 2021年5月14日,顺丰"西安—新西伯利亚"国际全货运航线正式开通。

安航空物流枢纽注入了新的活力,也为陕西"三个经济"的发展注入了新的动力,同时也加强了与东亚、北美的经贸联系,对于打造内陆改革开放高地、进一步畅通陕西商贸国际物流大通道至关重要。

(三)空中航线助力跨境电商

2021年5月14日,顺丰"西安—新西伯利亚"国际全货运航线正式开通运行。这是西安咸阳国际机场开通的首条以出口跨境电商货物为主的国际全货运航线,顺丰航空国内外通航站点由此增长至80个。该航线的开通,是推动西安打造全球性邮政快递枢纽的具体举措,是顺丰航空积极响应国家"一带一路"倡议支持中西部地区航空物流与跨境电商产业发展、促进中俄进出口贸易持续增长、协力畅通国内国际"双循环"的重要行动,将有力整合两地的地缘优势,为中俄企业提供便捷可靠的电商物流服务和一体化进出口供应链解决方案,同时也将为中俄跨境电商贸易提供航空运力保障,促进中俄、中欧之间的经贸往来。

2021年9月30日,莫斯科—西安—阿拉木图第五航权货运航线正式开通,这也是陕西首条链接"一带一路"沿线国家的第五航权货运航线。莫斯科—西安—阿拉木图货运航线直连"一带一路"腹地,为三国之间的经济贸易往来搭建便捷顺畅的"空中桥梁"。该航线的开通将使陕西省的货物运输时间缩短3至5天,同时也将使中西部地区的货物到达中东欧地区的运输效率显著提高,为陕西加强与"一带一路"沿线国家经济商贸往来和加快向西开放步伐、畅通国内国际双

> 2021年9月30日，陕西首条第五航权货运航线莫斯科—西安—阿拉木图开航仪式。

循环有效探索新路径、积累新经验。

2020年，西安咸阳国际机场空运进出口贸易货值占比达到陕西省总贸易额的70%以上，机场货邮吞吐量近38万吨，跻身全国前十。2021年1—8月，西安咸阳国际机场航空货邮吞吐量达27.78万吨，同比增长27.2%，在全国机场中总量位居第9位，在前十大枢纽机场中增速稳居第一位。截至2021年9月，空港新城已联合西部机场集团累计开通全货运航线38条，其中国际航线19条，覆盖首尔、东京、洛杉矶、布鲁塞尔、曼谷、德里等欧亚及北美13个国家的18个城市，初步构建起面向"一带一路"、辐射全球的航线网络。

未来，要加快西安咸阳国际机场航空枢纽建设，将第五航权航线网络延伸至"一带一路"国家和世界其他国家和地区，从而强化国内支线航运的衔接联动，释放西安咸阳国际机场对整个西部地区的辐射带动效应，实现开放经济的互通共享。[1]

三、助力大西安跑出开放发展"加速度"

近年来，西安不断拓宽对外开放大通道，通过"空中丝绸之路"站在了对外开放的前沿。西咸新区空港新城枢纽集散能力不断提高，已布局起四通八达、辐射全球的国际客货运航线，可以说拥有承接和发展"第五航权"航线的资源优

[1] 姚瑞,董雨,宋高阳.第五航权驱动西安"一带一路"建设与世界城地融合的研究[J].综合运输,2021,43(10):8-12.

势——2022年西安咸阳国际机场完成旅客吞吐量1355万人次,旅客吞吐量增速位列全国第9名;2022年西安咸阳机场完成货邮吞吐量约20万吨,货邮吞吐量增速位列全国第14名。

2023年一季度,西安咸阳国际机场共完成货邮吞吐量7.3万吨,同比增长13.2%,增速位列全国十大枢纽机场第一位。4月8日,陕西省跨境电商保税备货进口首单业务在空港新城顺利完成,打通了西北内陆地区联通世界贸易的"网上丝路"。从空港新城起步,"空中丝绸之路并翼网上丝绸之路",为"买全球、卖全球"的开放大通道提供全新建设途径。随着第五航权航线的正式落地,空港新城"自贸+保税+临空+口岸+跨境"等政策叠加优势会愈发凸显并充分释放,

> 2011—2022年西安咸阳机场航班旅客吞吐量

> 2011—2022年西安咸阳机场航班货邮吞吐量

为空港新城带来更多国际客货运航线,客货运中转集散能力不断提升,西安的枢纽地位也将更为凸显,打造全球航空中转站的愿景将指日可待。

(一)建立空中枢纽核心

第五航权开通后,西安将吸引大量的国际中转客货流量,进而加强其辐射力和影响力,从经济角度来看,能够成为意义重大的"中国最好的中转机场"。

第五航权物流航线的开通,一方面,将有效促进西安现代航空服务业的发展,使货载量大幅度提升,而运输成本相应减少,可以充分提高本地运输业效率,优化航空货运资源配置,最大限度激发西安咸阳国际机场的航空运输活力。另一方面,可以充分发挥西安空运交通枢纽的核心价值,促进中西部地区商贸、金融、信息对外开放,同时与"一带一路"建设和世界城地组织可以充分融合,以物流航运带动产业链协同发展,实现内外联动,放大了西安优势产业和龙头企业的外向经济引力,建立起空中"枢纽经济"核心。同时,打造以西安为中心的航运网络,促进产业聚集,有利于发挥西安在西部地区的经济辐射和世界城地组织的联席城市的作用,为组织城市间贸易交往提供便利的航运物流条件,促进不同城市间的优势产业融合。[①]

第五航权客运航线的开通,能够有力提升西安国际旅游业发展水平,以国际化开放促进西安传统旅游服务业转型升级,刺激出入境游客流量,还能够将西安转化为国外游客进入中国的门户枢纽,实现国内外文化旅游双循环发展。

第五航权的不断扩张,以旅游文化产业和客运服务网络,辐射带动周边客运服务业发展,将西安咸阳国际机场从一个国内客运中心,发展成为西部地区国内国际航运双中心。同时,将周边高速铁路货运和公路运输网络与航运线路打通衔接,形成空铁、空路的多元化运输网络,将西安的区位聚集优势向物流网络优势转化,扩大西安对周边地区的经济带动作用。[②]

(二)与"一带一路"沿线国家互联互通

推动"一带一路"建设第五航权的开放与运营,有利于加强西部地区与"一带一路"沿线国家的互联互通,有利于各国之间的投资合作、科教创新交流、产业协同发展、旅游文化融合。

近年来,我国和"一带一路"国家的国际航线已经超过近千条,利用第五航

---

① 张阳,靳雪,高启明."一带一路"背景下的新疆国际航空客运与旅游服务贸易的动态相关研究[J]. 甘肃科学学报,2020, 32(5):129-136.

② Shuxia Tan. Study on the Development Strategy of Airport Economy in Dalian[J]. Modren Economy, 2020, 11(1): 200-207.

权,基本能够覆盖绝大多数"一带一路"国家,由此节约国际航运成本,提高沿线国家之间的经贸交流。对于西安来说,建设第五航权航运网络,重要价值还在于积极"走出去",通过航线建设将西部地区的外向经济扩展到"一带一路"沿线国家,倡导文化输出,讲好中国故事,传承古丝绸之路的文化融合与交流合作。

同时,第五航权航线开通,为各个城市之间提供了一个空中交流通道,有助于促进各城市民间文化传播和旅游业融合,增强文化软实力。例如西安—罗马航线的开通,连接了两个千年文化古城,通过第五航权,以罗马为中心能够连接欧洲各城地组织城市,以西安为中心,能够连接亚洲各城地组织城市,吸引国际游客来访西安,体验中华文化,同时也为西部地区游客以西安为门户"走出去",实现外向经济发展,推动西安的国际化建设,提供更完善的航运支撑。

(三)助力"空中丝绸之路"

作为西北地区首个国家级临空经济示范区,近年来西咸新区空港新城聚焦西安国际航空枢纽建设,逐步完善、拓展货运航线网络,提升航空运力,提高空运时效,降低运输成本,切实服务企业和外向型经济发展。

>西安咸阳国际机场T5站前商务区效果图

2020年，西安咸阳国际机场空运进出口贸易货值占比达到陕西省总贸易额的70%以上，机场货邮吞吐量近38万吨，跻身全国前十。同时，西安咸阳国际机场航空货量也从17万吨增长到峰值时的近40万吨，一度赶超昆明、南京、上海虹桥，成为全国第9，实现跨越式发展，成为陕西临空经济发展的强力引擎。在此基础上，机场三期工程的建设将进一步助力空港新城临空经济的提速，扩建完成后，西安咸阳国际机场将成为拥有2个航站区、4座航站楼、4条跑道，满足年旅客1.2亿人次、200万吨航空货运量需求的大型国际航空枢纽。可以预见，空港新城将在未来进一步释放航空枢纽的平台效应。

　　未来，西安将加快构建国际航空枢纽，深度融入"一带一路"大格局，加速贸易、产业、人文等全方位合作交流以西安高质量发展助推中国式现代化西安实践行稳致远。

2.2 设施联通篇

05 深度融合
"四型"国家物流枢纽全布局
中亚"五国六城"通航全覆盖

西安是我国古丝绸之路起点城市，自古以来就是国际知名的商贸交易中心，也是西北地区的"龙头"城市，拥有超过1300万常住人口的庞大消费体量和西北地区唯一的国家中心城市，是"十四五"国家综合交通规划中重点建设的国际性枢纽城市，近年来，西安加大制度创新和外向型经济培育，着力打造内陆地区改革开放高地，取得了阶段性成果。

国家物流枢纽是由国家发展改革委、交通运输部共同布局建设，集中实现货物集散、存储、分拨、转运等多种功能的物流设施群和物流活动组织中心。国家物流枢纽是物流体系的核心基础设施，是辐射区域更广、集聚效应更强、服务功能更优、运行效率更高的综合性物流枢纽，在全国物流网络中发挥关键节点、重要平台和骨干枢纽的作用。

国家物流枢纽建设目的主要体现在四个方面：

第一，在"点"上，系统整合存量物流基础设施，减少低水平重复建设和同质竞争，引导物流资源集聚形成规模经济效应；

第二，在"线"上，依托枢纽打造跨区域的物流通道，完善区域内集疏运体系，提高干支物流和末端配送一体化运作水平；

第三，在"网"上，推动建设国家物流枢纽网络，构建"通道+枢纽+网络"的现代物流运行体系；

第四，在"面"上，发挥枢纽资源集聚和区域辐射作用，带动制造、商贸等产业集聚，与物流融合创新发展，培育经济发展新动能。

2018年，《国家物流枢纽布局和建设规划》印发实施，计划到2025年，共设立陆港型、空港型、港口型、生产服务型、商贸服务型、陆上边境口岸等6种类型150个左右国家物流枢纽。

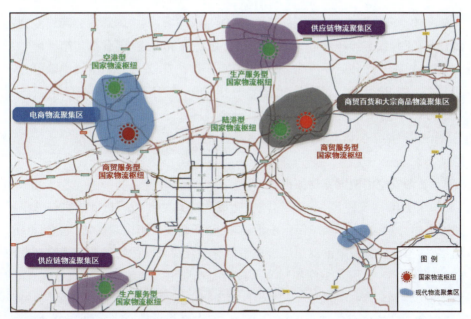
>西安市现代物流业"十四五"空间布局图

西安陆港型、空港型、生产服务型、商贸服务型国家物流枢纽已分别于2019年、2021年、2022年、2023年先后获批,标志着西安正式完成"四型"国家物流枢纽建设布局。同时,西安国家骨干冷链物流基地和国家综合货运枢纽补链强链城市已成功入选国家建设名单,西安成为全国首个不沿海不沿江"4枢纽+1基地+1城市"的综合物流枢纽城市。

一、西安陆港型国家物流枢纽

2019年,西安陆港型国家物流枢纽入选首批国家物流枢纽建设名单。西安陆港型国家物流枢纽位于西安国际港务区,是国家级多式联运示范基地和陕西自贸区的核心板块,是全国唯一一个拥有国际、国内双代码的内陆港。基本功能包括铁路干线运输组织功能、区域分拨及配送组织功能、多式联运转运组织功能、国际物流服务功能;延伸功能包括商贸服务功能、产业服务功能、供应链物流服务功能。枢纽定位为"一带一路"内陆型国际物流枢纽港、"一带一路"国际陆海互联创新示范区、中欧班列(西安)集结中心和国家级城际配送枢纽节点。

西安国际港务区对标世界一流内陆港,全力加快中欧班列(西安)集结中心建设,建成了拥有全国唯一3束6线铁路集装箱中心站和全国首个内陆自动化无人码头的西安国际港。目前，已建成铁路作业线59条，其中国际集装箱作业到发线18条，设计集装箱年吞吐量540万标箱、运力6600万吨，现有集装箱堆场69万平方米、标准仓库18万平方米。其中，中欧班列"长安号"开行占全国中欧班列总量1/4左右，开行量、货运量、重箱率等指标居全国第一。累计服务企业达到16500家，开行了比亚迪、吉利、隆基、冠捷、爱菊、非遗等特色专列，为陕西企业"走出去"提供了便捷高效的国际物流通道。

二、西安空港型国家物流枢纽

2021年，西安空港型国家物流枢纽成功纳入"十四五"首批国家物流枢纽建设名单。该枢纽位于西咸新区空港新城，依托西安咸阳国际机场"通道、枢纽、网络"的三大优势和空港枢纽周边电子信息、航空科技、生物医药等适空产业形成的货源优势，以服务枢纽周边硬科技适空产业融入全球产业链为导向，面向国内国际两个市场，打造以"开放发展、空陆联动、两业融合、应急保障"为特色的国家物流枢纽，立足西北、服务全国、辐射全球，建设"一带一路"国际航空物流枢纽，打造上海合作国家临空产业供应链中心和国家"双循环"战略重要支点、关中平原城市群供应链组织运营中心、西北应急物流保障基地，成为全国物流业先进制造业融合发展示范区。

西安空港型国家物流枢纽以全国首批示范物流园区——陕西国际航空物流港为基础，选址集中连片，枢纽核心区占地约1.2万亩，布局"一港双心四园"："一港"即机场物流港（含机场三个货运站），"双心"即空铁联运中心和卡车航班中心，"四园"即航空仓储物流园、保税物流产业园、跨境电商国际快件物流园和空港冷链物流园。

枢纽与高速公路、高铁和城市轨道无缝衔接，交通条件极为便利，直接服务三星、美光、杨森、中兴等国际型企业的供应链体系。两年来，空港"临空、自贸、保税、跨境、口岸、航权"六大开放平台功能向发展动能的转化不断加快，目前西安咸阳国际机场累计开通全货运航线43条，面向大阪、阿拉木图、圣彼得堡等国际城市，"向西开放、向东集散、辐射全球"的航空网络初步形成。

未来，西安空港型国家物流枢纽将大力推进"通道+枢纽+网络"现代流通体系建设，力争至"十四五"末，西安咸阳国际机场货邮吞吐量达80万吨，全货运航线达50条，枢纽物流货运量达680万吨，临空经济产值突破千亿元，成为陕西深度融入共建"一带一路"大格局的重要战略支点，促进关中平原城市群社会经济

>西安空港型国家物流枢纽内部结构图

高质量发展,支撑新时代西部大开发战略深入实施。

三、西安生产服务型国家物流枢纽

2022年11月,西安生产服务型国家物流枢纽入选2022年国家物流枢纽建设名单。西安生产服务型国家物流枢纽位于全国首批国家级西安高新技术产业开发区和国家级西安经济技术开发区内,枢纽核心区占地4905亩,枢纽分南北2大片区7大功能区。其中,高新片区占地2925亩,包含国际物流、新能源汽车和装备制造、科技装备3个物流功能区;经开片区占地1980亩,包含汽车装备、生产加工、城市配送、军民融合4个物流功能区。

西安生产服务型国家物流枢纽依托枢纽周边硬科技先进制造业聚集和城市资源禀赋优势,定位为"一带一路"硬科技产业供应链组织运营中心、全国绿色物流与先进制造业融合发展示范区、西部应急物流基地和关中平原城市群数字供应链经济发展高地。面向电子信息、生物医药等高端产业,开展以公空联运、保税仓储为主的生产物流服务;面向汽车装备、新能源新材料等制造业,开

>西安物流枢纽与硬科技先进制造业产业带关系图

展以公铁联运、线边物流和仓储配送为主的物流服务。

西安生产服务型国家物流枢纽依托全市80%以上工业体量资源，域内生产物流仓储、加工和公铁、公空转运设施完备。枢纽毗邻西安电子信息、汽车、装备制造等生产制造产业基地，直接服务三星、陕汽、比亚迪、隆基、杨森和华为等世界知名先进生产制造企业，同时还直接服务兵器工业、航空航天等产业。

西安生产服务型国家物流枢纽入选"国家队"也凸显了西安建设国家物流枢纽的四个"新"：新抓手，即贯彻落实习近平总书记来陕考察重要讲话重要指示精神、推进"六个打造"、实施加快补齐开放短板、打造商贸物流枢纽的重要抓手。新平台，即充分发挥西安独特的地理区位优势，深度融入"一带一路"大格局,构建国内国际"双循环"战略支点,进一步增强带动关中平原城市群高质量发展的能力。新动能,即进一步服务西安实体经济,加快推进产业转型升级,实现两业联动、多链融合发展的强劲动能。新模式,即西安生产服务型国家物流枢纽率先在国内实现了央企(中国物流集团有限公司)牵头,联合地方国企和优秀民营企业共同组建枢纽建设运营联盟。

四、西安商贸服务型国家物流枢纽

2023年7月,西安商贸服务型国家物流枢纽成功入选2023年国家物流枢纽建设名单。西安商贸服务型国家物流枢纽以"多业融合、内外链通、数智赋能、安全保供"为建设目标,依托灞桥区、临潼区、高陵区、阎良区(航空基地)、西咸新区等部分区域规划建设,枢纽占地面积6057亩,25个支撑项目总投资113.09亿元。

西安商贸物流枢纽选址东西两大片区,其中,东片区包含的阎良(航空基地)和高陵两个重要功能区,是西安北跨战略的核心承载区之一。在后续枢纽建设中,将进一步强化阎良(航空基地)、高陵的商贸物流基础设施建设。

西安商贸服务型国家物流枢纽的基本功能:面向城乡居民消费所需的电商百货、食品医药、粮油农副产品、家电和冷链食材等生活类物资,开展公铁、公空联运和仓储配送等物流配套服务;面向航空产业基地、装备制造等生产所需的航空配件、大宗物资和机电产品等生产类物资交易,开展公铁和公空联运商贸物流服务。

延伸服务功能包括航空制造、汽车等进出口贸易服务、保税物流、跨境电商、应急物资保供和数字供应链平台服务。枢纽建成后,将具备电商仓配、食品交易、农产品物流、医药物流、冷链物流和保税物流等多种物流服务功能,可实现优势互补、资源共享、业务协同的一体化运营,将有力辐射带动关中平原城市群乃至西北五省商贸流通业聚集发展,为创建西安国际消费中心城市和促进关中平原城市群消费升级提供重要支撑。

五、西安国家骨干冷链物流基地

2023年,西安国家骨干冷链物流基地成功入选新一批25个国家骨干冷链物流基地建设名单。国家骨干冷链物流基地是依托存量设施群布局建设的大型冷链物流基础设施,是整合集聚冷链物流资源、优化冷链物流运行体系、促进冷

>西安商贸服务型国家物流枢纽两大片区选址空间方位及交易市场分布图

链物流与相关产业融合发展的基础支撑、组织中心和重要平台。

西安国家骨干冷链物流基地依托西咸新区、经开区、国际港务区存量冷链设施规划建设，占地面积1115.87亩。西安国家骨干冷链物流基地发展定位是"一带一路"国际冷链物流中心、全国销地冷链物流基地节点、西北应急冷链物流基地、关中平原城市群冷链物流集配中心。基地主体功能为国内国际市场的冷链运输中转功能、销地市场仓储配送服务功能、冷链物流资源要素供应链集成服务功能三项主体功能。

西安是"四横四纵"国家冷链物流骨干通道网络鲁陕藏大通道上的重要冷链物流枢纽节点。建设西安国家骨干冷链物流基地对西安加快融入"一带一路"建设，推动基地冷链物流设施与西安都市圈内外物流节点互联互通，加强与关中平原城市群农产品主产地间的产供销对接，提升国家中西部地区冷链物流产业智慧化、绿色化、集约化和国际化发展水平等具有十分重要的现实意义。

六、国家综合货运枢纽补链强链城市

为加快构建现代化高质量国家综合立体交通网，财政部、交通运输部决定用3年时间集中力量支持30个左右城市(含城市群中的城市)实施国家综合货运枢纽补链强链，推动综合货运枢纽在运能利用效率、运输服务质量、运营机制可持续等三方面得到明显提升。在提高循环效率、增强循环动能、降低循环成本中发挥积极作用，更好地服务重点产业链供应链，辐射带动区域经济高质量发展。

2023年，西安市联合银川市成功入选国家综合货运枢纽补链强链城市建设名单。此次西安与银川联合申报方案共策划项目47个，总投资额312.35亿元，其中：西安市项目35个、总投资额247.76亿元，银川市项目12个、总投资额64.59亿元。

国家综合货运枢纽补链强链城市的成功获批将有效强化西安、银川枢纽城市的全球门户功能和集聚辐射组织功能，推动西银区域形成以"陆海陆空引领、跨国跨区协同、港产港贸融合、绿色智慧安全"为特征的国家综合货运枢纽；成为"一带一路"的陆海空国际物流组织中心、联动亚欧陆海贸易大通道与西部陆海新通道的物贸集结转换中心、服务国家装备制造及国防工业的供应链组织中心，保障黄河"能源流域"及陕甘宁蒙能源化工"金三角"地带的战略物资保障基地，更好地服务带动黄河流域生态保护和高质量发展。

至此，西安陆港型、空港型、生产服务型、商贸服务型"四型"国家物流枢纽，西安国家骨干冷链物流基地和国家综合货运枢纽补链强链城市已全部成功入选国家建设名单，标志着西安正式完成"四型"国家物流枢纽布局，成为全国首个不沿海不沿江"4枢纽+1基地+1城市"的综合物流枢纽城市。对西安依托"通道+枢纽+网络"和批发、零售、电商、进出口贸易等商贸流通优势，面向国内国际两个市场，着力扩大对内对外开放、打造内陆改革开放高地，建设以"多业融合、内外链通、数智赋能、安全保供"为特色的国家物流枢纽，积极探索以四型国家物流枢纽为核心的内陆地区枢纽经济西安模式提供重要支撑。

七、共建"空中丝绸之路"，西安实现中亚五国航线全覆盖

随着"一带一路"倡议落地生根，西安与中亚五国人文交流、投资贸易合作持续深化、不断拓展。2022年，西安对"一带一路"沿线国家进出口额970.5亿元，同比增长40%；对中亚五国进出口额16.85亿元，同比增长58.9%。2022年4月，中国民用航空局与国家发展改革委联合印发《"十四五"时期推进"空中丝绸之路"建设高质量发展实施方案》，提出加快西安国际航空枢纽建设，支持开通向西开放的航空通道。

西安市人民政府工作报告中指出，2023年要重点加快西安国际航空枢纽、国家级临空经济示范区建设，抢抓机遇拓展国际客货运航线，开通更多中亚直飞国际客运航线，织密"空中丝绸之路"网络。

2023年，西安—中亚航空市场发展驶入了快车道。1月6日，南航西安—阿拉木图客运航线首航；2月10日，长龙航空恢复西安—塔什干客运航线；2月11日、3月27日，南航、长龙航空相继开通西安—比什凯克客运航线；4月21日，国航开通西安—阿斯塔纳航线；5月13日、18日，南航分别开通西安—阿什哈巴德、西安—杜尚别航线。至此，西安实现了对中亚"五国六城"航线全覆盖。这不仅进一步巩固了西安"一带一路"主要节点城市和作为中国向西开放的桥头堡地位，为西安国际航空市场发展注入了新动力，提振了各界对西安国际航空市场恢复发展的信心，而且使西安与中亚五国之间人文交流、经贸往来渠道得到飞跃提升，扩大了西安在"一带一路"建设中的影响力。

>普洛斯(空港新城)物流枢纽基地

>日立(空港新城)物流枢纽基地

>圆通速递(空港新城)物流枢纽基地

2.3 贸易畅通篇

01 西安"一带一路"贸易发展报告

2000多年前,满载货物的驼队踏上丝绸之路,开启了东西方国家贸易往来的先河。如今,在"一带一路"倡议提出十周年之际,西安2022年实现进出口总值4474.1亿元,较2013年增长2.4倍,其中对沿线国家实现进出口额970.5亿元,较2013年增长4倍。2023年1—8月,西安与"一带一路"沿线国家和地区进出口总额达718.9亿元人民币,同比增长22.8%,占全市进出口总值的31%,充分彰显了融入共建"一带一路"大格局对西安贸易发展的强大推动作用。

一、背景意义:与沿线国家和地区一起勾勒描绘"一带一路"绚丽画卷

"贸易畅通"是"五通"的核心内容,重中之重,是开展国际经贸合作的焦点和基石。促进贸易投资便利化、消除贸易投资壁垒、帮助参加国营造良好营商环境、不断激发和释放经贸合作潜力、实现各方互利合作的实际成果,是"一带一路"倡议的重要内容。十年来,"一带一路"倡议在显著加强各国参与经济全球化程度和范围的同时,也推动了共建国家间不断深化的贸易投资合作关系,有效发挥了"一带一路"务实合作的"压舱石"作用。

西安作为我国向西开放的前沿阵地,与沿线国家和地区一道,充分发挥区位优势、平台优势、产业优势,持续不断推动高质量对外开放,以勾勒描绘"一带一路"图景,使其更加清晰、绚丽。十年来,西安深入贯彻共建"一带一路"倡议,聚焦打造国际化一流营商环境,发挥国际港务区"跨境+自贸+综保+进口贸易+口岸"综合优势,依托中欧班列"长安号"和西安港口岸平台,持续提升跨境贸易便利化水平,打造国际贸易西部大通道。

(一)聚焦建设"最优通道",提升便利化水平

开通跨境电子商务专列新线路,相继开行杜伊斯堡、汉堡、莫斯科等多趟专

/ 二、专题篇章 / 2.3 贸易畅通篇 /

列和中欧班列"长安号"国际邮运专线,使跨境货物直达欧洲20多个城市。通过建设诸如白俄罗斯、波兰等装卸港口,有效缓解马拉舍维奇换装点的拥挤状况,使货物可以在11天左右的时间内直达杜堡和汉堡等欧洲内陆地区,大幅提升跨境电商专列运输时效。西安在全国率先开启陆路启运港退税试点,通过压缩退税办理时间,将退税时限从平均30天缩短到最快2天,使跨境贸易企业的运营成本负担大大降低。2022年度跨境电子商务班列累计开行198班,同比增长60%以上,继续保持全国第一的位置。2023年一季度,共开行跨境电商班列45列,完成电子商务货物发运2265箱,全市跨境电子商务交易额3317万元,同比增长23.4%。

(二)聚焦实现"最高效率",创新发运模式西安国际港务区建设中欧班列"长安号"跨境电商集拼中心，打造信息化、可视化、智能化通关服务系统，有效促进信息化管理和通关工作高效化。通过采用"先报关、后装箱"的跨境电商散货新模式，解决散货集拼过程中多个提单因分柜而产生的问题，使货物通关时间有效缩短2至3天时间。全面实施跨境电商1210保税备货模式、9610集货模式、9710B2B直接出口模式、9810出口海外仓模式监管模式全覆盖，开通跨境电商"绿色通道"，对跨境电商包裹运输实施"优先装车、优先制票、优先挂运"，实行货物即到、即查、即放行，实现24小时内完成清关查验。

（三）聚焦提供"最强保障"，优化配套服务

依托铁路西安西站办事大厅，将铁路运单审批与市场监管、税务、行政审批等服务内容进行"一厅集成式"办理，构建政策咨询、登记注册、纳税、货物发运、仓储等全链条综合服务体系。建设中欧班列"长安号"数字金融综合服务平台，开发订舱、租箱、发运、报关、物流运输、集装箱动态、数字金融、跨境结算等数字化应用场景和功能，实现预约订舱与融资服务"一网通办"。在德国、哈萨克斯坦、白俄罗斯等地布局建设8个跨境电商海外仓，衔接当地卡班网络、分拨中心等，为跨境商家提供"端到端、门到门"全链路物流服务，企业综合成本下降约10%。通过购买自备箱、减免跨境电商清单申报货物场站作业费、查验费等措施，实现跨境电商申报货物每柜查验费用平均降低1800元，大幅降低企业运营成本。

二、具体表现：与"一带一路"沿线国家和地区贸易合作不断迈上新台阶

（一）贸易规模不断扩大，推动亚欧大陆贸易繁荣发展

2013年以来，陕西与"一带一路"沿线国家和地区进出口额翻了两番，年均增长18.4%。2023年8月24日，装载着总价值约480万美元的隆基绿能光伏组件的中欧班列"长安号"在西安国际港站鸣笛启航。这批光伏组件将先运抵青岛港，再由中远航运转运班轮，最后运抵比利时安特卫普港口。近年来，中欧班列"长安号"已成为连接亚欧大陆贸易的关键，让中国光伏产品能够更快、更便捷地走向世界。截至2023年8月，隆基绿能已发出上百列长安号出口专列，驶向中亚地区以及荷兰、德国、比利时等国家。同时，奔驰在"一带一路"沿线国家和地区的陕汽重卡也越来越多。2023年上半年，陕汽出口汽车达26390辆，创历史新高。其中，对"一带一路"沿线国家和地区出口重卡25298辆，同比增长95.9%。

> 2023年1月16日，中欧班列（西安—莫斯科）汽车出口（JSQ车）专列从西安国际港站发车。

除了横贯亚欧的"钢铁驼队"，西安还有繁忙的"空中走廊"以及跨境公路运输线路……从乌兹别克斯坦首都塔什干发出的重达两吨的车厘子，经飞机运抵西安后，立即进行接收、检验、验收、摆放，仅用了1个小时就完成了整个过程。截至2023年9月，包括24条国际航线和3条第五航权货运航线在内，西安已开通全货运航线43条。该体系的建立，初步构建起了一个货运航线网络，西向开放，东向集散，辐射全球。

2013年以来，西安与"一带一路"沿线国家和地区进出口额翻了两番，年均增长18.4%，2022年首次突破1000亿元，同比增长41%。2023年上半年，西安与"一带一路"沿线国家和地区实现进出口额646.1亿元，同比增长41%，占全省进出口总值的31.9%，同比提高12.4个百分点。

（二）双向投资合作持续深化，积极支持企业"走出去"

贸易往来既为西安开放开发打开了新的空间，也推动了双向投资联动，隆基、陕汽、比亚迪等一批优秀企业正在向全球产业链价值链高端攀升。西安爱菊粮油工业集团哈萨克斯坦北哈州农业合作园项目成为西安企业"走出去"的典范。作为老牌粮食加工企业，2015年以来，西安爱菊粮油工业集团响应"一带一路"倡议，赴哈萨克斯坦投资发展。目前，西安爱菊粮油工业集团在北哈州投资建设的一期年加工30万吨油脂厂、15万吨粮食仓库等运营稳定，并与当地20余家农场签订了150万亩小麦、油菜籽订单种植协议，让境外优质粮食"买得到、运得回"。截至2023年6月底，西安爱菊粮油工业集团从哈萨克斯坦累计进口小麦、

>爱菊粮油工厂鸟瞰图

面粉、食用油等农产品近40万吨。

十年来,西安不断深化双向投资,积极稳妥支持企业"走出去","一带一路"沿线国家和地区成为陕西企业的重要投资目的地和境外承包工程的主要市场。

(三)通道平台有效提升,持续扩大市场版图,布局高端和空白市场

以跨境电子商务综试区、进口贸易促进创新示范区等重要平台为依托,西安充分发挥中欧班列(西安)集散中心的作用,依托跨境电商综试区、进口贸易促进创新示范区等重要平台,培育出口高附加值主导产业和优势产品,扩大能源资源、粮食、植物油、肉类等大宗商品和优质消费品进口。

2023年5月,中国—中亚峰会的成功举行,将西安推到了世界舞台的聚光灯下,为陕西深度融入共建"一带一路"注入了澎湃动力。西安将积极落实峰会成果事项清单,深挖合作潜力,高质量办好各类投资贸易双向促进活动,包括建设"一带一路"二手车出口集结中心、"一带一路"进口商品集散分拨中心,参与"聚合中亚云品"主题活动和丝路电商合作,进一步扩大与中亚国家的经贸合作规模。

从不沿边、不靠海的内陆腹地变身为向西开放的前沿阵地,西安正充分发挥自贸试验区制度创新和综合保税区政策优惠的叠加优势,促进与"一带一路"沿线国家和地区贸易自由化便利化,深化与"一带一路"沿线国家和地区的经贸交流合作,为共建"一带一路"高质量发展增添新的活力。

三、建设成效：共建"一带一路"——构建人类命运共同体的重大实践

2023年10月10日，国新办发布《共建"一带一路"：构建人类命运共同体的重大实践》白皮书。

十年来，仅在贸易投资方面，中国与共建国家积极发展互利共赢的贸易投资合作关系，成功举办了5届中国国际进口博览会，倡导设立了亚投行、丝路基金，基本形成了长期、稳定、持续、可控风险的投融资体制。

十年间，中国与合作伙伴国家进口和出口总额累计达19.1万亿美元，年均增速6.4%。中外合建国双向投资累计突破3800亿美元，其中我国对外直接投资（FDI）已突破2400亿美元。

可以说，十年来，贸易畅通作为共建"一带一路"重要组成部分，推动了贸易规模不断扩大、贸易结构不断优化，共建"一带一路"不断走深走实，并在全球贸易整体低迷的当前形势下，赢得了逆势增长的良好势头。

（一）加速构建亚欧陆海贸易大通道，提升交通商贸物流中心枢纽功能

十年来，西安积极探索国际货运班线新模式，不断拓宽国际贸易通道。其中，长安号干线全线贯通亚欧大陆。中欧班列"长安号"集散中心提供集散联运服务，服务范围遍及全国17个地市。中老国际货运班列、中越国际货运班列等相继开行……一条效率高、服务优、成本低的国际贸易大通道正在加速形成。

十年来，中欧班列长安号不断拓展线路，提升运营速度和效率，推出全程统一运单、宽轨直达班列等一系列系统性、集成性的创新举措。如今，17条国内集结线路可直达长三角、珠三角、京津冀、晋陕豫黄河金三角等国内主要货源地，集结体系初具规模。2023年10月，在中欧班列"长安号"始发站西安国际港站，全国首趟境内外站点均有明确到发时刻的中欧班列从这里驶出，实现了中欧班列发展史上的新突破。

西安国际港务区在不断提升中欧班列（西安）集结中心通道枢纽功能的同时，全力推动港产港贸港城融合发展，积极承接东部产业转移，加快建设"一带一路"临港产业园。截至2022年11月29日，东南沿海300余家外贸类企业、300余家物流企业以及超过1200多家电商企业落户西安港，马士基、美国安博、普洛斯等国外行业龙头相继与西安本地企业达成合作，总投资206亿元的中远海、中林、五矿、山东港等18个集结中心支撑项目正加快建设，带动产业链上下游聚集，有效提升了集结中心的产业支撑能力。到"十四五"末，西安将建成连通内外、便捷高效的海陆空网综合大通道，形成西部领先、通江达海、连接世界的枢

纽优势，成为国际性商贸物流枢纽和国际陆海贸易大通道的运营组织中心。

（二）依托中国（陕西）自由贸易试验区，以高水平开放推动高质量发展

十年来，西安深度融入共建"一带一路"大格局，瞄准国内、国际两个市场，通过高质量"引进来"和高水平"走出去"双向发力，创新合作模式，优化全球产业布局，推进国际产能合作，嵌入全球产业链供应链，提升对外贸易发展水平，开拓出一条互利共赢的开放之路。主动融入"一带一路"建设，深化与沿线国家和地区的经济合作与人文交流，是国家赋予中国（陕西）自由贸易试验区的一项重要使命。2017年4月1日，中国（陕西）自由贸易试验区挂牌成立，商品和要素流动型开放向规则等制度型开放转变。五年里，中国（陕西）自由贸易试验区累计形成680个改革创新案例，32项改革创新经验在全国复制推广，83项改革创新成果在省内复制推广，"舱单归并""货站前移""铁路快速通关""通丝路""单一窗口"等一项项制度红利，催生营商环境不断优化，陕西成为投资和贸易的热土。截至2022年12月底，中国（陕西）自由贸易试验区内累计新设企业85072家，其中，外资企业904家，新增注册资本1.13万亿元，以不足全省1/1700的土地面积，创造了全省70%的进出口贸易额，吸引了全省3/5的外商投资企业，实际利用外资占到全省的40%。优势产业是自贸试验区发展的基础，也是推进制度创新的前提。通过一系列创新探索，中国（陕西）自由贸易试验区各功能区已形成特色鲜明的产业集群。中心片区重点发展战略性新兴产业和高新技术产业，着力发展高端制造、航空物流、贸易金融等产业，打造面向"一带一路"的高端产业高地。西安国际港务区片区探索以铁路运输为主导的国际多式联运物流运输规则，重点发展国际贸易、现代物流、金融服务、旅游会展、电子商务等产业。杨凌示范区片区以农业科技创新、示范推广为重点，加快生物科技、智慧农业、农产

/ 二、专题篇章 / 2.3 贸易畅通篇 /

>西咸新区沣东自贸产业园

品检测认证、农产品加工、国际农产品商贸物流发展,扩大农业技术、农业物资出口规模。

以市场化、法治化、国际化为特征,打造营商环境,是中国(陕西)自由贸易试验区一直以来的努力方向。为推进国家"一带一路"国际商事法律服务示范区建设进度加快,2021年10月,西安国际港务区依托最高人民法院第二国际商事法庭以及司法部的中国—上海合作组织法律服务委员会西安中心、"一带一路"律师联盟西安中心、西安"一带一路"国际商事争端解决中心"三个中心",不断升级法律服务,让企业更顺畅地对接国际规则。

面向未来,中国(陕西)自由贸易试验区将持续推进制度型开放,加快与RCEP和中欧投资协定等国际高标准经贸规则进行衔接,不断加强市场化、法治化、国际化的层次。开展商标国际注册和自主品牌国际化建设,落实好中欧地理标志协定,积极发展陕西特色地理标志产品。同时探索进口贸易政策创新、服务创新、模式创新,加快推进西安国际港务区进口贸易促进创新示范区建设。强化服务平台功能,深入推进国际贸易"单一窗口"建设,加强通关物流追溯,促进跨境贸易数字化,实现"单一窗口"功能覆盖国际贸易全链条。

(三)服务外包业务实现快速发展,提高"一带一路"双向投资合作水平

十年来,西安与共建"一带一路"国家和地区积极开展服务外包业务合作,主动融入构建"一带一路"大格局发展脉络,构建活力迸发的内陆改革开放高地。自2013年至2023年,西安与共建"一带一路"国家和地区服务外包合同金额从2.16亿美元增长到4.76亿美元，增长了119.84%；执行金额从1.21亿美元增长到4.2亿美元，增长了248%。其中，与俄罗斯、蒙古国、中亚5国地区的服务外包业务额从539.95万美元增长到4088.42万美元，增长了657%，增速最快。

2023年，西安印发了《2023年度西安市推进"一带一路"建设工作要点》，重点对商贸物流枢纽、双向投资合作、经贸交流平台方面进一步推进"一带一路"建设。包括全力提升"一带一路"商贸物流枢纽能级，高质量建设中欧班列（西安）集结中心；全面投用集装箱中心站第三线束、粮食铁路专用线，进一步提高集结编组和装卸运输能力，2023年西安国际港完成集装箱吞吐量40万标箱；加快推进西安港进出口智慧通关建设，巩固稳定提升中欧班列"长安号"良好态势，保持年开行量与核心指标稳居全国前列；加快建设"空中丝绸之路"，重点加强西安至中亚方向通道建设。

同时，加大推进"一带一路"双向投资合作力度，促进招商引资强企战略行动落到实处。围绕全市19条重点产业链，锚定世界500强、产业链龙头企业，2023年全年引进战略性新兴产业项目不少于70个，产业链项目不少于100个。将"陕鼓模式""隆基模式"复制推广，帮助支持优势企业实现国际化扩张。推进国际合作园区建设，依托"驻欧洲招商联络处"，畅通欧洲企业投资信息交流，重点吸引德国、捷克等欧洲国家先进制造业细分领域的中小科技型企业入驻中欧合作产业园；持续推进"一园两地"发展模式，推动在西安和斯科尔科沃两地建设高科技产业园，不断提升中俄丝路创新园运营质效。

> 二、专题篇章 / 2.3 贸易畅通篇

2.3 贸易畅通篇

02 加速出海
法士特汽车传动集团主动融入"一带一路"迈向全球高端

陕西法士特汽车传动集团(以下简称"法士特集团")位于西安高新区,公司成立于1968年,经过不断发展,现已成为全球知名的大型汽车传动系统制造商和全球供应商,拥有10多家控股及参股子公司,主导产品包括汽车变速器、液力缓速器、同步器、取力器、减速机、汽车齿轮及其铸件和锻件等。现今,法士特集团旗下产业遍布世界各地。该企业各项经营指标连续十五年位居中国齿轮行业第一,其中重型汽车变速器年产销量连续十二年世界第一,年销售额超过100亿元。"十三五"以来,法士特集团紧抓"一带一路"倡议和"中国制造2025"国家机遇,自主研发高科技产品,促进产业提档升级,加快研发新能源、智能产品,对新业态市场加紧布局,不断拓宽对外开放的广度和深度。

法士特集团以将企业发展成为具有国际竞争力的商用车传动系统供应商和服务商为目标，同时结合科学的方法制定了"5221"战略目标，引领企业迈进国际化、多元化、科学化、高端化的发展新阶段，走出一条独具特色的、新的发展之路。法士特集团兼顾"走出去"和"引进来"的开放发展经营理念，积极响应国家"一带一路"的号召，努力践行国家"一带一路"的倡议，促进产业合作。2023年1—4月，法士特集团出口创汇实现近85%的增长，已连续17年稳居产销重型汽车变速器全球首位。

作为一家装备制造业企业，法士特集团一边加速与沿线国家和地区的产业合作，一边向全球价值链中高端迈进。近年来，法士特集团通过与美国、欧洲等众多跨国公司成功建立合作关系，加快推进国际化发展，积极调整全球产业布局，努力拓展国际市场，成为全球知名汽车及零部件企业如戴姆勒、卡特彼勒、伊顿等全球供应链体系的一员，持续扩大其国际影响力。国家"一带一路"倡议，为国内装备制造业带来了新的发展机遇，使法士特集团的产品有了更广阔的市场，产能进一步得到释放，助推企业创新升级发展。

一、深耕AMT产品，引领"一带一路"科技创新

法士特智行AMT是法士特全新设计开发的新一代高端重型商用车自动变速器，填补了国内重卡集成式AMT的空白，开启了自动挡重卡新时代，围绕多元化、高端化、细分化的市场布局，法士特集团产品覆盖重卡、中轻卡、工程机械、客车等细分市场。截至2022年6月，法士特智行AMT是国内唯一一家同时具有12挡和16挡集成式AMT产品的企业，同时，智行系列产品还具有多种拓展系统，由基础AMT衍生出"AMI+缓速器+取力器"的配置，可满足所有公路运输、载货、自卸用途。

不仅如此，在发力重卡AMT产品的同时，"法士特·易行"中轻卡AMT系列产品也已投放市场，其6挡、8挡、10挡等自动挡产品可匹配轻、中型车辆，是国内系列最全、品种最丰富、适用范围最广的商用车自动变速器，并凭借其高可靠性和优异性能获得整车厂和终端用户的一致好评。

法士特智行产品采用了集成设计技术、高性能零部件技术、软件设计技术、功能安全技术、智能驾驶技术等五大新技术，保障了车辆的可靠性、功能性和安全性，各项性能指标可与国际竞品媲美。在开发验证方面，基于50余年的开发经验积累，法士特AMT产品传动效率可达99.8%，具有行业内最高的50万公里超

> 法士特智行AMT

长换油周期，B10设计寿命达200万公里。从全球自动挡卡车的发展历程来看，未来5—8年将是国内AMT重卡的快速导入期。因此，近年来，不少商用车企业积极布局AMT市场，国内重卡AMT进入了发展的"快车道"。在自动挡趋势的指引下，作为国内商用车变速器行业领先企业，法士特集团敏锐察觉到AMT的风向。在AMT领域，法士特集团已深耕数十载，积极探寻自主突围之路。早在2014年，法士特集团便着手第二代集成式AMT的专项工作，通过综合分析国内外AMT产品及发展趋势，在2016年启动了新一代集成式AMT的研发。经过多年多的技术攻关，法士特集团在2019年底实现了集成式AMT产品标准作业程序，并于2020年迅速正式批量推向市场。

在科技进步和自主创新引导下，法士特集团聚焦商用车传动系统深度研发，形成了"生产一代、试制一代、研发一代、构思一代"的产品升级换代理念，全力拓宽汽车传动领域的科技边界。与此同时，法士特集团还同步规划AMT产能，三年内集成式AMT将具备40万台的生产能力。智能化标杆工厂"法士特高智新公司"顺利在西安高新区建成投产，已建成9条智能化生产线，形成年产10万套自动变速器的生产能力，正在建设年产20万台变速器的自动生产线，使用世界最先进的下线检测设备，建立了一套严格的质量管理体系，实现全业务领域闭环智能化运营，确保产品高质量、高可靠性，可全面满足各主机厂各种车型和应用需求。

二、扩大型号适配，助推产品远销海外

随着深度融入共建"一带一路"大格局，西安不断拓展对外开放的深度和广度，越来越多的西安本土企业积极拓展海外市场，法士特集团在世界各地包括亚洲欧洲在内的业务拓展也驶入了快车道。法士特集团独资建设的首家海外工厂"法士特汽车传动（泰国）有限公司"位于泰国罗勇府合美乐东海岸工业园，2014年全面投产，具备年产3万台变速器的生产能力。产品类型为5挡至24挡机械式商用车变速器，可广泛匹配于输入扭矩300—3000牛米、载重量3—60吨之间的重型车、大客车、中轻型卡车、工程用车、矿用车和低速货车等各种车型。这是中国第一家在东南亚设立工厂的商用车变速器企业。随着泰国公司的建成投产，法士特集团不仅将致力于为东南亚地区的整车厂及终端用户提供优质的产品、专业的技术支持、完善的销售服务网络、及时的备件供应等全方位服务，并由此辐射东盟市场，目前已与东南亚多家主机厂实现产品配套，成为法士特海外集团战略从产品出口升级到技术和品牌出口的重要窗口，为企业全球化发展实践打开了大门，开启了国际化发展新路径。

法士特（泰国）公司生产线均采用世界一流先进设备，包括变速器核心零部件加工、变速器装配及测试。随着东盟经济共同体正式建成，法士特汽车传动（泰国）有限公司加速扩张其在泰国和东盟经济共同体的业务。法士特（泰国）公司是目前东盟内唯一一家重型变速器生产企业，已成为泰国UD卡车公司独家变速器供应商。截至2023年5月底，法士特（泰国）公司已获得泰国投资促进委员会（BOI）认证，享受用于生产出口产品所需原材料免关税、设备进口免税、免增

>法士特汽车传动（泰国）有限公司

值税优惠,还享受8年免收、5年减半收取企业所得税优惠政策。该公司以泰国为中心,以越南、印度为节点,累计生产各类变速器5万余台,初步建立覆盖东盟主要商用车市场的销售服务网络。同时,法士特集团成功将其新一代新能源动力总成引入泰国市场,并顺利获得500台新能源动力总成的订单,进一步彰显法士特集团新能源产品"一带一路"突破的重大意义和对西安地方经济发展和汽车产业建设的重要推动作用。

三、打造低碳价值链,践行"双碳"责任

法士特集团以"打造绿色低碳全价值链,共享共创美好未来"为愿景,纵深推进"4321"战略布局(即核心传统业务销售占比40%、智能化与新能源业务销售占比30%、国际市场销售占比20%、资本市场和新业态占比10%),自主开发的产品涉及传动系统四个领域(即传统动力领域、新能源领域、非道路领域、汽车电子领域),品系完整,关键技术和核心技术已达到国际领先水平。

近年来,法士特集团凭借在业界的影响力和品牌知名度,不断加快国际化发展步伐,先后与多家世界知名品牌企业建立了良好的合资合作关系,为企业全球化发展实践打开了大门,开创了企业全球化、多元化、高端化发展新局面。

陕西法士特汽车传动集团将绿色化发展纳入企业的战略规划,大力发展绿色制造,先后入选国家"首批绿色工厂示范""工业产品绿色设计示范""智能制造标准应用试点项目名单",以实际行动推动企业高质量可持续发展,助推国家"双碳"目标实现。法士特集团以"打造绿色低碳全价值链,共享共创美好未来"

> 法士特集团绿色低碳发展愿景和战略

> 法士特新能源产品名为"蓝驰",意为"蓝色旋风,绿色驰骋"。

为愿景,以"2030年前实现碳达峰,2060年前实现碳中和"为目标,以"精益、高效、共享、节俭"为行为准则,围绕"绿色运营、绿色设计、绿色采购、绿色制造、绿色销服、绿色回收"制定六大实施路径,通过技术创新、标准制定、资源综合利用、设备升级、节能降耗、清洁生产和数智化转型等方法,使企业万元产值能耗、单台产品能耗和万元产值碳排放等综合指标值持续下降,绿色发展成效显现。

绿色运营方面:从理念降碳、生活降碳、科技降碳和管理降碳等四个方向切入,制定企业绿色标准,构建法士特集团绿色制造体系(LCA)。倡导绿色办公、绿色出行,进行企业碳资产管理,建立碳资产开发、使用制度和激励机制,推动低碳制造。

绿色设计方面:聚焦主营业务,以世界前沿技术为目标和对象,自主研发AT、AMT、S变速器,纯电汽车传动系统等节能或新能源产品,弥补国内这方面的空白。

绿色采购方面:协同上下游公司,打造绿色供应链体系。制定辅料、原材料和包装等物料的低碳标准,控制源头;从产品供应、环保安全、生产能力、质保体系、物流配送和应急能力等多维度建立绿色供应商准入标准;对供应商进行绩效评价,不断提升低风险供应商占比,督促供应商能力水平不断提升;搭建绿色供应链信息披露平台,实现研发、制造一体化,产、供、销一体化,以及研发运营可视化。

绿色制造方面:坚持四个原则,即能源辅料低碳化、生产环境友好化、资源利用高效化、废弃处理无害化,打造高度自动化、智能化、数字化绿色化的制造系统,实现全过程的节能减排。建成分布式光伏16.6MW,提供"绿电"约1600万度,计划全部厂区实现光伏覆盖;采集并监控工厂所有水、电、气、动力设备等能耗数据和运行参数,进行精细化的能源管理,单品能耗持续降低;使用低温清洗、智能照明、电封闭、余热回用、水冷却、高效电机替代和油液回用等节能低碳技术,每年减少二氧化碳排放约9100吨;采用集中油雾处理技术、负压除尘技术、降噪技术(减震、吸附、围挡等)和污染防治设施技术改造等措施,实现清洁生产;采用行业内先进的集中循环过滤处理技术、干式切削和微量润滑技术、"1mm工程"创新技术、废旧刀具再制造技术和总成循环包装技术等,减少油液、钢材和木材消耗,二氧化碳排放量降低约7.2万吨,提升加工效率10%以上;加大投资,从源头进行"三废"治理。通过一系列原料减排、技术创新和工艺优化等技术,各项指标逐年下降,远优于法规排放限值。

绿色销售服务方面:充分合理利用信息化、数字化等方式树立绿色销售服务形象,创立绿色销售服务品牌,将大数据、物联网、5G等技术与实际业务场景相结合。2021年,法士特集团获陕西省第二批绿色供应链管理企业荣誉。

绿色低碳发展,不仅仅是国家战略要求,也体现了企业的社会责任担当,是技术创新发展的动力。法士特集团一直持续践行绿色低碳战略,全面做好和配合"碳达峰,碳中和"工作的决策部署,不断升华和提升企业发展目标,为行业内乃至中国"双碳"目标的实现注入了强大动力,也为推动西安"一带一路"绿色发展做出了贡献。

2.3 贸易畅通篇

03 花开丝路
西安爱菊粮油工业集团形成"一带一路"农产品供应链服务模式

粮食安全始终是关系国计民生的重大战略问题。如何寻求"粮食安全"的新突破,一直是粮企所思考的问题。依托西安港粮食口岸和中欧班列"长安号",老字号粮油企业西安爱菊粮油工业集团响应"一带一路"倡议,竭力打造哈萨克斯坦北哈州、新疆阿拉山口、西安国际港务区"三位一体"运营的国际化平台企业,构建国内国际优质农产品"双循环"大通道,探索"一带一路"农产品供应链服务新模式。

一、基本情况:搭乘"一带一路"东风,探索"粮食安全"供应链新模式

西安爱菊粮油工业集团有限公司,其前身为西安华峰面粉厂,始建于1934年,是一家老字号粮油企业,现为国家级农业产业化重点龙头企业、全国供应链创新与应用示范企业。

2015年,西安爱菊粮油工业集团响应"一带一路"倡议,把企业发展的眼光投向中亚,与哈萨克斯坦开展粮油贸易,建成以哈萨克斯坦北哈州园区为集结中心、新疆阿拉山口园区为中转分拨中心、西安国际港务区为集散中心的"三位一体"跨国大物流、大加工体系,打通了我国与"一带一路"沿线国家特别是中亚国家的物流供应链。截至2023年9月底,已投资约2亿元,建成年加工30万吨的油脂厂1个,合计仓容15万吨的粮库2个,配备年物流能力50万吨铁路专用线4条,推广小麦、油菜籽、葵花籽"订单农业",建成日处理1000吨的烘干塔、日处理500吨油脂浸出车间2个。西安爱菊粮油工业集团北哈州农产品物流加工园区是"中哈产能投资与合作清单"中唯一的农业加工型粮食项目,受到哈萨克斯坦政府的高度关注与支持,已获得当地补贴3200万元,获得当地银行低息贷款折合

>哈萨克斯坦爱菊农产品物流加工园区

人民币8000万元。

在历届欧亚经济论坛搭建起的国际产能合作平台的持续推动下,西安爱菊粮油工业集团不断深化合作空间,建成了"哈萨克斯坦北哈州—阿拉山口—西安"三位一体生产、加工、销售网络,打通了物流供应链,探索建立了"政府+银行+企业+农场主+高校"的"新型订单农业"合作模式,实现了多方共赢。

西安爱菊粮油工业集团立足国内,搭乘"一带一路"东风,走出国门,探索"粮食安全"供应链新模式。多年来,企业紧扣为消费者提供优质健康粮油产品这一宗旨,以爱菊品牌为依托,以自有销售网络为媒介,以中外双循环为抓手,积极促进产业链、价值链、供应链三链协同,努力推动线上、线下融合发展,竭力打造"从田间到餐桌""从种子到筷子"全产业链,让人民群众吃到优质放心的爱菊产品。

二、主要做法:打通共建国家物流供应链,探索发展粮食安全服务

西安爱菊粮油工业集团积极践行"一带一路"倡议,构建国内国际优质粮食"双循环"大通道,建成大物流、大加工的全产业链"闭环"供应链体系,打通了我国与"一带一路"共建国家特别是中亚国家的物流供应链,探索发展了"一带一路"粮食安全供应链服务新模式。

(一)理念创新,构建"三位一体"跨国大物流、大加工体系

西安爱菊粮油工业集团主动融入"一带一路"倡议,已建成"以北哈州爱菊农产品物流加工园区为集结中心、新疆阿拉山口农产品物流加工爱菊园区为中转分拨中心、西安国际港务区爱菊农产品物流加工园区为集散中心"的三位一体优质粮食大物流、大加工体系，形成了"以国内大循环为主体、国内国际双循环良性互动"的新发展格局，打通了我国与"一带一路"沿线国家特别是中亚国家的物流供应链，让境外优质粮源"买得到、运得回"。[①]

西安爱菊粮油工业集团北哈州农产品物流加工园区为"境外前沿产地枢纽"，主要功能为"原料生产和初加工"，内可辐射北哈州乃至周边数百公里其他州，外可连接西西伯利亚平原优质农产品产地，进口俄罗斯、乌克兰等周边国家优质小麦、油菜籽等原料。西安爱菊粮油工业集团阿拉山口综合保税区农产品物流加工园区为"境内中转集散枢纽"，主要功能为"精深加工和分拨中转"，具有"境内关外"这一特殊性，为连接中外的关键节点。外可连接西安爱菊粮油工业集团北哈州农产品物流加工园区，内可连接全国各大城市，并可连接西安爱菊粮油工业集团西安国际港务区农产品物流加工园区。西安爱菊粮油工业集团西安农产品物流加工园区为"境内集散枢纽"，主要功能为"集散辐射"，位于西安国际港务区，是西北枢纽龙头，以此为中心，辐射西北、面向全国。

（二）机制创新，探索中外农商互联农产品跨国供应链运作新模式

西安爱菊粮油工业集团初期在哈萨克斯坦租地进行粮食种植时，进展不顺利。针对这种情况，同时考虑到哈萨克斯坦"种粮难、卖粮难"突出问题，西安爱菊粮油工业集团开始推行"政府+银行+企业+农场主+高校"的新型订单农业合作模式，组建新型订单农业合作社。联合西北农林科技大学、哈萨克斯坦国立大学、当地农场主等共同参与，采取"订单农业、订单收购"方式，实施研发、种植、管理、收割、收购、存储一条龙运营策略，指导当地农户"种什么、种多少"，解决当地"卖粮难"问题。

1.多方共赢，确保粮源。 推行"政府+银行+企业+农场主+高校"的"新型订单农业"合作模式，通过"订单收购""预付货款"的方式，解决了哈国农场主的种粮费用问题，带动当地种植，受到哈萨克斯坦社会一致欢迎，实现多方共赢，逐步建立中外农商互联农产品跨国供应链，从而确保国内长期稳定的优质粮源供给。目前已在哈萨克斯坦推广"订单农业"种植150万亩，后期将逐步扩大至200万亩以上。

[①] 西安爱菊粮油工业集团有限公司：畅通双循环 培育新优势 打造国际化新粮商[J].中国粮食经济,2020,No.349(10):35-36.

2. 提效降本，加速流通。中欧班列"长安号"因中哈铁轨宽度不一致，需在阿拉山口处进行换装，且原粮食为袋装运输。为此，西安爱菊粮油工业集团积极沟通，最终探索出一个可行性方案，即哈萨克斯坦到阿拉山口采用开口漏斗车进行运输，阿拉山口到西安采用普通集装箱进行散粮运输。同时对卸粮设备进行改良，使用后翻式液压翻板进行卸粮替代原来的侧翻卸粮。这种方式有效提升了境外粮食运输的效率、降低了运输成本，原本袋装集装箱专列，从装车到运输到卸货要经过25天的时间，现在仅15天就可完成。运输量也从袋装集装箱每个箱子装运21吨小麦，提升为散装集装箱27吨小麦，既节约了运输和人力成本，也大大方便了海关进行抽样检验。

3. 民心相通，筑牢基础。积极做好当地社会公益事业，如捐资助学、捐建住房、扶贫助弱等，变"走出去"为"融进去"，促进"民心相通"，筑牢民心基础，为企业可持续发展打下坚实基础。

（三）模式创新：以"菊"聚人，以"体验"留人

西安爱菊粮油工业集团致力于将哈萨克斯坦爱菊园区打造为我国境外投资平台，吸引更多中国企业入区建厂，进而形成产业集群。2023年，中国（陕西）自由贸易试验区杨凌示范区片区与西安爱菊粮油工业集团合作，共建海外园区，将哈萨克斯坦爱菊园区打造为国家级农业园区。园区计划由粮油生产收储与食品加工、牛羊养殖与牛羊肉加工、产业技术服务、中亚民俗文化与乡村旅游和智慧园区服务中心五个板块组成，已有十多家中国企业与集团进行了初步沟

>阿拉山口综合保税区粮食现代物流中心

通,有意愿入驻爱菊哈萨克斯坦园区。

推行"工业体验游+"新旅游模式,着力提升爱菊品牌影响力。为进一步提升爱菊品牌影响力,增加爱菊产品销量,依托国内外先进的面粉、大米、食用油加工生产车间,企业改造提升爱粮节粮科普文化馆、健康生活饮食体验馆、放心产品展销中心,并融入80亩、数十种造型的丝路菊花展,打造一个集观赏、学习、品鉴、体验等为一体的现代化、花园式的产业园区,力争让广大市民"请进来、留得住、有所得",实现以"菊"聚人,以"体验"留人,争取让每一个来企参观体验的消费者成为爱菊产品的忠实粉丝。

(四)产业升级,探索"中央厨房+食材冷链配送+主食成品正常配送"服务模式

西安爱菊粮油工业集团发挥现有主食产业化优势,探索"大制造",打造主食产业化升级版"中央厨房",新建20000多平方米加工中心,成立现代化的检测中心,实施标准化质量体系,建立产品追溯制度,严把产品"出口关";研发推出五彩凉皮、稀饭、包子、速冻扯面、烤饼、肉夹馍、卤面、蒸碗、营养砂锅等系列产品,努力满足市民成品、半成品需求;与一些企业建立"代加工+双商标"合作模式,增加盐、酱、醋、调料等产品,丰富爱菊产品种类;依托约1000家爱菊实体连锁网点,探索"爱菊自有电商+第三方电商平台"合作机制,统筹规划,选择部分网点成为"社区粮仓取货点",在西安逐步打造一个让广大市民可以一站式"购、选、取"的"线上线下融合"的综合连锁物流网点,做市民家庭的"后厨",为市民健康把关,进而推动线下线上融合消费双向提速;依托"自有为主+合作为辅"的物流配送网络,解决"好粮油进社区"最后100米问题,向广大人民提供营养、健康、快捷、方便的"中国好粮油""爱菊好食品"。

三、典型经验:打造"一带一路"农业命运共同体,实现多方共赢

(一)对外拓展合作,建立利益联结机制

西安爱菊粮油工业集团构建的"哈萨克斯坦北哈州爱、新疆阿拉山口、西安国际港务区"的三位一体优质粮食大物流、大加工体系,不仅响应了"国内国际双循环"发展,也与国外公司形成了业务上的密切往来,分散了业务风险。另外,还摸索出了"工业体验游+连锁物流网络"新模式,不仅塑造了品牌形象,还增加了新的经济增长点。从西安爱菊粮油工业集团这一系列创新探索可知,供应链企业应与利益相关方开展密切合作,建立利益共同体,不仅分散业务发展的风险,还可以在密切合作中开拓新的业务和收入增长点。

(二)打造电商平台,推动线上线下服务深度融合

西安爱菊粮油工业集团建立"代加工+双商标"合作模式,依托于"各类爱菊网点+爱菊自有电商+第三方电商平台"、筹建"社区粮仓取货点",逐步打造一站式综合连锁物流网点。通过探索"中央厨房+食材冷链配送+主食成品正常配送"服务模式,极大拓展了爱菊产品应用场景,为市民提供极大便利,丰富了市民的体验感。在"后疫情时代",通过搭建电商平台来连接线上和线下服务,西安爱菊粮油工业集团向新型消费转型的一个重要突破点。

四、取得成效:"线上、线下"融合发展

借助"互联网+"大背景,实现"线上、线下"融合发展,线上数据对接、共享、汇总和分析,线下"人、财、物"相互配合、相互制约、共同发展,取得了显著成效。

(一)利益联结,切实保障产品质量

在陕西省率先承诺爱菊面粉不加增白剂、增筋剂,让消费者吃得更健康。在全国率先取缔散装油,研发推出10kg、15kg一次性中包装油品,杜绝了卫生隐患,为消费者提供了安全保障。自行研发出真正"无任何添加剂"的全国首例的"可以生吃的"放心豆芽,填补了我国规模化无添加剂豆芽生产技术的空白。

积极在哈萨克斯坦打造"民心相通"工程,截至2023年3月为哈萨克斯坦北哈州捐资助学、捐建住房、扶贫助弱等共计80多万元,使企业更受当地政府与居民认可,为企业树立了良好形象,也为可持续发展打下坚实基础。

新冠肺炎疫情期间,作为龙头企业积极履行社会责任,各销售网点实行"不断货、不涨价、不关门"三不政策,携手保障粮食市场供应稳定,面粉、大米、食用油等较往常销量增加3万多吨,为满足居民日常需求体现了爱菊担当。

(二)创新模式,增益提效,带动了中哈两国近千人的就业

发展"订单农业"新型农业生产经营模式,有效避免农户盲目生产,规避市场风险,目前在哈萨克斯坦建立优质粮食订单种植基地150万亩,累计向国内输送优质原粮12万吨,保证了粮食产量稳步增长。通过打通我国与"一带一路"沿线国家,特别是中亚国家的大物流供应链,优质粮食、优质食品供给大幅增长,西安爱菊粮油工业集团平均年粮油销量增加5%。2019年来,企业新增利润7000余万元,同时也带动了中哈两国近千人的就业。

通过供应链创新,西安爱菊粮油工业集团已经累计投资12亿元,打造了哈萨克斯坦北哈州、新疆阿拉山口、陕西西安国际港务区"三位一体"的优质粮油产供销全产业链。在哈萨克斯坦首家实现集装箱散装粮运输，大大降低了物流成本。2016年以来，从哈萨克斯坦北哈州累计进口小麦和面粉、食用油近15万吨，进口菜饼6万多吨，极大提高了流转效率。如今，西安爱菊粮油工业集团走出国门的发展模式已成为中哈产能合作的典范。

五、未来展望：爱菊粮油成为中国农产品市场上一张亮丽的"名片"

经过近8年的探索和发展，西安爱菊粮油工业集团哈萨克斯坦农产品物流加工园区建设取得显著成效，境外园区产值不断提升，农业产业链条逐步完善。目前，西安爱菊粮油工业集团在哈萨克斯坦建立优质粮食订单种植基地150万亩，2015年以来累计向国内输入非转基因优质油脂、优质面粉、有机小麦等30余万吨，极大提升了爱菊粮油品质。通过打造"三位一体"跨国供应链，增加了优质粮食、优质食品供给。近年来，西安爱菊粮油工业集团平均年粮油销量增加5%，平均增加收入2000万元。"订单农业"模式为哈萨克斯坦"农业多赢"探索出一条路，受到了当地各方的一致好评。2018年8月17日，哈萨克斯坦首任总统纳扎尔巴耶夫莅临视察，表示"该项目是中哈产能投资与合作的典范"，给予了充分肯定。2023年"爱菊粮油'一带一路'农产品供应链服务模式"入选国家首批新型消费发展典型案例。

经过多年艰苦探索，西安爱菊粮油工业集团在哈萨克斯坦交出了一份优异成绩单，使得爱菊粮油成为中国农产品市场上一张亮丽的"名片"。未来西安爱菊粮油工业集团将继续加大投资力度，加强与哈萨克斯坦农场主的合作，深入推进中哈农业产能合作，实现共赢发展。

2.3 贸易畅通篇

04 重点项目
中俄丝路创新园打造中俄企业交流合作"直通车"

一条传承千年的丝绸之路,承载着历史的殷切嘱托和现实的使命担当。在古丝绸之路起点的陕西,一座连接中俄两个欧亚大国的"中俄丝路创新园"正在全速推进,其也是未来"一带一路"上中俄合作交流的新"阵地"。

为响应国家"一带一路"的战略构想,中俄丝路创新园项目将运用先进的国际化、创新型管理模式,深入落实"一园两地"开发战略,与丝路沿线国家实现互通共赢,打造丝绸之路沿线国家合作的重要典范。

一、基本情况:构筑科技创新,互利共赢的宏伟蓝图

2014年10月,中俄丝路创新园项目正式落户西咸新区沣东新城,进而成为两国政府战略合作项目。园区通过建设"科技创新、经贸合作、人文交流"三个中心,全面开展国际合作,最终打造成为陕西省"一带一路"合作的典范项目。

自2018年4月中俄丝路创新园开园以来，园区采取"一园两地"的发展模式。"两地"即在俄罗斯莫斯科州和陕西西咸新区沣东新城分别建设一个园区。"一园"的内涵则是，两个园区由中俄双方共同打造，互为支点，以项目为平台，通过企业孵化、产业培育，促使中俄企业互到对方国家投资。其通过与以俄罗斯为首的"一带一路"沿线国家全面开展合作，推动陕西与国外各类机构在科技创新、经贸合作、人文教育方面的合作，打造陕西省对外合作示范园区。

目前，中俄丝路创新园已成功引入俄罗斯立德集团、俄罗斯Ketch Up集团等多家"一带一路"沿线国家机构和企业，独联体科技成果库、中俄海洋联合实验室、外籍院士专家工作站等科技项目和科研平台相继落地，并成功建设一站式国际企业服务窗口、俄罗斯国家对外语言等级考试中心。另外，作为中俄丝路创新园的"姊妹园"，位于俄罗斯莫斯科市格林伍德国际贸易中心的俄方园区，也已落户中资企业6家，其中陕西企业3家、省外企业3家，涵盖创新科技、汽车销售、跨境物流、教育文化等领域。

自建设以来，中俄丝路创新园全面推动与俄罗斯、哈萨克斯坦、塔吉克斯坦

>2018年9月17日，第一届中俄（工业）创新大赛总决赛在西咸新区举行。

等丝路沿线国家在科技经贸人文方面的交流,不断探索合作新路径。近年来,园区已累计引入俄罗斯联邦总商会、俄罗斯奔萨发展集团、瑞士SGS集团、法国必维集团、瑞通能源等多家知名企业和机构,推动深圳腾达科技公司、西安陆港大陆桥国际物流公司等企业"走出去"。此外,中俄(工业)创新大赛、中俄工业与科技创新论坛等交流活动的举办,进一步提高了中俄丝路创新园的知名度和影响力。

园区先后举办第一届中俄工业创新大赛、丝绸之路拉力赛暨中国越野拉力赛、中俄工业与科技创新论坛、莫斯科大学科技园项目路演会等大型具有国际影响力活动;联合KetchUp集团定期举办在陕"一带一路"沿线国家留学生"走进沣东"的系列沙龙活动,在各高校留学生中取得巨大反响,进一步深化了国际合作交流。构建中俄多样化合作平台,推动多层次、多领域间合作,实现科技创新、互利共赢的宏伟蓝图已经构筑。

现阶段,中俄丝路创新园把重点产业放在了互联网信息、人工智能等前沿科技领域,更注重于中俄科技、教育间的合作,立足于国际科技成果的转移和孵

>中俄丝路创新园"一站式服务平台"的外籍员工

化。在拓展国际科技合作与创新发展的同时,这里也形成了强大的"磁吸效应",吸引着来自"一带一路"的投资者和合作者。

在"一带一路"建设的历史机遇下,作为两国政府战略层面的合作项目之一,西咸新区沣东新城主动对接"一带一路"沿线经济体的发展需求,使中俄丝路创新园成为搭建"一带一路"一站式服务平台,连接经济合作的"高速通道",不断提高外向型经济发展水平。

二、模式创新:产生"1+1的N次方"效果

(一)机制创新,打造中俄企业交流合作"直通车"

2014年10月13日,在中俄两国总理的见证下,陕西省人民政府与中俄投资基金、俄罗斯直接投资基金及有俄罗斯"硅谷"之称的斯科尔科沃创新中心,在莫斯科共同签署了《关于合作开发建设中俄丝路创新园的合作备忘录》。

"中俄丝路创新园"遵循"一园两地、两地并重"的建设方式,即在中俄两国各建一个园区。其中,中方园区就在西咸新区沣东新城统筹科技资源改革示范基地,规划面积4平方公里,依托陕西省科研和现代工业基础,建设以高新技术研发为先导、现代产业为主体、第三产业和社会基础设施相配套的高科技产业园区。俄方园区位于俄罗斯斯科尔科沃创新中心地区,依托莫斯科优越的地理位置和经济技术实力,建设以总部经济为先导、高新技术研发和转化为主体的高科技产业园区。在这样的体制机制下,除了两国之间的法律政策有些许差别外,其余的优惠政策、服务等均享受同等待遇。

两个园区在总体规划、运营管理、政策支持、项目引进、环境打造、产业培育以及资金扶持等方面进行有机互动和良性融合。园区未来还将采用全新的运营管理模式,企业和政府间的功能定位将得到全新构建,政府会围绕企业配套对上下游相关产业予以支持,同时在教育、医疗等企业无暇顾及的方面做出全面服务,产生"1+1的N次方"的效果。

(二)科技交流:产学研合作新模式的前沿阵地

园区立足国外国内两个大局,深入开展产学研合作,其中,西咸新区沣东集团与莫斯科大学科技园开展在科技交流、创新项目双向推广等领域的合作。先后在园区设立高校驻华办事处、西北地区唯一一家俄语语言水平测试中心。

俄罗斯科学院联合西北工业大学航海学院,在中俄丝路创新园共同设立中俄海洋工程实验室,开展水下机器人研发;俄罗斯最古老的大学之一喀山国立

>2019年4月25日，中俄丝路工业与科技创新论坛在西咸新区成功举办。

技术大学联合西北工业大学在中俄丝路创新园共同设立中俄轻型动力联合实验室，进行小型航空涡轮发动机的自主研发，扩大无人机应用范围，打破国外发动机在国内的垄断地位……不断加强中俄科技领域合作，构建科技研发转化平台，打造产学研合作新模式，成为西部地区对外科技合作的前沿阵地。

（三）金融配套：产业联盟聚集效应跑出"加速度"

丝路法医联盟，由来自中国、美国、波兰、印度、丹麦、俄罗斯、乌克兰等国家的近百名国内外法医专家学者共同组成，旨在打造"一带一路"国家科学家、专家学者交流和分享法医科研成果的平台，促进"一带一路"法医科学发展和国际合作，为我国引进国外高层次法医人才。联盟办公场地就设在中俄丝路创新园，这是科统基地发力产业联盟建设的重点项目之一。

此外，为了促进中俄两国之间优质项目互利两国开拓业务，进行资源互补，沣东新城联合俄罗斯圣彼得堡国立经济大学及社会资本将设立"'一带一路'欧亚丝路基金"，全面对接欧亚经济联盟与丝绸之路经济带国家资源。促进中俄战略伙伴关系，借以提高中俄丝路创新园影响力，加快健全区域科技金融体系，提升营商环境，加速区域内金融配套服务建设。

三、建设成就："一带一路"一枚精致的"纽扣"

（一）重大科技项目落地，新产业拉动新引擎

中俄丝路创新园发挥西咸新区沣东新城"自贸功能区"的优势，深挖中俄合作需求，重点与以俄罗斯为首的丝路沿线国家在科技创新、经贸合作、人文教育

方面进行全方位的合作,吸引了一批科技及经贸类企业和项目落地园区。

目前,园区已引入50余家机构,俄罗斯联邦总商会、俄罗斯联邦奔萨州发展集团有限公司均在园区设立驻华商务代表处;西北工业大学、俄罗斯科学院祖耶夫大气光学研究所、北京凯盾共建的中俄激光技术及应用研究所、圣彼得堡彼得大帝理工大学加速器等全球知名高校院所的科技创新机构。

(二)厚积薄发,引领国际青年科技创新创业

2020年和2021年是中俄科技创新年,中俄丝路创新园作为省、市级"国际科技合作基地",连续举办多场大型科技创新活动。2020年,园区先后举办了"第十八届中国国际人才交流大会俄罗斯主宾国活动周"西安分会场、"第七届中俄工程技术论坛"西安分会场、"第三届中俄(工业)创新大赛"等赛事活动,既为中俄科技创新年带来了大礼,也让中俄科技领域的"走出去"和"引进来"互动成果在陕西落地有声。

特别值得一提的是由中国工业和信息化部、俄罗斯联邦工业和贸易部共同指导,工业和信息化部国际经济技术合作中心、西咸新区管委会和俄罗斯中央电子科研院共同主办的第三届中俄(工业)创新大赛。该赛事是贯彻落实中俄总理定期会晤委员会工业合作分委会会议要求,促进中俄工业领域产学研合作和青年科技创新人才交流的重要举措。

第三届中俄(工业)创新大赛是"中俄科技创新年"系列活动之一,以"创新

> 2020年12月4日,第三届中俄(工业)创新大赛总决赛在西安西咸新区成功举办。

融合·智胜未来"为主题,吸引了中俄双方共计110个项目参赛。此前,中国赛区选拔赛已于2020年10月23日至24日在西咸新区沣东新城成功举办,围绕电子信息、人工智能、大数据及应急产业四个参赛领域,最终遴选出南开大学宇航级光纤激光放大器、北京航空航天大学脑控康复系统、西北工业大学新型垂直起降高速无人机等14个优秀项目代表中国参加总决赛,同时俄方也在全俄范围内遴选出14个项目代表俄罗斯参加总决赛;在12月4日的总决赛中,中俄双方评审专家通过"线上+线下"共同评选的模式,现场从入围总决赛项目中评选出获奖项目。如今,中俄(工业)创新大赛已成为促进中俄两国工业领域产学研合作和科技人才交流的重要平台。

(三)魅力无限,中俄实力企业竞相入驻

2015年5月8日,中俄两国元首在莫斯科共同签署并发表了《关于丝绸之路经济带建设与欧亚经济联盟建设对接合作的联合声明》。在中俄两国签署的33项合作文件中,陕西省西咸新区、俄罗斯联合航空制造集团公司、苏霍伊商用飞机公司、俄中投资基金和新世纪国际租赁有限公司签署协议,开展"中俄苏霍伊商用飞机项目"合作,计划在西咸新区沣东新城的"中俄丝路创新园"建设中国首个俄罗斯SSJ100商业飞机运营中心,此次项目的签订将是俄罗斯商业飞机首次进入中国航空市场。根据协议,中俄各方同意共同实施苏霍伊商用飞机融资租赁项目,支持苏霍伊超级喷气飞机(SSJ100)在中国进行分销。苏霍伊商飞公司将以"中俄丝路创新园"为中心拓展中国乃至整个亚太市场。

5月10日,西咸新区沣东新城还与俄罗斯彼得世界集团签订合作备忘录。按合作备忘录,今后双方将依托"中俄丝路创新园",为中俄企业交流合作搭建平台,推动俄罗斯高新技术企业和资金进入中俄丝路创新园。此外,双方就医疗设备和医废垃圾处理、空气取水高新技术、商业综合体项目、钻石交易平台、会展中心等项目展开详细讨论并达成初步合作共识。

5月21日,"第十九届西洽会暨丝绸之路国际博览会"期间,由"中俄丝路创新园"策划举办的"中俄高峰论坛暨项目推介会"活动,吸引了来自俄罗斯莫斯科、圣彼得堡等地的数十家俄罗斯企业代表参会,众多俄方企业认为丝绸之路经济带的建设,为俄罗斯与中国企业的合作交流提供了前所未有的机遇。陕西省西咸新区沣东新城建设的"中俄丝路创新园"则为这种机遇提供了良好的实现平台。

中国(陕西)自由贸易试验区通过政策扶持,平台赋能效应迅速显现,吸引

>2015年5月21日,俄罗斯驻华商务代表处驻华总代表阿列克塞·格鲁杰夫在中俄丝路创新高峰论坛暨项目推介会上致辞。

大批俄罗斯知名企业落户。中方园区积极探索使用"一站式国际企业服务平台",运用先进的"一园两地"创新型管理模式,拥有近百个国际合作伙伴,涵盖科技、建筑、投资、金融、贸易、教育、文化等行业,为国际企业提供商务咨询、企业营业执照办理、人员签证咨询、财税法务等配套的优质咨询服务,引入俄罗斯立德集团、俄罗斯Ketch Up集团、乌克兰莱兹吉、乌克兰维尔尼斯等在内的13家知名外资、合资类企业,助力陕西企业"走出去",俄方园区打通国家级对外合作渠道,为入园中方企业提供办公场所租金减免、商务活动、法律、财务、税务、签证等"一站式"特色服务。目前,以全系列商用车和新能源乘用车为代表的陕汽集团、以光电材料相关科技研发、销售为代表的深圳腾达科技、西安陆港大陆桥国际物流有限公司等6家企业已入驻俄方园区。

(四)形成联动,促进中俄青年创新创业热潮

随着国家"大众创业万众创新"局面的形成,为支持两国青年人创新创业并互相交流合作,沣东新城计划在中俄丝路创新园项目的架构下实施"USpace远程孵化器"项目。

该项目立足于沣东新城,通过在国内北京、上海、广州、深圳和俄罗斯莫斯

科、圣彼得堡等城市布设工作站、科技分园的形式,将科技孵化资源和虚拟组织模式渗透到空间租赁网络,形成以常规孵化为基础、以互联网为媒介、以分布式工作站为载体的新型孵化组织,为本地入驻和远程在孵企业提供统筹科技资源服务。

同时,沣东新城还将与俄罗斯方面联合组织举行"中俄丝绸之路青年创新创业大赛",通过中方USpace+俄方的青年创业平台促进两国青年交流、互动,激发更多火花与碰撞,丰富中俄丝路创新园交流内容和项目,同时借助青年人创造力、爆发力,为双方优势互补、园区共同发展提供重要支撑。

(五)面向未来,打造国际招才引智示范基地

为加快推动中俄两国科技教育协同创新发展进程,加速两国高校及科研院所间的交流,吸引更多国际优质科技项目和人才落地沣东新城,进一步发挥中俄丝路创新园在促进丝路沿线国家间合作的积极作用,第十八届中国国际人才交流大会俄罗斯主宾活动周系列活动之中俄高校"面向未来人才"科教创新合作交流会议于2020年9月11日在中俄丝路创新园成功举办。

会上,中俄丝路创新园、西安工业大学、圣彼得堡理工大学、上海浦俄孵化器签约组建圣彼得堡理工大学加速器;西咸新区人才办、西咸新区人力资源服

>2022年2月24日,西咸新区沣东新城探索国际教育创新发展新模式入选全国全面深化服务贸易创新发展试点"最佳实践案例"。

务中心为中俄丝路创新园授牌"西咸新区海内外高层次人才服务中心（中俄丝路创新园分中心）"，来自中俄23所高校的国际合作负责人分别就学校师资力量、优势学科和国际教育计划进行推介。未来将坚持国际化教育特色与标准，共同探索中外合作办学模式，扩大合作办学项目的辐射功能，联合培养科技创新和国际化人才。

应俄高校的强烈合作需求与意愿，中俄丝路创新园邀请西北农林科技大学、陕西科技大学、宝鸡文理学院、西北政法大学四所高校国际合作负责人及中俄人文合作发展中心西安分中心负责人来到园区，通过线上连线的方式与俄罗斯别尔哥罗德国立大学、俄罗斯国立农业大学及俄罗斯伊万诺沃国立化工大学进行沟通洽谈、精准对接。

目前，中俄丝路创新园正在申报省级"国际招才引智示范基地"，并已培育2家区内企业获批省级"引进国外智力服务站"，其中西安工大圣理信息科技研究院有限公司被省科技厅评审为"2020年度优秀引智服务站"。未来，中俄丝路创新园将继续发挥"一带一路"国际合作窗口的作用，积极推动丝路沿线国家高校、科研院所开展交流合作，打造国际招才引智示范基地。

下一步，中俄丝路创新园将积极抢抓"中国—中亚峰会"发展机遇，加快建设面向中亚各国的"一带一路"国际化合作园区，持续释放经贸、产能、科技等合作潜能，深化与"一带一路"沿线国家和地区的互联互通，拓展沣东新城对外经贸合作新空间。中俄丝路创新园，借力"一带一路"建设契机，正在迎来最好的发展时代，成为促进丝路沿线国家科技经贸合作和人才交流的标杆和典范，助力陕西省建设内陆改革开放新高地。

2.3 贸易畅通篇

05 互利共赢
丝博会助力西安迈入发展新时代

丝绸之路国际博览会暨中国东西部合作与投资贸易洽谈会(简称"丝博会")前身是创办于1997年的中国东西部合作与投资贸易洽谈会(简称"西洽会")。2016年3月,经党中央、国务院批准,正式更名为丝博会,在陕西省西安市举办,由国家发展改革委、商务部、中华全国归国华侨联合会、中华全国工商业联合会、中国国际贸易促进委员会、国家市场监督管理总局、陕西省人民政府共同主办。目前,已成功举办了六届。

丝博会举办以来,始终牢记习近平总书记"办好丝博会"重要嘱托,在国家主办部委精心指导和各省区市大力支持下,在共建"一带一路"国家和地区及中外企业积极参与下,深度融入共建"一带一路"大格局,着力打造内陆改革开放高地,在推动构建以国内大循环为主体、国内国际双循环相互促进的新发展格局中发挥了凝聚合作共识、深化经贸合作、促进联动发展、沟通民心民意的重要作用,取得了丰硕成果。泰国、吉尔吉斯斯坦、格鲁吉亚、韩国、哈萨克斯坦、塞尔维亚、英国、马来西亚、俄罗斯、柬埔寨、斯洛伐克、乌兹别克斯坦等12个国家先后担任主宾国,西藏、福建、湖北、云南、贵州、天津、吉林、重庆、四川、河北、内蒙古、江苏等12个省区市先后担任主宾省。

作为促进中国东中西部地区联动发展、深化中国与丝绸之路经济带沿线国家经贸合作的平台,作为一个跨区域、跨国界的展会,丝博会不仅带来了国际化的信息、资金、项目和更为广阔的视野,还成为展示形象的窗口、助力开放的平台、推动合作的纽带。

>2016年5月13日，2016丝绸之路国际博览会暨第20届中国东西部合作与投资贸易洽谈会在西安开幕。

一、借力西部大开发，加快东西部地区产业协作

改革开放之初，凭借对外开放的天时、沿海贸易的地利、锐意创新的人和，东南沿海地区迅速在国内经济版图中崛起。东西部地区之间的经济差距问题如何解决？作为西部内陆省份的陕西和省会西安，又该如何分享向东开放的红利，加快东西部地区产业协作？1997年，一个最初由陕西省人民政府倡议发起，旨在缩小东西部地区之间经济发展差距的贸易洽谈会应运而生。

西部大开发战略的提出，为西洽会迎来了发展的新契机，为陕西借助西洽会加快向东开放合作提供了更多的可能性。从2000年的第四届起，西洽会开始破茧成蝶，在规模、人气、规格上连年看涨。国家部委深度参与、各省区市积极筹备、各地客商蜂拥而至……西洽会逐渐从最初以商品贸易为主转变为以投资洽谈为主。

借助西洽会这一东西部投资贸易合作平台，西安获得了东南沿海地区产业和资本越来越多的青睐，收获满满。西安的能源、科教、文化、军工等优势，借助东西部地区之间的经贸合作，越来越多地转化成产业和经济优势；同时，陕西省还积极推动省内产业优化配置，使自身在西北乃至整个西部地区拥有更强的区域竞争力与经济辐射力。在西洽会上，国内横向联合项目是深化东西部地区合

>2022年8月14日，第六届丝绸之路国际博览会暨中国东西部合作与投资贸易洽谈会在西安开幕。

作、加快陕西及西部对外开放的重要载体。据统计，国内横向联合项目合同总投资额从1997年第一届西洽会的20.4亿元增长到2022年第六届丝博会的1.53万亿元，增长了700多倍。

大潮汹涌，千帆竞发。一路走来，西洽会见证了西安、陕西、西部在改革开放大潮中不断奋进的历史。在西部大开发战略的推动下，西部地区城市群快速崛起，西部地区发展的内生动力和投资吸引力显著增强，西洽会也在与区域经济的互动中迎来新的发展图景。

二、融入"一带一路"推动西安向西开放

继西部大开发战略提出之后，"一带一路"倡议的提出吹响了中国全面向西开放的号角。陕西和西安如何将"一带一路"倡议从宏观构架落到实处？如何与丝路沿线国家乃至全球实现共建共享？如何落实政策沟通、设施联通、贸易畅通、资金融通、民心相通，西洽会历史性地承担了这一使命。

2014年，西洽会第一次加入"一带一路"内涵。2016年，西洽会正式更名，丝博会成为主导，这是已经连续举办19年西洽会的继承和升华，也是我国唯一以"丝绸之路"命名的国际性博览会。于是，以西安、陕西、西部为原点，丝博会的视野延伸到"一带一路"沿线的各个国家。

丝博会成为陕西加速向西开放的重要抓手。借助丝博会的大平台，陕西与

"一带一路"沿线国家的经贸交流越来越频繁。韩国—中国(陕西)经济合作高层论坛、哈萨克斯坦—中国(陕西)投资贸易及旅游合作洽谈会、中非发展基金促进中国企业"走出去"合作交流会、中小企业跨境与贸易合作洽谈会……"一带一路"沿线国家的商业领袖、专家学者济济齐聚一堂,大家凝聚共识、交流共享、洽谈合作。2023年1—8月,西安对"一带一路"沿线国家和地区进出口总值718.9亿元,增长22.8%,占全市进出口总值的31%。外资方面,全市累计设立外资投资企业5099家,其中外商独资企业2319家、合资企业2342家、其他方式利用外资企业438家。2023年上半年新设外商投资企业144家,同比增长33%,全市实际使用外资6.93亿美元,同比增长17.57%。外贸方面,截至2023年8月全市外贸市场主体达3190个,累计在"一带一路"沿线国家(地区)设立企业94家、机构35家,投资额58.2亿美元。

借助丝博会的大平台,西安发挥优势,在融入"一带一路"的过程中加快开放发展。从首届以展示商品为主发展到涵盖"一带一路"政策、文化、旅游、教育等领域在内的全方位合作交流平台。丝博会办会水平不断"升级"背后,是陕西对外开放走深、走实的进程。同时,加快制度创新,加大制度创新和外向型经济培育,高水平建设自贸区,着力打造内陆地区改革开放高地,着力改善营商环境,推深做实"放管服"改革,"一扇门、一张网、一次办"工作积极推进、在打造"一带一路"核心区一流的营商环境上,西安正蹄疾步稳,奋勇向前。

借助丝博会,陕西的对外开放之路正越走越宽。"一带一路"地方领导人对话会、"一带一路"海关国际合作与贸易便利化研讨会、丝路沿线国家文化遗产保护交流合作论坛、"一带一路"教育合作交流会……丝博会搭建起了西安与"一带一路"沿线国家合作共赢的大舞台。

三、赋能高质量发展助力西安构建全面开放新格局

丝博会自举办以来,西安时刻牢记习近平总书记"办好丝博会"的重要指示精神,充分发挥丝绸之路起点,内陆改革开放新高地、中国(陕西)自贸试验区新优势,围绕"一带一路"倡议,积极落实"一带一路"国际合作高峰论坛成果。2022年,第六届丝博会有来自全球80多个国家2000多名境外嘉宾。超过60万人次的国内客商和企业参展参会,展销特色商品达2.5万多种,有来自世界各地300多家媒体报道展会盛况。大会共签订合作项目2309个,总投资额1.53万亿元。项目涉及现代农业、装备制造、食品医药、高新技术、基础设施、节能环保、商

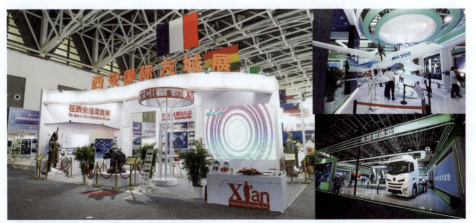
> 第六届丝绸之路国际博览会部分会展展示

贸服务、文化旅游等8个领域，为推进"一带一路"建设，着力打造陆海内外联动、东西双向互济的开放新格局发挥了重要作用。

　　从曾经的西洽会到今天的丝博会，名称变化的背后，是陕西从西北内陆省份到向西开放前沿的嬗变。25年来，由最初以政府为主导、以商品交易为主的国内经贸展会，逐步发展成为众多国家和地区广泛参与、中国东西部地区开放合作的重要平台，实现了从综合展向国际化、专业化、品牌化的新转变，成为落实"一带一路"国际合作高峰论坛成果、服务"一带一路"建设、推动丝绸之路沿线国家和地区经贸交流合作的国际性盛会。25年的风雨历程，见证了西安、陕西、西部、整个中国乃至全球经济同频共振、构建"一带一路"利益共同体的奋进史。丝博会既是促进中国东中西地区联动发展的平台，也是中国深化与丝绸之路经济带沿线国家经贸合作的平台，影响力的不断提升使西安"朋友圈"、中国"朋友圈"持续扩大。

　　丝博会，这个为西安和世界各国带来全新发展机遇的盛会，正在日益焕发出璀璨夺目的光彩，为促进"一带一路"沿线国家和地区的共同发展繁荣、推动构建人类命运共同体注入更强劲动力。

2.4 资金融通篇

01 西安"一带一路"资金融通发展报告

资金融通是共建"一带一路"的重要支撑。共建国家及有关机构积极开展多种形式的金融合作，创新投融资模式、拓宽投融资渠道、丰富投融资主体、完善投融资机制，大力推动政策性金融、开发性金融、商业性金融、合作性金融支持共建"一带一路"，努力构建长期、稳定、可持续、风险可控的投融资体系。"一带一路"创新发展中心、"一带一路"财经发展研究中心、中国—国际货币基金组织联合能力建设中心相继设立。

中国已与20个共建国家签署双边本币互换协议，在17个共建国家建立人民币清算安排，人民币跨境支付系统的参与者数量、业务量、影响力逐步提升，有效促进了贸易投资便利化。金融监管合作和交流持续推进，国家金融监督管理总局、证监会与境外多个国家的监管机构签署监管合作谅解备忘录，推动建立区域内监管协调机制，促进资金高效配置，强化风险管控，为各类金融机构及投资主体创造良好投资条件。

作为"丝绸之路"的起点城市，过去十年间西安在金融发展方面取得了一系列亮眼的成绩：为各大金融机构完成在西安的布局，出台多个文件推进金融领域改革开放，持续提升金融外汇服务效能，为"一带一路"沿线国家在西安的投资和发展提供了完备的融资平台……通过持续不断的努力，西安以高水平、高质量的对外开放，为"一带一路"倡议的共建和区域社会经济的发展提供了坚实保障。

/ 二、专题篇章 / 2.4 资金融通篇 /

>2021年4月9日,"一带一路"创新发展中心成立。

>2018年4月12日,IMF授课专家在结业式上为参与培训的"一带一路"国家学员颁发证书。

>2017年6月16日,"一带一路"财经发展研究中心成立。

一、融资服务不断完善

第五次全国金融工作会议以来，西安市金融工作局根据市委、市政府的工作部署，认真贯彻全国全省金融工作会议精神，以丝路金融中心建设为龙头，以服务实体经济为宗旨，以推动企业上市为突破口，全力推进金融供给侧结构性改革，为全市经济社会高质量发展注入源源不断的新动能。为解决企业融资问题，联合各行业部门搭建政金企平台，常态化召开各类融资对接活动。

2018年11月8日，由国家发展和改革委员会、科学技术部、工业和信息化部、中国科学院、陕西省人民政府指导，中国工程院、中共西安市委、西安市人民政府主办的2018全球硬科技创新暨"一带一路"创新合作大会在西安曲江国际会议中心隆重开幕。大会以"硬科技发展西安，硬科技改变世界，硬科技决胜未来"为主题，通过系列活动的举办和长效机制的建立，为硬科技发展搭建平台、提供支撑，推动国际科技合作和人才交流，并将继续助推西安全力打造"全球硬科技之都"。

大会期间还举办了2018西安全球硬科技产业博览会，共设置中国科学院、国防科工、军民融合、硬科技"八路军"（光电芯片、信息技术、生物技术、人工智能、智能制造、航空航天、新能源、新材料）等15个主题展区，集中展示以西安硬科技"八路军"产业发展代表性企业及成就为重点的国内外硬科技领域前沿新技术、新产品。除此之外，还举办了多项分论坛及赛事活动，包括"一带一路"硬科技产业投资高峰论坛、中国智能制造国际论坛、2018西安国际光电子集成技术论坛、第三届中国创新挑战赛（西安）、"创之星"中美创新创业大赛新材料行业赛决赛、西北高校创新创业硬科技大赛等。

西安各市区紧锣密鼓地进行安排部署。以碑林区为例，为吸引更多硬科技企业投资，区委区政府紧抓大会契机，研究制定《"2018全球硬科技创新暨'一带一路'创新合作大会"碑林区"一对一"招商引资活动方案》，主动出击，部署全区19个招商分局和8个街道办事处的招商工作人员组建27个招商小分队，70余名招商引资专业干部穿梭于大会各论坛、会议、赛事现场，宣传推介碑林，针对重要嘉宾采用"1+3"方式开展"一对一"招商对接：各责任单位需针对每一位嘉宾配备一名处级领导、一名科级领导、一名招商干部等3人负责在会议召开前提前与嘉宾沟通联系，详细了解嘉宾所在企业的投资意向及意向项目信息；同时在会议举办期间负责推介碑林区优势资源、营商环境、扶持政策、投资领域、招商项目等内容。通过全方位、立体化宣传攻势，充分展示碑林区良好的营商环

＞在2018全球硬科技产业博览会上，工作人员向观众展示新能源汽车充电设备。

境、投资优势以及扶持政策，吸引更多企业家来碑林投资兴业。

二、金融创新亮点纷呈

推动金融创新能级提升，激发金融创新活力迸发，是西安积极运用金融力量推进高质量发展的重要抓手之一。西安主动争取国家创新试验，被列入全国第二批数字人民币试点城市，成功获批全国本外币合一银行结算账户体系试点城市，获批全国首批中央财政支持普惠金融发展示范区。"央行·长安号票运通"融资工具、"通丝路"平台等创新"首单"不断涌现。

2021年6月25日，中欧班列"长安号"数字金融综合服务平台在国际港务区上线试运行。该平台利用区块链技术，打造集订舱、租箱、报关、发运、结算、融资、监管等功能为一体的市场化、可持续、有竞争力的数字金融综合服务平台。同时，通过与国家外管局的跨境金融区块链服务平台对接，将区块链技术与跨境金融服务相融合。

平台建设期间，工商银行、中国银行、建设银行、招商银行、浦发银行、西安银行等六家试点银行积极参与、主动创新，开发特色金融产品，为中欧班列"长安号"相关企业提供融资便利。

工商银行陕西省分行将紧密对接数字金融服务平台建设，通过大数据技术，基于企业进出口报关单、运费、税单等数据信息，采用"客户批量优选+额度主动推送"办理模式，及时研发更适合长安号小微企业的纯信用、全线上融资服务产品，满足企业融资需求。

中国银行陕西省分行针对物流货代类企业和进出口贸易企业，推出了中欧班列"长安号"专项融资产品，同时，和西安自贸港建设运营有限公司积极开展合作，在跨境结算、数字人民币、招商引流等方面与相关企业开展多维度合作，助力中欧班列（西安）集结中心建设。

建设银行陕西省分行在轻资产信用贷模块嵌入"惠懂你""跨境快贷"等系列成熟的纯线上信用贷款产品。后又陆续上线基于舱单信息融资的长安号专属"运费贷"产品，不断探索铁路运单物权化，借助平台资源，解决企业轻资产融资难的问题。

招商银行西安分行以中欧班列"长安号"数字金融综合服务平台新场景为切入点，参与金融场景需求探索及系统搭建工作，将相关产品在数字平台中线上展示的同时，研究中欧班列场景下可创新、可推广的产品方案及优惠策略。

针对长安号相关货代企业普遍关注的融资问题、外币运费结算问题以及外汇避险问题等，浦发银行西安分行专项推出了"浦运通""浦汇通"等产品，首批准入了52家本地货代企业，有效解决了企业融资需求。

西安银行与平台进行了定制化技术对接，打造了"运舱贷"小微金融产品，解决了中小企业融资难、流程繁的问题，同时，定制研发了供应链贸易融资产品"港融贷"，提升了中欧班列"长安号"产业链整体的金融服务水平。

中欧班列"长安号"数字金融综合服务平台，以"班列+数字金融"模式，为企业提供"铁路提单融资"等系列金融服务，构建金融服务链，有效解决企业融资难、融资效率低、融资周期长等问题，是构筑内陆地区效率高、成本低、服务优的国际贸易通道的具体举措，大大提升了中欧班列"长安号"数字化、信息化、科技化、金融化水平和中欧班列"长安号"的高质量发展。

西安作为全国首批数字人民币试点城市之一。2022年7月29日，由人民银行西安分行和西安市金融工作局牵头组织，"7+1"试点和代理机构共同参与建设的"数字人民币西安通"小程序正式上线试运行。该平台作为全国首个数字人民币官方信息平台和西安市数字人民币生态体系建设的重要载体，集官方信息发布、知识宣传普及、商户资源整合、优惠活动共享、创新特色宣介于一体。截至目前，数字人民币已在西安交通出行、生活缴费、医疗服务、邮递物流等多个公共服务场景开花结果，持续提供安全、高效、便捷的支付结算服务，成为百姓"手

>中欧班列（西安）繁忙景象

机里的现金"。

公共交通方面：一是实现了西安城市一卡通"长安通"、西安地铁APP数字人民币充值；二是在2021年打造西安地铁14号线作为全国"十四运"数字人民币专线的基础上，2023年上线西安地铁APP子钱包；三是陆续实现了线上航空售票和线下出租车、公路客运、高速公路收费等数字人民币支付场景。

缴费服务方面：一是在国家电网、中国石油、广电网络、水务、天然气等收费平台加载数字人民币功能，已有约14.5万用户使用数字人民币缴纳费用3500余万元；二是西安银行充分发挥作为西安市地方法人银行和第2.5层运营机构的优势，助力西安水务集团落地全市首个自来水数字人民币应用场景，市民购水缴费渠道更加便捷、安全；三是邮储银行陕西省分行积极搭建公共停车"知行约位"数字人民币缴费场景，目前已落地线下会议会展、商业综合体、旅游景点等20余户不同类型停车场共计1万余个停车位的数字人民币支付功能；四是打通福彩领域数字人民币支付通道，目前已全面支持智能便携终端购彩票、线上充值、小额兑奖等功能。

医疗服务方面：一是为西安交通大学口腔医院、西安国际医学中心、西安高新医院、西安市儿童医院、陕西省中医医院等9家医院嵌入数字人民币场景，提供线上线下支付结算服务；二是为西安市最大的医药零售连锁企业"怡康医药"品牌下265家门店上线数字人民币支付、查询及退款等一系列功能，完成交易5.3万余笔、金额960万余元。

邮递物流方面：一是累计完成119家邮政营业厅、57家邮政揽投点、454台邮政EMS寄递终端的数字人民币支付受理改造，全面落地线上线下寄递场景，在2022年初西安疫情防控期间，邮储银行陕西省分行发挥集团物流保障通道优势，针对公众买菜难题，加快"政速递""邮乐购"线上数字人民币支付受理改造，并上线数字人民币购菜满减活动；二是实现中欧班列"长安号"运营企业与其货源企业使用数字人民币进行舱位费用缴纳，交易金额120余万元。

普惠金融方面：依托周至县楼观镇猕猴桃产业优势和地域特色，当地政府与邮储银行等试点运营机构合力将楼观镇打造为"青山绿水数字人民币小镇"，积极搭建数字人民币服务"三农"的应用场景，为当地猕猴桃等特色农产品的生产、经营和销售提供全链条服务。与此同时，邮储银行陕西省分行还与西安市农业农村局积极合作，重点打造黍葵园食鲜供应链惠民工程数字人民币应用项目，借助黍葵园"生鲜食材+互联网平台+社区生活超市"农产品销售渠道，赋能乡村振兴。

实体经济方面：西安银行与新城区合作，成功打造"寻味东新街"数字人民币示范街区；农业银行陕西省分行携手碑林区，将该区老菜场市井文化创意街区成功打造为"碑林区数字人民币应用场景示范街区"；交通银行陕西省分行与"每一天"连锁便利超市合作，在其973家门店收银系统实现了数字人民币与订单联动支付及商品出库等功能。截至2023年6月末，全市累计开立数字人民币个人钱包1988.59万个、对公钱包212.72万个，已有72.98万个场景正式开展试点，流通（转账、交易）业务累计4712.82万笔，金额累计131.32亿元。

三、丝路金融中心建设步伐加快

在国家金融对外开放窗口期，西安全面融入全球金融网络，推动城市从区域金融中心走向丝绸之路金融中心。近年来，西安积极扩大金融业对外开放，出台《西安丝绸之路金融中心发展规划》和《西安丝绸之路金融中心发展行动计划（2020—2022年）》，成功入选全球金融中心指数，连续多年跻身中国金融中心指数区域金融中心10强。连续三届举办中国金融四十人曲江论坛、连续三届参加全球金融中心网络闭门峰会，积极展示金融业对外开放的新成就。依托陕西高校资源云集优势，与西北大学共建丝路金融研究院。加快高新区金融核心区建设，强化西咸新区金融功能承载力。西安驻市金融机构达到213家，其中银行业机构56家、保险业机构78家、证券机构58家、期货机构21家。已建成的16家总部型功能性机构，容纳高端金融人才13500余人，在建的8家总部型功能性机构还可容纳近万人就业。

十年来,西安全力推进丝路(西安)前海园建设,推动西安丝路前海投资、西安丝路前海信息科技以及西安丝路前海金融研究院等26家各类金融中介服务机构在陕落户;连续5年举办"全球创投峰会",吸引全球万亿资本集聚,深度聚焦区内硬科技企业,促进资本与产业进一步融合。此外,还完善"政银企"对接平台,设立"首贷服务中心",扩展金融服务云平台建设功能,不断提升"一带一路"金融数字化服务水平。同时,推进跨国公司本外币一体化资金池试点,率先实现了"集团内部打通、经常资本打通、境内境外打通、本币外币打通"。

据统计,十年来,陕西支持和推动优质企业抢滩资本市场,A股上市公司数量从2012年末的39家增加至目前的85家,实现了翻一番。其中,科创板上市公司13家,排名全国第10位。隆基绿能、易点天下等一批上市公司的快速发展,成为本土企业加快"走出去"、主动融入共建"一带一路"的亮丽名片。

在推进金融市场互联互通方面,2018年4月,全国首个主打跨境电子商务人民币结算的服务平台"通丝路"上线,为小微企业提供宣传推广、产品信息发布、贸易合同撮合、交易订单生成、在线报关报检、跨境人民币结算申报、国际收支申报、在线人民币结算、信用担保服务和资金融通服务等综合性服务。截至

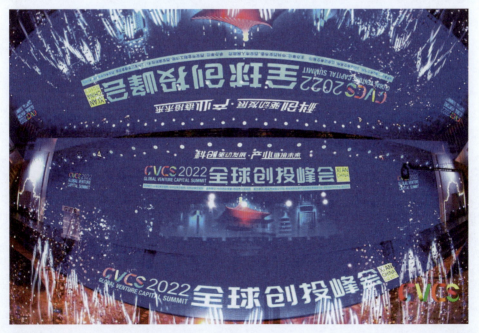

>2022年9月18日,2022全球创投峰会在西安举办。

> "通丝路"跨境电子商务人民币结算服务平台（网址：https://www.rmbsilkroad.com）

2023年10月，平台入驻的外贸认证企业达300余家，涉及装备制造、工业品、农产品等200余种品类，覆盖陕西80%的县域地区，出口地覆盖中国香港、缅甸、韩国、美国及共建"一带一路"国家，将陕西乃至全国的特色产品推向全球。西安外资金融机构达到24家（外资银行业机构6家、外资保险机构16家、证券期货机构2家），已建成运营总部型功能性金融机构15家。服务陕西深度融入共建"一带一路"大格局的金融产品不断优化，长安号数字金融综合服务平台、"通丝路"跨境电子商务人民币结算服务平台、首贷中心、农户信用等级"整村授信"等工作深入推进。

以十年为契机，一时的成就并非终点，西安金融业将以丝绸之路金融中心建设为统领，主动承接国家创新试点，积极扩大对外开放，为全市高质量发展做好金融保障，在下一个十年再创新篇。

2.4 资金融通篇

02 金融布局
农商银行发展联盟助力"一带一路"建设

2017年3月28日，陕西秦农农村商业银行股份有限公司、陕西省农村信用社联合社及丝绸之路经济带55家农村商业银行共同发起成立丝绸之路农商银行发展联盟。

丝绸之路农商银行发展联盟是借助古代丝绸之路的历史符号，响应国家"一带一路"建设战略部署，践行"创新、协调、绿色、开放、共享"五大发展理念，顺应中小金融机构发展规律，在互惠互利、平等尊重原则基础上搭建的丝绸之路沿线农商银行合作交流平台。本着"优势互补、抱团取暖、资源共享、互利共赢、相互促进、共谋发展"的宗旨，全面贯彻"一带一路"发展倡议，联盟为全体会员单位搭建了一个"流动性互助、业务合作、产品创新与服务、信息交流、金融科技应用共享"平台，实现联盟会员抱团取暖，促进联盟会员可持续发展。截至2022年底，联盟会员单位已由55家增加到100家，分布在以西北五省区为主的"一带一路"22个省、市、区，会员单位总资产规模超4.6万亿元。

联盟成立后，各成员单位通过资金、业务、技术、产品、人才等方面的合作和共享，实现了经验交流、信息互通、资源共享、合作共赢。

2017年7月29日，为了发挥各自优势、强化银银合作，增强支持"一带一路"建设的实力，联盟与华夏银行在西安签订了《战略合作框架协议》，建立了战略合作伙伴关系，在银团贷款、资金业务、投资银行业务及新产品开发等领域开展全面紧密合作，共同为丝绸之路经济带建设提供有力支持。

2020年10月25日，全国地方金融第二十四次年会暨丝绸之路农商银行发展联盟首届董事长圆桌会议在杨凌召开。会议以"双循环格局下的地方金融发展"和"双循环格局下农商银行的定位和发展战略"为主题，重点研讨双循环格局下的农商银行、城市商业银行发展，乡村振兴与数字金融等课题。

2022年9月14日，丝路农金论坛暨第二届农商银行董事长圆桌会在西安拉

>2017年7月29日,丝绸之路农商银行发展联盟与华夏银行签订《战略合作框架协议》。

开帷幕。会议以"创新金融服务,驱动乡村振兴"为主题,围绕"科技转型""文化引领""绿色发展"等话题进行探讨,并就"十四五"时期如何发挥农商银行自身金融实力,打造服务乡村振兴的新型金融业务进行了交流,共话转型发展新路径、新模式。

东风吹来满眼春,潮起正是扬帆时。在党的二十大精神的指引下,丝绸之路农商银行发展联盟将深入贯彻新发展理念,融入新发展格局,持续巩固发展与全国各会员单位的合作伙伴关系,精心打造、共建共享"丝路农金论坛"品牌并围绕"新时代新丝路新农商"主题开展"农商丝路行"系列活动,打造业务互信,实现优势互补,携手助力"一带一路"共建大计。

2.4 资金融通篇

03 产品创新
西安银行科技金融贷款护航科创企业乘风破浪

西安银行是以国际知名外资银行、大型央企、地方政府平台及优秀民营企业为战略投资者的区域性股份制商业银行,是西北首家A股上市银行。经过多年发展,西安银行构建了独特的科创金融服务体系,着力破解科创企业融资瓶颈,促进科技成果转化,形成科创金融业务特色品牌,率先在业内崭露锋芒。在数字化时代来临之际,西安银行坚持将自身发展战略高度融入国家和区域社会经济发展大局,紧抓西安科创金融改革创新发展机遇,不断加大内部机制体制改革和产品创新力度,持续提升金融支持科创企业的服务质效,助推区域经济高质量发展。

一、完善制度保障,建立长效金融服务机制

秦创原创新驱动平台(以下简称秦创原)是陕西省创新驱动发展总平台和创新驱动发展总源头,是打破科技优势与经济发展转化"堵点"的关键之举,是陕西省最大的孵化器和科技成果转化特区。一直以来,西安银行紧密围绕秦创原建设战略目标,成立秦创原融资服务对接工作小组,开展产品组合和创新,为秦创原入驻企业提供全生命周期的金融服务,在结算、产品、融资、网点服务等方面完善和创新服务形式,促进金融与科技、产业、人才有机结合,推动陕西西安高质量发展。

西安银行成立了"深入开展高质量项目推进年、营商环境突破年、干部作风能力提升年活动"领导小组及"支持秦创原工作"领导小组,制定了《西安银行推动落实西安科创金融改革创新发展工作方案》和《西安银行秦创原常态化融资对接服务工作方案》,进一步建立健全融资对接服务工作方案,细化一系列支持省内科技创新的金融服务举措,将科技型企业贷款列入经营考核中,从机制保障方面护航科创企业发展。

在短短的时间里，西安银行在西咸新区迁址一家一级机构、新设一家二级机构，高新三期迁址一家一级机构，配备专业的业务团队，为各类科创企业落户秦创原提供账户开立、交易结算、流动资金、资产增值等高效、便捷的金融服务，畅通科创金融政策支持、资源对接渠道，提升科创企业的专有金融服务能力。

二、立潮头当先锋，支持秦创原科创企业迈向新征程

西安银行紧密围绕秦创原建设战略目标，充分发挥地方法人银行区位优势，成立秦创原融资服务对接工作小组，围绕结算、产品、融资、网点服务等方面提供支持，促进金融与科技、产业、人才有机结合，推动陕西西安高质量发展。

2021年3月，秦创原创新驱动平台建设在西咸新区全面启动。秦创原着眼建设立体联动"孵化器"、科技成果产业化"加速器"和两链融合"促进器"三大目标，加快打造具有鲜明特色和竞争力的高水平平台，让创新成为陕西高质量发展的强大引擎。

2021年5月，西安银行管理团队到西部科技创新港，就基础设施建设、高校、科研院所、科技企业及产业布局等情况进行调研，积极部署支持秦创原发展前期各项工作。

> 秦创原企业公司

2021年6月18日，西安银行与陕西西咸新区沣西发展集团有限公司签订了《支持"秦创原"发展战略合作协议》。

2021年9月30日，西安银行为秦创原入驻企业某数据科技公司发放1000万元贷款，该笔贷款也是通过秦创原创新驱动平台发放的最大金额贷款之一。西安银行还为西部科技创新港清洁能源站重点项目提供了5亿元贷款授信，支持了秦创原总窗口所在地西咸新区能源基础设施建设。

2022年1月28日，西咸新区举办"2022年秦创原总窗口首批项目云签约活动"。仪式上，西咸新区管委会代表秦创原创新促进中心与西安银行签署战略合作协议。

在严格执行风险缓释的基础上，西安银行灵活调整信贷政策，将小微企业科技贷款审批权限授权支行，快速缩短科创企业信贷业务决策链条，全面提升贷款审批质效。同时，安排专属服务支行与秦创原创新促进中心合作，在秦创原综合服务平台上线"西银e贷""个人助业贷款""知识产权质押贷款"等小微信贷产品，派专人入驻秦创原资本超市，为秦创原企业提供全生命周期的融资服务。

作为人才服务银行的具体实施银行，西安银行打造专业化人才服务金融机制、建立专属金融服务平台，累计向人才相关企业发放贷款超40亿元，全方位深化秦创原发展的人力资本支撑。

三、创新升级产品，加大信贷政策倾斜力度

科创产业发展离不开金融"助推器"。西安银行积极打造科创金融业务特色品牌，持续加大对科技创新领域产品研发力度，着力破解科创企业融资瓶颈，促进科技成果转化。针对军工、小微、科技型企业、上市后备企业，创新推出"科技金融贷""知识产权质押贷""创惠贷""航空助力贷""西银e贷""科企e贷""西银e贴"等30多款特色产品。通过产品创新、"量身定制"等精准助力，全面满足处于创业、成长、快速发展等不同时期企业的金融需求。

在资源配置、业务授权和考核激励等方面，西安银行给予各类科创企业很大的政策倾斜。充分发挥决策链条短的优势，对高新技术、科技型龙头企业开通"绿色通道"，明确限时审批原则，确保审批时效。对"专精特新"、科技创新小微企业贷款实施内部优惠转移定价，给予利率优惠。提高分支机构科技型企业审批权限，进一步提升审批效能，实现科技型企业信贷有效增长。政策倾斜和机制优化大大提升了服务科创企业及秦创原建设的专业性和效率。

四、全方位融资服务，助力科创企业快速成长

为进一步加大对重点产业链的金融支持力度，支持链上企业做大做强，西安银行以深化金融科技、加快数字化转型为导向，深化科技与业务相互融合，通过构建线上+线下的金融服务模式，结合产业结构转型升级，通过贷款、票据、保理、应收账款质押、信用证等多元化供应链金融服务，解决重点产业链核心企业及供应链上下游企业发展资金。

一方面，西安银行积极跟进省市重点项目中涉及重点产业链企业项目，加大对高端装备、电子信息、汽车、现代化工、医药、新材料等领域的信贷支持；不断加大支持产业链上下游企业融通发展，支持制造业、专精特新"小巨人"企业和"专精特新"中小企业提升专业化能力，依托专业市场、工业园区，支持产业集群化优势制造业企业、重点项目配套产业链上下游的制造业企业、高端装备制造业等战略性新兴产业的核心企业产业链上的紧密型企业。

另一方面，西安银行聚焦重点产业链，搭建供应链金融服务体系。近年来，西安银行积极调整信贷结构、创新金融服务，形成独特的供应链金融服务体系，为重点产业链链上企业提供数字化金融服务。2021年下半年，西安银行推出线上易点，一触即贴产品——西银E贴，客户开通产品后，通过企业网银自助申请，后台自动审核，系统自动放款。从提交申请至成功放款总计时间不超过3分钟，真正实现了客户足不出户办理业务，为广大企业客户提供了便捷、高效、智能的融资工具。

西安银行积极与创投机构和担保机构沟通，探索以资产证券化、盘活存量创投项目等方式进一步支持科创企业融资，不断拓宽科技创新企业金融服务渠道。认购省内某创投企业发行的科技创新债券6亿元，支持科创企业发展。同时，积极参与"西安科创金融专家智库"，为科创领域投融资活动提供智力支持；建立科创专属金融顾问队伍，以政府"金融顾问"机制为基础，将金融政策及产品送入科创企业，进一步满足科创企业多样化金融需求。

近年来，西安银行大力支持科技创新，为企业提供"融资、融策、融智"全方位金融服务，有力推动了新能源、人工智能、电子信息等多个科创产业的发展，实现银企合作共赢。借助一带一路、国家中心城市建设等重大区域发展契机，西安银行回归科技服务金融的本源，强化金融科技价值创造力，系统构建数字化银行发展生态，形成线上线下相融合的综合性布局，积蓄和形成未来高质量发展的新动能。

2.4 资金融通篇

04 特色平台
"通丝路"跨境电子商务人民币结算服务平台

"通丝路"跨境电子商务人民币结算服务平台（以下简称"通丝路"平台）是由西安金融控股有限公司运营管理，中国人民银行西安分行搭建，联合各金融机构提供跨境人民币结算服务的B2B综合性服务平台，于2018年4月16日上线运营。作为西北地区首家部署CIPS（人民币跨境支付系统）标准收发器的电商平台，"通丝路"平台是中小微企业走出去的"人民币网上丝绸之路"，也是助推中国（陕西）自由贸易试验区开发建设的重要金融创新举措之一。

自平台上线以来，凭借着多、快、好、省、全的特色服务，赢得了众多企业的青睐和选择。截至到2022年上半年，通过站点认证企业250多家，实现累计交易额4000余万元，覆盖了陕西80%以上的县域地区，进出口品类涉及装备制造、工业品、农产品等十余种品类，产品种类200余种，出口国家涉及缅甸、韩国、印度、美国及"一带一路"沿线数十个国家。

一、人民币结算更便捷，助力企业把产品推向全球市场

"通丝路"平台是以跨境电商的方式，将陕西乃至全国的特色商品和服务卖到"一带一路"沿线周边国家，它以跨境人民币结算为核心，创新"互联网+跨境人民币"新模式，通过中国银行与丝路沿线500多家金融机构的代理行关系，为小微企业提供出口贴现、打包贷款等10余种贸易融资产品和全产业链解决方案，助力小微企业和农户"走出去"。

在最短的时间里，"通丝路"平台与西安海关"单一窗口"实现了系统对接，企业可直接通过"通丝路"网站，进行线上报关。对于出口企业来说，"通丝路"平台解决了外贸交易过程中易受汇率波动影响的问题，减少了汇兑损失。对于进口企业来说，"通丝路"平台节省了结算时间，周期更短，操作更快捷方便。

二、"一条龙"服务为跨境贸易提供新动能

随着西安进入"一带一路"发展的快车道,跨境电商作为外贸发展新模式,对推动西安外贸发展有着重大意义。

2018年10月,位于陕西延安的森海农产品公司,通过"通丝路"平台成功签订一笔跨境农贸交易,实现了首批销往美国小米结算款人民币5万元,当日即到账,这笔交易是"通丝路"平台的第一单业务,标志着平台正式开通运营。

2021年8月23日,"通丝路"平台成功接入CIPS(人民币跨境支付系统的简称,是由我国单独开发的为境内外金融机构人民币跨境和离岸业务提供资金清结算服务的系统,是我国重要的金融基础设施,目的可实现哪里有人民币,哪里就有CIPS服务,最终推动建设成为人民币国际支付清算的"主渠道")标准收发器,不仅为平台更精准支持跨境电商企业海外发展提供便利,也实现了平台企业跨境支付由原来的"银银""银企"等渠道业务处理方式,转变为"本外币一体化"跨境收付架构,进一步提升了入驻企业跨境人民币收付体验及支付效率,节省了跨境支付费用。目前,平台可以为企业提供宣传推广、产品信息发布、贸易合同撮合、交易订单生成、在线报关报检、跨境人民币结算申报、国际收支申报、在线人民币结算、信用担保服务和资金融通等"一站式"服务。

> 2021年4月16日,"通丝路"陕西跨境电子商务人民币结算服务平台上线仪式在西安举行。

经过不懈的努力,"通丝路"平台获得了社会各界的赞誉,先后入选陕西金融大事记、西安市优秀改革创新案例,2019年中国商务部自由贸易试验区第三批"最佳实践案例"、中国自贸试验区十大创新成果以及2021年陕西"一带一路"建设十大亮点。

"通丝路"平台在降低汇率风险、提高支付效率、有效支持跨境贸易资金快速流通的同时,拓展了人民币国际结算跨境电商服务场景。2022年,"通丝路"平台被纳入《中国(陕西)自由贸易试验区"十四五"规划》,以提升跨境贸易数字化服务能力为突破口,助推全省跨境贸易数字化转型,创新跨境电商商务人民币服务业务模式,构建跨境人民币流通新应用场景,开展数字货币结算试验,营造跨境贸易数字化良好发展氛围,为陕西跨境贸易高质量发展提供新动能。

未来,"通丝路"平台将继续围绕人民币跨境支付优化升级、S2B2C跨境贸易数字化生态平台服务升级、金融产品创新等,积极尝试探索数字人民币在国际贸易场景中的应用,向更多外贸企业提供优质、便捷的跨境贸易及金融服务,通过搭建"人民币网上丝绸之路"助力企业走出国门,开拓更加广阔的海外市场,也让世界各国人民都能了解陕西丰富多样的特色产品。

三、陕西与"一带一路"跨境人民币收支

自共建"一带一路"倡议提出以来,陕西省持续深化金融外汇领域改革创新,着力提升金融外汇服务效能,以高水平开放推动共建"一带一路"高质量发展。十年来,陕西省与"一带一路"共建国家和地区跨境收支规模从2013年的115亿美元增加至2022年的219亿美元,年均增长7.42%。

(一)精准对接内陆改革开放高地建设,满足企业跨境金融服务需求

1.开展跨境投融资便利化试点。推进资本项目外汇收支便利化试点,允许企业将境外资本项下收入用于境内支付时,无需事前向银行逐笔提供真实性证明材料。推进高新技术和"专精特新"企业跨境融资便利化试点,支持科技型企业拓展融资渠道。推进跨国公司本外币一体化资金池试点,进一步提升跨国公司跨境资金流动的便利化和自由度。

2.推进优质企业贸易外汇收支便利化业务。适当降低优质企业准入门槛,支持更多企业享受优化单证审核、货物贸易超期限特殊退汇业务免于事前登记、货物贸易付汇免于办理进口报关单核验手续、非关联关系境内外机构间发生代垫或分摊业务由试点银行审核办理等便利化政策。截至2023年9月,共为

62家开展"一带一路"业务优质企业办理了跨境贸易收支便利化业务。

3. 帮扶重点企业跨境金融服务。 引导金融机构发挥合力,为"一带一路"走出去企业和项目设计融资方案、组建银团贷款、签署授信合作备忘录等,量体裁衣式满足企业跨境金融服务需求。助推发行首支专项用于"一带一路"基础设施项目建设的外币债券。积极争取总局政策支持,成功解决某大型跨国企业集团外债注销登记问题;允许某民营科技公司以开立保证金账户方式,解决境外保证金汇入汇回渠道难题。

(二)精准对接贸易通道建设,推动中欧班列"长安号"高质量发展

1. 建设跨境金融服务平台中欧班列应用场景。 该场景紧紧围绕中欧班列发展金融需求,聚焦企业经营发展难点问题,助力中欧班列"长安号"数字金融综合服务平台实现融资申请、资质审查、信息核验、额度核算、银行授信等工作一站式办理,主要包含四项功能:第一,"企业经营信息查询",为银行提供企业经营数据查询渠道,丰富银行贷前风控评价指标,降低银行信贷风险;第二,"轻资产企业信用贷",通过在线化的"推荐名单"机制,提升金融供给与企业需求匹配度,降低银行获客成本;第三,"企业舱单融资",提供基于订舱单的融资服务,拓展了以电子化订舱单为融资依据的融资渠道;第四,"铁路运单融资(试用)",通过区块链平台进行运单真实性与占用额度核验,探索以铁路运单作为物权凭证实现贸易融资。

2. 推出专项支持中欧班列外汇政策。 推出中欧班列"长安号"产业链相关企业外债便利化额度和中欧班列西安集结中心暨"一带一路"对外承包工程企业国内外汇贷款结汇2项全国"首创"政策,拓宽企业融资渠道,充分利用境外低成本资金,加快推动中欧班列西安集结中心建设。

3. 促进银企对接提高服务效能。 试点跨境金融服务平台银企融资对接应用场景,能够便利银行快速精准完成信贷查证和项目审核,使银行融资审核周期由数天降至10分钟内,有效降低企业融资时间成本。平台信息可帮助银行为有融资需求企业进行金融风险画像,助力银行针对市场需求,出台投放更多个性化、线上化融资产品,解决企业融资难、流程繁问题,让更多企业享受融资便利。试点开展以来,首批参与试点的6家银行推出"中欧班列贷""浦汇通"等纯信用贷、轻资产抵押贷9款产品,短短几天时间为28家企业提供1.98亿资金支持,有效缓解企业"无担保、无抵押"困局,增强企业融资的针对性、可得性和便利性。

(三)精准对接互联互通,稳步推进跨境人民币使用

1.为优质企业提供线上跨境人民币金融服务。建立并动态更新跨境人民币优质企业名单,2023年陕西省共有跨境人民币优质企业373家,企业数量为2022年的2.5倍。推动商业银行为优质企业提供线上跨境人民币金融服务,目前全省27家金融机构实现了项目单证电子化审核,大幅简化业务办理流程,切实提升政策便利。

2.定制解决企业跨境人民币业务诉求。鼓励商业银行"一企一策"为市场主体开发个性化、差异化、定制化的跨境人民币业务产品。为解决西安某企业中国—印尼双边本币不能直接兑换、无法完全规避汇率风险的困难,推动中行雅加达分行通过中国—印尼LCS机制(双边本币结算)为该企业实现结算。

3.提升跨境金融服务能力促进贸易投资便利化。目前陕西省内36家银行的416个分支机构均可办理跨境人民币业务,业务范围辐射全球149个国家和地区。自跨境人民币业务开办以来,已累计有4490家企业通过跨境人民币结算,成功规避汇率风险,为企业节省汇兑、锁汇成本约136.11亿元。2022年陕西跨境人民币结算额首次突破600亿元,全省涉外主体共实现结算604.71亿元,同比增长50.71%。

择优选取全省147家银行网点开展"跨境人民币业务示范网点"创建工作,发挥示范网点的示范带头效应;指导陕西金融机构与乌兹别克斯坦、巴基斯坦等"一带一路"共建国家的多家银行开展人民币同业合作。截至2023年9月末,陕西与111个"一带一路"共建国家和地区累计发生人民币跨境收付2021.18亿元,占全省跨境人民币收付总额的39.52%。

四、跨境金融融通行动

2014年3月19日,西安获批跨境贸易电子商务服务试点城市。2018年7月24日,国务院印发《关于同意在北京等22个城市设立跨境电子商务综合试验区的批复》,西安获批全国第三批跨境电子商务综合试验区。获批后,西安跨境电子商务发展进入快车道。目前,西安跨境电子商务综合试验区下设9个创新示范先行区,跨境电商及相关企业1000余家,从业人数3万余人。

(一)空港新城创新示范先行区

空港新城创新示范先行区是西咸新区的核心板块之一,规划面积144.18平方公里,其中自贸区面积13.8平方公里。区内拥有中国第七大机场——西安咸阳国际机场,先后获批中国(陕西)自由贸易试验区空港新城功能区、临空经济

>空港新城跨境电商综试区先行区

示范区和中国(西安)跨境电商综试区先行区,区内的西安咸阳国际机场是我国西北地区最大的空中交通枢纽。空港新城发挥枢纽优势,大力发展"三个经济",重点发展航空物流航空维修、航空企业总部、跨境电商等临空型产业,打造西安国际航空枢纽。

(二)西安国际港务区创新示范先行区

自2014年3月海关总署批复西安市为跨境贸易电子商务服务试点城市并在西安国际港务区开展试点工作以来,依托西安综合保税区、国际货运班列"长安号"、特殊指定口岸等开放平台,跨境电子商务在国际港务区得到了迅猛发展,构筑起了连接西安和"一带一路"沿线国家的网上丝绸之路,是园区发展"三个经济"的重要力量与支撑,已成为新常态下培育经济增长新动力、创新国际贸易新方式重要途径。

(三)曲江新区创新示范先行区

2018年7月,国务院批复西安为第三批跨境电子商务综试区。曲江新区以"跨境电商五化创新模式"为核心,强力推进"跨境电商+"全产业生态圈建设,面向全球贸易市场及"一带一路"新兴经济体,协同"政、产、学、研、用",打造一体化跨境电商产业创新生态链,全面推动跨境电商生态化、数字化、智能化、融合化、便利化的可持续发展。同年10月,智诚跨境电商数字文化产业园落户曲江新区,成为曲江跨境电商创新示范先行区主要承载平台,目前自有海外仓面积累计10万平方米,覆盖北美洲、欧洲、澳洲和亚洲几大主要市场。

(四)高新区创新示范先行区

作为全市对外开放的重要窗口,高新区积极探索跨境电子商务发展新模式,促进传统外贸通过"互联网+"拓展发展空间,促进跨境电商新业态拓展工作稳步推进。下一步,将通过跨境电商优惠政策引导,不断完善金融服务、通关物流环境等配套措施,支持引导企业海外拓展、融入全球价值链,推动产业系统化发展;将以5G网络建设为基础,以5G应用示范为牵引,以5G产业发展为核心,加快提升"硬科技"产业实力,促进传统产业转型升级,到2022年,实现5G网络覆盖全市最优。

(五)经开区创新示范先行区

经开区紧抓跨境电商综合试验区创新示范先行区的契机,加快建立健全经开区跨境电商产业发展实施方案和支持政策,并为入区电商企业建设跨境电商产业园,同时,加强与高校的合作,联合培养跨境电商人才加快构建完善的跨境电子商务发展环境,打造跨境电商产业聚集的高地,不断地将自贸试验区改革试验的创新成果转化为促进产业聚集发展的政策红利。

(六)航天基地创新示范先行区

发挥产业优势,积极借鉴其他试验区的先进经验做法,主动探索创新,努力打造跨境电商完整产业链和生态圈,跨境电商产业取得长足进步。航天基地积极引进了京东云、华为云、百度云、金山云等云计算平台,打造"云上开发区"。利用资源,搭建平台,引进、培养一批优秀电子商务企业,逐步形成了跨境电商产业聚集氛围。

(七)西安航空基地创新示范先行区

西安航空基地创新示范先行区以获批"中国(西安)跨境电子商务综合试验区创新示范先行区"为契机,以航空产业为特色着力点,充分发挥综合保税区的政策优势,不断完善体系建设促进进口与出口协调发展,并通过打造"智慧园区+产业平台+制度创新"的产业发展环境,进一步强化对跨境电商产业的统筹规划,积极鼓励电商平台及企业在综保区内开展跨境电商业务,逐步完善以航空产业为链条的技术、人才资本等聚集的跨境电商产业发展体系。

(八)浐灞生态区创新示范先行区

全区总规划面积129平方公里,是全国首个以生态命名的开发区,也是全市对外开放的重要窗口。目前已依托西安国际会展中心、西安领事馆区、中国(陕西)自由贸易试验区浐灞功能区、西安金融商务区等功能区形成发展跨境电子

>浐灞生态区创新先行示范区

商务良好的产业基础。

(九)碑林区创新示范先行区

作为西安核心城区,位于城市中心东南部,跨城墙内外,总面积23.37平方公里,是西北地区面积最小、人口密度最大、单位面积产值最高的城区之一,也是西安商贸、科技、文化、旅游大区和西安"中优"战略建设核心区,连续十年被评为"陕西省城区经济社会发展五强区",2022年成功入选中国百强区、营商环境百强区县榜单。碑林区将以区位优势为依托,以核心产业为特色着力点,推进跨境出口B2B模式,促进进口与出口协调发展。

按照陕西省"大力发展枢纽经济、门户经济、流动经济,打造内陆改革开放新高地"要求,中国(西安)跨境电子商务综合试验区充分发挥口岸、产业、科技、交通、物流等优势,积极打造陆上丝绸之路、空中丝绸之路、网上丝绸之路。通过建设线上综合服务平台,构建信息共享、金融服务、智能物流、电商信用、统计监测和风险防控六大体系,实现跨境电子商务信息流、资金流、货物流"三流合一",为跨境企业提供报关、金融、物流、信用等供应链综合服务,逐渐成为外贸创新发展的新亮点、转型升级的新动能、创新创业的新平台和服务"一带一路"建设的新载体。

乘着"一带一路"东风,中国(西安)跨境电子商务综合试验区深度拓展产业发展链条,不断优化营商环境、升级协调管理服务,全力打造高质量高水平的跨境电商业态,逐渐形成了由浐灞跨境电商产业园、西部跨境电商服务中心、亚马逊联合创新中心为主要载体的对外贸易格局。

伴随跨境电商产业的快速发展，跨境金融服务水平不断提升，跨境领域金融产品明显丰富、融资成本有所降低、融资规模显著扩大，截至2022年，全口径跨境融资余额突破800亿元，人民币跨境使用结算累计达到2400亿元，银行业国际结算业务总量累计超8000亿元。

五、打造金融发展大平台

第一，持续丰富西安金融机构种类。采取内培外引方式，壮大金融组织，加大金融机构引入力度，推动金融产业聚集，提升金融机构竞争力，推进优势资源整合。通过充分发掘现有资源，提供招商引资的积极政策，吸引知名金融机构、研发中心等进驻西安，支持本地金融机构做大做强，提升金融机构的市场价值和核心竞争力，健全金融机构体系，形成要素集聚、保障力强的金融市场。2022年5月25日，西安召开推进经济高质量发展融资对接会，72家银行、保险、证券、期货等驻市金融机构和基金、创投等机构，31个市级相关部门、相关区县、开发区和市属企业，28家重点项目实施单位和科技型企业代表与会。

第二，持续推进金融生态环境建设。完善基础设施，积极探索推动金融发展的具体实践；健全社会信用体系，维护良好金融秩序；搭建监管平台，对西安金融机构日常经营行为进行监管；建立金融风险管理系统，提升对金融风险实时监测、主动发现、提前处置的能力；完善金融法律法规体系，为推动监管部门落实监管责任、金融业高质量发展提供支撑。

第三，依托区位优势，持续推动跨境金融创新发展。拓宽双向跨境投融资渠道，发力离岸金融中心建设；发展绿色金融，积极创新绿色金融产品，促进经济可持续发展；发展普惠金融，助力民营及中小微企业发展；扩大金融开放，加强与丝路沿线国家金融业合作，推广西安丝绸之路金融中心品牌。

第四，持续强化高素质金融人才的支持。强化与丝路沿线国家的金融教育合作，鼓励西安各高校与国内外知名高校开展经济学学科共建，加强职业素质培训和人才交流，培养具有国际视野的复合型金融人才；创新人才引进机制，面向境内外引进具有知名金融企业和国际金融组织从业经验的领军人才，带动重大项目和专业团队入驻西安，出台高层次人才奖励补贴、薪酬激励等优惠政策，打造满足丝路金融人才集聚的良好宜居环境，提高金融高端人才占比。

2.4 资金融通篇

05 实践案例
中欧班列"长安号"数字金融综合服务平台

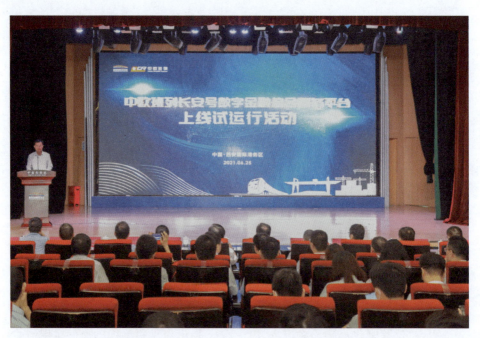

> 2021年6月25日,中欧班列"长安号"数字金融综合服务平台在国际港务区上线试运行。

2021年6月25日,中欧班列"长安号"数字金融综合服务平台在国际港务区上线试运行,该平台以"班列+数字金融"模式,为企业提供在线订舱报关、经营信息查询、企业信用评估、线上融资服务等功能,有效解决中欧班列"长安号"供应链企业融资难、融资慢、结算难、汇率风险大等问题,助力提升中欧班列"长安号"数字化、信息化、科技化、金融化水平。

一、平台功能

(一)在线订舱报关

主要面向企业提供在线订舱、报关、发运、结算等服务,依托北斗定位系统及全球无线网络环境,实时掌握在途集装箱的位置、施封状态、温度、湿度等信息,实现货物的全流程24小时监管。

(二)经营信息查询

为银行提供企业经营数据的查询渠道,借助平台沉淀的企业经营信息,包括基本信息、历史订舱信息和历史融资信息,丰富银行贷前风控评价指标,增强企业融资信用水平,提升银行贷款意愿。

(三)企业信用评估

平台借助大数据,为企业信用风险"画像",形成"推荐名单",帮助银行精准识别资质良好的企业,科学高效作出信贷决策,大大缩短贷前调查时间,降低银行获客成本,提高贷款审批效率,助力平台培育和壮大优质企业。

(四)线上融资服务

面向平台企业提供基于订舱单的融资服务,通过区块链存证技术核验订舱单的真实性,应用智能合约校验融资的可用额度,为企业拓展以电子化订舱单为融资依据的融资新渠道;创设国际联运提单和相应的融资产品,赋予了铁路提单物权属性,进口商仅凭一张铁路提单即可获取信用贷款,有效解决进口贸易中小微企业融资难问题。

二、实践效果

平台上线以来,已有中国银行、工商银行、建设银行、浦发银行、招商银行、西安银行、国家开发银行、进出口银行、农业银行、民生银行等10家银行上线10余种金融产品,为33家企业提供资金支持21.3亿元,得到了社会各界的高度称赞和充分认可。

(一)创新金融产品,满足企业需求

平台自上线以来,已有多家银行针对市场需求,推出个性化、线上化融资产品。比如浦发银行推出了"浦运通""浦汇通"等产品,首批批准入了52家本地货代企业,有效解决了企业订舱融资需求。中国工商银行依托平台采用"客户批量优选+额度主动推送"模式,投放小微企业的纯信用、全线上融资服务产品,满足小微企业融资需求。

（二）多平台联动，提升融资效率

平台与跨境金融区块链服务平台对接，助力银企实现融资申请、资质审查、信息核验、额度核算、银行授信等工作一站式办理，使银行融资审核周期由数天时间降至10分钟内，有效降低企业融资时间成本，显著提升企业融资效率。

（三）发挥科技优势，降低信贷风险

平台将区块链技术与融资服务融合，充分发挥区块链防篡改技术特点，便利银行快速精准完成信贷查证和项目审核，帮助银行为有融资需求企业进行金融风险画像，提升银行信贷风险防范能力。

三、发展方向

下一步，中国人民银行西安分行将继续会同西安国际港务区功能区，进一步丰富和完善平台功能，提高平台的友好性和普适性，同时积极宣传推广平台，指导更多的银行、更多的企业使用该平台，不断提供高标准、高水平的外汇金融服务。

（一）加速数据共享，提升数据质量

推动陕西电子口岸国际贸易"单一窗口"与平台对接，打通"数据壁垒"，充分发挥数据要素资源价值，提升对银行科技金融创新服务能力，助力银行出台

更多贴合企业需求、支持中欧班列发展的专属融资产品。同时严把数据质量关,提升平台企业信息的准确性,为银行获客提供更多便利,不断降低银行信贷履职尽调成本,让更多企业享受融资便利。

(二)丰富平台功能,拓展融资渠道

在铁路运单物权凭证问题暂时难以有效突破的前提下,聚焦铁路运单货值融资难问题,探索"监管仓+保险+三方协议"铁路运单融资新模式,通过设立监管仓强化银行对进口货物的控货能力,降低银行信贷风险,开拓以在运商品为抵押物的货值融资新渠道,提升平台对中欧班列"长安号"产业链发展的带动能力。

(三)强化平台联动,提升服务效能

增进国家外汇管理局跨境金融服务平台与数字综合服务平台的联动性,加强平台互联、促进信息共享,打通银企融资渠道,使企业融资诉求能直达银行柜面,提升业务办理线上化水平,提升金融供给与需求的匹配度,增强长安号产业链企业对外汇金融服务的可得性与满意度。

2.5 民心相通篇

01 西安"一带一路"文旅发展报告

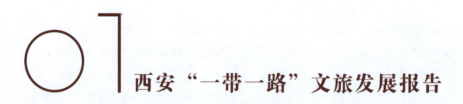

西安拥有世界级的旅游观光资源和文化资源,拥有国家级的科研教育和高新技术产业基地,拥有区域级的金融、商贸、交通和信息枢纽,在推进文化旅游产业发展的过程中具有非常突出的优势。

2023年春节假期,西安接待人次、旅游收入双创新高;重点景区人气爆棚,持续高位运行;监测的西安15家重点旅游景区累计接待227.79万人次,同比增长160%,恢复至2019年同期水平。过夜游客占比提升12.96%,平均停留天数达到4.24天,星级饭店出租率达到80.12%,过夜游客拉动旅游收入显著增强。1—3月,西安共接待国内旅游者4500万人次、同比增长1.5倍,旅游收入530亿元、同比增长2.5倍。西安文旅市场安全平稳有序,文旅消费成为带动西安消费增长的重要力量。

第一,政策层面: 西安结合自身发展的实际情况出台了一系列地方性政策来支持文化旅游产业发展。2022年9月发布的《陕西省打造万亿级文化旅游产业实施意见(2021—2025)》中,明确提出积极打造消费新场景,创建国际消费中心城市。西安市文化和旅游局相关负责人表示:"文化和旅游的深度融合,不是两者的简单叠加,而是要形成两者共存共荣、共建共享的状态。下一步将深化'文旅+工业、教育、农业、科技'多元业态融合,提振文旅消费信心,释放消费活力,打造全国文旅融合发展的'西安样板'。"

第二,客源层面: 西安是全球著名的旅游城市,凭借自身丰富的历史文化资

>西安大唐不夜城

源和山水观光资源在世界享有盛誉,被海外游客选择为了解中国文化的最佳胜地,吸引着世界各地的游客来此参观旅游。2023年端午假期间,西安接待游客539.07万人,旅游总收入34.21亿元,旅游人次和收入基本恢复到2019年同期水平。极大的客源优势成为西安文化旅游产业发展的源泉和动力,推动西安旅游业不断提升旅游品质、创新旅游业态,形成良性循环的格局。

第三,交通层面:西安的交通条件十分优越,为文化旅游的产业发展提供了便利的交通环境。航运方面,西安拥有飞往法国、日本、泰国、新加坡等国际航线20余条,飞往全国各地主要城市的国内航线已超200多条。同时,陕西省人民政府于2020年印发了《西安国际航空枢纽战略规划》,致力于将西安建成具有全球影响力的重要国际航空枢纽,构建空地一体的航空客运体系,为构建陕西陆空内外联动、东西双向互济的对外开放新格局奠定坚实基础,这也极大地为西安旅游业的发展提供了便利。陆运方面,西安加快高速铁路、高速公路的建设,相继开通了郑西高铁、大西高铁等高速铁路,并且开通了中欧班列"长安号"国际货运班列,形成了运输能力水平高、交通工具衔接紧密的交通网络,为"一带一路"沿线国家与西安开展文旅合作提供交通便利。

一、西安文化旅游产业空间布局

在西安文化旅游产业发展布局层面,西安提出要重点发展"一核三极多板块"。"一核"指着力打造中心城区皇城文旅融合核心发展区;"三极"曲江、雁塔"文化+旅游"增长极,浐灞、港务"会展+文体+旅游"增长极和临潼全域旅游示范区秦风唐韵增长极;"多板块"则指未央区、蓝田县、高新区、阎良区等特色旅游景区协同发展的综合布局。

二、西安文化旅游产业发展现状

(一)西安文旅总体发展规模:疫情前旅游创收呈两位数增幅上升

依托丰富的旅游资源,2011—2019年西安游客创造的旅游收入呈现逐年上升趋势,截至2019年,旅游业创造的收入已经占西安市总体GDP的33.47%,其在西安经济发展领域贡献十分突出。2023年春节假期,西安文旅全面复苏,接待人次、旅游收入双创新高。重点景区人气爆棚,持续高位运行。西安文旅市场安全平稳有序,文旅消费成为带动西安消费增长的重要力量。

(二)企业规模:西安游客接待能力好于全国均值,酒店和旅行社多集中于中心城区

从总体数量来看,2020年西安旅行社数量为617家,星级酒店共有85家,A级旅游景区共有77个。从西安旅行接待能力来看,2020年西安接待游客数量共计1.84亿人,其每万人旅行社数量和每万人酒店数量整体均大幅高于全国平均水平,这说明西安旅游业在游客接待能力上表现远好于全国平均水平。

从旅行社来看,碑林区和雁塔区旅行社分布最多,分别达到177和155家。其中,雁塔区办理出入境业务旅行社数量最大,为29家;碑林区次之,为22家,截至2021年,西安可办理出入境业务旅行社共计65家,占比10.53%。

从星级酒店来看,莲湖区、碑林区和新城区分布数量最多,截至2020年,三区星级酒店分布数量分别为20家、15家和15家。其中,碑林区五星级酒店最多,有5家,其次为新城区,有4家。

(三)旅游产业链参与主体:旅游景点多样,碑林区旅行社数量最多,莲湖区星级酒店数量最多

旅游业产业链上最重要的要素是旅游目的地景点、旅行社和旅游酒店。从旅游景点分布来看,西安背靠秦岭,沿渭河流域分布,自然资源丰富。南部秦岭山区旅游景点以山区自然风光为主,被开发的山区旅游景点有秦岭野生动物园、翠华山、终南山南五台、太平国家森林公园等自然山区风光。西安中部则以水文景观和城市人造景观为主,如国家级水利风景区浐灞国家湿地公园、大唐

>秦岭终南山南五台

芙蓉园的人造景观湖等。其中中心城区旅游景点主要为修复后的历史遗迹景观,如西安城墙、钟楼、大明宫遗址等。从旅行社和旅游酒店分布来看,酒店和旅行社分布多集中于莲湖区、碑林区、新城区、雁塔区等中心城区,其中碑林区旅行社数量最多,莲湖区星级酒店数量最多,是西安酒店和旅行社主要分布区域。

三、西安文化旅游产业竞争力分析

(一)旅游资源:5A级景区数量排名靠前,旅游资源丰富

从西安旅游资源来看,2020年西安5A景区数量共5个,高于一线城市均值和新一线城市均值,在新一线以上城市中排名第五。2020年西安4A以上景区数量共26个,整体旅游资源丰富。

(二)酒店价格:价格低廉,竞争力较强

从星级酒店均价来看,2020年西安星级酒店均价均低于一线城市均值和新一线城市均值,在新一线以上城市星级酒店均价中排名倒数第三,相较而言酒店价格亲民。除此之外,西安也是西北地区交通枢纽,周边拥有咸阳国际机场和西安站、西安北站、西安南站等众多交通站点,保障了西安旅游运输的通畅。

总的来看,西安交通便利、旅游资源丰富、星级酒店价格低廉,西安文旅性价比较高。

(三)游客接待:游客接待数量有较大竞争力

2011—2019年西安游客接待人数呈现逐年上升趋势,2019年西安整体游客接待数量突破3万亿人次,年均增速均为两位数。2020年,西安共接待游客1.84亿人,在全国新一线以上城市中排名第四,占全国游客接待数量的8%以上。在疫情影响下,这个游客接待数量说明西安旅游业在发展中具有较强的抗风险能力和旅游吸引力。

四、西安文化旅游产业发展目标

针对省内文化旅游产业,西安在省内《"十四五"文化和旅游发展规划》中提出了文化发展的量化目标和旅游发展量化目标,到2025年,西安旅游接待总人数达4亿人次,旅游总收入达5000亿元。对于远期规划,西安提出了2030年实现的目标规划和2035年实现的目标总体规划,助推市区文化旅游产业的进一步发展。

五、西安文化旅游产业发展经典案例

(一)"西安年·最中国"

忽如一夜春风来,千树万树梨花开。2019年,"西安年·最中国"系列活动将西安这个千年古城装点得绚丽多彩,焕发出勃勃生机,吸引了全国乃至全世界的目光,让西安一跃成为网红城市和热门旅游目的地。可以说,"西安年·最中国"是西安城市文化和旅游市场火爆的关键突破口,IP品牌与抖音之间的合作形成了强大的助推力,加速了西安旅游业的发展。

西安大明宫国家遗址公园在春节期间特别推出光影体验项目——彩虹跳,当地灯感受到重力时,就会变幻出不同的颜色和音符,特别受小朋友们的喜欢,他们在灯上一蹦一跳,感受着科技带来的乐趣。除了彩虹跳之外,体验区里还设置了呼吸灯、泡泡树、180°球幕影院等,神奇科技和视觉冲击的完美结合让来西安过年的游客们倍感神奇。与此同时,一场穿越时空的灯光秀也在大明宫丹凤门开启,用投影技术结合璀璨灯光、加上现代科技、音乐、动漫元素,让深邃星空、火树银花、大唐长安、丝路船队跃然丹凤门,带给游客一场美轮美奂的光影视觉享受。历史与现代的结合将西安年展示得丰富多彩、淋漓尽致,而国际潮流时尚元素的加入,更让国内外来西安感受过年气氛的游客嗨到乐翻天。

"西安年·最中国"活动的举办,使西安的春节旅游人数骤增,20多天接待中外游客超1000万人次,西安成为全国春节旅游热门城市,旅游收入大规模增长。以一首《西安人的歌》为背景音乐,展示西安景点的短视频在短短时间内收获1000万次以上的点赞量,全网点击量超18亿次,被评价为最受网友喜爱的歌曲,并获得亚洲中文音乐大奖"最具影响力方言歌",以《长恨歌》《大唐女皇》《梦长安》为代表的实景演出尽显西安风采。

"西安年·最中国"系列活动为中华优秀传统文化的创造性转化、创新性发展提供了新样本新示范,"网红城市"在大众视野的传播迅速提升了城市的外在吸引力,为旅游产业的发展带来了实实在在的"真金白银"。据统计,2019年春节期间,西安共接待游客1652.39万人次,同比增长30.16%,实现旅游收入144.78亿元,同比增长40.35%,游客数量和旅游收入位列全国前三。

(二)"长安夜·夜未央"

2023年以来,西安成为除北京外,夜间餐饮、休闲娱乐类目订单量交易额最高的北方城市。"夜经济"不仅延长了消费时间,还创造出了新的消费场景。西安"夜间经济"形成了项目丰富、文化高度融合、多集群规模的西安"夜"色。

2023年6月29日,中国城市夜间经济发展峰会暨西安市"长安夜·夜未央"夜间消费季活动在大唐不夜城开元广场拉开帷幕。活动以"点亮长安夜 潮享不夜

>"西安年·最中国"主题灯会——大唐不夜城灯展

城"为主题，旨在向国内外全景展示西安夜间经济发展的魅力及建设成效，助推西安国际消费中心城市建设。

在峰会开幕式现场发布了《2023年中国城市夜间经济发展报告》，报告基于抖音打卡和生活服务消费数据，通过用户在下午六点到凌晨两点时段的活跃度、消费力和城市夜间服务供给对城市的夜间经济活力进行综合评估，西安的夜间经济繁荣指数与北京等城市一起位列全国第一梯队。

峰会首次集结中国步行商业街工作委员会、大唐不夜城、长安十二时辰、香港铜锣湾集团、上海豫园、杭州湖滨路步行街、江汉路步行街、南京一九一二投资集团、北京华熙LIVE·五棵松等头部街区和专家代表围桌论道。在商业街区建设暨文商旅融合发展论坛上，围绕内容营销、沉浸商业、街区更新、文化商业等内容，全方位剖析文商旅融合的现状、趋势及未来发展潜能。

峰会聚焦城市商业、夜间消费创新发展趋势、夜间商业街区文商旅融合、西安文商旅融合发展经验等课题，邀请全国20多座城市政府代表，30余位相关领域专家以及夜间经济+商业街区头部企业代表、推介官等300余人齐聚长安，全景展示了西安夜间经济发展的魅力及建设成效，全面提高了西安夜间经济在全国的影响力。

开幕式上发布了"029城市嗨卡"，公布了首批10个夜间消费聚集区、26个夜间消费地标、100个夜间消费网红打卡点，编撰成《西安夜间消费攻略》和《西

>大唐最美爱情故事——长恨歌

安夜间消费手绘地图》，为广大市民游客提供富有内涵的消费指南。

(三) 曲江新区文旅发展模式

西安是一座具有创新基因、创新资源、创新优势、创新潜力的城市。曲江新区是现代化文化旅游开发新区和城市发展新区，也是国家级文化产业示范区、中国人文旅游示范基地、西安重点规划的城市新区，作为西安最具发展活力的区域之一，曲江新区文化遗址众多，历史文化底蕴深厚，其中大雁塔和曲江皇家园林遗址闻名中外。其不仅是拥有自然风光、历史文化、民俗风情的文化圣地，同时也是一个以鲜明的盛唐文化为特色的大型旅游休闲度假区和文化旅游产业集聚的核心区，是集观光游览、休闲娱乐、美食购物、会议会展、商业配套于一体的城市文化旅游目的地。

围绕文化旅游的新业态、新模式、新消费，曲江新区持续探索旅游供给侧结构性改革新模式，让旅游全要素在曲江加速成长。西安曲江新区的飞速发展，是一种以文化产业和旅游产业为主导、"城市+文化+旅游+N"的综合发展创新模式，简而言之，就是以文化资源为旅游提供动力、以旅游推动文化传播。

着眼当下，曲江新区守护城市文化，保护城市文脉，传承城市记忆，把城市更新同历史文化资源活化有机结合，最终让大明宫国家遗址公园与美国中央公园媲美，让西安城墙景区跻身十大风景名胜类景区，大唐不夜城位列国家级步行区。远眺未来，曲江新区将加快推进西安文化CBD、杜邑文化科技产业园、小雁塔历史文化片区、碑林历史文化街区、汉长安城未央宫遗址公园等一批重点文旅项目建设，开拓文旅融合高质量发展新路径。

(四) 沉浸式文旅场景

西安以文化为蓝本，以"一带一路"为发展契机，古今融合，创建了沉浸式文旅发展新模式。"长安十二时辰"主题街区以"攒星揽月·畅享长安""和合之美·风雅长安""花萼相辉·夜宴长安"三大主题，以及"唐食嗨吃、换装推本、唐风雅集、微缩长安、情景演艺、文化盛宴"六大沉浸场景为核心，让游客能在长安十二时辰充分享受到"观一场唐风唐艺、听一段唐音唐乐、演一出唐人唐剧、品一口唐食唐味、玩一回唐俗唐趣"的一秒入唐体验，真正做一回唐朝人。"长安十二时辰"主题街区，游客就是主角，可以身临其境地体验唐人的市井生活，街区内的所有元素、场景布置、场馆音乐以及工作人员都在共同完成游客的沉浸式体验。

大唐不夜城景区，由"房玄龄"和"杜如晦"打造"盛唐密盒"互动节目，把观众请上台沉浸式参与其中，更是以幽默、风趣、爆梗强势出圈，成为火遍全国的

>游客身着汉服，游览"长安十二时辰"主题街区。

现象级IP，重现了"房谋杜断"这一文化历史典故。充满着20世纪80年代怀旧意味的易俗社情景式文化街区"东邦哥"，成了很多西安人的打卡地。"东邦哥"的理发店、教室、电影院、小人书摊以及火车站、电车等昔日生活场景被高度复原，给人充满怀旧感的沉浸式体验。作为文旅"新宠"，沉浸式体验打开了西安塑造文旅场景的新思路。在注重挖掘独特文化底蕴的同时，将文化蕴含的价值与新技术、新形式、新要素结合，实现创造性转化、创新性发展，不断赋能文旅行业，打造具有西安特色的文旅发展新名片。

2.5 民心相通篇

02 "西市"模式
大唐西市集团助力共建"一带一路"

大唐西市集团以文化产业、文博事业、数字科技、现代服务业、战略投资等为主导,通过市场化、国际化运营,科技和金融赋能,集团形成了以"一心二体"(国际文化艺术品交易中心、文化旅游综合体、科技产学研用综合体)为支柱的产业体系。集团深耕文化产业30余年,打造的以隋唐文化、丝路文化为主题的大唐西市文商旅综合园区,是中、省、市重点文化产业项目,是国家文化产业示范基地和国家4A级旅游景区,在全国率先创新出"以商养文、以文促商"文化产业和文化事业双轮驱动、"文物保护传承、文化事业繁荣、文化产业发展"三位一体、互促共荣的发展模式。

"西市"模式是大唐西市集团所倡导的一种共建"一带一路"的模式。这种模式强调共商共建共享,遵循市场原则和国际通行规则,旨在推动高质量共建"一带一路"。在"西市"模式下,大唐西市集团不仅积极发挥自身作用,还得到了政府相关部门的政策支持,以及市场作用的充分发挥,这种模式有助于优化资源配置,提高资源利用效率,推动文化产业的高质量发展。

一、历史上的陆上丝路起点——大唐西市

大唐西市是唐朝长安城两大市场(东市和西市)之一,位于唐长安皇城的西南方(现劳动南路和东桃园村之间),始建于隋(公元581—617年),兴盛于唐(公元618—907年)。当时的西市占地1600多亩,建筑面积100多万平方米,有220多个行业,固定商铺4万多家,被誉为"金市",是当时世界上最大的商贸中心。

汉代张骞开辟的丝绸之路起点位于汉长安城。到了唐代,丝绸之路起点已转移到了西市及其附近,当时的长安繁盛至极,已成为世界上唯一人口上百万的国际化大都市。西市以其繁荣的市场体系、坚实的经济基础支撑着整个丝绸

之路的贸易体系，是丝绸之路真正意义上的起点。丝绸之路作为东西方商贸与文化传播之路，使黄河文明、恒河文明和地中海文明相互碰撞和融合，加速了世界经济社会的发展，影响着人类历史文明的进程。可以说，作为丝路起点的西市，既是外部世界了解长安乃至中国的一个窗口，又是东西方文化交流、贸易往来的重要平台。

1300年后，西安在"皇城复兴计划"的推动下，大唐西市在原址上进行了重建，形成了一个以文化为主线，以丝路风情和旅游会展为特色的文化产业项目。项目占地约500亩，总建筑面积135万平方米，总投资100亿元人民币，规划建有大唐西市博物馆、丝绸之路商旅街区、国际古玩城、西市城·购物中心等八大业态。

如今，大唐西市作为"一带一路"倡议的重要组成部分和标志性项目之一，已经形成了以陕西、湖南、河南、海南和香港为基地的产业集群，业务覆盖文产、文博、金融、旅游、会展、科技、现代服务业等多个领域，对推动"一带一路"建设具有重要意义。

二、大唐西市与"一带一路"

大唐西市不仅是一个集商贸、文化、旅游等多功能于一体的综合性项目，而且是"一带一路"倡议下文化产业发展的重要载体和国际合作平台，推动了沿线国家的经济合作与发展，促进了文化交流与合作，并为推动全球可持续发展作出了重要贡献。

（一）创办全国唯一的非国有"国家一级博物馆"

自2001年开始进行西市遗址的保护以来，大唐西市集团在西市原址上建起了一座占地20亩、建筑面积达3.5万平方米的大唐西市博物馆，保护了目前唯一反映盛唐商业文化的西市遗址，成为我国民间资本保护国家历史文化遗址的首例和典范。近年来，大唐西市博物馆创新文化"请进来、走出去"模式，举办了《丝绸之路古代货币展》等70余个国内外大型展览；研究编撰了《历史上的大唐西市》《西市宝典》等10余部丝绸之路与唐文化研究丛书和专业论著；倡导发起成立了由丝路沿线19个国家的69家博物馆组成的"丝绸之路国际博物馆友好联盟"；连续举办五届"全国民办博物馆藏品博览会暨民办博物馆发展西安论坛"。

（二）打造集中反映丝路文化和异域风情的丝绸之路风情街

丝绸之路是大唐西市的核心文化资源之一。丝绸之路风情街浓缩了中国、日本、韩国、印度、土耳其、意大利等22个丝路沿线国家的特色商品、特色餐饮、特色演艺和特色建筑，原汁原味地展现丝路文明和异域风情，使游客不出国门实现"一个小时穿越丝绸之路"。每个月举办的丝路国家主题文化周活动，鲜活、丰富地展示丝绸之路沿线国家的特色文化和商贸旅游的新发展，形成了具有丝绸之路特色的国际精品旅游线路和旅游产品，受到丝路沿线各国和当地市民的欢迎，成为助力共建"一带一路"的重要推手。

（三）助力中国文化"走出去"，形成丝路文化国际品牌

大唐西市集团先后策划举办了"丝绸之路国际文化周""丝绸之路商旅文化博览会""联合国教科文组织首届丝绸之路网络平台国际会议""'一带一路'人文交流新模式研讨会""丝绸之路国际时装周"等80余场与丝绸之路有关的大型国际活动；策划实施了"彩绘丝路——中国当代著名美术家丝绸之路万里行"活动，开启了"政府主导、企业主体、市场运作、社会参与"的国际民间文化交流模式，成为推动中国文化"走出去"和"请进来"的创新之举；策划举办的"一条丝路两城歌"主题文化演艺活动，让意大利歌剧、西班牙弗拉明戈舞和陕西秦腔首次实现同台献演，在丝路起点演绎了"东长安、西罗马""东长安、西马德里"东西方文化交融的"同台戏"，实现了不同国家地区和人民的精神互通，以文化交流推动了"民心相通"，在丝路沿线国家引起了热烈反响。

（四）讲好丝路故事，传播中国声音，争当"一带一路"超级联络人

为助推丝绸之路的商贸繁荣和文化复兴，大唐西市集团发起成立了以丝路各国国家级商协会为主体的国际商协会联盟组织——丝绸之路国际总商会。商会会员广泛覆盖亚洲、欧洲、非洲、拉美、大洋洲等各大洲，搭建了"一带一路"国际经贸合作与人文交流新平台，成为国际工商界合作发展的超级联络人。总商会已连续成功举办3届丝绸之路工商领导人峰会，汇集丝路各国政要使节、工商领袖和专家学者，交流思想、凝聚共识、推动合作；发表了《为构建人类命运共同体贡献力量的西安共识》等5个重要成果文件，签署了200余份经贸和文化交流协议，组织代表团赴40余个国家开展商贸、人文交流活动，联合举办了近20项国际会议，推动了近百次商协会之间的交流互访。总商会发起成立了丝绸之路友好城市协作体，目前已有22个国家的58个城市加入，2018年在湖南张家界举办了首届丝绸之路友好城市协作体圆桌会议。

此外，大唐西市集团还积极参与"一带一路"倡议下的其他重要活动和组织，为"一带一路"沿线各国提供了重要的交流和合作平台，推动了"一带一路"

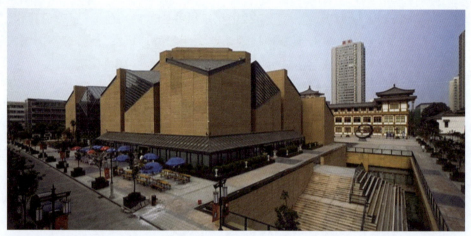
>大唐西市博物馆

倡议的深入实施。通过参与"一带一路"建设,大唐西市可以进一步拓展海外市场,推动中华文化的传播和发展,同时吸引更多的国际资本和技术支持,促进自身产业的升级和创新发展。

三、丝路繁华见证者——大唐西市博物馆

大唐西市博物馆是位于陕西省西安市莲湖区劳动南路118号的一座民营遗址类博物馆,其主题反映了丝绸之路文化和商业文化,这与"一带一路"倡议中强调的加强沿线国家之间的经济合作与文化交流的理念高度契合。

2010年4月7日,大唐西市博物馆建成并正式对外开放。多年来,大唐西市博物馆以其独特的定位和丰富的文化内涵,成为见证丝路繁华的重要场所。它不仅是人们了解古代丝路文化和商业活动的重要窗口,也是推动国际文化交流与合作的重要平台。

(一)丰富的馆藏文物

大唐西市博物馆的藏品丰富多样,包括丝绸、瓷器、珠宝、货币等,这些文物都是丝绸之路贸易繁荣的直接见证。它们不仅展现了古代商人的智慧和勇气,也反映了丝路上不同文明之间的交流与融合。

(二)重现历史场景

博物馆通过精心策划的展览,重现了古代西市的繁华景象。游客可以在这里看到古代市场的布局、商家的经营方式、商品的种类和交易过程,仿佛穿越时空,置身于那个充满活力和机遇的时代。

（三）独特的建筑风格

大唐西市博物馆的建筑风格独特，融入了唐代建筑元素和丝路文化特色。这种设计不仅体现了对历史的尊重，也展现了丝路文化的独特魅力。游客在参观过程中，可以感受到古代丝路的辉煌和文化的繁荣。

（四）丰富的文化活动

博物馆经常举办各种文化活动，如讲座、展览、研讨会等，邀请专家学者和艺术家共同探讨丝路文化。这些活动不仅丰富了人们的文化生活，也加深了人们对丝路文化的理解和认同。

（五）国际交流与合作

大唐西市博物馆积极与国际文化机构建立联系，参与国际文化交流与合作。通过举办国际展览、参加国际研讨会等活动，推动了丝路文化的国际传播和交流。这不仅提升了博物馆的国际影响力，也为丝路文化的传承和发展注入了新的活力。

为弘扬丝路文化，大唐西市博物馆不断提升文物保护利用和文化遗产保护传承水平，加强与丝路沿线国家博物馆之间的合作交流，发起成立了首个丝绸之路国际博物馆友好联盟，目前已与丝路沿线18个国家、24家博物馆建立了友好关系，出入境办展近10次，搭建了对外交流与互动的平台。

大唐西市博物馆自开馆以来，一直致力于保护历史遗址，传承丝路文化，弘扬中华优秀传统文化，持续向外国友人展示、介绍珍藏在博物馆的丝路记忆。2014年4月，由大唐西市博物馆策划的《陕西皮影展》走进吉尔吉斯斯坦国家历史博物馆，同年5月引进吉尔吉斯斯坦国家历史博物馆《吉尔吉斯人19—21世纪的物质文化展》；2018年5月成功引进《欧亚大草原早期游牧民族文化——哈萨克斯坦中央国家博物馆文物精品展》，哈萨克斯坦国宝级文物"金人"与古代及中世纪的81件文物亮相大唐西市博物馆，深受社会各界的欢迎与喜爱。

四、"西市"模式引领下的多维成效

"西市"模式在打造"一带一路"人文交流高地、探索引领西部地区快速协调高质量发展新模式以及为全球经济治理和国际经贸规则构建提供经验等方面都取得了显著成效。这些成效不仅为西安乃至中国的经济社会发展注入了新的动力和活力，也为"一带一路"倡议的深入推进和全球经济的繁荣稳定作出了积极贡献。

(一)打造"一带一路"人文交流高地

"西市"模式在人文交流方面,注重挖掘和传承西安作为历史文化名城的独特优势。它通过举办各类文化活动、论坛和展览等方式,展示中华文明的博大精深和独特魅力。同时,该模式还积极推动文化产业的发展和创新,为"一带一路"沿线国家和地区的文化繁荣和发展提供了有力支持。

"西市"模式注重人文交流的广度和深度,它邀请了来自世界各地的文化人士和专家学者参与到文化活动中来,共同探讨和交流文化话题。这些活动不仅增进了各国人民之间的友谊和了解,也促进了不同文化之间的交流和融合。同时,该模式还积极推动文化产业的发展和创新,通过建设文化产业园区、扶持文化创意产业等方式,为文化产业的发展提供了有力支持。

(二)探索引领西部地区快速协调高质量发展新模式

"西市"模式在推动西部地区经济社会发展方面,采取了一系列创新举措。它注重发挥西部地区的资源优势和区位优势,通过建设综合改革开放试验区、构建面向丝路沿线国家和地区的经济中心等方式,推动西部地区实现快速协调高质量发展。

"西市"模式注重政策创新和体制机制改革。它通过深化体制改革、优化营商环境等措施,吸引了大量的国内外投资和企业入驻。同时,该模式还注重推动产业结构的优化升级和绿色可持续发展。通过引进先进技术和管理经验、推动传统产业转型升级等措施,实现了产业结构的优化升级和绿色可持续发展。这些举措不仅提高了当地的经济发展质量,也为我国内陆地区的可持续发展提供了有益借鉴。

(三)为全球经济治理和国际经贸规则构建提供经验

"西市"模式在推动全球经济治理和国际经贸规则构建方面,也发挥了积极作用。它注重与国际组织的合作与交流,积极参与全球经济治理体系的改革和完善。同时,该模式还注重在国际经贸规则制定和修改中发挥积极作用,推动制定符合各方利益的国际经贸规则。

"西市"模式注重政策研究和理论创新。它通过深入研究全球经济治理和国际经贸规则的发展趋势和规律,提出了一系列具有前瞻性和可操作性的政策建议。这些建议不仅为我国参与全球经济治理和国际经贸规则构建提供了有益借鉴,也为全球经济治理和国际经贸规则的发展和完善贡献了中国智慧和中国方案。

> 2.5 民心相通篇

03 共谱新曲
丝绸之路国际艺术节唱响丝路欢歌

　　文化交融、民心相通是共建"一带一路"的社会根基。共建国家传承和弘扬丝绸之路友好合作精神，坚持平等、互鉴、对话、包容的文明观，共建各美其美、美美与共的文明交流互鉴之路，有力推动了文明互学互鉴和文化融合创新，形成了多元互动、百花齐放的人文交流格局，夯实了共建"一带一路"的民意基础。

　　面对着百年未有之大变局，中国不断深化对外文化交流，广泛开展文化旅游合作、教育交流、媒体和智库合作、民间交往，先后启动实施"文化丝路"计划、开展"欢乐春节""你好！中国""艺汇丝路"等重点品牌活动。与文莱、柬埔寨、希腊、意大利、马来西亚、俄罗斯及东盟等共同举办文化年、旅游年，与共建国家互办文物展、电影节、艺术节、图书展、音乐节等活动，加大图书广播影视精品创作和互译互播，实施"一带一路"主题舞台艺术作品创作推广项目、"一带一路"国际美术工程和文化睦邻工程，扎实推进亚洲文化遗产保护行动。截至2023年6月底，中国已与144个共建国家签署文化和旅游领域合作文件。中国与共建国家共同创建合作平台，成立了丝绸之路国际剧院联盟、博物馆联盟、艺术节联盟、图书馆联盟和美术馆联盟，成员单位达562家，其中包括72个共建国家的326个文化机构。

一、丝绸之路国际艺术节

　　为进一步提升中华文化的国际影响力，加强与丝绸之路沿线国家和关联国家的文化往来，促进民心相通，提升中国西部地区对外文化交往水平，从2014年9月起，西安与"一带一路"沿线国家合作丝绸之路国际艺术节，至今已举办了九届，充分展现了西安作为"十三朝古都"在文化输出方面所做出的努力，提升了中华优秀传统文化的影响力，增强了各国民众对共建"一带一路"的亲切感和认同感。通过一系列中外文化交流文艺活动，全方位展示了丝绸之路的文化内涵和中华文化的深厚底蕴,全面推动丝绸之路沿线国家的文化交融互鉴,进一步凸显中华文化对丝绸之路贡献的示范和引领。

2021年11月16日,第七届西安丝绸之路国际博览会吸引15个国家和地区的驻华使节、展商和800余家文旅企业(机构)参加。12月1日,第七届丝绸之路国际艺术节以"线下展演+线上展播"的方式举办,6天内开展了近40场文化艺术活动,21个国家和地区参与其中,惠及观众1300万余人次,彰显出丝路文化和而不同、美美与共的魅力,不断扩大知华友华的国际朋友圈。

2022年9月17日至23日,第八届丝绸之路国际艺术节在西安举办。本届艺术节以"共谱和平之曲高唱丝路欢歌"为主题,按照"丝路艺术的盛会、民心相连的桥梁、人民群众的节日"办节宗旨,采取线上线下相结合的形式举办,通过搭建艺术交流的平台、民心相通的桥梁,为推动共建"一带一路"高质量发展凝聚力量,吸引了美国、日本、阿根廷等29个国家参与,共举办文化艺术活动58场(次),惠及观众399万余人次。在艺术节上,韩国釜山市立国乐管弦乐演出会,舞剧《俄风舞影》,马努·迪班戈的爵士音乐会,意大利钢琴大师、指挥家瓦妮莎·贝纳利·穆塞勒独奏音乐会,舞剧《"火鸟""春之祭"——斯特拉文斯基之夜》等30台外国精品演出通过丝绸之路国际艺术节云平台进行展播,让广大群众足不出户就能畅享艺术精粹。

9月20日、21日，话剧《主角》在陕西大剧院上演，亮相第八届丝绸之路国际艺术节。这是该剧在刚刚荣获第十七届"文华大奖"后，为此次艺术节奉上的汇报演出。艺术节除开闭幕式外，由文艺演出、美术展览、线上展播三个板块构成，其中7台国内剧目集中亮相本届艺术节，除《主角》外，还包括"丝绸之路"为主题的原创穿越音乐剧《丝路之声》、讲述"共和国勋章"获得者黄旭华为国奉献故事的话剧《深海》、讲述厚重青铜文化的舞剧《青铜》、全景式描绘中华民族奋斗历程的民族交响乐《国之当康》，以及彰显"大写意"戏曲美学的越剧《陆游与唐婉》与《五女拜寿》。

国家级文化日"泰国文化日"首次成为丝绸之路国际艺术节的重要板块，以"灯浮水岸情系泰陕"为主题的"泰国文化日"，展示了泰国传统节日水灯节传统民俗以及特色商品、旅游图片等，丰富了艺术节的内容，为国际文旅合作与交流提供了有益参考。中国与拉丁美洲及加勒比地区文化交流的重要品牌"拉美艺术季"首次落地陕西，遴选26位拉美艺术家来华采风创作的55件艺术精品的"美美与共：中拉艺术交流回顾展"和《阿根廷：探戈如诗》等7部定制专题短片，多角度展示拉美艺术魅力和人文风情，将对进一步拉近陕西省与拉美地区的文化领

> 2022年9月19日，2022丝绸之路非遗大师对话活动在陕西省图书馆举办。

域合作、推动陕西国际文化旅游中心建设产生积极影响。

艺术节还举办了以"丝路非遗·世界共享"为主题的2022丝绸之路非遗大师对话活动,通过非遗传承经验互鉴、相关国际组织互动,促进非遗传承活化并与大众产生共鸣,致力于推动丝路非遗高质量发展。

作为陕西建设丝绸之路经济带新起点的重要品牌和展示中华文化、中国精神的重要平台,创立8年来,丝绸之路国际艺术节不断深化文化和旅游领域的国际交流与合作。以实际行动连接各国人民,增进艺术交流和民心相通,热忱描绘新时代新征程的恢宏气象,为共建"一带一路"凝聚和贡献文化艺术之力。

在中华文明传承的漫长历史中,陕西一直扮演着极其重要的角色。源远流长的历史文化不仅是陕西的一张名片,也是越来越多外国朋友了解陕西、了解中国的窗口。

二、世界文化旅游大会

2020年9月28日,世界文化旅游大会在西安正式启幕。世界目光再次聚焦西安,围绕"后疫情"时代的文旅产业振兴转型,以及国际化新常态下入境游、国内深度游、智慧旅游等问题,与会嘉宾进行深入探索,寻求文化旅游产业新机遇、新形势、新业态。随着启动器的炫彩开启,携程平台与西安联合开展数十项线上推广活动,助推西安文旅行业强势复苏、创新转型;围绕新常态下西安文旅产业复苏振兴研讨会以及新常态下休闲度假产业发展新动能、丝绸之路文化旅游合作与发展、文旅复苏背景下产业转型升级发展机遇三个论坛,持续展开探讨,探索新时代文化旅游业转型升级新路径;同步上线"相约西安筑梦全运"西安文旅旗舰店,开展一系列配套文旅活动营销,为世界展现一个充满活力与魅力的新西安。通过一系列行之有效的举措,借助线上线下的互动和传播,西安文化旅游的国际影响力得以全面提升。

三、西安丝绸之路国际旅游博览会

为积极推进"一带一路"倡议,持续加强丝绸之路沿线国家和地区以及国内旅游业交流合作,推动旅游业高质量发展,西安丝绸之路国际旅游博览会(以下简称"西安丝路旅博会")如期而至。

西安丝路旅博会自2014年以来成功举办八届,已逐渐发展成为西部地区规模大、市场认可度高、覆盖范围广、辐射全球的旅游业盛会。它不仅为国内外旅游业界搭建了一个展示、合作、交流的良好平台,更为"一带一路"沿线国家和地区的旅游业发展注入了新的活力和动力。

2021西安丝路旅博会共吸引来自15个国家和地区以及国内31个省(区、市)和新疆生产建设兵团800余家文旅机构和企业参展,成功签约34个项目,合同总额174.78亿元,超过6万余人次走进展馆,感受和体验各地文旅发展新成果,已逐步成为西部规模大、市场认可度高、覆盖范围广、辐射全球的旅游业盛会。

2022西安丝路旅博会立足旅游业发展,以"新动能、新活力、新发展"为主题,展示面积4.2万平方米,同步汇聚景区、旅游线路产品、旅行社、住宿服务等,涵盖吃、住、行、游、购、娱等旅游全产业链要素;展会期间也特别安排旅游产品(项目)专场推介、区域文旅合作论坛专题、买卖家商洽会以及文旅产品考察等多项丰富配套活动,为广大旅游业界搭建一个展示、合作、交流的良好平台,积极促进互利共赢、融合发展。

2022西安丝路旅博会充分利用线上线下全媒体资源,整合主流媒体和行业媒体、网站、微信公众号、微博等平台,触达旅游产业全链媒体平台,并利用主办方平台优势与资源进行多渠道观众邀约,开启一场多层次叠加的全媒体矩阵式宣传。

\>2022西安丝绸之路国际旅游博览会现场活动

>2023西安丝绸之路国际旅游博览会组图

　　为充分发挥好旅游业交流交易平台作用，西安丝路旅博会针对中小学研学、培训教育、会奖旅游等多个旅游业垂直领域链上企业机构进行邀约拜访。展会同期设有2场论坛，1个行销大会以及热门打卡景区颁奖活动、踩线考察活动、签约仪式、演艺等丰富多彩的旅游业配套活动，充分满足展商及观众参展需求，为各大旅游组织机构及企业提供多样展览展示及推介平台，全方位提升会期品质，实现展会价值。同时为激发旅游市场消费活动，2022西安丝路旅博会组织多项旅游惠民活动，联同各大景区发放文旅惠民卡，推出多项丝路旅博会特惠路线、门票折扣、旅行优惠套餐等，让广大人民群众共享新时代文旅发展成果。

　　2023年8月17日至20日，第十届中国西部文化产业博览会、2023西安丝绸之路国际旅游博览会在西安国际会展中心同期举行。

2023西安丝路旅博会采取设置专题展区、特色分专场、云上展会等多种形式，生动展示近年来全国各地特别是西部省区市推进中华优秀传统文化创造性转化、创新性发展的最新成果。同时还邀请贵州省作为第十届中国西部文化产业博览会主宾省，展示多彩的西部特色文化。

1. 持续深化与丝路沿线国家文旅交流。为全面贯彻中国—中亚峰会西安宣言精神，邀请吉尔吉斯斯坦作为2023西安丝绸之路国际旅游博览会主宾国，邀请中亚五国文旅官员及行业专家出席"丝绸之路沿线国家旅游城市发展论坛"，积极打造更多跨区域、跨国界、跨领域的交流活动。

2. 积极探索构建东西部文化产业协作机制。聚焦东西部文化产业协作及高质量发展主题，举办"东西部文化产业协作与创新发展论坛"，邀请专家交流探讨，一方面深化西部省区市在文化产业发展之间的协作，另一方面推动西部与东部省区市文化和旅游部门、文旅企业间的互动，凝聚区域协调发展的合力。

3. 着力提供特色化展会服务新体验。突出文化"+旅游、+演艺、+研学、+红色"主题，设置了四条文旅考察线路，邀请海内外参展代表实地体验陕西文旅发展的新成果。同时举办"陕西省重点文化产业项目投融资推介会"，介绍推介陕西省重点文化产业项目、进行重点项目签约仪式，讲好陕西故事，营造"把世界请过来，把陕西带回家"的良性展会氛围。

值得一提的是，全国首个超大型秦文化高科技沉浸式文旅演艺剧《大秦》也在本届丝博会上推介，《大秦》是陕文投集团依托大遗址，挖掘老秦人精神内涵，讲述秦人奋斗、秦国崛起、中国统一的故事，整合国内外一流团队倾心打造的高品质重大文旅精品项目。据相关负责人介绍，目前项目主体建筑大秦剧院已全面封顶，国内外一流艺术家正在围绕舞美、服装、音乐、灯光、多媒体等演艺细节进行打磨优化，项目预计将于2024年正式投入运营，倾心打造西安城市新地标、陕西文化新名片、全国文旅新标杆。

四、"一带一路"上的西安故事：用文旅搭起陕西与中亚间的"彩虹桥"

"长安复携手，再顾重千金。"作为古丝绸之路的东方起点，西安繁盛之"百千家似围棋局"，壮阔之"荡荡乎八川分流"，汇聚无数历史风云，浓缩了中华文明鼎盛时期的精华，承载着中华民族的历史荣耀和厚重记忆。

历史上，西安曾扮演中国与中亚交往、东西方文明交流的"枢纽"角色，亲历和见证着中国与中亚的相知相亲、互融互通。和平合作、开放包容、互学互鉴、互利共赢的丝路精神在西安薪火相传,成为中国与中亚国家友好往来的见证与纽带。

现实中,西安在"十四五"规划中明确提出,扎实加强文化建设,打造丝路文化高地。其中,坚持"文旅+""+文旅"双向发力,推动文化旅游与科技、商务、体育、农业等多元融合,成为重要发力点。挖掘丝路文化的丰富内涵,推动中华优秀传统文化创造性转化、创新性发展,是古丝绸之路起点西安的应有之责。

(一)丝路欢乐世界

丝路欢乐世界是响应国家"一带一路"倡议的重要项目,由陕旅集团携手西咸新区沣西新城共同投资开发,地处西咸新区沣西新城。作为丝绸之路风情城的核心子项目,总投资36亿元,占地567亩,汇聚了全球的智慧和力量,共同打造具有国际视野、科技引领、创新驱动的多元化、全业态文旅新境界。2023年4月28日,陕旅集团丝路欢乐世界开始试运行。

丝路欢乐世界以"丝路、欢乐、科技"为核心价值,通过丰富的文化元素、创新的表现形式,建造七大主题文化街区(包括中国神奇中华街区、印度恒河象谷街区、中亚沙海秘境街区、中东瑰丽波斯街区、俄罗斯极光雪国街区、希腊众神

>丝路欢乐世界试运行活动现场

之战街区、意大利荣耀罗马街区),将游客带入一个充满异域风情和文化魅力的世界,让丝路文化可观、可触、可品。同时,园区首创"36小时微度假"概念,为游客提供36小时的"两天一夜游"沉浸式度假体验,以消费者时间为导向占领消费者注意力,创新文旅目的地体验。丝路欢乐世界在整体规划设计上融合"旅游+""互联网+"的发展理念,基于"人工智能、大数据、物联网"等先进技术,建立"智慧运营体系、智慧服务体系、智慧营销体系、智慧管理体系"于一体的数字化智慧园区,重塑新的生活方式、新的空间形态、新的商业业态。

在丝路欢乐世界,游客可以欣赏到各种精彩纷呈的文化演出,如波斯舞、俄罗斯舞蹈、民乐联奏、意大利歌剧等。其中,大型原创国风百老汇音乐剧《丝路之声》是园区内的一大亮点,该剧以跌宕起伏的剧情和有趣有爱的表演,为游客呈现一个波澜壮阔的丝路传奇。

丝路欢乐世界强化丝路文化IP开发和转化,打造国内具有开创性的丝路主题文商旅融合发展项目,通过"丝路文化+旅游+科技+商业"等融合发展,构建国际文化交流、亲子休闲欢乐、文化教育科技、多元城市商业、领先智慧景区、平台投资管理"六大体系",成为城市文旅新地标、"城市新生活方式中心"空间,更是"丝路文化产业融合创新发展"平台。

"一带一路"倡议为丝路欢乐世界注入了新的活力和动力。在未来的发展中,丝路欢乐世界将继续发挥窗口作用,助力文明互学互鉴,联通世界。通过讲述好中国故事、陕西故事、丝路故事,向世界传递正能量和积极信息,促进各国之间的友好关系和互利共赢。

(二)品味西安历史文化魅力

"一带一路"倡议为西安市在经济、文化等各个方面的发展提供了一个国际平台,西安市举办的多个大型文化交流活动,为西安在人文交流、文化输出方面做出巨大贡献。西安旅游数据也直观地突显出西安在"一带一路"这一国际共享平台中所取得的优良成果,以及西安在中国乃至国际上的文化影响力。中外艺术家们共同打造的一批批优质品牌项目和活动,如丝绸之路(敦煌)国际文化博览会、"一带一路"·长城国际民间文化艺术节、丝绸之路国际艺术节、海上丝绸之路国际艺术节、"一带一路"青年故事会、"万里茶道"文化旅游博览会等已经成为深受欢迎的活动品牌,吸引了大量民众的积极参与。"丝路一家亲""健康爱心包""鲁班工坊""幸福泉""光明行""爱心包裹""薪火同行国际助学计划""中医药风采行""孔子课堂"等人文交流项目赢得广泛赞誉。不断涌现的精彩活动、优质品牌和标志性工程,已经成为各方共同推进民心相通的重要载体,增强了各国民众对共建"一带一路"的亲切感和认同感。

2023年5月19日,西安文理学院的三位中亚留学生——萨迪、杜熠和柔美,身着传统华服,在关中书院校区的茶室学习了中国功夫茶艺,亲手冲泡了"凤凰单丛"。茶技师不仅展示了茶艺,还讲解了茶文化和"圆"的寓意,让留学生们感受到了中国茶道的独特魅力。

萨迪表示,他因曾在西安短暂停留并深受其历史文化吸引,决定来西安留学。他对中国传统文化的兴趣浓厚,特别是茶文化。在体验了茶艺后,他深感中国文化的博大精深。杜熠和柔美也对西安的名胜古迹赞不绝口,他们计划游览更多景点,并分享给家乡的亲友。

这三位留学生都曾在孔子学院学习中文,并深感中国文化并不遥远。在西安,他们感受到了当地人的热情友好,并快速适应了生活。他们表示,西安不仅是一个历史悠久的城市,更是一个充满活力和机会的地方。

杜熠的父亲和哥哥姐姐都曾与中国有贸易往来和留学经历,这使他更加亲近中国文化。他提到,在乌兹别克斯坦,很多人都在积极学习中文,因为中文翻译人才非常紧缺。萨迪和杜熠的中国名字都是孔子学院的老师起的,他们觉得这些名字富有文化内涵。

柔美则表示,她在西安感受到了古都的韵味和历史的厚重。她特别提到了西安人对名胜古迹的保护,认为这体现了西安人对历史和文化的尊重。在西安,她不仅学习了中文,还结交了很多新朋友。

谈到中国—中亚峰会的成功举办,萨迪表示,这进一步加强了中国和中亚国家的交流合作,也增进了各国人民之间的友谊。他期待未来能有更多机会参与到这样的交流合作中,为推动中国和中亚国家的共同发展贡献自己的力量。

(三)考古学教授与乌兹别克斯坦学生

2023年7月9日,一场名为"盛世中华何以中国"的网上主题宣传活动启动仪式在陕西考古博物馆隆重举行。仪式上,丝绸之路考古合作研究中心首席科学家、西北大学中亚考古队队长王建新教授与他的乌兹别克斯坦籍学生、西北大学考古学博士研究生巴哈共同分享了一段跨越千年的"长安复携手"的佳话。

这段佳话始于一组纪念中国与乌兹别克斯坦建交30周年的邮票。邮票上展示了两幅文物图片,一幅来自西安北周古墓中的浮雕图像,生动展现了北周时期中亚粟特人在长安的生活场景;另一幅则是从乌兹别克斯坦的撒马尔罕出土的壁画，令人惊讶的是，壁画上也出现了唐代中国人的形象。这两幅图片不仅展现了古代丝绸之路上的文化交流，也揭示了中乌两国人民深厚的历史渊源。

巴哈作为西北大学的博士研究生，对这幅壁画背后的故事充满了好奇和热情。他表示，自己曾在阿弗拉西亚卜遗址博物馆亲眼见过这幅壁画的实物，那种似曾相识的感觉让他产生了深入研究它的冲动。因此，他选择以"阿弗拉西亚卜遗址研究"作为博士论文的题目，希望通过自己的研究为乌中两国共同开展遗址保护和展示工作提供学术上的帮助。

王建新教授在讲述中提到了古代月氏人的历史。据史料记载，公元前2世纪中叶，月氏人从敦煌、祁连附近出发，一路向西到达中亚的阿姆河流域。为了寻找月氏人的文化遗存，20多年前，他们重新启动了丝绸之路的考古工作。从中国的甘肃、新疆出发，再到中亚的乌兹别克斯坦、塔吉克斯坦等地，他们一路寻找着月氏文化的踪迹。通过考古调查和发掘，结合新旧考古资料，他们确认了西迁中亚的古代月氏人的文化特征和分布范围，也重新认识了古代月氏与贵霜的关系。这些新的考古发现和新成果不仅让我们重新了解和确认了丝绸之路的历史，也为我们理解古代东西方文化交流提供了新的视角。

2019年3月，在已有双边合作开展中外联合考古工作的基础上，乌兹别克斯坦、塔吉克斯坦和吉尔吉斯斯坦的学者齐聚西安，达成了共识，决定多边合作开展费尔干纳盆地的考古工作。同年9月，在吉尔吉斯斯坦举行了首次中、乌、塔、吉四国联合考察和学术交流活动，这标志着中外联合考古工作进入了一个新的阶段。

最后，王建新教授感慨道："千百年来，中国同中亚人民互通有无、互学互鉴，共同创造了古丝绸之路的辉煌历史，促进了人类文明的交流交往。今天，丝绸之路再次将我们紧密地联系在一起。丝绸之路遗产的跨国联合'申遗'以及亚洲文化遗产保护联盟的成立，标志着丝路文明交流互鉴的新篇章正在不断续写。"

2.5 民心相通篇

04 赋能发展
丝绸之路国际旅游城市联盟构建国际旅游合作新图景

2023年9月1日，由西安作为创始会员城市之一的丝绸之路旅游城市联盟在江西景德镇成立。该联盟由中外文化交流中心联合国内外知名旅游城市共同发起，旨在弘扬"和平合作、开放包容、互学互鉴、互利共赢"的丝路精神，为包括丝绸之路沿线在内的中外城市深化旅游领域交流合作建设长效合作机制。截至2023年9月，已有包括中国和来自亚洲、欧洲、非洲、美洲等地区26个国家的58个知名旅游城市作为创始会员加入联盟。

在联盟成立仪式中还发布了《景德镇宣言》，提出了五点倡议，从包容平等、挖潜赋能、沟通对接、提升便利、融合联动、共促民心等多个方面对联盟的核心立意、组织工作等进行了阐述。根据联盟秘书处的设计，未来将形成以"3+1+1"框架为支撑的常态化工作体系。所谓"3+1+1"，即3项重点活动、1项常设展、1个评选即丝绸之路文化之都的评选。

重点活动包括：

一是每年第三季度举办年会暨"丝绸之路城市文化和旅游发展国际论坛"，面向企业和公众开展会员城市文化和旅游主题联合推介活动，举办联盟框架内会员城市官方互访、青年交流、专业培训、考察研修、主题踩线、节日联欢、名城评选等活动。

二是每年定期举办一次联盟旅行商大会，邀请各成员城市旅游业内人士进行交流推广，为其搭建推广营销平台，发挥联盟对于游客互送和产业对接的作用。

三是每年定期举办一次联盟专家咨询委员会会议暨"丝绸之路对话"，关注

/ 二、专题篇章 / 2.5 民心相通篇 /

>2023年9月1日,丝绸之路旅游城市联盟成立。
国际旅游最新动态,探讨联盟未来发展方向。

　　国之交在于民相亲,民相亲在于心相通,心相通在于常走动。西安是古丝绸之路的起点,源远流长的历史文化承载着千年中华文明的古老建筑,充满科技感和烟火气的时尚都市,是许多外国人了解陕西、认识中国的窗口,也是众多外国友人来到西安、留在中国的原因。如今,越来越多的目光在西安聚焦,越来越多的友谊在这里建立,越来越多的故事在这里发生,西安作为东西部文旅产业协作发展的中心城市,将与丝路沿线国家和地区间文旅交流合作跨越山海,携手迈向新的辉煌。

2.5 民心相通篇

05 共建共享
新丝绸之路大学联盟创新举措和积极成效

"一带一路"倡议提出十年来，位于西安市的各类高校，有效对接和利用全球科技创新资源，不断强化与"一带一路"沿线国家教育交流合作，不断创新科技合作模式，着力推进科技人文交流、共建联合实验室、科技园区合作、技术转移等四项行动，实现创新驱动发展，助推"一带一路"高质量发展。

2015年1月，西安交通大学在全球高等教育呈现合作发展、相互融合的趋势下，首次倡导"新丝绸之路学术带"，向国内外高水平大学发出倡议，共同成立新丝绸之路大学联盟，成为展示西安"一带一路"建设创新举措和积极成效的重要窗口。

>2015年5月22日，新丝绸之路大学联盟在西安交通大学揭牌成立。

2015年1月22日，围绕国家"一带一路"倡议，站在古丝绸之路的起点上，首届"丝绸之路学术带"高端国际论坛暨"丝绸之路经济带研究协同创新中心"揭牌仪式在西安交通大学顺利召开。西安交通大学向来自中国、哈萨克斯坦、俄罗斯、土耳其、印度、巴基斯坦、新加坡、波兰等12个国家的100多位与会嘉宾和专家发出了"加强高等教育合作，携手共创美好未来——创建新丝绸之路大学联盟"的倡议，诚邀海内外名校广泛参与。

2015年5月22日，在由陕西省人民政府主办，陕西省教育厅和西安交通大学等21所高校共同承办的丝绸之路沿线国家教育合作交流会开幕式上，来自全球22个国家和地区的100多所盟校齐聚西安，共同颁布《西安宣言》，发布了"新丝路高校联盟以及联盟之歌——《同路人》"，由西安交通大学发起的"新丝绸之路高校联盟"正式宣告成立。来自23个国家和地区的约200名大学校长和相关代表共同为本届联盟揭幕，见证了联盟成立的历史性时刻。截至2023年底，"新丝绸之路大学联盟"共有来自37个国家和地区的150所高校，并开展了多元交流合作。近年来，联盟围绕科学和人文两个主题，在科技竞赛、人文交流和高端定制培训课程等方面陆续打造了三类品牌项目：面向"一带一路"沿线国家开展"国际产业与经济发展领军人才计划"高端博士项目，与联合国教科文组织丝路工程基地携手开展"一带一路"人才培养项目，与香港理工大学、国网技术学院、香港电灯有限公司联合实施的"一带一路"电力能源高管人才发展计划。

一、培养法律人才，护航"丝绸之路"

为推进西安"一带一路"法制合作建设，2015年11月，值西安交通大学法学学科复办30周年之际，西安交通大学法学院携手海内外20所知名高校法学院，在西安共同发起成立新丝绸之路大学联盟子联盟之一，即新丝绸之路法学院联盟。

新丝绸之路法学院联盟是西安交通大学积极响应国家"一带一路"倡议，推进丝绸之路大学联盟建设的重要举措，是一个开放性、非营利性、国际化的高端法学教育合作平台，更是第一个由中国高校法学院倡导，具有国际包容性，追求卓越的全球性法学院联盟组织。法学院联盟旨在为成员单位在法律教育和研究领域的双边和多边合作提供平台，努力推进国际化法律人才的培养和国际化法学学科的发展，在人才培养、科研研究、学科建设以及国际交流等领域，推进和强化会员单位之间的深入、实质性的合作。联盟的初始成员包括西安交通大学、

> 2015年12月11日，21所海内外著名综合性大学法学院代表齐聚西安，共同发布《新丝路法学院联盟宣言》。

清华大学、中国人民大学、复旦大学、上海交通大学、武汉大学、厦门大学、南京大学、吉林大学、山东大学、香港大学、台湾大学、新加坡国立大学、澳大利亚新南威尔士大学、芬兰赫尔辛基大学、印度德里大学、俄罗斯人民友谊大学、巴西FGV大学、韩国首尔国立大学、南非开普敦大学、吉尔吉斯斯坦国立大学等21所国内外一流大学法学院。经过几年的发展，联盟成员现已增加至25家。联盟秘书处为西安交通大学法学院。联盟已形成以年度院长峰会和不定期专题国际研讨会为特色的稳固性联盟机制，正在越来越多地发挥起沟通法学交流、开展教育合作、共同促进西安"一带一路"法学教育发展和学术联盟凝聚。

2016年，西安交通大学成立了"中国法与国际商法"法律硕士班，通过对"国际法律关系"的研究，确定了本专业"国际法律关系"的学位授予点。该中心是国内第一个"国际法学"硕士专业学位授予点，标志着中国在"国际法学"领域中，向专业化方向迈进了一大步，通过中国法、国际法等方面的专业知识，将海外留学生培养成具备国际视野，并能为中国与其他国家间的交流与合作提供高质量的法律服务的高层次人才。截至2023年9月底，已为"一带一路"沿线国家培养了100余名法学人才。

自新丝绸之路法学院联盟成立以来，师生交流、科研合作、教材建设、学生竞赛等工作不断加强。西安交通大学以"国际法律事务"硕士专业学位授予点的获得为机遇，深入贯彻国家2020—2025年"国际法律事务"的发展方针，对国际法相关领域的人才进行全面的培养，并在此基础上，对新时期的高质量的国际法律专业人才进行全面的理论和实践，为国家和社会提供更多的高质量的涉外

>西安交通大学代表团与澳大利亚新南威尔士大学负责人合影

法律专业人才。

二、推动化工科技创新,提交中国方案

由新丝绸之路大学联盟指导,西安交通大学化工学院于2018年成立了新丝绸之路大学联盟化工子联盟。化工子联盟将秉承和弘扬丝路精神,致力于推动盟内学院之间在化学工程领域的技术交流、人才培养、科研合作及文化沟通,共建教育合作平台,开展友好合作,推进区域开放发展,创新化工技术,为新丝绸之路沿线国家和地区培养具有国际视野的高素质、复合型化工人才,促进"丝绸之路经济带"化工产业链发展,服务新丝绸之路沿线及欧亚地区的经济建设。截至目前,已有12个国家和地区的43所大学和学术机构注册为化工子联盟成员。

经过不断发展,化工子联盟取得了良好的国际交流效果:

1.开展国际学术交流。联盟成员共同举办了15次国际学术会议和多边学术研讨会,包括低碳能源化学国际会议、第九届国际分离科技、教育部丝绸之路能源化学研究与应用国际研讨会,都产生了重要的学术影响力。

2. 开展高水平合作研究。 联盟成员进行联合研究，申请批准国家留学基金委员会创新人才国际合作培训项目、科学技术部专项项目、国家自然科学基金国际(区域)合作交流项目、中欧航天合作项目、国家自然科学基金政府重点项目等。

3. 建立国际联合实验室和研发中心。 西安交通大学化工学院与牛津大学、利物浦大学共建西安交通大学—牛津大学催化国际联合实验室、西安交通大学—利物浦大学化工国际联合实验室，与昆士兰大学共建西安交通大学—昆士兰大学化工国际联合研究中心。

4. 建立联合学术基地。 在联盟成员的支持下，西安交通大学化工学院还批准了一系列创新引进基地和国际联合研究中心，包括低碳能源化工创新引进基地、陕西碳减排与绿色能源化工国际联合研究中心、陕西能源化工过程强化创新引进基地等。

5. 联合培养优秀学生。 2020年，西安交通大学化工学院获批国家留学基金会能源化工创新型人才国际合作培养项目。每年共选拔6名博士生到牛津大学、昆士兰大学和利物浦大学进行联合培训，共培养了22名博士生。选派22名本科生到牛津、剑桥等大学进行访学交流，进一步提升了学生的国际视野。

新丝绸之路大学联盟化工子联盟面对人类共同的挑战，为"一带一路"地区培养各类人才，提倡产学研用相结合，推动地区开放发展。在国家电网、香港理工、香港电灯、西安交通大学的共同努力下，"一带一路"电力能源工程坊成功举办四届，培训"一带一路"沿线一批高级电力工程人员。与此同时，新丝绸之路大学联盟化工子联盟承担联合国教科文组织丝路培训基地项目，开展工程科技专项培训项目，建立首个"一带一路"在线培训平台，围绕丝路"五通"目标，培养各类人才4万余名，在泰国、俄罗斯筹建培训基地，为实践问题提供中国方案。

三、学科交叉共建，再攀学术高峰

2023年4月19日，新丝绸之路大学联盟设计子联盟成立仪式暨联合设计与创新学院学术委员会聘任仪式在西安交通大学创新港校区举行。新丝绸之路大学联盟设计子联盟学术委员会以"新工科、大设计、重交叉"为指导原则，以倡导学科交叉创新、鼓励学术交流借鉴为服务宗旨。丝路大学联盟设计子联盟不仅是为了促进师生在学习和日常生活中的交流互动，更是为了全面推进不同领域的跨学科交流与建设，让丝路高校在一个开放合作的国际平台上优势互补，实现互利共赢,进而为丝路国家科技创新进步和经济发展合作创造更加和谐美好的环境。

新丝绸之路大学联盟设计子联盟以"中外合作办学·工业设计专业人才培养的知识结构与社会需求"为主题,围绕相关学科发展、课程设置、人才培养目标及未来规划、合作特色办学模式等方面,进行深入交流探索。西安交通大学立足人工智能专业,聚焦近年人工智能引发的业界焦虑,提出人工智能是一门以计算机科学为基础,由计算机、心理学、哲学等多学科交叉融合的交叉学科、新兴学科,深刻阐述了设计的技术属性与情感属性,强调设计师不仅要延长人类的视觉、触觉、听觉等智能,更要承担起传承人类文明的重任,倡导丝路大学联盟设计子联盟要有博大的胸怀,借鉴网络工程学科先进的设计理念,同时兼顾哲学、心理学深切的人文关怀,设计出人机友好、能为世界发展做出巨大贡献的作品实现以人类命运共同体为依托,传承文化,设计未来。

在此期间,新丝绸之路大学联盟设计子联盟和陕西汽车业集团共同研发成立了设计与创新中心。新丝绸之路大学联盟设计子联盟与陕汽大学已在学科交叉、实践教学、人才培养等多个领域建立了"陕汽星科创平台",并签订了大学生在校外学科实习基地的协议。

>2023年4月19日,西安交通大学和陕西汽车业集团共同成立联合设计与创新中心。

新丝绸之路大学联盟设计子联盟是在新丝绸之路大学联盟框架下成立的,旨在促进设计学科的学术交流和共同发展。由西安交通大学发起,由多所高校建筑与工业设计学科负责人平等友好协商,共同发起成立。设计子联盟的成立将为丝绸之路沿线国家和地区培养具有国际视野的高素质、复合型设计人才奠定基础,在促进不同国家和地区高校之间的校际交流、学科融合、科研合作、文化交流等方面发挥着独一无二的重要作用。

四、携手中亚,共推"一带一路"联合考古新进程

循着张骞西行的足迹,在古老的丝绸之路的征途上,一支由西北大学文化遗产学院骨干教师和学生组成,吸收国内外合作单位人员先后参与的考古队,20多年来不惧艰辛,用稳健脚步丈量丝绸之路,用科学精神寻找历史印记,用累累硕果展示考古学术中的东方视角,更用尊重包容架起丝路文明对话的桥梁。

丝绸之路考古合作研究中心首席科学家、西北大学教授王建新教授的带领下,中亚考古队以其独特的东方视角和坚定的国际合作精神,沿着古老的丝绸之路,深入土库曼斯坦等中亚国家,探寻着古代文明互鉴的历史,穿行在茫茫戈壁与古老遗址之间,用专业的考古技术和严谨的科学态度,揭示着古代文明的辉煌与衰败。

在考古工作中,西北大学中亚考古队秉持着负责任的态度,重视文物和遗址的保护。他们深知,每一件文物都承载着丰富的历史信息,是连接过去与未来的重要纽带。因此,在发掘过程中,他们严格遵守考古规范,采用系统调查与精准发掘相结合的工作方式,确保文物和遗址的安全与完整。在"人才培养+遗址保护+考古发掘"三结合的工作模式下,中亚考古队不仅培养了一批批优秀的考古人才,还为遗址保护提供了有力的支持。他们尊重当地国情和民情,与当地人民建立了深厚的友谊。在考古工作中,他们始终坚持开放包容的态度,积极吸收和借鉴国际先进的考古理念和技术方法,为考古学科的发展注入了新的活力。

同时,西北大学中亚考古队还积极与中亚多国建立联合考古机制,共同推进考古工作。他们与乌兹别克斯坦、塔吉克斯坦、吉尔吉斯斯坦等国家的学术机构建立了紧密的合作关系,共同开展了一系列考古项目。这些合作项目不仅取得了丰富的考古成果,还促进了中国与中亚国家的文化交流与合作,增进了相互之间的了解和友谊。

经过20多年的艰辛探寻,西北大学中亚考古队最终厘清了古代月氏、康居、贵霜的文化特征和分布范围，取得了中国科学家在中亚考古研究领域的重要突破，为用中国话语阐释丝绸之路历史提供了实证资料和科学依据，用考古新资料唤起了中国与丝绸之路沿线国家友好交往的共同历史记忆。

五、以丝路联盟为引领，扩大国际教育交流

在丝绸之路大学联盟的积极影响下，陕西职业技术学院于2017年牵头成立"一带一路"职教联盟。经过6年的努力，目前已有105家成员单位加入，涵盖境内外高等院校和各行业知名企业、协会、政府机构。联盟成立至2023年，共举办六届国际职教论坛，累计邀请德国、法国、瑞士等10余个国家的3000余名学者参加。2023年5月，在中国—中亚峰会期间，吉尔吉斯共和国教育科学部与"一带一路"职教联盟签署了《构建SRVE—国际标准化体系谅解备忘录》，致力于推动中国与"一带一路"国家职业教育标准的合作交流，推动在中亚国家开展"秦岭工坊"合作项目，积极落实中国—中亚技术技能提升计划。

西北工业大学发起成立"一带一路"文化遗产国际合作联盟；长安大学成立"中亚五国交通基础建设人才培养联盟"；陕西师范大学牵头成立了"丝绸之路教师教育联盟""丝绸之路人文社会科学联盟""丝绸之路图书档案出版联盟"；

> 2023年10月19日，"一带一路"西安实践研究院在西安文理学院揭牌。

西北大学成立"丝绸之路文化遗产联盟保护与传承联盟";西安外国语大学成立"'一带一路'语言文化大学联盟";西北政法大学设立"中国—中亚法律查明与研究中心",不断提升与中亚五国教育合作交流质量。

十年来,高等教育合作交流、人才联合培养硕果累累。西安设立的"一带一路"外国留学生奖学金,累计向7638名"一带一路"国家留学生发放奖学1.28亿元。长安大学与中国土木工程集团合作培养尼日利亚籍学生累计300余人,并签署协议共建尼日利亚交通大学。西北大学、西安石油大学以油气人才培养为支点,与中塔天然气管道公司、中吉天然气管道公司、陕西延长石油(集团)有限责任公司等合作,为吉尔吉斯斯坦、塔吉克斯坦等国培养了近700名石油化工、油

气管道建设运营专业人才。陕西工业职业技术学院为中国有色集团驻赞比亚企业培养当地技术人员800余人次,并挂牌成立了"中国—赞比亚职业技术学院机械制造与自动化分院、陕西工业职业技术学院赞比亚分院",不断推动境外留学生职业技能培训及学历提升。

未来,西安将认真中国—中亚峰会成果,充分发挥自身优势,主动服务和融入构建新发展格局,用好"丝绸之路大学联盟"等平台,进一步深化人才联合培养、加强科技创新合作、促进文明互鉴交流,推动教育合作交流在高质量共建"一带一路"的新征程上多结硕果、谱写新篇。

PART THREE

三、板块实践

◎ 3.1 西咸新区

◎ 3.2 西安国际港务区

◎ 3.3 西安高新区

◎ 3.4 西安其他区域

十年
跨越

TEN YEARS SPAN

3.1 西咸新区

01 西咸新区"一带一路"建设发展报告

陕西西咸新区

2014年1月10日,国务院发布了《国务院关于同意设立陕西西咸新区的批复》,指出:"西咸新区要着力建设丝绸之路经济带重要支点,着力统筹科技资源,着力发展高新技术产业,着力健全城乡发展一体化体制机制,着力保护生态环境和历史文化,着力创新体制机制,努力把西咸新区建设成为我国向西开放的重要枢纽、西部大开发的新引擎和中国特色新型城镇化的范例。"陕西西咸新区的获批,对丝绸之路经济带的发展产生了巨大助力。西咸新区正是古丝绸之路的起点,西咸新区的定位即建设丝绸之路经济带的新起点。

近年来,西咸新区深入贯彻落实习近平总书记关于推进高水平对外开放的重要讲话精神,依托枢纽机场和航空口岸优势,以空中大通道建设为基础,以开放功能打造为支撑,不断深化与"一带一路"沿线国家在贸易、产业、人文等方面全方位的合作交流,全力打造西部地区高能级开发高水平开放的国家级新区。

/ 三、板块实践 / 3.1 西咸新区 /

>西咸新区规划图

一、抢抓"一带一路"机遇加速发展

西咸新区全力增航线、聚货源,全货运航线由2016年的8条增长至44条,包括3条第五航权航线。航空货量从17万吨增长至近40万吨,位次由2016年全国第15位上升至全国第9位。累计开通客货运航线386条,国际航线97条,通达全球37个国家,76个枢纽城市,综合排名跻身全球前50位。2023年以来,新开通全货运航线3条,分别为西安—普吉、西安—鄂州、榆林—西安—郑州,复航一条西安至塔什干航线,国内线网络通达性仅次于北京,机场航班正常率稳居全国十大机场第一,初步构建起"丝路贯通、欧美直达、五洲相连"航线网络格局。①

---

①陕西省西咸新区发展改革和商务局.西咸新区参与共建"一带一路"十周年相关工作情况的报告[M].
西安市:陕西省西咸新区发展改革和商务局,2023.

>西安咸阳国际机场自贸航线图

西咸新区累计获批空港型国家物流枢纽、商贸服务型国家物流枢纽(西咸区域)和"国家骨干冷链物流基地"深化"空港+陆港"的联运合作模式,畅通空港连接高铁新城到国际港务区的国际物流大通道,启动建设卡车航班中心。开通全省首条TIR国际跨境公路货运线路,进一步补齐陆空多式联运短板。这些举动都进一步提升了物流枢纽能级。

西咸新区建成投运全省首个"三关合一"海关监管场地、首家综合保税区退货中心仓。开展机坪"直提直装"新模式,实现国际货物24小时"随到随提、随到随装"。搭建"智慧旅检"系统,将平均通关时间由原来的20分钟压缩至5分钟。全面加快机坪三期建设,2023年1—7月完成投资55.07亿元,完成全年任务的73.4%,三期扩建工程投运后,西安咸阳国际机场将形成4条跑道、4座航站楼,东西航站区双轮驱动的发展格局,同时,机场三期东航站楼项目荣获国际安全奖(ISA)"卓越奖"。

另外,在口岸营商环境的持续优化下,除"两步申报""单一窗口"等广泛推行模式外,空港新城不断大胆创新,积极探索,全省首创实现"海关集中查验",推行"互联网+进口快件"通关监管新模式,创新实施进出口货物机坪"直提直装"新改革,实现国际货物24小时"随到随提、随到随装",国际快件"当日到货,当日清关审验,当日转运配送",最快仅6秒便可完成清关审验,满足企业对通关、物流时效和特殊商品安全运输"零延时"的迫切要求。

>中俄丝路创新园

二、建设"一带一路"桥头堡和聚集地

西咸新区不断深化中俄丝路创新园"一园两地"建设模式。中俄路创新园中方园区位于西咸新区沣东新城统筹科技资源改革示范基地,建筑面积7.5万平方米,总投资6.5亿元,2018年4月正式开园。通过建设"科技创新、经贸合作、人文交流"三个中心,全面开展国际合作,最终将园区打造成为陕西省"一带一路"合作的典范项目。

目前,中俄丝路创新园累计引入俄罗斯奔萨发展集团等40余家外企、俄罗斯联邦总商会等3家驻华机构。2023年3月,俄总商会打造的俄罗斯国家馆线下展示中心建成。园区与黑龙江新经济产业园签订战略合作协议,共同开展国际合作。同时园区搭建"一带一路"国际教育促进平台,促成圣理工与西安工业大学合作办学,联合省内高校成立陕西省丝路俄语教师联盟并建立俄语学生实习基地;与西北政法共建"丝路空中课堂"开展电商线上教学。先后获批市国合基地、省引智示范基地。

在航空货运发展中,临空产业集群不断加速培育。近年来,航空货运发展有效带动临空偏好型产业在空港聚集,空港成立至今,市场主体从152家增长至6.2万余家,其中企业主体2.2万余家,先后形成以南航、东航、邮政西北电商物流中心、长安港国际快件产业园等为代表的航空枢纽保障业;以梅里众诚、华科光电、东航赛峰、瑞达宇航等项目为代表的临空先进制造业;以西安临空会展中心、西安国际美术城、王府井商业等为代表的临空高端服务业。2023年1—7月，新增注册市场主体23065家（含9家外资企业），新增注册企业10048家，新增注册资本亿元以上企业7家，新增市场主体注册资本约181.04亿元，同比增长802.8%，实现临空经济规模181.5亿元。

另外，为了激发市场活力，培育制度创新承载主体。2023年1—6月，中国（陕西）自由贸易试验区西咸新区新设市场主体23190家，同比增长154.92%。其中新设企业9876家，同比增长245.80%（含外资企业19家）；新设注册资本亿元以上企业17家，同比增长21.43%。围绕创新核心，形成系列特色创新成果。2023年1—7月，中国（陕西）自由贸易试验区西咸新区新增改革创新案例35项，其中4项改革创新案例被国务院和国家部委在全国复制推广，4项案例在省商务厅简报刊发，1项获得省领导批示。

空港新城综保区封关运行两年以来，取得保税航油、进境飞机维修、模拟机融资租赁、一般纳税人试点等多项"零突破"，进出口贸易额首次进入全国百强。成功运用跨境电商B2B出口业务"9710"和"9810"模式，初步构建跨境电商产业生态圈，2022年"1210"业务交易量及交易额增速均为全省第一，国际快件年通关量排名全国第六，中西部第一，先后建成药品、肉类、水果等6个口岸指定监管场地，成为陕西功能最全口岸。2023年1—7月西咸空港综保区完成进出口值19.77亿元，其中出口3.36亿元，进口16.41亿元，同比增长43.4%；跨境电商进出口累计实现767.5万单，实现交易额12.26亿元，单量同比增长14%，交易额增长11.7%。[①]

三、打造"一带一路"国际交流高地

在国际交流合作领域，建设国际教育合作、国际教育双创就业及国际人才引进服务平台，联合省外事办、西安外国语大学、中译语通科技有限公司共同打造了陕西省"一带一路"语言服务及大数据平台，通过应用于政务、商贸、金融、旅游、智能制造、医疗、海关等各个重要领域，全方位服务各级政府、企事业单位和个人，满足各方在与"一带一路"沿线国家及地区开展人文交流和商贸合作中的语言科技服务及大数据解决方案需求，对掌握重点语言、国别资讯、对外交流和国际化的进程具有极为重要的意义。平台拥有58亿对高质量平行语料库，覆

---

① 陕西省西咸新区发展改革和商务局.西咸新区参与共建"一带一路"十周年相关工作情况的报告[M].
西安市：陕西省西咸新区发展改革和商务局，2023.

>2020年10月16日,西安咸阳国际机场保税航油业务开通。

>飞机保税维修。西咸新区空港新城 供图

盖全球224个国家和地区,其中包括"一带一路"沿线国家大数据和地区的22种官方语言;机器翻译技术支持60多种语言,3000多个语言方向。基于自身深厚的语言服务积淀和100+维度及2亿+标签数据,构建全球供应链知识图谱、技术图谱、人才图谱、区域图谱,实现"一带一路"相关国家和地区的金融、科技、智能制造、旅游等数据整合分析。

在医疗服务领域,率先搭建"中英联合诊疗"平台和医疗服务大数据中心,建立远程视频会诊平台,探索跨国医生资质、诊疗方案、医嘱互认与3D成像远程会诊的新模式,实现中英两国医生同步同频诊断、联合开展手术,为患者提供了更为高效、便利、经济的看病方式,有效集聚了国际优质医疗资源,助力了精准医疗的健康发展。承办第二届丝路法医联盟国际会议,揭牌成立丝路法医联盟,促进国际法医联盟交流、成长。

在文化艺术交流领域,建设全国首个"互联网+文物教育"平台、全省首个文化艺术交流服务平台、"一带一路"文化艺术馆,联合省文物局、中国移动、新昆互动文化科技等单位创建以"一个工程、两个库、三个终端、四个系统、五类内容"五个核心要素为支撑的"互联网+文物教育"平台,形成集信息发布、文物信

> "走读西安"活动

息资源开放、智慧服务能力合一的跨时空、地域的中国文化宣传平台。另外构建影视便捷出海新模式,推动20余部优质影视剧、纪录片等在"一带一路"沿线国家和欧美国家展播,促进了"一带一路"沿线国家和国内民众对我国传统文化的认知与了解。

在文化科技融合领域,依托区块链、大数据、云计算等先进技术,将国内外艺术品产业链接到具有线上线下艺术品国际交易资质的交易平台,以线上线下相结合的形式,共同创建"文化数字丝绸之路"。目前已建设和推广面向文化艺术品交易的行业区块链"大唐链"和数字艺术品电商交易平台"嗨艺购"。其中,"大唐链"成功入选国家区块链创新应用试点单位。

四、提供"一带一路"服务一站式平台

西咸新区聚焦人才服务,推出国际高层次人才"一站式"服务平台,提供出入境、海关等8大类25项专员服务及社保、医疗等综合服务体系。构建覆盖人才"引育留用"全链条的人才服务体系。推动落地我省首张外国人才创业工作证,探索开展外籍人才创新创业试点。为优化外籍人才创新创业服务模式,着力打

>空港"一带一路"文化艺术馆

造国际人才聚集高地。针对目前外籍人才来华创业工作条件较严苛、程序较复杂、办理许可证缺乏相应制度规范和路径等现实情况，通过进一步优化外籍人才创业服务模式、搭建外籍人才综合服务平台、建立外籍人才创业监管机制等，进一步便利外籍人才创新创业，着力打造"一带一路"沿线国家外籍人才聚集高地。

西咸新区聚焦法律服务，引进内陆地区首家内资港资联营律所，建设了临空经济仲裁院、"一带一路"法律服务创新中心、"一带一路"国际商事法律调解室，先后设立了全省首个知识产权巡回审判庭、知识产权保护工作站等，形成系统性的法治保护体系。推进"一带一路"法律服务中心与山东自贸区烟台片区签署合作协议，共同构建法律服务全产业链条。

西咸新区聚焦临空会展服务，开馆运营全国首个临空会展中心——西安临空会展中心，立足临空特色，高标准建设临空会展场馆。室内外展览面积3.6万平方米，包括3个展厅、2个登录大厅和1个千人会议室。2023年2月4日，西安临空会展中心正式成为国际展览业协会（UFI）成员，跻身国际化展会行列，先后承办西部制博会、欧亚论坛经贸合作博览会暨中国（陕西）进出口商品展、会展产业展洽会、中国航空维修峰会、新能源汽车产业链博览会、西部数字经济博览会等全国级展会、论坛活动。

/ 三、板块实践 / 3.1 西咸新区 /

>西安临空会展中心

>2023年4月13日,"第16届中国航空维修峰会(MRO China)"在西安隆重召开。

3.1 西咸新区

02 秦创原总窗口建设
谱写丝路发展新篇章

　　西咸新区作为秦创原总窗口，在创新驱动发展方面走在前列、作出表率。经过一年多的建设，秦创原总窗口在省市的大力支持下，通过创新成果转化机制、完善"1+N"政策体系，科技创新资源加速集聚，科创项目和企业成倍增长，地市协同共建实现突破，秦创原总窗口建设加速由"势"转"能"，初步形成了秦创原现象、营造了秦创原生态、探索了秦创原模式、打造了秦创原板块。2022年，新增科技成果转化企业305家，是2021年的2.5倍；入库科技型中小企业2137家，是2021年的2.4倍；认定高新技术企业490家，是2021年的2.2倍；技术合同交易

> 秦创原立体联动孵化器总基地项目

额135.02亿元,是2021年的1.3倍。秦创原是陕西最大的孵化器和科技成果转化"特区"。①

一、建设"两链融合"主阵地

围绕产业链"痛点"、创新链"堵点",建成一批以市场需求为牵引、企业为主体、产学研深度融合的新型研发机构、共性技术研发平台等,集聚一批科技领军企业研发总部、区域研发中心,攻克一批关键核心技术。主动融入秦创原创新驱动平台建设的航天基地以十个科技产业园区建设为牵引,建设先进计算产业园、荣耀科技园,航天基地入列西安秦创原科技创新示范带。目前,航天基地拥有国家级重点实验室3个、国家级企业技术研发中心4个、国家级创新中心1个、国家地方联合工程研究中心2个、院士工作站11个。为推动政产学研用结合、促进科技成果转化,航天基地举办产学研金对接活动11场,参与推进科技成果转化项目24个,科技型中小企业评价入库330家,加快构建一条从知识创新、技术创新、到孵化培育、再到产业化的科创体系链条。

---

① 陕西省西咸新区发展改革和商务局.西咸新区参与共建"一带一路"十周年相关工作情况的报告[M].西安市:陕西省西咸新区发展改革和商务局,2023.

>华为云(西安)人工智能创新中心展厅

在"3+3+2"现代产业体系的构建下,航天基地通过引进龙头企业,多举措建链、补链、强链、延链,不断扩大规模打造产业发展集群。航天、新能源新材料、高端装备制造三个支柱产业进一步巩固发展,充分发挥稳定器、基本盘的作用。积极发挥"链长制"作用,培育航天产业链、航空与无人机产业链等13条重点产业链。通过"链长制"统筹区内外产业链配套企业资源,确保供应链、采购链、生产链闭环运作,为企业稳定生产保驾护航。

作为航天基地数字经济标杆企业之一的华为云(西安)人工智能创新中心,充分结合其在云计算、人工智能、物联网、5G移动通信等领域的技术优势和产业链整合能力,为航天基地区内及西安的企业、孵化器、创客空间、行政事业单位等提供5G+云+AI的资源及能力,协助打造以云计算为基础的人工智能产业链,带动区域新经济产业快速健康发展。华为云技术不仅使人工智能技术应用于生活方面(如垃圾分类),还带来了产业结构、产业模式的改变,甚至创造出诸多新兴业态。

二、建设成果转化新特区

2023年以来,咸阳经开区加强产业孵化平台建设,深入推进"三项改革",以市场需求为导向的科技成果转化项目挖掘、筛选、供需对接、交易评估机制更加健全,推动更多全省高校院所"三项改革"科技成果转化项目在总窗口落地并成长壮大,以产业化为导向的科技成果转化体系持续完善,不断推动企业科技创新和科技成果转化,扎实推进秦创原科技成果转化先行区做实见效。

依托秦创原临空智港、咸阳经开创投大厦等平台,建设"301"科创特区样板,着力构建小园区、大平台、新优势。先后建设天山产业孵化园、秦创原咸阳经开创投大厦、秦创原临空智港等产业孵化平台,被授予秦创原科技成果转化加速器的秦创原临空智港项目标准化厂房已投运,秦创原咸阳经开创投大厦已招引紫光新华三等企业17家入驻。同时,积极对接20家科技研发、成果转化企业,并达成合作意向,其中,真空镀膜气相沉积项目、铝基碳化硅材料生产制造等2个项目即将投运。

充分发挥区位优势和空间优势,紧盯全省全市科研院所增量外溢,使一批科研院所外迁落户咸阳经开区。先后与西安交通大学、陕西科技大学、西安理工大学、陕西工业职业技术学院、紫光新华三集团签订战略合作协议,广泛开展技术、人才、项目、产业等领域合作,促进更多科创成果、科创企业、科创产业落地经开区,实现创新链、产业链、资金链、人才链深度融合。

积极探索以"人才+项目"方式,精准引进拥有关键核心技术和成果的科技领军人才、青年科技人才和创业团队,以产兴城、以业聚才,加快形成创新要素聚集、创业活力迸发、宜居宜业宜商的城市新区。

三、形成创新网络总枢纽

科技服务跨区域协同效应进一步扩大,总窗口对全省各地市辐射带动效应明显,链接省外优质创新资源能力增强,国际科技合作与交流深入推进,总窗口显示度和影响力持续提升。

2023年6月12日,西咸新区与西安经开区共同申建成功获批西安骨干冷链物流基地,基地总占地1115.87亩,其中空港片区195.9亩,区内有三个功能互补的功能区:保税冷链物流功能区、乳品和生鲜蔬菜冷链物流功能区、国际冷链物流功能区。现阶段,空港片区三个功能区及周边现有5个建成冷链项目,总建设面积约26.8万平方米,冷库面积3.41万平方米,总库容量约19.4万吨,月吞吐量约4.2万吨,温度区间5℃到—30℃,可充分满足深冻、冷冻、冷藏及恒温等存储需求。另有在建冷链项目5个,预计所有冷库项目建成投运后,空港片区冷库面积达13万平方米,冷库库容达39万立方米,总库容量近40万吨。

所在地	国家骨干冷链物流基地
天津	滨海新区东疆综合保税区国家骨干冷链物流基地
河北	秦皇岛国家骨干冷链物流基地
内蒙古	通辽国家骨干冷链物流基地
黑龙江	齐齐哈尔国家骨干冷链物流基地
江苏	南京国家骨干冷链物流基地
浙江	台州国家骨干冷链物流基地
安徽	宿州国家骨干冷链物流基地
	阜阳国家骨干冷链物流基地
江西	南昌国家骨干冷链物流基地
山东	烟台国家骨干冷链物流基地
	潍坊国家骨干冷链物流基地
河南	新乡国家骨干冷链物流基地
	漯河国家骨干冷链物流基地
湖北	襄阳国家骨干冷链物流基地
湖南	衡阳国家骨干冷链物流基地
	永州国家骨干冷链物流基地
广东	湛江国家骨干冷链物流基地
广西	防城港国家骨干冷链物流基地
重庆	巴南国家骨干冷链物流基地
四川	绵阳国家骨干冷链物流基地
陕西	西安国家骨干冷链物流基地
甘肃	张掖国家骨干冷链物流基地
新疆	阿克苏国家骨干冷链物流基地
	喀什国家骨干冷链物流基地
兵团	阿拉尔国家骨干冷链物流基地

>西安入选国家骨干冷链物流基地

3.1 西咸新区

03 空港新城
加快构建"空中丝绸之路"

西咸新区空港新城成立于2011年7月,规划面积144.18平方公里,其中陕西自贸功能试验区面积13.8平方公里、综合保税区面积1.72平方公里。2018年,获批西安临空经济示范区,成为国家级临空经济示范区之一,依托"临空、自贸、保税、口岸、跨境、航权"等开放平台优势,大力发展临空先进制造业、航空枢纽保障业、临空高端服务业三个主导产业,航空进出口货值约占全省70%。

空港新城处在陕西对外开放的最前沿,改革创新是空港新城的内在基因和立足之本。空港定位于内陆改革创新试验田、东西双向开放示范区,打造"一带一路"开放合作新高地。近年来,空港新城立足企业实际、市场实际和产业实际,出台了一系列适合空港新城加快发展的措施,整合放大"临空+自贸+保税"的叠加优势。

>空港新城自贸大都汇

一、西安政务空港驿站更贴心

2023年5月,西安率先实现了中亚五国六城的直航全覆盖,交通条件更加便利,对外联络的紧密度不断提升。6月初,陕西省首条TIR国际跨境公路货运线路正式开通,逐步完善了陕西到中亚乃至全球开放通道,填补了作为内陆城市的西安陆空多式联运短板。

如今,中亚车厘子、泰国小菠萝、榴莲、黑虎虾……越来越多的优质特色进口商品通过贸易物流大通道进入中国市场。中国的新能源、新材料、机电、电商等产品也通过国际贸易新通道,走进共建"一带一路"国家的企业和千家万户。

作为西北地区唯一的空港型国家物流枢纽,西咸新区空港新城通过建设空中货运走廊、打造国际贸易集散中心、创新通关监管模式等方式,加速构建辐射广、效率高、成本低、服务优的国际航空枢纽和贸易物流大通道。目前,已联合西部机场集团累计开通客货运航线386条,其中国际航线104条,连通全球37个国家、76个城市。

为了使贸易投资自由化,赋予市场更强的活力,西安政务空港驿站打破传统地域和事项授权限制,将跨省通办、全市代办进行优化整合,以"综合自助+综合服务"形式,在重要交通枢纽构建面向省内外进出港旅客,提供高于行业标准的服务品质的"即来即办"型24小时的"政务服务驿站"。截至2023年7月,驿站已向69000余人次提供咨询办理服务。办事时间大幅缩减,最长用时6分钟、最短仅21秒即可办结,满足机场"快进快出"、旅客"即办即走"的要求。另外,空港新区积极推广国际贸易"单一窗口"应用,联合海关、检验检疫推行"全天候、无假日"和7×24小时电话预约通关制度,机场进出口通关时间均压缩30%以上。

>西安政务空港驿站

二、让产业发展元气满满

以物流集聚促进产业发展，空港新城充分发挥综合保税区、自贸试验区、跨境电商综试区等多个功能区作用，持续提升集货能力，已发展成西安乃至陕西对外开放和经济发展的重要增长极。如今，空港新城的航空进出口货值占到全省外贸的70%，成为陕西临空经济发展的强力引擎。

此外，空港新城结合自贸区优势，充分对接国际标准与国际规则，创新土地制度、产业制度、金融制度、税收制度、人才流动制度，建设国际开放合作的产业承接高地。同时，依托现有的创新案例发展经验，积极分享、深化国际创新务实合作，打造互惠包容的产业聚集地。

截至2023年10月底，空港新城共有市场主体6.2万余家，初步形成了包括飞机维修、航材制造、电子信息、生物医药、物流运输在内的临空经济全产业链，临空经济产值突破360亿元。

空港新城还打造了一个便利的营商环境，赋予企业更多的便利，推行"3450审批改革"（3个工作日办结营业执照、4个工作日办结经营性许可、50个工作日办结工程建设项目审批），采取"单一窗口""限时办结"等措施，大幅提升行政审批效能。此外，空港新城还积极研究制定促进传统金融机构、类金融机构等各类金融业态聚集的扶持办法，引入了鹏元资信评级、陕文投股权投资基金等一批金融项目，让金融资本国际化，赋予产业更强的底气。

>空港新城政务服务中心企业投资一站式服务大厅

>中国(陕西)自由贸易试验区空港新城功能区

三、构建"丝路贯通、欧美直达、五洲相连"航线网络格局

十年来,空港新城积极争取获批设立国家级临空经济示范区、中国(陕西)自由贸易试验区空港新城功能区、陕西西咸空港综合保税区、中国(西安)跨境电子商务综合试验区创新示范先行区等一批开放平台,全面与国际接轨。

2018年4月,空港新城获批成为西北首个国家级临空经济示范区。截至2223年10月,中国(陕西)自由贸易试验区空港新城功能区已聚集14家航企总部、13个物流园区和200余家航空物流企业,累计形成自贸创新案例65项,其中4项全国复制推广、2项部委认可、6项全省复制、4项全省最佳。成为西北地区功能最全的空港型国家物流枢纽。

2023年5月,空港新城获批成立的中国(陕西)自由贸易试验区RCEP企业服务中心,为区域抢抓RCEP机遇、提升外向型经济发展水平,放大"临空、自贸、保税、跨境、口岸、航权"六大开放平台优势提供了又一个重要支点。

发展外向型经济,对于不靠海、不沿边的陕西来说,航空是最佳捷径。研究表明,航空客流每增加100万人次,可拉动地方经济效益总和18.1亿元,航空物流对产业的带动比率也高达1:28。空港新城以航空特色产业为突破,聚焦飞机维修、航材制造、电子信息、生物医药、跨境电商、物流运输等产业,开航线、聚货源、引项目,初步形成了临空全产业链。

十年来,空港新城积极发挥陕西作为中国地理几何中心的区位优势,依托西安国际航空枢纽建设,全力打造国际运输走廊和国际航空枢纽。持续拓宽国际航空网络,先后开通了多条重要洲际客运航线,今年以来相继开通至塔什干、比什凯克、阿斯塔纳、阿什哈巴德、杜尚别的国际航线,实现中亚"五国六城"通航全覆盖,"空中丝绸之路"不断织密。积极打造临空经济示范区,空港聚集普洛斯、丰树、日立和"三通一达"等近200家现代物流企业,建成投运物流园区13个,落户东航、海航等14家航空公司区域总部和芬兰航空、大韩航空等15家外航办事处,成为西北地区最大的航企聚集区、功能最全的空港型国家物流枢纽。目前,空港聚集了东航、南航、深航、川航等13家航空公司基地总部。累计开通386条客货运航线,其中国际客运航线83条,全货运航线45条,开通4条第五航权航线,加速构建"丝路贯通、欧美直达、五洲相连"航线网络格局。

3.2 西安国际港务区

01 西安国际港务区
"一带一路"建设发展报告

西安国际港务区作为西安打造内陆改革开放高地的排头兵、主力军,将以"建设世界一流内陆港,打造'双循环'核心枢纽"为目标,聚焦主责主业,借力开放赋能,保持高速增长,加快推进中欧班列(西安)集结中心高质量建设运营,打造活力迸发的内陆改革开放高地。

2013年11月28日,首列中欧班列"长安号"正是从这里出发,开启了"钢铁驼队"纵横欧亚、联通陆海的时代。十年间,中欧班列"长安号"累计开行超2万列,开行数量、货运量、重箱率等核心指标持续领跑全国。目前,西安国际港站设计年集装箱吞吐量540万标箱、年铁路货运量6600万吨,建成59条铁路作业线,其

中国际集装箱作业线18条。

作为全国首个国际陆港，西安国际港务区全力推动中欧班列（西安）集结中心建设，高质量开行中欧班列"长安号"，加快港产港贸港城融合发展，助力陕西深度融入共建"一带一路"大格局。

作为陕西省打造内陆改革开放高地的排头兵、主力军，西安国际港务区以"建设世界一流内陆港，打造'双循环'核心枢纽"为目标，全力推动中欧班列（西安）集结中心建设，累计开行中欧班列"长安号"超1.7万列，构筑内陆地区效率高、成本低、服务优的国际贸易通道，助力陕西深度融入共建"一带一路"大格局。[①]

中欧班列是国家推进共建"一带一路"的重要战略举措，是内陆地区扩大对外开放的重要平台。近年来，西安坚决贯彻习近平总书记来陕考察重要讲话重要指示精神，以"建设世界一流内陆港，打造双循环核心枢纽"为目标，抢抓中欧班列快速发展机遇，着力强统筹、建枢纽、拓通道、促贸易、聚产业，中欧班列"长安号"成为穿梭于"一带一路"上服务沿线各国人民的幸福班列和服务企业向西开放的黄金班列。

[①]康乔娜.国际港务区 借助长安号优势 抢抓新经济机遇[N].西安日报,2022-11-05(004).

一、以共建一带一路为契机，高质量推动中欧班列西安集结中心建设

（一）中欧班列"长安号"开行：核心指标稳居第一

班列自开行以来，从2013年和2014年的46列、2015年的95列、2016年的151列、2017年的194列发展至2018年的1235列、2019年的2133列、2020年的3720列、2021年的3841列和2022年的4639列。2023年中欧班列"长安号"继续保持了较好开行势头，1—7月，中欧班列"长安号"开行3045列，同比增长37.3%，运送货物总重274万吨，同比增长47.7%。班列开行量、重箱率、货运量等核心指标稳居中欧班列运输协调委员会质量评价指标第一。

（二）高起点打造面向欧亚、通达全球的国际商贸物流枢纽

为满足不断增长的开行需求，2022年，西安国际港12条国际铁路发运线改造、爱菊粮食铁路专用线及64万平米集装箱堆场已投入使用，西安铁路集装箱中心站成为全国第一个拥有3束6线的场站，国际集装箱作业到发线达到18条，年处理集装箱货量可达540万标箱，货运量可达6600万吨，可满足中欧班列"长安号"年开行一万列以上的功能需求。引进了中国五矿"一带一路"大宗商品交易中心、中远海运"一带一路"海铁联运中心、中国林业"一带一路"木材交易中心、山东港口集团"一带一路"冷链交易中心、陕投集团"一带一路"公铁联运中心、爱菊"一带一路"粮油交易中心及中哈（西安）商贸物流中心等项目，正在打造面向欧亚、通达全球的国际商贸物流枢纽。

> 建成了中欧班列综合数字服务平台，实现海关、铁路数据联通，为企业提供线上订舱、报关、结算、支付、融资等一站式、一票制国际联运全程服务。

（三）不断健全通道运营网络，实现南北、东西物流通道在西安聚集融合

持续优化境内外通道网络布局，构建了效率高、成本低、服务优的国际贸易通道体系。向西、向北创新开行跨两海线路，长安号干线通道增加至17条，基本覆盖欧亚大陆全境；向东常态化开行西安至青岛、宁波国际海铁联运五定班列，有效满足日韩过境运输需求，无缝对接全球航运体系；向南开通了中老、中越国际货运班列以及西安至尼泊尔、巴基斯坦公铁联运线路，实现南北、东西国际物流通道在西安聚集融合；通过"干支结合"的方式构建了"+西欧"集结体系，集结线路达到20条，资源要素的吸引力持续增强。

（四）综合服务效能持续提升，足不出户就可实现联运全程服务

利用大数据区块链技术，搭建了班列综合服务平台，企业足不出户就可实现线上订舱、报关等一站式、一票制国际联运全程服务；长安号数字金融综合服务平台运行良好，融资金额共计60.8亿元；建成了无人自动化码头和海关车载移动式检查系统、智慧物流监管系统；依托北斗卫星定位系统，实现货物全程跟踪管理。在全国率先开行了境内外全程时刻表中欧班列，西安至德国仅需9.8天，现已每周"两去一回"。

二、持续对接中亚五国，深化做实对外经贸合作关系

（一）常态化开行中亚塔什干回程公共班列，降低企业上列成本

中亚塔什干回程公共班列从乌兹别克斯坦首都塔什干出发，经霍尔果斯口岸入境，全程运输约10天抵达西安国际港站，自2021年5月首开以来，已经稳定运行超过100列。该趟班列'公交车'模式降低了货代公司和境外客户的集货时间，不同客户、不同货物可在固定时间搭乘回程班列，快速从中亚抵达西安国际港站，时效上较以前节约了5天至6天，运输成本降低10%左右，发运品类也由最初的3种增加至20种以上。中亚回程班列实现常态化、公交化运行，给客户带来了新的运营商机，同时对陕西省形成面向中亚、南亚、西亚国家的通道具有积极推动作用。

（二）达成发展共识，不断拓展合作领域

为增加至哈萨克斯坦、俄罗斯、中亚国家以及跨里海国际运输走廊上的集装箱班列运输量，发展物流供应链服务。2023年3月1日，西安与哈萨克斯坦国家铁路公司签署发展集装箱运输战略合作协议暨相互投资合作备忘录，双方将就新通道开辟、港口口岸建设以及通关贸易便利化等方面开展合作。同时，西安国际港务区下属西安自贸港建设运营有限公司与哈萨克斯坦铁路快运股份公司签订合作协议，双方将共同推进西安到俄罗斯、中亚等方向的去回程班列运输量，并共同参与港口、码头和场站等基础设施的扩建项目合作。

（三）开通特色班列，助推跨境电商蓬勃发展

依托中欧班列"长安号"、自贸试验区、西安综合保税区等功能平台，开通跨境电商专列，自2021年5月实现常态化开行，每月稳定开行20列，做到中亚、俄罗斯、欧洲主要国家站点全覆盖。截止2022年底，跨境电商专列累计开行321列，稳居全国第一。吸引CEVA、菜鸟、华运、极兔、瑞元利亨、诺士兰等一批知名的跨境物流、跨境电商卖家落户发展。同时，开通跨境电商"绿色通道"，可开展9610、9710、9810、1210等全模式进出口业务，实现了即查即放，创新实行了散货"先报关、后装箱"模式，解决了企业"一票查验一柜甩货"痛点，降低了物流运输成本，不断促进"中欧班列+跨境电商"深度融合。

三、突出亮点成效，加速形成创新案例在全国复制推广

在推动深层次改革、高水平开放、高质量发展中发挥示范引领作用，累计培育制度创新成果110项，其中，创新推进中欧班列发展，推动西向国际物流通道建设；"全城通港"政务服务新模式；中国（陕西）自由贸易试验区优化中欧班列运营组织模式助推中欧班列高质量发展4项创新案例被评为全国创新案例；2022年培育制度创新成果15项，其中，中欧班列贷、启运港退税、跨国农业全链条发展体系、"一次进境、一次检测"进口摩托车单车认证监管新模式、国际商事争端"融解决"机制、构建集成退税服务新机制，着力为企业纾困解难等7项制度创新成果在陕西省商务厅简报予以刊登；中欧班列贷、AI制图、"一次进境、一次检测"进口摩托车单车认证监管新模式等4项制度创新成果得到省级领导批示。2023年培育形成散货"先查验、后装箱"新模式、政务服务"智慧办"审批改革和"三搭一用"举措让智慧政务有"速度"更有"温度"等6项创新成果，其中，散货"先查验、后装箱"新模式等4项创新案例刊登于陕西省商务厅简报。

（一）承东启西：中欧班列推动贸易发展

伴随日渐繁忙的汽笛声，西安国际港站也迈上了高速发展的轨道。陕西地处中国几何中心，具有承东启西、连接南北的重要战略地位。但开放不足一直是制约陕西发展的突出短板。

2008年，承载重要使命的西安国际港务区成立，启动"造港开埠"、打造内

/ 三、板块实践 / 3.2 西安国际港务区 /

> 自2013年11月开行首列中欧班列以来，陕西已累计开行中欧班列超2万列，约占全国开行总量的1/4。

陆改革开放高地的探索。随着"一带一路"倡议的提出和中欧班列"长安号"的开行，西安港建设持续向更高能级跃升。

2014年12月，西安港国家代码"61900100"、国际代码"CNXAG"获得认可并正式启用，步入国际运输"始发港/目的港"序列，成为中国首个获得这两个代码的内陆型港口。

2022年4月，西安国际港务区再度拿下"国家级牌照"——西安港成为全国首个陆路启运港退税政策试点的内陆港，长安号成为全国首个享受启运港退税政策的中欧班列。这意味着，出口企业从货物发出到拿到退税，原本1个月的周期最快可缩减至1天。

随着政策叠加赋能，西安国际港务区依托中欧班列"长安号"的迅猛发展，已成为陕西省持续扩大对外开放的新高地。中欧班列"长安号"不仅提升了陕西与欧洲乃至全球的贸易往来效率，还拓宽了贸易合作的广度和深度。货物从西安国际港务区出发，穿越欧亚大陆，将"中国制造"高效送达全球市场，同时带回欧洲优质商品，促进了贸易平衡。这一物流大动脉的畅通，吸引了众多企业在此设立分拨中心或物流基地，形成了产业集聚效应。中欧班列"长安号"的常态化、规模化运行，不仅推动了陕西省外贸的快速增长，也为区域经济结构优化和产业升级提供了有力支撑,为陕西持续对外开放开辟了更加广阔的空间。

同时,西安国际港务区引进了中国五矿集团、中国远洋海运集团、中国林业集团等国内外行业龙头企业,建设了中国五矿"一带一路"大宗商品交易中心、中远海运"一带一路"海铁联运中心等项目,不断完善港口功能,有效提升班列运行效率及本地铁路到发能力,奋力打造世界一流国际内陆港。

(二)行稳致远:"钢铁驼队"驰骋亚欧带货忙

从2013年首列开行,到2022年开行突破4600列,如今的中欧班列"长安号",已经面向中亚、南亚、西亚及欧洲开通运行17条干线通道,并集结19条"+西欧"国内线路,实现亚欧主要货源地全覆盖,成为运输时效最快、智能化程度最高、线路辐射最广、服务功能最全、综合成本最低的"五最"班列。

解码中欧班列"长安号"高质量开行的背后,"效率高、成本低、服务优"是这位"带货顶流"身上亮眼的"标签"。

效率高——在四通八达的贸易通道中,每条线路的搭建和优化都是经过精心考量。创新开行西安至德国海铁联运快线,全程仅需11天;全国首开西安至波兰斯瓦夫库夫宽轨直达班列,11天可直达欧洲腹地;开行全国首趟境内外全程时刻表中欧班列,进一步提升运行效率。

> 深入发展多式联运,高效串联国际国内物流通道和节点。

成本低——启动兑现启运港退税政策,确保从西安港开展出口业务的企业可以享受和海港、河港一样的退税政策;通过"班列+数字金融"模式,为企业提供系列金融服务,缓解企业资金压力。

服务优——利用大数据区块链技术,搭建班列综合服务平台,企业足不出户就能实现线上订舱、报关等一站式、一票制国际联运全程服务;

依托北斗卫星定位系统,实现货物全程跟踪管理;"一企一策"为企业提供综合物流解决方案,助力企业拓展国际市场。

2000多年前,张骞"凿空"西域,开辟了延绵千年、联通亚欧的丝绸之路。而今,列车轰鸣替代驼铃悠悠。作为丝绸之路上的"新使者",中欧班列"长安号"乘着"一带一路"倡议的东风,奔向更加广阔和美好的未来。

(三)产业集聚:激发新动能发展聚人心

中欧班列"长安号"高效稳定开行,扩大了沿线国家经贸往来,深化了国际产能合作,也吸引带动了产业加速向西安国际港务区转移、集聚。在位于西安国际港务区的"一带一路"临港产业园内,陕西康佳智能家电有限公司的2条洗衣机生产线"火力全开",高峰时每天能生产2600多台洗衣机,确保二季度出口中亚、东南亚及欧洲国家的产品按时交付。中欧班列"长安号"为康佳提供了综合

>在陕西康佳智能家电有限公司生产车间,工人们正在组装洗衣机。

成本低、效率高的选择,为开拓海外市场提供了便利。陕西康佳智能家电有限公司总经理陈钊说,以往通过海陆联运,产品至少1个月才能到达欧洲,现在搭乘长安号仅需12至15天,成本还节省20%。

1.中欧班列"长安号",构筑陕西对外贸易基石。驰而不息的中欧班列"长安号",为更多"中国制造""陕西制造"走出国门提供了新选择。2022年,陕西共有381家企业通过长安号进出口货物,同比增长5.2%。

从西安出发的中欧班列"长安号"国际货运班列自开行以来,助推陕西在商贸物流领域进入快车道,构筑了陕西对外贸易的基石。目前,中欧班列"长安号"已实现双向稳定开行,今年上半年开行545列,基本实现中亚及欧洲地区主要货源地的全覆盖,进出口货源涵盖机械设备、工业原材料、建材、日用百货、棉纱、木材、整车及零配件等。中亚国家已成为陕西"一带一路"国际贸易的重点,2017年,陕西对中亚地区进出口总值6.9亿元,同比增长1倍;其中出口5.8亿元,进口1.1亿元,同比分别增长84.6%和3.2倍。

中欧班列"长安号"在聚集丰富货源的同时,对外影响力和吸引力也不断增强,服务于中欧班列"长安号"的货运代理企业、物流企业加速聚集,新增注册企业数量明显增加。

2."通道+口岸",造就"中国内陆第一大港"。西安国际港务区开辟了中国建设不沿江、不沿海、不沿边的国际内陆港的先河,引领西安迈入了"港"的时代。

目前,西安国际港务区已形成了陆海、陆空、陆路等多式联运齐备的"海陆空"立体化国际开放大通道。国际通道方面,通过陆铁联运,打造中欧班列"长安号"向西精品线路;通过海铁联运,常态化开行往返青岛港等的五定班列,推进与广西凭祥口岸、防城港的合作,打通与东南亚各国的陆路通道,努力打造承东启西、连接南北、贯通欧亚、辐射全球的商贸物流枢纽。国内通道方面,开辟西安至阿拉山口、霍尔果斯、二连浩特、满洲里等口岸的陆路通道,形成国内"一带一路"商品集散中心;引进传化、"三通一达"国内知名物流企业,健全区域物流配送网络,实现西安港货物高效集散与分拨。

3.打造跨境电子商务产业高地,构筑网上丝绸之路。中国(陕西)自由贸易试验区的设立,对于深化陕西与"一带一路"沿线国家和地区的商贸往来起到了直接的推动作用。中国(陕西)自由贸易试验区三大片区的西安国际港务片区占据交通枢纽、特殊政策、产业优势等多个关键因素,成为陕西开展对外经济贸易的"窗口区域"。据介绍,西安国际港务片区重点建设国际陆港、商贸物流区和新

>2018年12月21日,中国(西安)跨境电子商务综合试验区"创新示范先行区"授牌仪式成功举行。

金融产业示范区,同时紧紧依托内陆港核心资源,先行先试,积极探索自贸试验区建设可复制可推广的创新成果,做精做强临港产业、电子商务、融资租赁、商贸物流、文化体育五大产业集群。

发展跨境电商是加快"一带一路"建设、维护多边贸易体制、推动贸易畅通的重要抓手。来自陕西省商务厅的统计显示,2017年1—10月,陕西省跨境电商进出口商品单量同比增长14.4倍,其中跨境电商出口是上年同期的22倍。跨境电商正成为陕西对外贸易的新生力量,构筑起一条连接陕西与"一带一路"沿线国家和地区的"网上丝绸之路"。

西安国际港务区充分发挥国家电子商务示范基地和跨境贸易电子商务试点的带动作用,促进传统产业与电子商务深度融合,通过模式创新、管理创新和技术创新,逐步形成了平台齐全、运行高效、领域广泛、重点突出的电子商务产业发展格局以及完整的电子商务产业发展链条,不断推动西安、陕西逐步成为西部乃至全国领先的电子商务产业高地。

2017年,西安国际港务区提前完成电商交易额突破1000亿元的既定目标,阿里巴巴、京东商城、国美在线等国内零售电商企业前十强的西北总部项目纷纷落户园区,当当网即时印刷云平台全国总部、大唐西市集团丝绸之路文化艺术品交易平台等重点文化企业不断聚集……国际港务区已基本形成以电子商务为核心，线上零售及大宗商品贸易为重点，互联网+文化、互联网+双创、共享经济等关联产业协同发展的"一体两翼多平台"良性产业发展格局，集聚效益日益凸显，千亿级电商产业示范高地已基本成型。2023年1—5月，西安国际港务区跨境电商进出口单量突破300万单，同比增长达30%以上。国际港务区有实力成为大西安商贸物流万亿级大产业的核心承载区、西安追赶超越发展的排头兵。

4. 智库为园区创新发展提供智力支持。智库是支撑西安国际港务区创新发展的重要力量。2017年，西安国际港务区、西安国际陆港投资发展集团有限公司与西安交通大学签署《"一带一路"人才培养战略合作框架协议》。通过建立"一带一路"国际化人才培养互动式体验中心、共同创建在线培训平台、共建"丝路国际学院"和"西安工程师学院"，打造"一带一路"人才培养实训基地和众创中心、开展面向"一带一路"国家人才培养、开展智库建设，为西安国际化大都市及国际港务区创新发展建设提供人才支撑，为国家"一带一路"培养国际化、专业化、实用性人才。

目前，"一带一路"临港产业园已引进世界500强企业31家、中国500强企业8家，产品包括显示器、电视整机、手机、智能穿戴设备，出口欧洲、中亚、北美洲、东南亚、非洲。西安国际港务区将加快康佳二期、汇芯、国网、西部超导等重点产业项目建设，新引进20家制造企业，打造千亿级临港产业集群。

依托中欧班列"长安号"物流通道优势，近年来，西安国际港务区以跨境电商和直播电商为抓手，吸引阿里巴巴、京东、亚马逊等电子商务及配套企业2500余户、电商人才1万多人；打造"一带一路"电商中心，形成集国内直播、跨境直播、短视频制作和主播培训于一体的直播电商生态圈，跨境电商、直播电商上下游产业链布局逐步完善。

新时代新征程，赓续传承千年的丝路精神，西安国际港务区正以更加开放的姿态拥抱世界，书写与"一带一路"沿线国家经贸往来和人文交流的崭新篇章。

3.2 西安国际港务区

02 高质量推动港产港贸港城联动发展

2015年，习近平总书记来陕视察时指出："实施'一带一路'战略将改变西部特别是西北地区对外开放格局，使陕西进入向西开放的前沿位置"。

2020年4月，习近平总书记来陕考察时明确要求，"要深度融入共建'一带一路'大格局，发挥好自由贸易试验区的先行示范作用，建设中欧班列（西安）集结中心，加快形成面向中亚南亚西亚国家的通道、商贸物流枢纽、重要产业和人文交流基地，构筑内陆地区效率高、成本低、服务优的国际贸易通道"。

一、坚持港产、港贸、港城一体化融合发展

中欧班列是一个强化版载体，不只是一条物流通道，更是对外开放新引擎，成为西安乃至陕西加快融入国内国际双循环新格局的中枢。作为对外开放主要承接地，港口功能区体现其产业带动的原生动力。

目前中欧班列集散中心以临港产业、电子商务、商贸服务、物流金融、文体健康等五个产业为主导，聚集了马士基、安博、中远海、中林、国药、上药、京东、阿里考拉、苏宁、国美、优信、蜜芽等行业龙头企业入区发展；在承接东南沿海产业转移方面，引进了康佳智能科技产业集群、汇芯未来信息等消费电子及其上下游企业30余家，总投资约300亿元。

依托港务区、中欧班列、电子商贸、跨境电商等资源和平台，有效地链接起国际产品，打通产业链上下游。未来也将通过展会，凸显西安作为国际消费城市的重要特征，实现"港贸一体化"，形成联动，吸引更多企业在西安国际港务区形成聚集。

如今，西安国际港务区以"建设内陆第一大港，服务全国向西开放"为目标，以中欧班列（西安）集结中心建设为突破，坚持港产、港贸、港城一体化融合发

>京东西安"亚洲一号"智能物流中心

展,实现了跨越式增长,已然成为全国内陆地区重要物流枢纽,有力推动了陕西外向型经济发展。

港务区以项目建设为引领,全力抓好154个重点项目,确保年度投资450亿元以上,推动港产、港贸、港城联动发展。坚持产业带动,加快建设"一带一路"临港产业园,新引进临港制造业企业20家以上,康佳智能家电总部项目白色家电产品今年9月下线,并合作布局新一代显示产业化项目;依托西安国家医学中心建设,布局国产医工科技新兴产业项目,做优增量,全力构建现代产业体系。坚持贸易促进,加快建设金属、粮食、木材、冷链、整车等大宗商品交易中心,引进大宗贸易企业20家以上,力争全年大宗贸易交易额超1200亿元,进出口贸易额达到300亿元;以国货崛起为契机,建设"丝路电商中心",引进直播电商、跨境、培训、研发等新经济主体50家以上,力争全年互联网交易额超2200亿元,做实长安号跨境电商全国集结中心。坚持城市赋能,加快华润丝路总部、中粮丝路国际中心、国网调度通信基地等项目建设,确保招商局、中铁、中电建、绿地等十大总部项目早日建成投用,提升总部经济承载力和内生动力;依托中央商务区、西安奥体中心、长安云、长安乐、国际商事法庭、丝路国际体育文化交流培训基地等载体,构建面向"一带一路"的国家级人文交流平台。

西安国际港务区市级重点项目50个,总投资1978亿元,年度计划投资496亿元,一季度重点项目完成投资182.2亿元,约占年度计划的37%。国际港务

>康佳丝路科技城项目

区推动港产港贸港城联动发展,聚焦临港制造,建设总投资超过100亿元、总占地面积1040亩的临港产业园,全面建成后预计年产值超过200亿元,吸纳就业约8000人。目前,已落地及在谈企业70余家,其中,康佳智能科技产业集群、京虹科技、同创达通讯、硕达视创等17个项目已投产运营。康佳丝路科技城项目是继康佳智能家电一期项目投产后,深圳康佳集团在西安国际港务区布局的上下游联动发展的产业集群项目。项目总占地面积约200亩,总投资约25亿元,总建筑面积约14.6万平方米,主要建设集研发、中试、生产、贸易于一体的智能制造、新能源科技创新产业园。项目于2023年1月开工建设,12月竣工。建成后,50%产品出口欧洲市场,年产值可达40亿元。

二、港口功能不断完善,为陕西深度融入"一带一路"大格局贡献力量

随着西安港港口功能的不断完善,越来越多的资金、产业、技术、人才搭乘中欧班列"长安号"来到陕西,让中欧班列(西安)集结中心的枢纽效应日益明显,逐步实现了由"点对点"向"枢纽对枢纽"转变,形成了铁海联运、空铁联运的立体物流大通道,通过"通道+口岸+电商+产业"的模式,带来了贸易的快速发展和产业的快速聚集。

西安国际港务区依托西安国际港铁路枢纽建设的中欧班列(西安)集结中

心港口功能区,核心区占地5600亩,引进了中国远洋海运集团、中国五矿集团、中国林业集团、山东港口集团等龙头企业,将成为集集装箱运输、冷链物流、期货交割、大宗商品、整车运输等功能于一体的中欧班列(西安)集结中心港口功能区,助力构建国际物流通道、打造多元化开放平台,为陕西深度融入共建"一带一路"大格局贡献力量。以西安奥体中心为核心的中欧班列(西安)集结中心中央商务区,核心区占地约3500亩,实施集中连片开发,规划建设111个重大项目及配套设施,总建筑面积超过570万平方米,片区内引进建设招商局丝路总部、华润丝路总部、五矿金融贸易总部、中铁丝路总部、中电建丝路总部、绿地丝路全球贸易港等等,将逐步形成面向"一带一路"的文化、体育、贸易、金融、教育、科技、法律等服务功能载体。中欧班列(西安)集结中心中央商务区的建成,让中欧班列不再仅仅只是一条物流通道,更是陕西对外开放的新引擎,让这些经济发展要素更好地在陕西落地生根。

陕西坚持对内对外、平台载体、硬件软件、外贸外资一起抓,打造国内大循环的重要支点、国内国际双循环的战略链接,将着力发挥地处中国地理中心和拥有国际国内"双代码"内陆港、亚洲最大铁路物流集散基地等诸多优势,加快"米"字型高铁网、高速公路网建设,对接西部陆海新通道,提高亚欧大陆桥陆路通道的通达性,织密覆盖全球的航空网、物流网,构筑连接东中西、联动陆海空、面向中亚南亚西亚、效率高成本低服务优的亚欧陆海贸易大通道。

在承接东南沿海产业转移方面,西安国际港务区引进了康佳智能科技产业集群、汇芯未来信息等消费电子及其上下游企业30余家,总投资约300亿元;在电子商务方面,园区注册电商企业超2200家,2020年互联网产业交易额突破2000亿元,限上网络零售额占全市近70%,逐步形成面向"一带一路"的现代产业集群和商贸物流枢纽。

三、着力打造面向"一带一路"的城市功能载体

西安奥体中心"一场两馆"建设完成,中铁、中电建大型央企总部落户,"一带一路"文化交流中心长安乐、城市展示中心长安云、光影文化公园、奥体中央公园等重大公共建设项目落地布局,总里程102公里的"六横三纵两桥三隧"主次干道及支路建设成网,总长24.7公里全国第一的330千伏高压线迁改落地工程国际港务区段建设完成,19.7公里长的灞渭河绿道建成开放,新增绿化610万平方米,园区已成为西安建设国家中心城市的东部新中心。

在改善民生方面,西安国际港务区新建和改扩建学校13所,新增学位11200个;交大一附院国际陆港医院已进入主体结构施工阶段;借助东南沿海产业转移发展,带动就业9000余人;按照"四最"标准建设征迁群众安置房,西安首个"四最"标准安置小区新合新苑(一期)已完成图纸分房,让群众真正享受到了园区发展带来的红利。

西安国际港务区港产、港贸联动发展成效显著,获批国家首批进口贸易促进创新示范区、国家电子商务示范基地和陕西加工贸易产业转移承接中心,加快建设中欧班列"长安号"跨境电商全国集结中心。

>西安奥体中心一场两馆夜景灯光

/ 三、板块实践 / 3.3 西安高新区 /

3.3 西安高新区

西安高新区"一带一路"建设发展报告

\> 2017年5月14日,国家主席习近平在北京出席"一带一路"国际合作高峰论坛开幕式。

  国家西安高新技术产业开发区是1991年3月国务院首个批准成立的国家高级示范区之一,2015年8月,国务院正式批复同意西安高新区建设国家自主创新示范区。获批国家自主创新示范区,使西安高新区创新发展有了顶层定位,即打造"一带一路"创新之都。国家自主创新示范区赋予西安高新区在科技成果转移与转化、科技金融、军民融合、统筹科技资源、知识产权运用和保护、人才聚集、土地集约利用、产城融合等方面先行先试。[①]

  为落实"一带一路"倡议,打造"一带一路"创新之都,西安高新区形成了以

[①] 习近平. 携手推进"一带一路"建设[N]. 人民日报,2017-05-15(003).

新一代信息技术和高端装备制造为主导,生物医药、节能环保、新材料和科技服务业多元支撑的发展格局,走出了一条内陆高新区依托自主创新实现跨越发展的成功之路。

一、二十世纪西安十大历史事件之一——成为五个示范高新区之一

自1994年以来,西安高新区的综合指标一直居全国53个国家级高新区的前列,多次被评为全国先进高新区,并于1997年经国务院批准率先加入了APEC科技工业园区组织网络。2001年西安高新区被国家列为"十五"期间重点建设的五个示范高新区之一,并被西安市民推选为"二十世纪西安十大历史事件"之一。2002年12月,西安高新区又被联合国工业发展组织列为六个"中国最具活力的城市和地区"之一。

西安高新区按照高新技术成果商品化、产业化和国际化的宗旨,立足西安实际,通过体制创新和技术创新,在园区开发建设、市场机制营造、科技成果转化、高新技术产业发展等方面均取得了显著成绩,成为陕西、西安经济增长快、投资回报率高、创新能力强、具有极大发展前景的最大的经济增长点和对外开放的重要窗口。西安高新区科技产业的快速发展和崭新的园区形象成为展示西安现代化建设成就和对外开放水平的一个亮点,成为西安自主开发、产业发展、引智引资和对外展示的热点,成为科技成果商品化、产业化和国际化的重要基地。

数字化园区的基础构架在西安高新区基本建成,政府数字化和企业数字化已分阶段开始实施网上办公、网上注册和网上审批已实现,社区数字化已经开始启动。到2003年西安高新区的长安科技产业园、西部电子社区、西安交通大学、西北工业大学、西安电子科技大学等重点大学的科技产业园以及新材料、光电子、生物医药等专业园区已经基本建成,规划面积扩大到98平方公里,西安高新区开发建设以前所未有的规模展开。

建设技术创新服务体系、提供不断完善的产业服务是西安高新区快速发展的根本动力。其中包括产业政策扶持体系、科技创业服务体系、投资融资服务体系、人力资源服务体系、各类中介服务体系、生产力促进服务体系和生产生活服务体系等。在认真贯彻落实国家有关产业扶持和优惠政策的同时,西安高新区陆续出台了鼓励留学人员回国创业、鼓励社会资金从事风险投资、鼓励软件产业发展、国家创新基金配套、优惠产业用地价格、对大型研发机构实行补贴、知

识产权保护、对贷款担保机构实行补贴、设立1亿元产业发展基金等一系列优惠政策和措施,对区内企业发展给予有力支持。

西安高新区创业服务中心是功能最全、业绩一流的企业孵化器,为科技企业成长提供创业投资、管理咨询、企业家培育、国家产业计划申报、要素配置、开拓产品市场等全方位的服务,极大增强了中小科技企业市场配置资源的能力和抗风险能力,并降低其创业成本。

通过二次创业,西安高新区要建成新型工业区、国际软件园、创业研发园、中心商务区等四大主功能区,使西安高新区在产业规模、园区空间、创新能力和发展优势等方面取得重大突破,实现四年一大变、八年一巨变。通过进一步发挥科技创新这一核心竞争能力,做大做强6大产业,即软件和IT服务产业、生物医药产业、机械装备产业、电信设备产业、半导体部件产业、航空制造产业打造新的产业新优势。努力把西安高新区建成中西部地区技术创新、人才聚集、企业孵化和科技产业发展的重要基地;成为运用高新技术改造传统产业、推动西部产业结构调整升级的辐射源;成为国际知名、国内一流、中西部最大的高新技术产业基地。

>丝路国际金融中心项目B、C两栋百米塔楼已建成并交付使用

二、未来之瞳,城市之眼

在发展阶段,西安高新区主要经济指标增长迅猛,在推动技术创新、发展拥有民族自主知识产权的高新技术产业方面,已形成自己的优势和特色。全区有经认定的高新技术企业1320家,累计转化科技成果近8200项,其中93%以上拥有自主知识产权,列入国家各类产业计划居全国高新区前茅。①

作为丝绸之路经济带沿线产业规模最大的国家级高新区,西安高新区已成为西安最大的经济增长极和对外开放窗口。西安高新区是中国(陕西)自由贸易试验区各功能区中产业基础最为雄厚、市场环境相对成熟的区域,集中了陕西省约80%金融总部机构和对外贸易活动,是承接国家自主创新示范区和中国(陕西)自由贸易试验区两大国家战略,推动"双自联动"的叠加区域。

在规划布局上,西安高新区沿"两带一中心"布局,即高新技术产业带、现代服务业产业带和中国丝路金融中心。截至2016年末,西安高新区"两带"进出口贸易通往欧美、日韩、中东、南美、非洲等地以及丝绸之路沿线国家,面向全球出口存储芯片、智能手机、生物医药、能源装备等高技术产品及创意设计和软件信息等高技术服务,共有外资企业1184家,进出口额达1517.69亿元,占陕西全省进出口总额的76.85%,79家世界500强企业注册成立了194家独立法人与分支机构。②

"中国丝路金融中心"汇集了陕西省70%以上各类金融机构,各类金融服务机构和要素平台达1272家,包括人民银行西安分行、陕西银监局等金融监管机构,银行、证券、保险、信托、汽车金融公司、财务公司、期货公司等金融机构全国或区域性总部61家,陕西省80%以上的金融创新在西安高新区孕育发生。

三、丝路科学城引领发展"见雏形"

2021年6月,西安高新区提出"一年见雏形、三年出形象、五年成规模、十年立新城"目标,全面启动丝路科学城建设。经过"追星赶月",丝路科学城谋划布局的"六横七纵"路网体系已实现组团之间互联互通,纬三十二路、纬三十六路等"大动脉"次第打通,各组团间实现联通,城市骨架已"见雏形";城市治理更为精细,道路绿化全面提升,永安渠海绵城市生态公园、仪祉湖公园等一批公园相继开园,丝路科学城新形象已"见雏形";未来之瞳系列建筑、丝路国际金融创新

---

① 西安高新区:建设"双自联动"科技园区 打造"一带一路"创新之都[J].中国科技产业,2017(05):62-63.
② 西安高新区:用科技创新参与"一带一路"建设[J].中关村,2017(08):80.

/ 三、板块实践 / 3.3 西安高新区 /

>在规划区中部建设未来之瞳城市超高层地标集群

中心等重磅项目加速推进,丝路科学城引领发展已"见雏形"。

2021年,西安高新区实现工业总产值首次迈上千亿元台阶,达到1074亿元,同比增长28%。2022年上半年实现工业总产值超621亿元,同比增长近30%;实现进出口总额1522亿元,同比增长22%以上,并成功助推陕西省半导体产业规模跃升至全国第四。到"十四五"末期,丝路科学城将成为西安高能级产业片区和高品质城市片区,集聚人口50万、经济规模达1万亿元。2021年,丝路科学城片区实现生产总值1810亿元,完成规模以上工业产值2176亿元,完成固定资产投资750亿元;今年上半年,实现规模以上工业总产值1416.7亿元,完成固投450.7亿元。[①]

---

① 杨皓. 西安高新区丝路科学城活力显现[N]. 中国高新技术产业导报,2022-08-15(011).

2022年，丝路科学城已集聚企业近4000家，其中规模以上工业企业115家，高新技术企业217家，并形成了以三星、奕斯伟、中兴等企业为代表的世界级光电子产业集群；以比亚迪、众迪锂电池、正昌电子等龙头企业为引领的千亿元级汽车产业集群；以西安杨森、万隆、力邦等91家企业为代表的百亿元级生物医药产业集群；以神电电器、中航汉胜、爱科赛博等307家企业为代表的百亿元级智能制造产业集群，为高新区"55611"产业发展打下了坚实基础。

（一）产业聚集，项目为王

2022年，丝路科学城全力推进重点项目287个。其中，产业类项目建设令人瞩目，比亚迪20GWh动力电池、三星二期、奕斯伟硅产业基地等项目已投产达效；众迪12GWh新型动力电池、西安四腾科技园等项目加速建设；西电集团智慧产业园、高性能钛合金制品生产等项目启动建设……

一年来，丝路科学城立足国家重大科技战略目标，全力推进中科院地环所西安地球环境创新院（一期）、高精度地基授时系统、先进阿秒激光设施等建设，并加快国家先进稀有金属材料技术创新中心、西电宽禁带半导体国家工程研究中心等高能级创新平台建设。围绕打造高质量创新生态环境，建设草堂生物医药产业加速器、秦创原集成电路产业加速器及秦创原上市企业园、秦创原科创基金园等空间载体，涌现出一批创新成果、孵化了一批创新企业。

（二）发展"成绩单"亮点纷呈

丝路科学城建设过程中，十个产业组团的建设发展为区域产业高质量发展奠定了坚实基础。作为产业承载空间，各园区积极担当作为，全力推进项目建设、服务企业发展，"成绩单"也是亮点纷呈。

其中，城市客厅发展中心大力开展精准招商，累计引进中铁集团、陕建集团、招商局集团等13家龙头企业。绿地贸易港、半导体国家工程中心实验大楼顺利封顶，丝路金融创新中心、陕建股份总部等在内10个超高层项目落地建设。

草堂科技产业园内，比亚迪20GWh动力电池产线已全部投产，12GWh动力电池、汽车零部件扩能项目部分厂房开始调试设备；中电科20所二期3栋厂房已封顶；大勤医药、天承生物、秦创原科创基地二期一区等项目建设顺利，预计年底竣工……

长安通讯产业园内，奕斯伟硅产业基地一期已实现量产，扩产项目已于近期开工；先进光子器件创新平台项目主体完工，正在进行装饰装修；莱特光电OLED终端材料研发及产业化项目4栋厂房已建成；秦创原集成电路产业加速

/ 三、板块实践 / 3.3 西安高新区 /

>草堂科技产业园

器项目已有42栋主体封顶，H区国家电子实验园已开园运营。综合保税区则通过紧盯龙头企业"招大引强"，服务企业"延链补链"，实现了高水平开放、高质量发展。

四、以项目看发展、论英雄

2023年以来，西安高新区围绕"双中心"核心区建设总目标，树牢"以项目看发展论英雄"鲜明导向，以高质量项目建设不断激发经济增长新动能，引领高质量发展迈向新台阶，上半年共签约项目114个，完成投资501亿元。

（一）招商引资时间任务"双过半"

2023年以来，西安高新区扎实开展全员招商、产业链招商和小分队招商，招商引资签约项目数量稳步增长，上半年共签约114个项目，总投资达1400.14亿元，成功实现了招商引资时间任务"双过半"。①

其中，外资项目接连落地是一大亮点。上半年，美光科技追加投资43亿元，

---

①杨皓.西安高新区丝路科学城活力显现[N].中国高新技术产业导报，2022-08-15(011).

韩国荣达半导体核心精密零部件制造项目成功落地，500强博世旗下新能源汽车核心配套企业联合汽车电子西安厂、跨国自动化设备制造公司BBS研发中心等陆续签约。这些优质外资项目进一步扩大了西安的产业外向度，尤其是有力地提升了西安高新区融入全球产业链供应链价值链高端的规模和水平。

此外，西安高新区在招商模式上进行了积极探索与尝试，并取得了新突破。如央企招商实现重大突破，利用平台进行了新形式的"以商招商"，盘活区内低效用地实现了半导体项目落地及"招商大使"罗义先生成功推介优质项目入驻等一系列"出新招、探新路"的创新之举，有力地拓展了招商引资的深度和广度。

（二）强链、补链、延链

2023年1—5月，西安高新区109个陕西省、西安重点在建项目完成投资501亿元，完成年度计划投资的53%，固投增速实现逐月提升，三星M—Fab、奕斯伟硅产业基地二期、8英寸高性能特色工艺半导体生产线、比亚迪新能源汽车零部件、西电智慧产业园、铂力特金属增材制造大规模智能生产基地等一系列"强链、补链、延链"项目快速推进，为陕西省和西安的经济增长作出了积极贡献。

2023年，西安高新区全年谋划实施重点在建项目494个，其中产业项目达157个、投资占比超过40%。[①]在项目建设中，西安高新区充分发挥重大产业、科技创新项目主导作用，持续优化投资结构，做到扩大规模与优化结构相统一，实现有效投资不断扩大，与此同时，西安高新区扎实开展"六比六赛"活动，切实执行领导包抓、亲商助企、产业专班等制度，优化重点项目考核办法，采取项目清单化、挂图作战、销号管理方式，加大督查力度，确保各项任务按照时间节点快速推进。

---

① 张静攀.西安高新区高质量发展迈向新台阶[N].中国高新技术产业导报,2023-07-03(007).

>西安高新区锦业路夜景

3.3 西安高新区

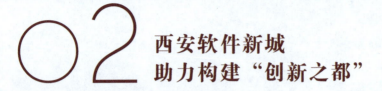

02 西安软件新城助力构建"创新之都"

一、西安软件新城发挥龙头作用

经过近30年的发展，西安高新区形成了软件和信息服务、半导体、智能终端、生物医药四个千亿级产业集群，软件信息服务业和文化创意产业作为主导产业，在振兴"大西安"、引领"数字丝路"中发挥龙头带动作用。

西安软件园作为西安高新区发展软件信息服务业和文化创意产业的专业园区，聚集了西安90%以上的行业企业，目前已经形成了西安软件园示范区、国家服务外包基地、软件新城三大片区，其中西安软件示范区始建于1998年12月，占地525亩；国家服务外包基地始建于2011年，占地135亩；软件新城始建于2014年，占地2.1万亩，三个园区共涵盖从业人员20余万人，已成为西部最有影响力的软件发展集群，为产业发展奠定了良好的发展基础。

西安软件新城位于西三环以西，绕城高速以东，富鱼路以南，科技八路以北，是陕西省、西安"十二五"重点建设项目，成为西安建设国际化大都市的重要组成部分。它以新一代信息技术发展为核心，将重点发展软件研发、云计算、移动互联网、集成应用服务、物联网、电子商务、软件信息服务外包等战略性新兴产业——新一代信息技术，力争打造成为国内软件产业创新发展的引领区、支撑创新业态发展的示范区和"国内领先、国际一流"的软件研发和信息服务基地，也是高新区"打造中国科技创新中心、建设世界一流园区"的重点板块，作为"国内领先、国际一流"的软件研发和信息服务基地，定位为"产城人融合一体，新型国际化示范区"，西安软件新城被赋予"建设丝路创新之都，打造中国西部硅谷"美誉。

软件新城傲立大西安科创大走廊与科技创新轴黄金交汇点。南邻高新，北接沣东新城，东衔高新核心区，园区的产业量级、自贸区地位、立体交通等奠定了其"黄金三角交汇点"地位。2018年高新托管鱼化寨后，软件新城也随之进行了扩军，原西三环以东，科技西路以南，丈八北路以西，科技八路以北区域作为

/ 三、板块实践 / 3.3 西安高新区 /

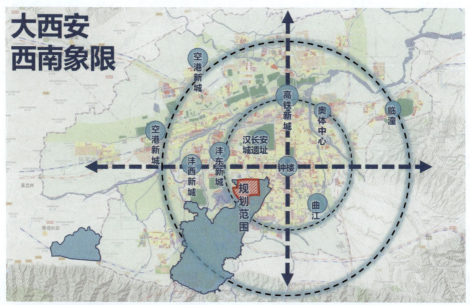

>西安软件新城地理位置图

>西安软件新城三大核心区(特色景观+服务中心打造城市名片)

297

人居住宅板块被纳入软件新城。原本部也向北扩展至科技西路,向南扩展至科技八路。至此新的软件新城西临沣东,北接雁塔未来产业城,东边和南边与高新传统区域融合。因软件新城本部用地紧张,新纳入的鱼化板块可以消化部分住宅用量,以期可腾出更多的科研用地和项目用地指标,规划总建筑面积2400多万平方米。①

2020年,软件新城软件和信息服务业营收预计超过3700亿元,综合排名位列全国软件产业基地第5名。西安软件新城不仅承担着新一代信息技术如移动互联网、云计算、电子商务、物联网研发应用、数字出版、动漫等战略性新兴产业等一系列核心产业功能。同时随着国家创新战略的提出,西安软件新城将承担起高端研发中心、创新研发中心、重点实验室等创新研发职能。②

2021年8月,《西安高新区丝路软件城详细规划方案》正式出炉,软件新城再一次扩容升级,将鱼化片区纳入规划之中,并且更名为丝路软件城。陕西作为实施习总书记共建"一带一路"倡议构想的重要节点,西安高新区是引领创新驱动发展的关中高新技术产业带骨干板块之一。而作为高新区发展软件和信息服务业的专业园区,西安软件园自1998年成立以来,历经20多年的发展,年平均增速达到30%,对区域经济发展发挥了重要的引领作用,成为西安转变经济发展方式、增强国际竞争力的助推器,省市政府打造"数字信息丝绸之路"的核心区。

二、打造城市之芯、资源之芯

西安软件新城,作为西安高新区重要承载片区,建成并投入使用的研发办公空间,包括云汇谷(西安软件新城研发基地二期)、国家电子商务示范基地、环普产业园、西安国家数字出版基地、中软国际科技园、腾飞科汇城等,已形成了以华为西研所、华为鲲鹏创新中心、华为软开云等为代表的华为产业生态链,以清华交叉院、科大讯飞丝路总部等为代表的人工智能产业集群,以阿里丝路总部、易点天下、澳鹏等为代表的出海产业集群,以美林、诺瓦、和利时、铂力特、艾润物联、智多晶、四叶草等为代表的自主创新产业集群。

西安软件新城科研产业园主要包括六大基地:一是云汇谷:西安高新区软

---
① 软件新城,西安年轻人的希望之地!
② 王琨,米炜嵩,刘小靖等.产业升级背景下西安软件新城存量空间升级路径研究[C]//中国城市规划学会,成都市人民政府.面向高质量发展的空间治理——2020中国城市规划年会论文集(02城市更新).中国建筑工业出版社

件新城建设发展有限公司投资建设,占地面积约177亩,总建筑面积约42万平方米,总投资20亿元,2014年启动建设,2016年建成。二是国家电子商务示范基地:西安高新区智慧谷发展有限公司投资建设,占地面积约18亩,建筑面积约3.3万平方米,总投资1.2亿元,2012年启动建设,2014年建成。三是西安国家数字出版基地:西安高新技术产业开发区创业园发展中心投资建设,占地面积约70亩,总建筑面积约24.1万平方米,总投资9亿元,2012年启动建设,2017年建成。四是环普产业园一期/二期:西安环普产业科技发展有限公司投资建设,占地面积约89亩,总建筑面积约18万平方米,总投资9.2亿元,2015年启动建设,2018年建成。2021年6月11日,共计12万平方米西安环普国际科技园三期也如约开园,环普三期不再是单纯的商业写字楼,而是涵盖运动中心、会议中心、商业配套的全功能综合办公场所,OPPO西安研发中心便落户于此。同时也已签约奈雪的茶、肯德基、必胜客等商业配套企业。五是中软国际科技园:中软国际(西安)软件技术有限公司投资建设,占地面积约75.6亩,总建筑面积约14.6万平方米,总投资6亿元,2013年启动建设,2015年建成。六是腾飞科汇城:新加坡腾飞科汇城坐落于西安高新区软件新城西三环与科技六路交汇处。

  以一个相对粗的维度,大致可以将软件新城的科技企业分为三类,分别是软件外包服务商、科技巨头西安分中心、本土新兴力量。西安软件产业的从无到有离不开软件外包服务商的贡献,他们是最早一批布局西安的软件企业。再加上后来华为西研所的崛起,需要大量的外包服务商。华为和各大外包服务商在这里形成了一种共生的关系。耳熟能详的中软、东华、润和、软通动力都能在这里找到。其中代表企业中软国际,规模最大,拥有独立园区,大约有1.3万名员工,和华为的绑定也最为紧密。此外软通动力大约3000人,东华软件约500人。因为西安独特的高教资源和人才优势,外资、一线城市企业往往也会把西安作为研发分中心的选择地,这些企业也是西安知名高校及一线大厂回流人才的首选之地,其中包括华为、大疆、360、OPPO、VIVO、当当、三星研究院、阿里云、ThoughtWorks、科大讯飞、海康威视、大华、汇丰软件等。

  华为西研所大约1.6万人,目前是华为员工数量最多,业务布局最全的研发中心。华为年纳税超过10亿元,仅次于西安烟草,稳坐西安纳税排行榜第二。排除个例,华为的待遇整体上也可以说是西安最高,同时华为也是挽留西安交通大学、西安电子科技大学、西北工业大学学子最多的企业。

  本土新兴力量有易点天下、美林、诺瓦、艾润物联、四叶草等代表。易点天下是其中的佼佼者，国内移动产品出海的市场份额，易点天下就占了90%，大约500人规模，并且在2020年12月成功完成了创业板过会，成为本土互联网企业的标杆。

相比于科技二路和锦业一路上的西安软件园，软件新城最大的优势就是拥有充足的物理空间，获得了众多世界知名企业的青睐，对于想拥有独立园区的知名企业是一个不错的选择。三星、IBM、施耐德、富士通、阿里巴巴、华为等35家世界500强企业，中兴、中软国际、软通动力等46家中国软件百强企业研发机构在此落户。另外，安防龙头海康威视西安科技园、大华西部研发基地、和利时西北总部研发基地、超光电产业基地、中电太极西安产业园、华勤丝路总部等也纷纷在此选址。龙头企业巨大的虹吸作用，引得其他企业纷至沓来，区域高净值人才数量每年急速增长，四叶草、美林数据等自主创业企业汇集，超过20万的菁英人才于此奋斗，软件新城"高地优势"价值凸显。

目前的软件新城正在从起步时期以服务外包型产业价值链下游迈向强化自主创新引领核心软件和应用软件开发的中上游领域。产业的转型迭代正在快速推进，这种产业的升级必然导致企业从劳动密集型转变成知识密集型，人员从低创新性的"码农"转向研发为主的高创新型人群。在企业和人群的转变之下必然对城市空间的塑造要求发生改变，将从单一粗放式的开发模式转向复合多

元的精细化开发模式。

数字经济转型:目前软件新城的产业类型正在从软件产业向数字经济转型,数字经济成为发展新动能,发挥行业带动作用,以软件为核心,与信息业、大数据、人工智能、集成电路等产业深度融合,共同缔造数字经济产业集群,依托龙头企业的带动作用,把数字经济作为追赶超越的新动能,推动高质量发展。

龙头企业入驻:随着阿里巴巴、华为、腾讯、中软国际、联想、中兴等大量龙头企业的入驻,改变了软件新城原有的企业类型结构,从只有中小企业的类型向全类型规模转变,从而对空间提出了更高的要求。

高新人群集聚:随着头部科技企业和各类产业要素的聚集,软件新城实力成就大西安发展战略之下的城市之芯、资源之芯,未来高净值人群汇聚,区域基础配套设施不断完善更新。软件新城片区的人员结构呈现年轻化、高学历、高收入和时尚性等特征。此类人群追求较高的生活质量,包括城市形象,基础设施,环境氛围等,需求的改变对空间塑造也提出了新要求。① 高新国际会议中心、云水公园、沣惠绿道、省图书馆新馆、高新儿童医院等项目一一落地,一个醇熟生活配套,基础设施完善,宜居环境优越的软件新城恢宏崛起,引领高新居住风尚,直面高新万千繁华。②

① 王琅,米炜嵩,刘小靖等.产业升级背景下西安软件新城存量空间升级路径研究[C]//中国城市规划学会,成都市人民政府.面向高质量发展的空间治理——2020中国城市规划年会论文集(02城市更新).中国建筑工业出版社
② 软件新城 中国西北硅谷 潜力勃发

三、"一城三核四轴"同步发展

未来在具体建设中，西安高新区则以都市创新片区、丝路科学城片区、绿色制造片区"三城共进"为行动指南。重点在丝路软件城片区围绕吸引聚集50万程序员，优化城市结构，补足城市功能，提升内涵品质，力争三年内完成丝路软件城片区建设；在建成区实施腾挪低效土地、补功能短板、优基础设施等有机更新策略，改善人居环境，保留城市记忆，打造智慧宜居的都市创新城。《西安高新区丝路软件城详细规划方案》中，明确了丝路软件城的发展定位、理念、空间结构、城市配套、产业发展等信息。鱼化片区地理位置优越，东侧和南侧是高新区核心区域，西侧是高新区软件新城，北侧是西安雁塔区、莲湖区。一直以来，该区域虽然紧邻西安高新区，然而区域内的发展却与高新区相差很大，基础教育设施和生活圈设施现状均已严重不足，鱼化片区是西安高新区与软件新城之间的重要连接区域，也是西安高新区向西发展的必经区域。

具体的规划方案为"一城三核四轴"，"一城"是指丝路软件城，"三核"分别为产业服务核心、生活服务核心、产城融合核心，"四轴"分别为公共活力轴、产城融合轴、产业服务轴和生活服务轴。根据"2+5+N"的产业发展格局，以应用软件和信息技术服务为2大优势产业，集成电路设计、跨境电商、大数据与云计算、数字创意、信息安全为5大新兴产业，人工智能、5G、工业互联网、物联网等N个未来产业为内容，打造以文化主题公园为主的创享绿心、以数字智谷为主的科

>西安软件新城办公建筑群

技主题公园、以悬浮公园为主的跨西三环绿廊网红打卡地的3大核心功能区域，以特色景观+服务中心打造城市名片，而三大核心功能区域相交，代表了居住与产业交互后的变化。

　　高新区规划的丝路软件城，与之前公布的高新三期"丝路科学城"规划一致，与沣西的秦创原形成一个经济驱动闭环，秦创原依托交大创新港，主导科学研究，而高新区则力争将全域建成秦创原高能级科技成果转化大平台，成为支撑国家科技自立自强的新引擎，西安丝路科创中心的核心区和综合性国家科学中心的先导区。

　　从纯粹产业园区，向创新城区升级。这个背景下，软件新城开始走向"高质量发展样板区"。教育上：规划学校23所，接近每平方公里一所学校；生态上：包括120亩云水公园、400亩鹤鸣湖公园，西安第一条28公里夜光走廊"沣惠渠绿道"；配套上：有陕西省图书馆新馆、西安市儿童医院及多个购物中心。对于整个高新区而言，软件新区"隐性扩容"，将先期此区域的割裂状态被缝合，给予了"经济引擎"更广阔的空间，软件新城相关产业全面融合。区域规划变化，也给丈八路沿线带来城市功能升级的"肥沃土壤"——人口、产业、商业的流通、城市配套（医院、学校）的共享以及政策层面的高度将被彻底拉平、壁垒被彻底打开。

>陕西省图书馆新馆

3.4 西安其他区域

01 西安曲江新区
建设丝路文化高地

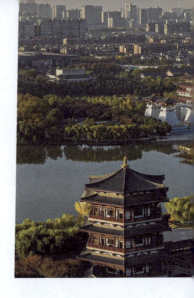

历史是一个轮回，2000多年前一条连接亚欧大陆的交通商路被誉为——"丝绸之路"，从此丝绸被视为中国文化向外传播的象征；2000年后的今天，"一带一路"倡议传承古代丝绸之路的历史符号，通过文化、经济将亚欧非大陆连接起来。

西安作为"丝绸之路起点"和"华夏文明之源"的双重文化身份，在与"一带一路"沿线国家和地区文化交流中，理应承担起中华文化价值挖掘和向外推广"排头兵"的重任，为"一带一路"倡议的实现贡献西安力量。

2017年，西安市十三次党代会提出了"聚焦'三六九'，振兴大西安"的战略部署，提出了建设"丝路文化高地"、实现文化产业倍增的发展目标。明确指出，要以曲江新区为核心和引领、建设"曲江新区+楼观道文化展示区+白鹿原+临潼景区"文化产业大走廊、秦岭北麓文化生态旅游带的宏伟蓝图。

曲江新区紧紧抓住"一带一路"建设的时代机遇，发挥国家级文化产业示范区示范带动作用，依托陕西、西安大文化、大旅游、大文物的优势，紧扣"历史文化""国际化"和"大都市"三个关键词，重塑曲江文化产业发展格局，全力助推大西安文化大走廊建设，为西安市追赶超越战略建立功业。

特别是2017年上半年，曲江新区坚定"文化自信"战略，聚气凝神强产业，追赶超越招大商，通过不断提升区域生态环境、扩大文化优势、优化招商环境、提高工作效能，精心打造音乐之城、书香之城、酒店之城，将文化产业做大规模、做强品牌、做优效益，扬起西部文化产业的龙头，为陕西文化走向全国、彰显中华文化魅力奉献磅礴力量。

　　作为陕西省、西安市确立的以文化产业和旅游产业为主导的城市发展新区，以及文化部授予的首个国家级文化产业示范区。近年来，西安曲江新区积极落实"创新、协调、绿色、开放、共享"五大发展理念，加快转型升级，依靠文化、旅游和科技"三驾马车"，进一步扩大文化张力、生态引力和产业活力，为西安建设丝路文化高地持续注入新动能。

　　万里丝路，文化先行。近年来，在"一带一路"建设的时代机遇中，以文化立区，以文化兴区的曲江新区抢占先机，发挥国家级文化产业示范区示范带动作用，遵循以产促城、以城兴产、产城融合的"产城一体"发展路径，依托陕西、西安大文化、大旅游、大文物的优势，认真践行陕西"文化强"战略，通过独特创意，把文化资源转变成旅游产品，不断提升城市价值，成为全国最重要的文化产业聚集区之一，将曲江新区打造成"一带一路"建设的首善之区、文化之区、魅力之区，勇做丝路文化先锋。

一、遗产保护融入现代城市发展，彰显历史名城的现代魅力

　　文化软实力是十三朝古都西安的独特竞争力。曲江新区从周、秦、汉、唐文化基因线索出发，以现有的珍贵历史遗存为载体，深入挖掘传统文化价值，一方面加强历史文化遗产的保护与利用，另一方面让遗址焕发生命力，彰显历史名城的现代魅力。

　　在游客眼里，曲江新区是体验汉唐文化的活力区域。曲江核心文化景区内拥有4个国家级文物保护单位（大雁塔、青龙寺、汉宣帝陵、唐长安城遗址），3个

>大雁塔

省级文物保护单位（秦上林苑宜春宫遗址、曲江池遗址、唐城墙遗址），1个国家级5A景区（大雁塔·大唐芙蓉园景区），1个国家4A级旅游景区（曲江海洋世界），还有跨区域发展的大明宫遗址公园、楼观道文化展示区、临潼国家旅游休闲度假区等。到曲江旅游的人数从2002年的不足200万人次，上升到如今的每年3000多万人次，"到西安必到曲江"已成为不少游客的共识。

近年来，曲江新区在平衡保护好历史文化遗产的同时谋求城市发展，不断完善公共文化服务体系，改善市民生活质量，相继建成了六大遗址公园、六大文化场馆和系列文化广场。六大遗址公园包括唐大慈恩寺、唐城墙、唐芙蓉园、曲江池、曲江寒窑、秦二世陵，公共园林面积总计3300多亩，基本上为免费开放的文化景区；六大文化场馆包括电影城、美术馆、音乐厅、大剧院、陕西文学馆和民间艺术馆，总建筑面积约10万平方米；系列文化广场包括大雁塔北广场、贞观文化广场、玄奘文化广场、和谐广场、中和广场等文化休闲广场。这些建设初步形成了区域公共文化设施的规模化、集聚化，成为西安市民体验古都文化和享受现代城市公共文化休闲、消费的重要空间。

>曲江寒窑遗址公园

二、"文化+"打造大西安文化大走廊

西安文化建设成绩斐然,文化产业增速连续多年保持20%以上,占GDP比重达7.5%以上,高于全国3.7%的平均水平。西安文化产业取得的硕果,离不开曲江新区的努力。

文化产业一直是曲江新区发展的基石。曲江新区始终坚定"文化立区、文化强区"的发展理念,以历史遗迹和文化资源为脉络,创新思路,重塑产业发展格局,走出了"文化+商业""文化+旅游""文化+科技""文化+国际交流""文化+民生""文化+生态"等一系列产业融合发展之路,为建设大西安文化大走廊开创了成功范式。

2017年6月,西安市政府与华侨城集团公司签署全面战略合作协议,拉开了2380亿华侨城文化旅游系列重大项目落地西安建设的序幕。其中,华侨城将与曲江文化产业集团进行资本合作,以创新体制机制为动力,携手曲江新区打造投资发展大平台,以"周秦汉唐历史文化及生态文化秦岭"为主轴,投资500亿元,打造汉长安城、凤凰池景区、楼观台、碑林和小雁塔历史文化街区等优质历史文化旅游项目,全面提速曲江新区及大西安文化旅游产业发展。

最近几年，曲江新区在"文化+科技"方面不断发力拓展。西安文化科技创业城是曲江新区率先以文化科技产业为核心发展方向的西安首个新型专业创业孵化器，聚集了移动互联、数字出版、文化创意、艺术设计等产业类型，构建"文化+互联网+无限可能"的产业发展新形态。通过这个平台，文化曲江将与科技曲江无缝对接。2016年引进的北大科技园，目前培育创业企业、项目共计52家，产业范围涵盖互联网、文化旅游、影视新媒体、VR新科技等，在园科技类企业研发年投入均值50万，已获得发明专利拥有量10件左右。曲江369互联网创新创业基地致力于打造西北最大的"互联网+"创新创业孵化基地，未来将实现游戏动漫产业、语言服务产业和智慧旅游产业三大集群，有力创造及带动就业岗位增量。

三、激发曲江活力，以"聚焦'三六九'，振兴大西安"为奋斗目标

在"大众创业、万众创新"的大环境下，古老的西安正在成为创新创业的热土。在西安市第十三次党代会上，陕西省委常委、西安市委书记王永康提出以"聚焦'三六九'，振兴大西安"为奋斗目标，建设国家科技创新中心，并作出"做强双创孵化示范平台，构建'5552'成长格局"的工作部署。

曲江新区将充分发挥文化发展优势，着眼建设全国一流双创基地，大力拓

>2017年7月15日，曲江创客大街正式开街。

展众创载体，不断完善政策服务体系，强化创新创业园区的硬件设施配套，每年投入3亿—5亿元扶持资金，精准扶持创业企业，全面激发曲江新区创新创业的活力。

"一带一路"倡议的提出和推进，让古丝路起点陕西迎来了"追赶超越"的历史机遇期。曲江新区拥有丰富的历史文化旅游资源，肩负着西安文化产业主力军、大西安文化大走廊以及对外开放前沿窗口的重要使命，在建设丝路文化高地方面有着得天独厚的优势和实力。曲江新区应重点挖掘整合历史文化资源，以文化创意、科技创新为引领，积极探索"文化+"发展新模式，促进文化与生态、旅游、科技、会展、金融、农业等产业的深度融合。同时推动文化产业与"大众创业、万众创新"紧密结合，充分激发全社会的文化创造活力，把创新创业作为实现文化产业转型发展、创新发展的重要突破口，着力建设国家文化贸易基地和文化创意中心。

四、建设文化大走廊 助力振兴大西安

2017年，西安市十三次党代会提出了建设"丝路文化高地"，实现文化产业倍增的发展目标。明确提出要以曲江新区为核心和引领、建设"曲江新区+楼观道文化展示区+白鹿原+临潼景区"文化产业大走廊、秦岭北麓文化生态旅游带的宏伟蓝图。

未来，曲江新区将坚定文化自信、道路自信，抢占先机，抢抓"一带一路"的时代机遇，发挥国家级文化产业示范区的示范带动作用，依托陕西、西安大文化、大旅游、大文物的优势，紧扣"历史文化""国际化""大都市"三个关键词，继续做强六个大遗址保护片区、打造三个生态旅游片区、建设一个文化产业核心区、壮大一个产业平台，以各项重点工作为支撑，重塑曲江文化产业发展的新格局，全力助推大西安文化大走廊建设，为西安市追赶超越战略建立功业。

继续拓展曲江核心区，对总规控制范围进行空间拓展。依托已建成的"一塔一城六园"，重点实施杜陵万亩生态遗址公园、唐天坛遗址公园等城市公共文化项目，推进和华润集团合作的中央文化商务区，打造包括曲江369互联网双创基地、西安文化科技创业城、北大科技园、西影电影产业聚集区等在内的"十大文化产业园区"，使曲江新区成为承载盛世文化和现代服务业聚集发展的主功能区。

继续做大做强曲江文化产业集团，打造西安文化企业跨越式发展新样本。

不断延伸"文化+"链条，将曲江文化产业集团打造成为全产业链的大型企业集团，成为资产过1000亿、营收过300亿的大型文化旅游产业航母。

以务实、扎实的态度重点抓好各项工作任务，力促文化产业转型升级，实现曲江文化产业从规模到效益，从品牌到实力迈向新高度。

在"一带一路"倡议背景下，曲江文旅也将"丝路印记"作为打造旅游品牌的核心之一。在大唐不夜城街区，"丝路长歌""丝路曼舞""旋转的胡旋"等节目洋溢着浓浓的丝路风情；在大唐芙蓉园里，"丝路花街""胡店"等文化+商业业态通过现代化的展示方式让丝路文化可观、可触、可体验。"我们希望通过文旅创新、优质资源输出的形式阐释丝路内涵，由点及面推进文化沟通交流。"高艳说。

曲江文旅的探索，是陕西深化与"一带一路"沿线国家地区文旅交流合作的缩影。据陕西省推进"一带一路"建设工作领导小组办公室介绍，十年以来，陕西成功举办8届丝绸之路国际艺术节、7届西安丝绸之路国际旅游博览会、3届世界文化旅游大会。"国风·秦韵"陕西文化周、非遗精品展等一批文化交流项目在海外引起强烈反响，"国际旅游中心的地位全面彰显"。

"共建'一带一路'，需要文化搭台、经济唱戏。陕西是丝绸之路的起始点，如果没有文化做支撑，'一带一路'就如同少了一个翅膀。"鱼向东在接受记者采访时做了这样生动的描述。据了解，陕西证监局充分发挥资本市场功能，推动陕西文化旅游产业发展壮大，文旅企业在陕西上市公司中的占比在国内领先。荣信文化、曲江文旅、西安旅游、西安饮食，以及陕西旅游等公司产品、服务或经营的景区，均具有鲜明的文化特色，通过开展各类文化交流活动，增进了与"一带一路"沿线国家地区之间的了解认同。

3.4 西安其他区域

02 长安区全面推进校地企深度融合

2019年,长安区依托大秦岭、大文化、大学城三座金山银山,确立了生态立区、文化兴区、校地融合三大战略,把校地融合作为助推区域经济社会发展的重要抓手,牢固树立"校地融合、美美与共"工作理念,全力推进校地融合向纵深发展,先后建立了"1+10"校地融合联席会议制度,签订了39个校地合作框架协议,协调解决了59个高校发展难题,成功举办2019人民网大学校长论坛,校地合作成果丰硕,亮点纷呈。

"三进"活动开展以来,长安区积极对接联系驻区高校,上门实地走访近70次,全力做好区领导进高校活动,截至目前,区委、区政府主要领导已累计进高校11次,主动促进校地双方沟通、合作与交流,成效显著。

一、积极推动校地共建共享、融合发展

与西北大学、陕西师范大学、西安外国语大学主动对接、充分调研,反复沟通,力促区政府与3所高校签署《校地融合发展协议》,与学校就发挥学科和人才优势、促进科技成果就地转化、促进区域文化发展、实现校地资源共享、共同引

进人才、推进国际化发展等方面深度合作,积极推动校地共建共享、融合发展。

抢抓"一带一路"科创中心、西安"双中心"建设重大机遇,校地企深度融合全方位推进。长安区先后建立"1+11"校地融合联席会议制度,探索建立长安大学城科技成果转化联盟,西安科技大学高新学院大学科技园成功申报省级大学科技园,西北大学、西安邮电大学科技园生根落地,西交大技术转移中心、交大创新港异地孵化器、西安技术经理人协会对接共建工作进展顺利。深度融入秦创原科技创新示范带,制定《西安市长安区推进秦创原创新驱动平台建设实施方案(2022—2023年)》,扎实推进《加快"双中心"长安大学城建设实施方案》编制工作。2022年以来,开展11场秦创原长安大学城产学研协同创新专场活动,签订科技成果转化协议18个,将原长安双创中心升级为秦创原长安创新中心,建成1000平方米的长安大学城科技成果转化服务平台,配套16000平米长安创新中心。秦创原长安创新中心投入运营,入驻创新中心企业900余家,线下入驻企业近50家,合计营业收入超过35亿元。秦创原长安创新中心、融讯智能制造港等创新载体获批市级秦创原"三器"示范平台,带动创新主体培育取得瞩目成就,截至2023年6月,国家高新技术企业累计达100家。

> 2022年11月2日,长安区人民政府、西北大学、北方天穹信息技术(西安)有限公司在秦创原长安创新中心就校地企共建秦岭生态气象创新应用实验室等项目合作召开专题座谈会,西北大学副校长常江、长安区副区长梁文辉及企业负责人出席会议。

二、积极与驻区高校开展各类校地合作交流活动

长安区委党校与陕西师范大学、西北大学共建"柳青精神研究中心",传承柳青精神,推进区域文化建设;逐校开展高校周边公共交通配备情况实地调研工作并组织驻区高校大学生代表参加长安高校周边公共交通建设座谈会,切实解决高校师生出行难问题。

顺利举办2018年开学季迎新活动,通过在校门口设置迎新绿雕,在校内外设置"朋友圈"、展架、涂鸦多种展示平台,在驻区高校营造良好开学氛围,提高大学生对长安国际大学城的认知度、参与度;对接驻区高校并召开2018西安春浪音乐节筹备会,为音乐节的顺利举办打下坚实基础,积极推动长安区打造"音乐之城"。

区委宣传部在陕西师范大学、西北大学、西安邮电大学、西北政法大学、西安外国语大学开展"2019春季媒体进长安·走进长安国际大学城"活动,同时长安电视台走进各驻区高校,制作大学城专题宣传片,加大长安国际大学城宣传力度,提升大学城和长安城形象气质。

对接陕西师范大学、西北大学、西安邮电大学,顺利举办2019长安大学生国际半程马拉松赛,通过马拉松赛穿越高校,有效提升长安区及国际大学城影响力,积极推动长安区打造"赛事名城"。

区委组织部、区人社局、区教育局、区协调办共赴陕西师范大学,参加2020届毕业生实习招聘会,有效促进大学生实习实践与就业;区扶贫办在西安高新科技职业学院开展"脱贫攻坚大讲堂",发挥高校优势,补齐工作短板,推进脱贫攻坚;区国家保密局深入驻区高校,共同推动校地保密宣传教育工作,形成优势互补,助力长安区保密工作向前发展,不断深化校地双方合作。

三、力促校地合作框架协议签约,实现校地合作共赢

积极开展校地合作调研工作,充分沟通交流、切实座谈研究,区级部门密集对接驻区高校,形成了建设基础教育首善区、共建体育赛事名城、共建社区市民学院、加强外语服务、加强秦岭生态环境保护、推进法治长安建设、共同开发"三园"标识系统、共同开展乡村振兴人才培育等10个区级层面合作框架协议,同时在经济建设、民主法治、文体民宗、教育培训管理、对外宣传等领域与驻区高校形成了25个部门层面合作框架协议,做精做实校地合作事业,高效推进校地融合发展。

>多部门联动,切实解决驻区高校校园周边环境问题。

多部门联动,切实解决陕西师范大学、西北大学、西安外国语大学、西安财经大学、陕西学前师范学院、西安培华学院、西安翻译学院、西安科技大学高新学院等驻区高校校园周边环境问题。区城市管理局发挥牵头作用,加强执法人员配备,加大日常巡查力度,延长巡查管控时间,营造良好周边环境。区市场监管局对高校周边餐饮经营户进行全面排查,依法查处无证经营户,对校园周边市场主体资格进行检查,建立经营户专册,并加强日常监管。区市场监管局对高校周边餐饮经营户进行全面排查,并加强日常监管。

区交通运输局按照"定人员、定区域、定责任"的要求,加大对校园周边非法营运车辆的巡查打击力度,统筹做好暑假、寒假等学生离校、返校高峰期交通保障工作,创造良好出行条件。公安长安分局加大校园周边治安巡防力度,针对易发案区域及公交车辆扒窃行为实施重点打击,对人流密集、"九小"场所较多区域开展治安排查,切实消除治安隐患。交警长安大队在校园周边增设交通设施、标志线,取缔驾校违规路线,切实解决师生出行安全隐患,同时联合公安、交通等部门加大对交通违法行为的整治,不断优化校园周边道路交通秩序。

下一步,长安区将充分发挥校地融合联席会议平台优势,切实解决驻区高校建设发展中存在的问题,不断提升服务高校的能力和水平,依托高校科教资源优势,促进产学研结合及科技成果转化,实现校地合作共赢,加快推进"三三三"战略实施,奋力谱写新时代追赶超越新篇章。

/ 三、板块实践 / 3.4 西安其他区域 /

03 临潼区建设内陆开放新高地

"一带一路"承载中华民族伟大复兴百年梦想。荣获"'一带一路'建设案例奖",彰显了大西安开放进取的胸怀和视野。临潼作为大西安"东拓"重要板块,我们将站在全市全省全国的大格局中审视临潼,站在大西安建设"一带一路"内陆开放新高地的大布局中谋划发展,集聚优势,开放办区,努力走在大西安内陆开放新高地建设最前列。

临潼,南依骊山、北临渭水,西连浐灞生态区,毗邻国际港务区,北接阎良国家航空产业基地南界蓝田县,东邻渭南高新技术产业开发区。区内有世界第八大奇迹兵马俑和拥有1000多年历史的唐代皇家园林华清宫。人文历史悠久、城市交通快捷、生态环境优良。

这里文化底蕴深厚,文物遗存众多,有"世界第八大奇迹"秦始皇陵兵马俑,有盛唐皇家园林遗存地华清宫,也有改变中国当代历史命运的西安事变旧址。

近年来，临潼区坚持推进一二三产融合发展，延长产业链、提升价值链、完善利益链，依托历史文化资源和得天独厚的自然和交通运输条件，坚持大手笔谋划，高起点定位，激活三产融合，不断释放区域发展新活力，构筑起全方位、多层次、宽领域的战略新优势。2018年10月，临潼区成功入选全国农村一、二、三产业融合发展先导区，成为陕西省5个入围的县市区之一。

"规划领先、片区战略、开放办区、设施支撑、项目带动、五星服务、区域发展"，临潼区在三产融合先导区创建中，已布局好"七步走"，将努力做强一产、做优二产、做活三产，不断谋求更好更快的发展，未来可期。

党的十八大以来，临潼区坚持以习近平新时代中国特色社会主义思想为指导，拼搏逐梦，追赶超越，综合实力显著增强，城市建设快速发展，人民福祉持续增进，实现了由"远郊区县"向"副中心城市"的转变，各项事业不断取得新成效。

一、积极参与"一带一路"共建活动，谋求更好更快发展

（一）参与"丝路起点·世界绽放"2021全球驻华使节西安经贸文化之旅活动

2021年5月，积极筹办"丝路起点·世界绽放"2021全球驻华使节西安经贸文化之旅临潼专场活动，组织关中区县文旅座谈会，发布"共享十四运·畅游大关中"关中区县文旅协作倡议。

活动中，驻华使节团（大使、参赞、专员等）及随行人员、省市文旅部门有关领导、关中相关区县文旅部门领导、新闻媒体等共350余人共同畅游兵马俑、华

> 2021年5月13日，第五届丝博会"丝路起点·世界绽放"2021全球驻华使节经贸文化之旅走进临潼。

清池等景区景点,观看《复活的军团》等演艺演出;关中城市群各市区文旅局负责人共聚临潼,共话关中城市群文旅事业发展,加强关中城市群文旅合作,强化临潼文旅在关中城市群中的影响力和号召力。

(二)积极参与,多渠道推介,叫响临潼文旅品牌

积极参与国家丝绸之路博览会和文化博览会,一方面每年都会积极参加在西安举办的中国西部文化产业博览会(西博会)或中国国际旅游商品博览会(旅博会);另一方面,走出去,参加在澳门、深圳、上海等举办的各类文化旅游大会,宣传临潼文旅资源,多措并举做好文旅招商引资工作,在文旅盛会上发出临潼声音,不断叫响临潼文旅品牌。

(三)共享共建,缔结文旅友好城市

自2013年以来,区政府积极组织创建全域旅游示范区,文旅行业优势得到进一步彰显,同时,与相关市区缔结文旅友好发展城市。经过努力,与大理市在文旅发展方面互通共建,缔结为友好城市;与渭南市达成文旅融合县域联动合作协议;与华阴市、大荔县等签署文旅融合发展框架协议。

二、开展"一带一路"文旅宣传推介活动

近年来,临潼区多措并举,与"一带一路"沿线国家广泛开展文化旅游合作交流,其中,兵马俑、华清池景区积极作为,为促进"一带一路"文化互荣共通、交流碰撞发挥了良好的示范作用。

(一)与意大利等国家合作举办博物馆文物展览活动

秦始皇帝陵博物院先后引进了"辉煌时代——罗马帝国文物特展""曙光时代——意大利的伊特鲁里亚文明展"以及"文明之海——从古埃及到拜占庭的地中海文明",以系列展览的形式向观众介绍了世界文明的发展,让观众在欣赏中华文明的同时,也感受到世界文明的发展脚步。

1."辉煌时代——罗马帝国文物特展"。2013年9月1日,由意大利佛罗伦萨国家考古博物馆、锡耶纳国家考古博物馆、基安奇安诺泰尔梅德拉水域公民考古博物馆和秦始皇帝陵博物院联合举办的"辉煌时代——罗马帝国文物特展"在秦始皇帝陵博物院开展。

此次展览由国家文物局、陕西省文物局批准,秦始皇帝陵博物院主办,意中桥(上海)会议展览有限公司、意大利CP公司共同协办。展览分为"历代帝王""宗教与祭礼""公众生活""个人生活""罗马家庭"及"罗马帝国统治下的和平"

> 一串金项链由37个"8"形的双环扣组成,项链扣呈轮状;有浓厚希腊味的金手镯,镯体末端有两个相对的蛇头;另外,一枚精致的轮状胸针装饰有8个小人头交替在8条放射线两边,中间部分为玉髓装饰。

六个单元,其中有大量成套的硬币、陶器、玻璃器、金器、雕刻精美的石棺、大理石雕塑、小件青铜器和珠宝等文物分布于各个展区,主要展示了从公元前1世纪到公元3世纪中叶,罗马帝国巅峰时期与罗马国王相关的文化遗产。

2."曙光时代——意大利的伊特鲁里亚文明展"。2014年9月8日,秦始皇帝陵博物院与意大利佛罗伦萨国家考古博物馆、卡拉雷兹博物馆合作举办了"曙光时代——意大利的伊特鲁里亚文明展"。在开幕式上,意大利特莱维索卡萨雷斯博物馆馆长阿德里亚诺·马达罗先生以及意大利托斯卡纳大区考古遗产监督局局长安德烈·贝西纳博士以及陕西省文物局新闻发言人周魁英相继致辞。

伊特鲁里亚文明亮相秦始皇帝陵博物院,展览集中了意大利卡萨雷斯博物馆、佛罗伦萨国家考古博物馆等多家博物馆的311件展品,包含种类繁多的生活用品、美轮美奂的各式金首饰,以及各种造型的骨灰瓮、雕刻精美的石棺,其中,不少展品是首次在意大利境外展出,也是迄今为止意大利在国外举办的最能全面反映伊特鲁里亚文明的一次展览。

3."文明之海——从古埃及到拜占庭的地中海文明"。2016年7月25日,意大

>伊特鲁里亚文明亮相秦始皇帝陵博物院

>18家博物馆合作举办了"文明之海——从古埃及到拜占庭的地中海文明展"

利佛罗伦萨国家考古博物馆、那不勒斯国家考古博物馆等18家博物馆合作举办了"文明之海——从古埃及到拜占庭的地中海文明展"。此次展出的文物撷取意大利佛罗伦萨国家考古博物馆、那不勒斯国家考古博物馆等18家博物馆的246件组精品文物,包括大理石雕塑、青铜器、陶器、金银器等,洋溢着浓烈异国风情,主要展示了从公元前7世纪到公元7世纪1000多年来地中海文明黄金时代的文明发展历程。

(二)与希腊合作"在希腊遇见兵马俑"数字展览

2021年9月16日,由国家文物局、希腊共和国文化和体育部主办,陕西省文物局承办,秦始皇帝陵博物院、希腊国家考古博物馆合作开发制作的"平行时空:在希腊遇见兵马俑"展览上线运行。

该线上展览围绕"平行时空"主题,综合VR漫游、实时渲染、虚拟拍摄等技术,提供了包含四种不同"时空体验"的虚拟展馆,其中在希腊国家考古博物馆第13号展厅内的一场"仿佛真实存在的"虚拟展览和深度解析秦兵马俑色彩之谜的科技保护实验室都是首次呈现。通过秦兵马俑整体介绍、秦兵马俑坑遗址

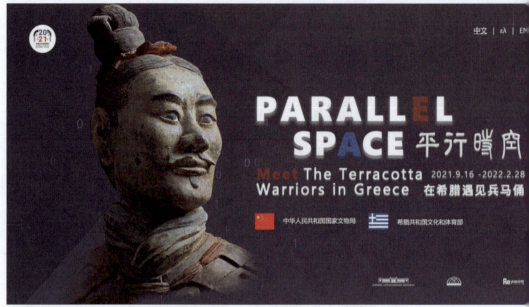

> 2021年9月16日,"平行时空:在希腊遇见兵马俑"展览线上亮相。

全景游览、NAM虚拟展厅秦俑藏品展览、2.5D视觉维度科技保护虚拟展厅、线上国际研学课程等板块,展现秦兵马俑文化魅力与科技保护成果。

此次线上展览以增强交流和理解为目标,围绕博物馆的藏品、阐释、保护、教育等核心职能,以内容挖掘为核心,基于"美学"这一共通的世界语,巧妙利用存量文物数据,面向国际进行设计和叙事提升(希、中、英三种文字),是一次对文物数据进行深加工和创新利用的有益探索,也是后疫情时代开展文物外展与国际文化交流的一种尝试。

(三)华清宫景区推出一系列精品唐宫廷文化旅游产品

2013年11月21日,由陕西华清池旅游有限责任公司和香港工联会联合举办的陕西旅游精品——华清池、《长恨歌》推介会在香港隆重举行。会上华清池景区推出了一系列精品唐宫廷文化旅游产品,为香港市民们奉上了独具特色的仿唐乐舞表演,吸引了来自香港各界人士的目光。除此之外,景区还在推介会上进行了抽奖互动环节,现场派发出了限量版的纪念礼品和《长恨歌》的演出门票。

(四)华清宫景区参加第十届澳门国际旅游博览会,做强开放大平台

2022年9月23日至25日,由文化和旅游部支持、澳门特区政府旅游局主办的第十届澳门国际旅游(产业)博览会在澳门威尼斯人金光会展中心举办。9月

> 2022年9月23日,第十届澳门国际旅游(产业)博览会在澳门举办。

23日,陕旅集团开展"心随陕旅 一路奇迹"陕旅集团华清宫旅游推介专场活动。作为全国首批5A级景区,华清宫通过"演出+互动"的形式,将景区特色和演艺节目的经典段落相融合,向来自世界各地的客商充分展示了陕西旅游形象,为提升内地与澳门在文化和旅游领域的务实合作助力。

作为西安的重要组成板块,临潼以更高的站位、更宽的视野抢抓新机遇,谋划新发展,全面加快建设西安国家中心城市东部新城,为振兴大西安作出贡献。站在大西安建设"一带一路"内陆开放新高地的大布局中谋划发展,临潼区集聚优势,开放办区,努力走在大西安内陆开放新高地建设最前列。

1. 做强开放"大平台"。 围绕构建"渭河以南大旅游、渭河以北大工业、渭河南北大商贸、骊山渭水大生态""四箭齐发"的城市和产业布局,全面推进80平方公里的旅游商贸主城区、27平方公里的国家5A级旅游休闲度假区、110平方公里的临潼现代工业新城等"十大产业片区"建设,着力打造千亿文旅航母、千亿工业航母,加快向世界一流景区和森林工业城市迈进。

2. 打通开放"大通道"。 依托区位优势,加快实施总投资500亿元其中基础设施150亿元的丝绸之路新起点亚洲最大新丰编组站内陆码头建设,着力畅通对外链接,构建公铁联运、沟通世界的开放大通道。深化与国际港务区合作,加快27平方公里的现代物流区建设,发展壮大"三个经济",着力打造西部重要物流基地。

3.优化开放"大环境"。坚定不移强力推进总投资150亿元的西安—临潼地铁线(九号线)、双向八车道的秦汉大道、渭北大横线(二期)等"十多条连接西安主城区的主干道工程"和双向八车道的黄金大道、骊渭路、芷渭路等"连接区内'十大产业片区'的城市路网工程",着力提升开放硬环境。积极践行"国际级景区、五星级服务"理念,全面开展"放管服""一网通办""最多跑一次"改革,争创西安市、陕西省营商环境最佳区。

从多元产业齐头并进到传统农业现代化转型,从借助文化旅游到全域旅游下的农业观光实践,临潼区不断创新发展方式,在保持优势产业基础上积极探索新的发展方式。

>兵马俑文创产品展示

3.4 西安其他区域

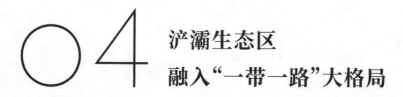

04 浐灞生态区
融入"一带一路"大格局

从2004年成立之初,西安浐灞生态区便确立了"生态立区、产业兴城"的发展战略,探索"河流治理推动区域发展、新区发展支撑生态建设"的发展模式,完成了从垃圾遍地、沙坑遍布、荒草遍野到全域生态化、全域旅游化、全域风景化的蜕变,形成了"人、城、水、绿"和谐共生的美丽画卷,是西安践行"两山理论",推进生态文明建设的重要实践区。

同时,浐灞生态区以欧亚经济论坛、世界文化旅游大会、西安国际会展中心等为载体,让产业与世界联动,进一步助推西安构建全方位对外开放新格局,深度融入"一带一路"大格局,成为一张喜迎全球宾客的西安文旅"金名片"。

一、西安领事馆区能级持续提升
(一)馆区硬件配套日益完善

西安领事馆区是外交部批准设立的全国第9个领事馆区,2013年启动建设,占地610亩,领事馆区一期4座统建馆、外事服务区丝路国际文化艺术中心和国际学校均已建成投用。其中丝路国际文化艺术中心自2022年8月运营,至2023年10月累计演出场次130余场。汉诺威国际学校于2021年8月招生,至2023年10月已经来自22个国家和地区的在校生超200人。根据国家关于领事机构及馆舍管理相关指导意见,借鉴其他城市先进经验,匹配各驻陕领事机构实际需求,领事馆二期、丝路国际文化艺术中心二期建设近期即将启动。

(二)涉外服务内容不断丰富

2023年5月,哈萨克斯坦共和国总统托卡耶夫出席总领馆开馆仪式。截至2023年10月底,柬埔寨、哈萨克斯坦国家总领事馆已正式开馆,马来西亚总领馆、中亚峰会常设秘书处即将入驻。西安签证申请中心可办理英国、德国、澳大

>西安领事馆区全景

利亚、意大利等23国签证业务，覆盖西安市内可办理签证国别91.3%，已成为西安市民签证业务服务"总窗口"。

二、自贸功能区服务创新持续深化

（一）浐灞自贸试验区不断完善

围绕四大功能定位，加快"一带一路"经济合作和人文交流，助力西安东部双向开放引领区建设。西安浐灞国际会展公用型保税仓库自2023年4月投运以来运营稳步提升，截至2023年10月底已完成5600余万元进口业务。西北地区首家跨境贸易人民币结算服务平台——"通丝路"平台发展持续向好，预计跨境人民币结算额累计突破8000万元，认证站点企业300家，覆盖陕西80%以上的县域地区。自贸试验区积极开展制度创新工作，提炼总结创新成果100余项，累计形成国家级创新成果5项，全省复制推广创新成果16项，入选陕西自贸试验区最佳实践案例4项，入选陕西省服务贸易创新发展最佳实践案例2项。

（二）建设跨境电子商务综合试验区创新示范先行区

获批"中国（西安）跨境电子商务综合试验区创新示范先行区"，逐渐形成了由浐灞跨境电商产业园、西部跨境电商服务中心、亚马逊联合创新中心为主要载体的对外贸易格局。浐灞跨境电商产业园于2022年8月揭牌，至2023年10月底已入驻企业45家，其中跨境企业10家、国内电子商务企业35家，直播基地开通北美、英国、马来西亚、印度尼西亚等MCN渠道。已布局直播基地、实训基地、联合培养基地、名师工作坊等多个板块，吸引40余家跨境电商企业入驻，交易额突破2亿元，2023年以来共举办跨境电商全球招商大会、西安跨境电商高质量发展论坛等各类推介活动20余场，跨境电商交易额超过1.4亿。

三、欧亚产业持续扩大

（一）构建"三位一体"发展战略，打造六大对外开放平台

一是向西开放之窗：丝路会展平台。建设西安国际会议会展中心、高星级酒店群等，打造中西部第一、丝绸之路沿线最具特色的会展功能聚集区。二是欧亚融通之核：丝路金融平台。建设西安金融商务区、"通丝路"跨境电子商务人民币结算服务平台，打造促进"一带一路"沿线国家和地区资金融通的金融服务平

>西安国际会展中心

台。三是文明互鉴之桥：丝路文旅平台。建设华夏文旅《驼铃传奇》、宋城《西安千古情》两台世界级演艺品牌，深化丝路沿线国家和地区文化交流。四是涉外服务之驿：丝路经贸平台。建设西北地区唯一的西安领事馆区、浐灞自贸功能区，打造丝路沿线外商投资、进出口贸易国际合作服务平台。五是欧亚创新之源：丝路科创平台。建设欧亚创意设计园，打造西安申报"设计之都"先行示范区，促进国际科技和文化创意交流合作。六是弘扬中医之帆：丝路健康平台。依托国家中医药服务基地，创建服务链新模式，扩大服务贸易对外开放。获得2021全面深化服务贸易创新发展试点最佳实践案例，在全国复制推广。

（二）设计产业发展"园中园"，打造"设计之都"先行示范区

聚焦一主（科创研发）、一辅（勘察设计）、一培育（数字文创）产业方向，构建特色园中园矩阵。以陕西科技控股集团、长安大学科技园为龙头的"科技研发园"，建设秦创原科技成果转化加速器，成为陕西省秦创原建设重点项目。以省水利电力勘测研究院、退化和未利用土地整治重点实验室等为核心的"勘察设计园"，形成建筑勘察设计全生命周期的产业链。以腾讯网信产业园、数字出版

>西安丝路国际创意梦工厂

基地为支撑的"数字创意园",形成点睛科技、志在动画、梦安文化等腾讯、网易头部企业产业合作生态,在游戏美术外包和元宇宙技术等赢得一席领先。以亚马逊联合创新中心、西安国际设计中心、西美设计中心为主导的"创新创业园",为创新创业企业提供多元载体空间、人才资源储备和双创制度供给。

四、中医药"走出去"步伐加快

(一)中医药海外中心建设

2021年1月,"哈萨克斯坦西安国际脑病康复中心"开业,至2023年10月底累计接诊患者4700余人次。2023年5月,中国—哈萨克斯坦传统医学中心筹建完成并正式开诊,累计接诊患者6500余人次,开展国际远程会诊、培训、学术交流30余次。9月在陕西省政府代表团访问哈萨克斯坦期间,省委书记赵一德亲临中哈传统医学中心参观调研,对中心建设工作给予了高度评价:为中医药高质量融入共建"一带一路",打造"健康丝绸之路"贡献中医力量。

(二)开展中医药国际学术交流

1. 举办国际中医药学术会议。2019年在西安协办世界中医药大会第五届夏季峰会,同期举办第三届世界中联小儿脑瘫国际学术论坛;2021年6月,在合肥参与举办"第九届全国儿童康复、第十六届全国小儿脑瘫康复、第四届世界中医药学会联合会小儿脑瘫诊疗与康复学术会议暨国际学术论坛";2022年8月在西安举办世界中联小儿脑瘫专业委员会换届大会暨第五届学术年会;2022年9月承办中国—中亚民间友好论坛传统医学与健康分论坛。2023年在欧亚经济论坛期间,基地协办欧亚经济综合园区发展论坛、中医药交流合作分会。

2. 区域协同发展。2021年,牵头筹建"一带一路"国际医学合作联盟,吸纳中亚五国、高加索三国等"一带一路"沿线国家的医学专家定期开展学术交流,建立互利合作。两年来,基地建设工作取得了积极进展,被中央电视台、新华社、《人民日报》、商务部《国际商报》、俄罗斯《龙报》、俄罗斯《健康报》、俄罗斯《中国风》杂志、俄罗斯电视台、陕西卫视、陕西日报、西安日报等境内外新闻媒体报道60余次。基地依托西安浐灞自贸区先行先试的便利条件,推出《标准化制定助推中医药产业服务链"走出去"》案例,于2021年5月入选国务院全面深化服务贸易创新发展试点"最佳实践案例"。2022年3月,商务部在首批17家基地复审中评出6家优秀单位,西安中医脑病医院获批优秀,中央电视台对此特别报道。

> 2019年6月15日至16日,世界中医药大会第五届夏季峰会在西安召开。

五、通丝路平台合作之路不断深化

(一)构建"一带一路"一站式智慧跨境贸易生态

"通丝路"通过引入集中采购、渠道拓展、云仓共享、一键上架,链接海关、在线支付、全程物流等功能,实现商流、物流、资金流、数据流、信用流的"多流合一"服务,构建起大规模标准化服务和小批量个性化产品灵活组合的"一站式"智慧跨境贸易生态。截至2023年10月底,"通丝路"平台已形成"服务多品种、交易速达成、本币好结算、交易省费率、结算全介入"的单一窗口综合服务,吸引了500余家国内外企业注册。

(二)全国首家专业开展人民币结算的跨境贸易平台

接入CIPS跨境人民币收发系统,使跨境支付转变为"本外币一体化"跨境收付架构,成为全国首家专业开展跨境人民币结算的贸易平台。平台以全球收款人民币为主、聚合支付为辅,满足入驻企业低成本、灵活性、个性化的结算服务需求。"通丝路"平台在2019年获评中国商务部自由贸易试验区第三批"最佳实践案例"、中国自贸试验区十大创新成果,在2021年被列入陕西"一带一路"建设十大亮点、2023年入选陕西省服务贸易(服务外包)创新发展创新实践案例。

(三)推动人民币国际化发展进程

截至2023年10月底,平台采用人民币跨境结算的累计交易额超过4000万。在降低汇率风险、提高支付效率有效支持跨境贸易资金快速流通的同时,拓展了人民币国际结算跨境电商服务场景。平台正与尼日利亚中非电商平台建立合作,在两国央行的支持与监管下,借助中尼之间的数字货币构建基于央行数字货币跨境支付平台,提升本土出口企业在国际贸易中的话语权,进而有力地支持了人民币国际化战略。

(四)数字贸易增长显著

截至2023年10月底,平台已累计注册国内外企业用户500多家,借助平台开展跨境贸易的个人用户超千人。平台上跨境贸易额从2018年的单笔50余万增长到2022年单笔1300万,跨境贸易服务时效显著提升,服务范围和影响力逐渐扩大。

(五)提升小微企业抗风险能力

为小微企业定制供应链融资等金融服务,专设金融产品窗口,为企业提供出口贴现、打包贷款、出口双保理等贸易融资产品和全产业链融资解决方案,入驻企业可在线提交贸易融资申请,及时高效解决融资难题。同时提供专属出口收款风险保障方案——"小微企业信保易"保险产品,为企业拓市场、接订单、防风险提供有力保障。

六、会议会展产业持续深耕

(一)展会规模不断扩大

聚焦"打造中西部第一会展品牌",贯彻落实"五个一"发展战略(即建设一个综合性现代化会展中心,组建一个国际化会展集团,建设一个会展教育、培训孵化基地,设立一支会展产业基金,打造一批国际性会展项目),助力大西安在"一带一路"倡议下,成为面向全球的市场化和国际化资源配置平台。2020—2023年,累计举办丝绸之路国际博览会、欧亚经济论坛、世界信息安全大会、国家网安周等重大展会活动500余场,累计展览面积超过450万平方米,参展参会观众720万人次,先后荣获"中国最佳会展目的地""中国十佳会展名区"等多项殊荣。圆满完成中国—中亚峰会、中国—阿联酋军方会晤、世界城地组织亚太区执行局会议等高规格活动共280余场,累计接待9万余人次,赢得各界广泛赞誉和高度认可。

> 2023年9月22日至25日,欧亚经济论坛经贸合作博览会暨中国(陕西)进出口商品展在西安国际会展中心举办。

(二)举办水平不断提升

欧亚经济论坛自2005年以来已成功举办10届,论坛举办层次逐渐提升,从首届3个主办单位到10个主办单位,46个国家、地区和国际组织参与承办;论坛举办规模逐渐扩大,从首届1场主论坛开幕式+4个专题论坛,形成1+10+N框架下20余场系列活动。浐灞会展业以会展场馆为依托,充分发挥对城市经济的带动作用。一是聚焦配套服务,建设高品质酒店群。二是聚焦产业赋能,建设会展企业集聚地。三是聚焦模式创新,释放"会展+自贸+保税"叠加优势。四是聚焦"会展+",创新"一会一展"模式,策划举办欧亚经济论坛经贸合作博览会暨中国(陕西)进出口商品展,促进国内国际双循环发展,推进形成西部大开发新格局,被列入2021年陕西省"一带一路"十大亮点工作,授予2022年度中国品牌展览会金奖。

PART FOUR

四、西安服务"一带一路"建设的未来展望

未来展望

FUTURE PROSPECTS

西安服务"一带一路"建设的未来展望

参与共建"一带一路"是个大课题、是篇大文章，只有进行时、没有完成时。党的二十大为党和国家事业发展擘画了复兴新蓝图，吹响了全党全国各族人民全面建成社会主义现代化强国、实现第二个百年奋斗目标，以中国式现代化全面推进中华民族伟大复兴的时代号角。如何在国际上继续讲好中国对外开放的故事，成为国家的一道必答题。展望未来，西安将以习近平总书记历次来陕考察重要讲话、重要指示精神为指引，紧抓"一带一路"倡议提出十周年和"中国—中亚"峰会成功举办带来的历史性机遇，成为服务国家"一带一路"建设的新高地，以更大力度、更深层次、更高水平融入共建"一带一路"大格局，全力推动西安开放型经济高质量发展建设取得突破性进展和标志性成果，在共建"一带一路"、走好新的对外开放之路上为全国发展大局作出新的更大贡献。

下一步，西安要紧抓"一带一路"桥头堡的重要战略地位和实施RCEP的重大机遇，进一步融入国家总体战略部署，高标准建设中国（陕西）自由贸易试验区，打造具有全球影响力的综合性科学中心、科技创新中心和数字贸易中心，纵深推进丝绸之路经济带大通道建设，推动中欧班列"长安号"高质量发展，推动数字技术和产业走向"一带一路"沿线国家，在打造"一带一路"重要枢纽上体现西安的新担当、新作为。

一、聚焦合作需求，推动重大政策创新

在共建"一带一路"中，西安深入贯彻、深度融合国家重大战略部署，为打造"一带一路"重要枢纽提供更多的政策支持。中国—中亚峰会成功聚焦"一带一路"沿线国家在经济社会发展中面临的关键共性问题和合作需求，按照习近平总书记提出的八个方面建议，持续深化与中亚各国在经贸、科技、教育、农业、文旅等领域的交流合作，加速引导面向中亚的经济资源、企业资源、科技资源、人才资源和文化资源向西安聚集，力促西安与中亚五国的务实合作再上新台阶。

面对国际形势对外贸的冲击，全面实施稳外贸新政，优化企业"走出去"服务政策，推动落实要素支持政策，加强金融政策服务保障，落实国际人才资源对接政策，强化境外安全保障体系建设。抢抓RCEP重大新机遇，逐条梳理可享受的RCEP政策清单，引导企业用好零关税等规则落实好出口退税、出口信贷等政策。

>2023年8月1日,中国共产党西安市第十四届委员会第五次全体会议召开。

坚持产业强市目标不动摇,推动战略性新兴产业持续发展壮大,积极发展数字经济和现代服务业,加快构建具有智能化、绿色化、融合化特征并符合完整性、先进性、安全性要求的现代化产业体系。创新运用投行思维、链式思维、闭环思维,精准招引一批国内外优质产业项目。充分发挥"秦创原"平台作用,培育一批前景好、成长性高的本土企业。对标国际先进水平,加快打造市场化、法治化、国际化一流营商环境,激发市场主体活力、增强发展内生动力,打造开放型产业高地。

二、聚焦深化合作,推动重大平台创新

加强政策、措施创新,进一步凸显西安优势和西安特色。以建设国际性综合枢纽城市为抓手,持续放大"四枢纽一基地"对外开放引领作用,加快形成面向中亚、南亚、西亚国家的重要对外开放通道。推动实现东西向亚欧陆海贸易大通道与南北向西部陆海新通道在西安深度融合,全力提升参与国内国际双循环的战略承载能力。畅通对外贸易及航空物流网、铁路运输物流通道,提升国际贸易服务能力。

抓好跨境电商政策落实、主体培育、生态建设,完善跨境电商基础设施建设,打造跨境电商产业创新发展集群,积极发展外贸细分服务平台。加快推进国家物流枢纽和骨干冷链物流基地重点项目建设,完善设施功能、提升服务能级,积极参与西部陆海新通道和中蒙俄经济走廊建设,织密"+西欧"线路网络,高频次稳定开行铁海联运班列。加强与东部沿海港口以及中远海、马士基等海运龙头企业合作,加快国际消费中心城市建设。

放大中国—中亚峰会效应,建设世界文明交流互鉴窗口,扩大文旅国际合作"朋友圈"。用好"东亚文化之都"、东盟中日韩"10+3"文化城市网络平台,加强与世界历史文化名城、世界城地组织成员、国际友好城市的文化交流合作。办好丝博会、欧亚经济论坛和丝路国际电影节等国际会议和展会。利用丝绸之路世界旅游城市联盟、澜湄旅游城市合作联盟,发挥国际古迹遗址理事会西安国际保护中心、丝路沿线城市广播电视媒体协作体作用,开展文化交流、艺术展演、文物互展和文化遗产保护交流,广泛宣传推广"千年古都·常来长安"文旅品牌,讲好西安故事,全面提升西安世界历史文化名城的国际影响力。

三、聚焦枢纽建设,推动重大项目创新

认真实施《西安市国民经济和社会发展第十四个五年规划和二〇三五年远景目标纲要》中确定的"一带一路"重大项目,进一步健全"一带一路"重大项目库,推动重大项目落地落实。坚持制度创新和项目建设双管齐下,加快培育创建西安国际消费中心城市,构建适应城市战略发展的现代商贸流通体系。以"提升对外开放层级、提升高质量发展动能、提升服务国家战略能力"等七项提升为主要抓手,稳步扩大规则、规制、管理、标准等制度型开放,推进中国(陕西)自由贸易试验区高质量发展。

精准谋划临港产业布局,规划建设总面积17平方公里的临港先进制造业片区,有序承接东部沿海产业转移,主动参与全球产业竞争,加速构建临港产业集群;大力发展大宗商品贸易,提升中亚、俄罗斯等国家的贸易占比;积极承办大型赛事和文艺演出,持续完善"一带一路"国际商事法律服务示范区建设,全力打造面向"一带一路"的国际贸易中心、体育赛事中心、时尚演艺中心、法律服务中心和科技展示中心。

以全面优化对外开放环境为核心,持续提升中国(陕西)自由贸易试验区、综合保税区、临空经济示范区、"一带一路"国际商事法律服务示范区等开放平台能级,进一步凸显区位优势、政策优势、路网优势、航线优势,聚力打造"一带一路"贸易合作新高地。

四、聚焦重点任务,推动工作机制创新

围绕全国"一带一路"建设总体部署,充分发挥多主体共推共建的积极性和创造力,进一步加强与国家有关部委及亚洲基础设施投资银行、国家开发银行、中国进出口银行、中国出口信用保险公司等金融机构的对接,进一步加强省市县之间、政府与企业、省内与省外、国内与国外的协调沟通,凝聚多方合力深入推进"一带一路"建设。

以设立中国—中亚机制常设秘书处为契机,紧抓机遇、趁势而上,充分发挥西安区位优势,加快引导面向国际特别是面向中亚地区的经济资源、企业资源、科技资源、人才资源和文化资源的聚集,进一步织密面向西亚、南亚和欧美的国际航空客货运网络,加快推进西安咸阳国际机场三期扩建工程建设,积极打造"空中丝绸之路"示范工程和向西开放"西安样板"。

加强重点领域、重要事项和重大工程的统筹协调,健全重大事项定期会商、协调落实、信息通报等制度,及时协调解决工作中的重大问题。以"最多跑一次"为抓手,对标对表国际先进水平,不断深化政务服务改革,全面打造经济充满活力、生活品质优良、生态环境优美、彰显中华文化、具有国际影响力和竞争力的国家中心城市,具有历史文化特色的国际化大都市。

PART FIVE

五、大事记（2013-2023）

十年

LOOKING BACK
TEN YEARS

回顾

2013

首次提出"丝绸之路经济带"
9月7日,国家主席习近平在哈萨克斯坦纳扎尔巴耶夫大学发表题为《弘扬人民友谊 共创美好未来》的重要演讲,倡议共同建设"丝绸之路经济带"。

2013欧亚经济论坛在西安举行
9月26日至28日,2013欧亚经济论坛在西安举行。1000多位来自欧亚各国的政要、企业家共探合作途径,共谋发展大计。本次欧亚经济论坛包括金融合作、能源开发、经济成长、文化遗产、教育人才、新兴科技、旅游发展及生态环保等八大平行分会;低碳地球峰会、可持续货币大会等五个配套会议和中意经贸文化论坛、欧亚大陆桥物流合作会议等六项专题活动,共计举办150多场次会议活动。

《共建丝绸之路经济带西安宣言》发布
9月27日,丝绸之路经济带城市圆桌会议在西安召开。西安与丝绸之路沿线12个城市签订了共同合作发展的框架协议,与会代表签署《丝绸之路经济带城市加强合作协议书》,共同倡议发布《共建丝绸之路经济带西安宣言》。

首次提出"21世纪海上丝绸之路"
10月3日,国家主席习近平在印度尼西亚国会发表题为《携手建设中国—东盟命运共同体》的重要演讲,倡议筹建亚洲基础设施投资银行,与东盟国家共同建设"21世纪海上丝绸之路"。

西安·酒泉建设丝绸之路经济带座谈会在西安举行
10月20日,西安·酒泉建设丝绸之路经济带座谈会在西安举行,并成功签订《西安市、酒泉市建设丝绸之路经济带战略合作框架协议》。

第二十届中国杨凌农业高新科技成果博览会成功举办
11月5日至9日,第二十届中国杨凌农业高新科技成果博览会暨现代农业高端论坛在杨凌召开。来自40个国家和地区的200多名外国政府官员、农业专家和企业家聚集杨凌,围绕农业可持续发展、粮食安全、农业现代化等问题进行了深入探讨交流。

三星电子快速干道正式建成通车

11月5日,全长5.6公里的三星电子快速干道建成通车。该工程总投资5.81亿元,线路起点连接西汉高速公路,止于西安高新区综合保税区,采用四车道城市快速干道标准建设。该工程从立项到建成仅用17个月,创造了陕西省高速公路建设的最快速度。

签约建设强生全球最大产能供应链生产基地

11月14日,美国强生公司与西安高新技术产业开发区签订合作谅解备忘录,在西安建设强生全球最大产能供应链生产基地。强生供应链生产基地项目是强生公司在华最大单笔投资,建成后将成为国内生物制药领域单体建筑面积最大的工厂,预计建成后年片剂生产能力将达50亿片。

西安中韩企业合作促进会成立

11月19日,西安中韩企业合作促进会正式成立,促进会是由中韩两国企业和个人组成的具有法人资格的民间社团,其服务范围包括与中韩民间组织、社会团体、政府部门建立联系,了解企业发展动态,为政府制定政策法规提供参考依据;了解两国经济发展形势及政策,为会员提供信息咨询;开展技术交流和学术交流活动,促进中韩企业合作;组织展会、交易会,促进会员企业的对外交流与发展;为经贸科技合作、人才培训和项目投资牵线搭桥等。

首列中欧班列"长安号"国际货运班列从西安发车

11月28日,第一列中欧班列"长安号"国际集装箱货运班列从西安铁路集装箱中心站发车。经过6天时间,中欧班列"长安号"到达哈萨克斯坦阿拉木图,由此迈出了西安主动践行建设"一带一路"重要使命的新步伐,这是中国铁路史上首次向国外发送国际整车货运班列。中欧班列"长安号"的开行,不仅为"中国制造"走出去创造了机会,更为中国与中亚国家开展产能合作搭建了桥梁。

西安市与乌兹别克斯坦撒马尔罕市建立友好城市

11月29日，西安市与乌兹别克斯坦撒马尔罕市共同签署《中国陕西省西安市与乌兹别克斯坦撒马尔罕市建立友好城市关系协议书》，双方明确将在经贸、旅游、文化、科技、教育、体育等方面开展交流与合作。

三星半导体（西安）有限公司三星闪存项目正式启动

12月27日，三星半导体（西安）有限公司三星闪存项目正式启动。项目总投资70亿美元，是改革开放以来中国单笔投资最大的外商项目。

2014

中韩教育交流与合作会议暨中韩教育中心成立大会

1月8日,中韩教育交流与合作会议暨中韩教育中心成立,为陕西高校与韩国高校、企业间的教育交流与合作构建了新的篇章。

青岛港大宗商品(棉花)交易中心正式签约落户西安综合保税区

2月18日,青岛港与西安综合保税区成功签约,建设西安综合保税区青岛港大宗商品(棉花)交易中心。作为西北第一个以棉花、粮食等为主的大型交易平台,该交易中心将成为丝路经济带上重要的粮棉集散地,为陕西以及周边地区企业提供更加高效、便捷、经济的物流分拨服务。

西安外国语大学成为中国大陆地区首个国际译联候选会员

3月22日,在南非约翰内斯堡召开的国际翻译家联盟理事会上,西安外国语大学被理事会全票推选为国际译联候选会员,成为中国大陆地区第一家加入国际译联的高等教育机构。

西安成功获批创建国家电子商务示范城市

3月24日,国家发展和改革委员会、商务部等部委联合下发《关于同意东莞市等30个城市创建国家电子商务示范城市的通知》,西安成功获批创建国家电子商务示范城市。

西安市与罗马尼亚雅西市签署深化交流与合作协议书

4月9日,西安市与罗马尼亚雅西市签署了《进一步深化友好城市交流与合作协议书》。双方将在平等互利的基础上,进一步促进两市人民之间的友好交往,特别是加强两市在经贸、教育和文化等领域的交流与合作。

西安成为中国至中亚国际货运集散地

4月14日,西安国际港务区与哈萨克斯坦国家铁路公司达成合作协议,西安成为中国发往哈萨克斯坦货物及过境哈萨克斯坦货物的集散地。

西安高新综合保税区正式封关运行

4月18日,陕西省第二个综合保税区——西安高新综合保税区正式封关运行。西安高新综合保税区规划面积3.64平方公里,将极大地促进高新区以三星项目为引领的电子信息产业集群化发展,对提升西安、陕西的开放型经济发展水平产生积极影响。

第七届中韩"石榴花之春"文化旅游交流活动在西安开幕

4月25日,第七届中韩"石榴花之春"文化旅游交流活动在西安召开。活动现场,中韩两国观众共同观看了西安、晋州城市形象宣传片,回顾了两市交流历程,欣赏了中韩两国艺术家带来的精彩节目。

获批实施部分外国人72小时过境免签政策

5月8日,公安部下发《关于同意陕西西安咸阳国际机场口岸实施部分外国人72小时过境免签政策的批复》,西安成为西北第一个、全国第八个获准实施部分外国人72小时过境免签政策的城市。

三星存储芯片项目在西安竣工投产

5月9日,三星高端存储芯片项目在西安竣工投产。项目建设期间,三星两个研发中心、半导体封装测试和SDI电池项目相继在陕落户,并带动60余家配套企业入驻西安。

举行"丝路经济带"主题发布会

5月21日,国务院新闻办公室在西安举行"丝路经济带"主题发布会,这是国务院新闻办公室首次围绕"丝绸之路经济带"建设主题举行发布会。同日,由国务院新闻办公室组织的"中国媒体丝路行"跨境采访活动在西安城墙南门瓮城启程。

第十八届中国东西部合作与投资贸易洽谈会暨丝绸之路国际博览会在西安举行

5月23日至26日,第十八届中国东西部合作与投资贸易洽谈会暨丝绸之路国际博览会在西安曲江国际会议中心举行。来自52个国家(地区)的1653名境内外客商参会,其中境外客商1189名,客商来源国和客商人数均创历史新高。

西安市与加拿大滑铁卢市、西班牙梅里达市签署发展友好城市关系意向书
5月24日,在第十八届中国东西部合作与投资贸易洽谈会暨丝绸之路国际博览会陕西省国际友好城市项目对接会上,西安市与加拿大滑铁卢市、西班牙梅里达市签署发展友好城市关系意向书。

新华社"新丝路·新梦想"采访车队从西安启程
6月8日,新华社"新丝路·新梦想"大型集成报道采访车队在丝路起点——西安大唐西市举行启程仪式,将途经中国陕西、甘肃、新疆等省区,以及哈萨克斯坦、俄罗斯、波兰及德国等国家,以文字、图片、音视频和新媒体等多种形式,全方位报道丝绸之路的历史渊源、时代变迁,反映沿线国家的风土人情、文化交流和经贸往来,宣扬中国对周边国家"亲、诚、惠、容"的友好政策。

西安新增5处世界文化遗产
6月22日,在卡塔尔首都多哈召开的第38届联合国教科文组织世界遗产委员会会议上,中国和哈萨克斯坦、吉尔吉斯斯坦联合申报的"丝绸之路:长安—天山廊道路网"顺利进入世界文化遗产名录。此次申遗成功使西安新增5处世界文化遗产,即大雁塔、小雁塔、兴教寺塔、汉长安城未央宫遗址、唐长安城大明宫遗址。

西北地区第一所中加国际学校项目在西咸新区沣东新城启动
6月24日,西北第一所中加国际学校项目在西咸新区沣东新城正式落地启动。项目总投资约3亿元,建成后校园用地面积约120亩,在校学生规模将达3000人以上。

西安市和兰州市签署建设丝绸之路经济带战略合作框架协议
7月6日,西安市与兰州市共同签署了建设丝绸之路经济带战略合作框架协议,决定将发挥资源互补优势,深化商贸物流合作,推动文化旅游融合,加强园区交流合作,扩大科教资源共享,建立常态交流机制,在多个领域加强合作,促进丝路经济带建设。

中国西部最大的智能终端生产基地落户西安

7月25日,西安高新技术产业开发区管委会与中兴通讯股份有限公司签署投资协议,中国西部最大的智能终端生产基地落户西安高新技术产业开发区。

西安被评为"中国最佳营商环境十大城市""丝绸之路经济带最佳营商环境城市"

8月9日,由《环球时报》社主办、环球舆情调查中心担任主要数据支持的2014夏季中国区域发展与投资论坛暨"中国最佳营商环境评选"发布典礼在北京举行。西安被评为"中国最佳营商环境十大城市""丝绸之路经济带最佳营商环境城市"。

三星环新(西安)汽车动力电池项目西安开工建设

8月18日,三星环新(西安)汽车动力电池项目在西安开工建设,这是陕西与韩国三星集团务实合作的又一硕果,标志着西安将成为全国最大的汽车动力电池生产基地。

举办首届留学回国人才创业就业对接洽谈会

8月29日,西安市人才服务中心举办首届留学回国人才创业就业对接洽谈会,为留学回国人员提供人才测评、职业指导、创业指导、创业政策咨询及创业项目推介、人事代理、留学认证咨询等。

西安—巴黎直航开通

9月4日,海南航空西安至巴黎航线正式开通。该航线的顺利开通,为中法两国在政治、经济、文化的进一步交流搭建了更为便捷的空中桥梁。

首届丝绸之路国际艺术节在西安举行

9月12日至27日,首届丝绸之路国际艺术节在西安举行。艺术节邀请了丝绸之路经济带、海上丝绸之路沿线国家和关联国家以及国内部分省区优秀剧(节)目参加展演,汇集了中外文艺会演、非遗展览、丝路文化论坛、惠民公益巡演等四大板块内容。

丝绸之路经济带城市合作发展圆桌会在西安举行

9月24日,丝绸之路经济带城市合作发展圆桌会在西安举行,来自25个国家、31座城市的386名中外嘉宾参加会议。西安市与乌鲁木齐市、西宁市,韩国晋州市,美国堪萨斯州等与会中外城市共同签署《丝绸之路经济带城市深化务实合作备忘录》。

首届丝绸之路国际电影节在西安举行

10月20日至25日,首届丝绸之路国际电影节在西安举行。电影节共征集影片200多部,涉及25个国家、18个语种,入围参评影片41部。最终30部国内外电影作品分别获得首届丝绸之路国际电影节观众最喜爱影片故事片奖、国际短片奖及纪录片奖。

西安获得多项城市荣誉

10月31日,中国城市未来发展国际论坛发布了2014"中国最具幸福感城市"和"中国最具文化软实力城市"榜单,西安分别获得"2014中国最具幸福感城市"和"2014中国最具文化软实力城市"荣誉称号,这是西安连续3年获得"中国最具幸福感城市"荣誉称号。

"2014西安韩国周"活动在西安举行

11月6日至11日,"2014西安韩国周"活动在西安举行。活动期间,举办了韩国旅游风光摄影作品赛、韩国农食品展示会、韩中留学博览会、韩国西安经济论坛等多项活动。

丝绸之路国际青年圆桌会议在西安举行

11月18日至20日,欧亚青年领导人友好会见活动暨丝绸之路国际青年圆桌会议在西安举行。活动期间,欧亚青年领导人参加高校论坛,开展多场座谈、交流活动,共同讨论并发表《西安宣言》。

第二届金丹若国际微电影艺术节在西安举行

11月28日,第二届金丹若国际微电影艺术节在西安举行。本届艺术节共有国内外2758部微电影参与评选,268部中外优秀微电影作品入围,组委会评出

20项专业大奖。

西安国际港务区首单陆海国际直达业务起运
12月18日,西安国际港务区首单陆海国际直达业务起运,1.8万箱澳大利亚纯牛奶从澳大利亚墨尔本港上船,直发西安国际港务区。

阿里巴巴(西安)跨境贸易综合服务中心在西安成立
12月23日,阿里巴巴(西安)跨境贸易综合服务中心成立仪式在西安国际港务区举行。将依托西安国际港务区的"港口服务"和"国际贸易集散"功能,充分发挥阿里巴巴在跨境电商外贸进出口领域的技术与经验优势,以陕西为中心向内陆地区企业提供专业的第三方营销推广、人才培训、软件支持、物流组织、供应链管理等服务,着力打造西北地区的跨境电商产业集群,真正成为助力跨境电商企业快速发展的孵化基地和生态产业园。

2015

大唐电信移动互联(西安)孵化基地和研发中心在西安挂牌成立

1月23日,大唐电信移动互联(西安)孵化基地和大唐电信移动互联(西安)研发中心挂牌仪式在西安曲江新区举行,这标志着大唐电信移动互联创新孵化平台正式启动在全国的布局。

西安被评为"2014中国十大影响力会展城市"

2月11日,商务部、中国会展经济研究会联合发布《2014中国会展行业发展报告》,2014年西安会展活动数量和展出面积综合排名全国第8位,首次成为全国展览面积突破200万平方米的十大会展城市之一,被评为"2014中国十大影响力会展城市"。

中共中央总书记、国家主席、中央军委主席习近平在西安市调研

2月15日,中共中央总书记、国家主席、中央军委主席习近平在西安市调研,先后考察了中科院西安光学精密机械研究所、西安博物院、西安市雁塔区电子城街道二〇五所社区。

西安获得第四届"全国文明城市"称号

2月28日,全国精神文明建设工作表彰暨学雷锋志愿服务大会在北京人民大会堂举行,西安获得第四届"全国文明城市"称号。

西咸新区信息产业园获批国家新型工业化产业示范基地

3月9日,工业和信息化部正式公布第6批"国家新型工业化产业示范基地"名单,西咸新区信息产业园获批成为国家新型工业化产业示范基地。

西安市与澳大利亚霍巴特市结为友好城市

3月29日,西安市与澳大利亚霍巴特市正式签署建立友好城市关系协议书,结为友好城市。

三星电子高端存储芯片封装测试项目在西安竣工投产

4月14日,三星电子高端存储芯片封装测试项目在西安竣工投产。该项目主要生产基于3D垂直闪存芯片的固态硬盘,是三星在海外投资的唯一集存储芯片制造、封装测试于一体的生产基地。

丝绸之路经济带海关区域通关一体化改革试运行启动

4月27日,三星(中国)半导体有限公司以区域通关一体化模式申报,自韩国经青岛口岸进口的货物顺利通关,标志着丝绸之路经济带海关区域通关一体化改革试运行启动。为了服务国家"一带一路"倡议,海关总署决定,以青岛海关为龙头,将青岛、济南、郑州、太原、西安、银川、兰州、西宁、乌鲁木齐、拉萨共10个城市海关,整合为丝绸之路经济带海关区域通关一体化改革版块。在一体化通关模式下,企业可以自主选择申报口岸、自主选择查验地点,报关企业在一个地方注册,在区域内任何一个海关都可以报关。

西安咸阳国际机场国际指廊正式投入运营

4月28日,西安咸阳国际机场国际指廊正式投入运营,所有进出港国际(地区)航班业务全部迁至西安咸阳国际机场新建国际指廊。西安咸阳国际机场国际指廊工程于2013年10月31日开工建设,总投资3.5亿元,建筑面积6万平方米,年设计旅客吞吐量300万人次。

国家主席习近平在西安会见印度总理莫迪

5月14日,国家主席习近平在西安会见印度总理莫迪。

"一带一路"地方领导人对话会在西安举行

5月22日,"一带一路"地方领导人对话会在西安举行。来自哈萨克斯坦、吉尔吉斯斯坦、捷克、土耳其等10余个国家的政要和地方政府领导人等共约450人出席活动。活动期间,签署了《"一带一路"地方领导人对话会西安声明》。

第十九届中国东西部合作与投资贸易洽谈会暨丝绸之路国际博览会在西安召开

5月22日至28日,第十九届中国东西部合作与投资贸易洽谈会暨丝绸之路国际博览会在西安召开。共有来自我国东中西部地区、丝绸之路沿线国家和地区近10万名客商参展参会,展销特色产品近2万种,观众人数超过50万人次。特别是来自亚、欧、非等超过45个国家400余家企业参展及23个国家馆的亮相,该展会正在从原有的区域性展会升级为大型综合性国际化平台。西安分团签约项目305个,总投资额4083亿元。

西安港与宁波港结为友好港

5月23日,西安港与宁波港在西安国际港务区签署合作备忘录,缔结为友好港,开启陆港与海港合作的新纪元。此次双方签约成为友好合作伙伴,使宁波港成为西安港的首家"联姻单位",未来两港将充分发挥互补优势,大力开展深度合作,促进内陆地区与沿海地区在生产性服务业领域协同发展。

西安文化科技创业城挂牌成立

5月23日,在第十九届中国东西部合作与投资贸易洽谈会暨丝绸之路国际博览会曲江文化金融专场活动上,西安文化科技创业城挂牌成立。

首届丝绸之路网络平台国际大会召开

5月23日至25日,联合国教科文组织首届丝绸之路网络平台国际大会在西安大唐西市博物馆召开。来自中国、德国、埃及、印度等丝绸之路沿线16个国家的百余位文化遗产界专家、学者参会。会上,丝绸之路沿线各国与会代表在联合国文化友好国际十年(2013—2022)的框架下,制定丝绸之路网络平台国际关系网络的行动纲领,形成了汇聚各国代表建议与智慧的《西安宣言》。

"2015西安探秘中韩文化之旅"活动在西安举行

5月30日,"2015西安探秘中韩文化之旅"活动在西安古城墙遗址西门瓮城内举行。共有32个韩国馆和12个中国馆进行展出,包括饮食、购物、IT、美容、旅行社等29个行业,为游人提供了众多中韩文化和旅游资讯。

西安仲裁委员会国际商事仲裁院成立

7月24日,西安市仲裁委员会国际商事仲裁院揭牌成立。国际商事仲裁院将面向西安地区及"一带一路"的外来投资商,通过调解和仲裁方式解决涉外商事纠纷,为行业主管部门提供延伸性法律服务,为企业合同签订及履行、商业纠纷调解等提供服务。

西安市与中国银行陕西省分行签署建设丝绸之路经济带新起点战略合作框架协议

8月11日,为加快西安丝绸之路经济带新起点建设,充分发挥中国银行在海内外多元化全功能金融服务平台的专业优势,西安市与中国银行股份有限公司陕西省分行经过充分协商,本着平等互利、优势互补、协同创新、长期合作、共谋发展的原则,签署建设丝绸之路经济带新起点战略合作框架协议。

西安成为全国8个全面创新改革试验区之一

9月9日,中共中央办公厅、国务院办公厅印发《关于在部分区域系统推进全面创新改革试验的总体方案》,确定西安成为全国8个全面创新改革试验区域之一。

2015中国西安丝绸之路国际旅游博览会在西安举行

9月11日至13日,2015中国西安丝绸之路国际旅游博览会在西安曲江国际会展中心举行。来自33个国家和地区以及国内24个省(自治区、直辖市)的政府机构、旅游企业和旅行商代表参会。

上海合作组织成员国经贸部长第十四次会议在西安举行

9月16日,上海合作组织成员国经贸部长第十四次会议在西安市举行。来自上海合作组织成员国、观察员国、对话伙伴国的16国经贸部长,以及上海合作组织秘书处、实业家委员会、银行联合体、欧亚经济委员会出席了会议。会议达成启动制定区域经济合作五年发展规划等9项具体举措。

首届丝绸之路西安乒乓球邀请赛在西安举行

9月19日至20日,首届丝绸之路西安乒乓球邀请赛在西安城市运动公园体育馆举行。来自西安、杨凌、铜川、天水、兰州、敦煌、银川、固原、西宁、乌鲁木齐、太原、洛阳、郑州、渭南、成都等16个城市代表队的近百名选手参赛。

2015欧亚经济论坛在西安开幕

9月24日,2015欧亚经济论坛在西安开幕,来自全球53个国家和地区的政界官员、经济学家、企业代表等2000余名嘉宾参会。

丝绸之路经济带城市友好合作雕塑在西安揭幕

9月25日,欧亚经济论坛中外嘉宾相聚西安浐灞生态区,共同为象征丝绸之路经济带城市友好合作的纪念雕塑揭幕。

中俄人文合作委员会第十六次会议在西安召开

10月9日,中俄人文合作委员会第十六次会议在西安召开。会议期间,两国共同参观了中国赴俄艺术类留学成果和陕西非物质文化遗产展,并签署教育、卫生、文化旅游、体育、电影等领域合作文件。

中国"一带一路"景区联盟在西安成立

10月15日,中国"一带一路"旅游景区联盟在西安成立。联盟会员分别来自"一带一路"沿线4A、5A级景区和"一带一路"沿线的五星级酒店、旅行社、航空公司及海内外旅游媒体等,联盟就持续深度发展旅游业、打造旅游联盟"大名片"等议题进行了讨论,并对"互联网+"和"旅游+"新业态模式下的建设措施与创新经验进行了深入探讨,希望借助"互联网+"和"旅游+"的新发展机遇,积极推进"智慧景区"的建设与旅游产品的创新,提高联盟会员的服务效能,促进中国旅游景区向现代化、国际化的目标迈进。

第十四期亚太电信组织(APT)培训班在西安举办

10月19日至29日,第十四期亚太电信组织(APT)培训班在西安邮电大学举办。本次培训班以"大数据技术在信息通信产业中的应用"为主题,来自阿富汗、不丹、柬埔寨、老挝、尼泊尔、巴基斯坦、斯里兰卡和越南等8个亚太国家的电信人员参加此次培训。

第十六届中国绿色食品博览会在西安举行

10月29日至11月1日,第十六届中国绿色食品博览会在西安曲江国际会展中心举行。本届绿色食品博览会以"绿色生态、绿色生产、绿色消费"为主题,展会总面积约2.8万平方米,有35个展团参展,展位914个,参展企业超过2000家,创历届规模之最。

西安获"中国最具幸福感城市"称号

10月31日,"2015中国最具幸福感城市"系列榜单发布,西安获得"2015中国最具幸福感城市"称号和"2015中国小康社会建设示范奖",这也是西安连续4年、第5次获得"中国最具幸福感城市"称号。

2015西安城墙国际马拉松赛举办

11月7日,2015西安城墙国际马拉松赛在西安南门拉开帷幕,来自全球3267名跑步爱好者齐聚西安古城墙,尽情享受了"千年古城墙、万众马拉松"的独特魅力。

中欧班列"长安号"招商物流西行货运首趟专列在西安国际港务区开行

12月9日,中欧班列"长安号"招商物流西行货运专列在西安国际港务区开行。"长安号"招商物流西行货运专列是新丝路公司进行中欧物流通道建设的最新成果,也标志招商物流在"一带一路"物流大通道建设中迈出了坚实的一步。本次开行的"长安号"招商物流西行货运专列共计44车,这些货物将以哈萨克斯坦阿拉木图为集散地,向中亚五国分拨。

"新丝路法学院联盟"在西安正式揭牌成立

12月11日,21所海内外著名综合性大学法学院代表齐聚西安交通大学,共同发布《丝路法学院联盟宣言》,由西安交通大学法学院发起的"丝路法学院联盟"宣告成立。

西安市工商业联合会项目获"创新中国"成就奖

12月12日,西安市工商业联合会推出的"西安泉州共建大携手丝路起点再谱新辉煌"项目获得由中华全国工商业联合会和《中华工商时报》组织评选的2015年度"创新中国"成就奖。

2016

长安航空恢复独立运行
1月7日，经中国民航局批准，长安航空公司恢复独立运行，是西北地区首家大型民用航空运输企业。

临潼区入选"国家全域旅游示范区"
2月1日，全国首批创建"国家全域旅游示范区"名单公布，西安市临潼区成功入选"国家全域旅游示范区"。

中央电视台2016年春节联欢晚会在西安设立分会场
2月7日，中央电视台2016年春节联欢晚会在西安南门设立分会场。时隔二十年，央视春晚分会场再次选定西安，西安也因此成为全国唯一两次作为央视春晚分会场亮相的城市。

国务院同意在西安等地增设19家口岸进境免税店
2月18日，经国务院同意，在西安、广州、杭州、深圳等地增设19家口岸进境免税店。

西咸新区开展服务贸易创新发展试点
2月22日，国务院印发《关于同意开展服务贸易创新发展试点的批复》，同意西咸新区等省（市、区）开展服务贸易创新发展试点，试点期为两年。

中俄丝路创新园区开工
2月26日，由中兴通讯集团投资建设的"中兴深蓝科技产业园"项目，在西咸新区沣东新城统筹科技资源改革示范基地——中俄丝路创新园正式开工建设。项目建成后，年产值预计将超过100亿元，成为中兴在国内最大的跨领域融合创新科研平台。

中欧班列"长安号"中亚线路首趟货列回程班列抵达"西安港"

3月26日,装载5.2万吨哈萨克斯坦油脂的首趟中欧班列"长安号"中亚线路货运回程班列缓缓驶入西安国际港务区的西安铁路集装箱中心站。标志着哈萨克斯坦首次向中国内陆出口的大宗商品顺利完成运输旅程,中哈产能合作,特别是在农业领域的合作迈出了新的步伐。

西安开通"陆空联运"跨境电商货运直飞航线

3月28日,一架满载欧洲各国跨境商品的波音747—400飞机,从荷兰阿姆斯特丹出发,经过11个小时的飞行,降落在西安咸阳国际机场,100余吨海淘商品成功抵达西安国际港务区洋货码头,标志着联通亚欧大陆空中走廊的全国首条陆空联运跨境电商货运直飞航线正式开通。此次"海外仓+陆空联运"的国际货运模式将原来的96小时抵达西安的国际物流周期降到30小时,物流成本降低了1/4,进口商品品类增加了3倍。

西安联合签证申请中心正式运营

4月5日,芬兰在西安设立的签证中心运营。该签证中心也是西安联合签证申请中心的一部分,联合签证申请中心还同步受理比利时、奥地利、克罗地亚、意大利、西班牙、希腊、瑞典等国的签证申请。

2016世界知名大学西安博览会启动

4月7日,西安交通大学与西安市共同举办的2016世界知名大学西安博览会拉开帷幕。来自英国牛津大学、美国斯坦福大学、新加坡南洋理工大学、埃及本哈大学等70所世界知名大学的校长、院士及著名学者近300名代表参加了会议,旨在进一步提升西安教育国际化水平,促进国际名校间交流沟通。

丝绸之路大学联盟发布《西安共识》

4月9日,丝绸之路大学联盟第一届常务理事会在西安交通大学召开,会议通过了《丝绸之路大学联盟章程》并发布《西安共识》。

第八届中国西安国际食品博览会暨丝绸之路特色食品展举办

4月15日至18日,第八届中国西安国际食品博览会暨丝绸之路特色食品展在西安曲江国际会展中心举办。本届西安食博会以"聚焦食品安全,促进行业发展"为主题,展出面积达2.5万平方米,全面展示"一带一路"沿线城市食品产业发展成果,提高企业品牌和产品度,搭建交流合作平台,推动食品产业健康发展。

第三届中国西安丝绸之路国际旅游博览会在西安召开

4月22日至24日,2016第三届中国西安丝绸之路国际旅游博览会在西安曲江国际会展中心召开,来自30个国家(地区)和24个省区市的超500名展商参展。

南非在西安增设的签证申请中心正式开业

5月6日,南非在中国西安增设签证申请中心正式开业。

西安首条直飞美国航线开通

5月10日,美联航正式开通西安飞往旧金山的季节性直飞航班,该航线是我国西北地区首条跨太平洋的直飞航线。

西安市集中签约重点项目35个

5月13日,"新平台·新发展"西安国际投资促进交流会暨重点项目签约仪式举行。本次集中签约仪式上,成功签约重点项目35个,总投资1041.09亿元。

2016丝绸之路国际博览会暨第二十届中国东西部合作与投资贸易洽谈会在西安举办

5月13日至17日,2016丝绸之路国际博览会暨第二十届中国东西部合作与投资贸易洽谈会在西安举办。来自我国东中西部地区、"一带一路"沿线国家及地区的6200家企业、10.5万名客商参展参会,展销特色产品商品2.3万种,观众人数超过54万人,规模为历届最大。西安分团签约项目338个,总投资额3698.89亿元。

2016中韩"石榴花之春"活动在陕西西安举行

5月13日至17日,2016中国西安韩国晋州"石榴花之春"活动周在西安举行,增加了美食节和非遗展以及两市商贸、旅游推介等活动。

法国签证（西安）受理中心开业

5月14日，法国签证（西安）受理中心开业典礼在西安举办。西安成为继重庆、济南、深圳、长沙等地后，法国在中国设立的签证受理中心，西安也成为西北地区首个设立法国签证受理中心的城市。该中心除了接收赴法签证申请之外，同时还受理德国签证申请。

"西安港—新西兰利特尔顿港"新航线开通

5月20日，"西安港—新西兰利特尔顿港"铁海直达国际多式联运新航线正式开通。铁海联运班列为"陕西制造"走出国门提供了便捷通道，也使得陕西西安成为"一带一路"上重要的贸易节点和衔接陆海、贯通东西的物流枢纽。

二十国集团妇女会议（W20）在西安举行

5月25日，作为我国主办的二十国集团（G20）峰会首场配套活动——二十国集团妇女会议（W20）在西安开幕。W20致力于实现性别包容性经济增长和女性经济赋权的工作，围绕"平等参与，创新发展"的主题，就全球经济治理中的性别视角、妇女就业创业及社会保障、数字经济中的女性力量、联动创新的女性网络等议题开展交流，推进合作。

英国在西安设立签证中心

6月10日，英国在西安设立的签证中心开始受理签证申请。

陕西"一带一路"建设2016年行动计划发布

6月14日，陕西省人民政府办公厅发布《陕西省"一带一路"建设2016年行动计划》，提出将从构建交通商贸物流中心、构建国际产能合作中心、构建科技教育中心、构建旅游金融等中心、建立开放型经济新格局等方面推进"一带一路"建设。

西安市与塞尔维亚克拉古耶瓦茨市建立友好城市

6月18日，西安市与克拉古耶瓦茨市签署"中华人民共和国西安市与塞尔维亚克拉古耶瓦茨市建立友好城市关系协议书"，克拉古耶瓦茨市成为西安市第29个国际友好城市。

韩国日用品首次"打包"搭载国际航班抵达西安

6月30日,一批由跨境电商企业和Ulife西安港进口商品直营店进口的"洋货",搭载韩国首尔至西安的国际航班,抵达西安国际港务区"洋货码头"。这是西安跨境电商货物首次由韩国整合"打包"搭载航班抵达西安港,为下一步开通韩国至西安跨境电商货运包机航线"试水"。

"英国生物港"项目落户西安

7月1日,西安交通大学与西安高新区共同推进的"英国生物港"项目合作框架协议在西安签约。该项目的落户将进一步加快西安高新区生物医药产业集群形成,增强西安生物医药产业创新能力。

西安举行创建中华古都文化国际旅游目的地启动仪式

7月15日,西安在城墙南门举行创建中华古都文化国际旅游目的地启动仪式暨2016西安旅游嘉年华系列活动开幕式。柬埔寨驻西安总领事、泰国驻西安总领事,以及在西安工作的部分外国友人、国内外游客、市民代表、新闻媒体人员约300人参加了启动仪式。

"一带一路西安新机遇"投资合作推介会在深圳举行

7月19日,2016"一带一路·西安新机遇"投资合作推介会在深圳举行。西安精选了装备制造、文化旅游、科技研发、生物医药及基础设施建设等领域110个市场潜力大、发展前景好的项目参与推介。

西安·上海"一带一路"投资贸易暨金融产业推介会在上海举行

7月22日,2016西安·上海"一带一路"投资贸易暨金融产业推介会在上海举行。西安精选的涉及文化、旅游、金融、医药等领域的110个项目参与推介。

中亚国际货运班列开行车数突破10000车

8月11日,X9003次国际货运班列从西安新筑车站开出,前往哈萨克斯坦的阿拉木图。该趟列车的开行,标志着西安铁路局自2013年开行中亚国际货运班列以来,开行车数成功突破10000车。

首趟从西安直发欧洲的国际货运班列开行

8月18日,首趟从西安直发欧洲的国际货运班列——中欧班列(西安—华沙)驶出"西安港",一路向西奔向波兰华沙。

2016中国西安丝绸之路国际旅游博览会举办

8月26日至28日,2016中国西安丝绸之路国际旅游博览会在西安举办,来自42个国家和地区及国内26个省市自治区的近千家参展商参加,共进行商务洽谈4500余场,达成合作意向金额约3.75亿元。

丝绸之路工商领导人(西安)峰会召开

9月6日至7日,由中国国际商会、丝绸之路国际总商会、中国国际贸易促进委员会陕西省分会共同主办的"丝绸之路工商领导人(西安)峰会、丝绸之路国际总商会合作发展大会"在西安大唐西市成功召开。丝绸之路国际总商会68个国家商协会及国际组织代表签署了《共同建立丝绸之路工商合作机制与平台框架协议》和《丝绸之路国际发展基金框架协议》。会议还形成了有利于促进国际经贸发展和区域交流合作的纲领性文件——《丝绸之路国际总商会合作发展大会2016西安宣言》。

第三届丝绸之路国际艺术节举办

9月7日至21日,由文化部、陕西省人民政府共同主办,陕西省文化厅承办的第三届丝绸之路国际艺术节在西安举办。本届艺术节共颁发参演奖、友谊奖、优秀组织奖等奖项35个,共有80多个"一带一路"沿线和关联国家及地区、国内23个省(区、市)参加相关活动。

第三届丝绸之路国际电影节举办

9月19日至23日,由国家新闻出版广电总局、陕西省人民政府、福建省人民政府联合主办的第三届丝绸之路国际电影节在西安举办。本届电影节以"发展中的电影,多样性的文化"为主题。

第四届丝绸之路经济带城市圆桌会暨友好合作周开幕

9月20日,第四届丝绸之路经济带城市圆桌会暨友好合作周在西安开幕,来自丝路沿线21个国家的48个代表团及中国多个城市的代表团参会,共商合作发展,传承"丝路精神",共同推进"一带一路"建设。

英国(西安)签证申请中心开业

10月12日,英国(西安)签证中心开业仪式在西安高新技术产业开发区举行。该中心开业后,可在西安办理签证的欧洲国家增加至10个(英国、比利时、意大利、瑞典、芬兰、克罗地亚、希腊、奥地利、西班牙、法国)。

第八期中国金融中心指数在西安发布

11月4日,第八期中国金融中心指数在西安发布,西安金融中心综合竞争力排在全国第12位,在区域金融中心中排名第9位,名次均明显提升。发布会上,西安市与中保投资有限责任公司、平安银行西安分行、国家开发银行陕西分行合作签署"丝绸之路·西安系列基金"合作框架协议,首期规模800亿元。

2016年西安城墙国际马拉松开赛

11月5日,2016年西安城墙国际马拉松赛在西安南门城墙上开赛,来自全球27个国家和地区的3000名运动员参赛。

西安国际陆港集团与德国帕希姆机场构建"一带一路"国际贸易新通道

11月24日,西安国际陆港集团在德国汉堡与德国帕希姆机场围绕国家"一带一路"倡议,就国际贸易新方式、跨境电商航空货运通道及中欧班列在境外集疏运等多式联运业务进行探讨,并签订战略合作协议。

西安综合保税区在法兰克福设立首个海外保税仓

11月26日,西安国际陆港集团、林德集团联合打造的西安综合保税区首个欧洲大型海外保税仓项目正式挂牌运营。该海外保税仓项目位于德国法兰克福机场附近,是集跨境电商、航空货运包机及中欧班列"长安号"等货物集散功能于一体的大型海外保税仓项目,项目总面积3.8万平方米。

西安表彰15名外国专家

11月29日，西安市人民政府召开"西安友谊奖""西安市优秀外国专家奖"表彰奖励大会，15名外国专家获得表彰。"西安友谊奖"和"西安市优秀外国专家奖"，是西安授予外国专家的最高荣誉。其中庄祥兴、布兰特·李特尔、符晖、亚历山大、黛博拉·琳·斯金娜等5名专家获"西安友谊奖"；本·科瓦列夫斯基、洪家忆、约翰·埃尔默·库茨巴赫等10名专家获"西安市优秀外国专家奖"。

西安国际港务区再开中欧班列新通道

12月6日，载有41个集装箱的国际货运班列缓缓驶出位于西安国际港务区的西安铁路集装箱中心站，从"西安港"出发一路向西，奔向7423公里以外的俄罗斯首都莫斯科，标志着西安至莫斯科的中欧班列正式开行。这是继中欧班列（西安—华沙）、（西安—汉堡）开行以来，以西安为起点开行的第三条中欧班列线路。

国际产业园区合作发展论坛暨丝绸之路国际文化周研讨会在西安召开

12月9日，国际产业园区合作发展论坛暨丝绸之路国际文化周研讨会在西安大唐西市召开。论坛包括国际产业园区合作发展论坛、丝绸之路国际文化周研讨会、签约仪式、"一带一路"北斗溯源系统应用专题研讨会、丝绸之路国际总商会主席团扩大会议、"网上丝绸之路"演示推介会、丝绸之路国际总商会周年庆典、2016中国企业十大新闻评审委员会工作会议等重要活动。

第十五届西安国际音乐节开幕

12月10日，第十五届西安国际音乐节在西安音乐厅开幕。本届西安国际音乐节持续50天，包括交响乐、歌剧、戏剧、音乐剧、民乐、世界音乐、爵士乐、独奏等节目。

西安—阿姆斯特丹国际货运航班首航

12月12日，西安—阿姆斯特丹国际货运航班开启首航之旅，成为西北地区第一条国际货运航线。西安—阿姆斯特丹国际货运航班是西安继开通西安—华沙、西安—汉堡、西安—莫斯科3条中欧班列之后开通的又一条重要的国际货运航线。

2017

《西安市供给侧结构性改革降成本行动计划(2016—2018年)》印发
1月4日,西安市人民政府印发《西安市供给侧结构性改革降成本行动计划(2016—2018年)》,决定从2017年起,每年为全市企业减负约93亿元,其中税费成本约58亿元。

第九届世界华语文教学研究生论坛在西安召开
1月17日,由陕西师范大学、世界华语文教育学会、华侨大学共同主办的第九届世界华语文教学研究生论坛在西安召开,共有30多所高校的140多位专家、学者和研究生参会。

美国乐析医疗落户西安高新技术产业开发区签约仪式举行
1月18日,美国乐析医疗落户西安高新技术产业开发区签约仪式举行。该项目是继强生供应链生产基地项目后,西安高新区引进的又一生物医药重大项目,这将对西安高新区打造千亿级生物医药产业集群起到带动和示范作用,也将有力地提升西安生物医药产业发展水平与产业竞争力,以及国际化产业水平。

西安铁路集装箱中心站迎来首趟乌兹别克斯坦始发集装箱班列
2月24日,西安铁路集装箱中心站迎来首趟从乌兹别克斯坦始发的集装箱班列。该班列从塔什干发车,满载41个集装箱的1000吨优质棉纱,历经14天的行程,最终抵达西安港。

联合国教科文组织国际工程科技知识中心丝路培训基地落户西安交通大学
2月27日,联合国教科文组织国际工程科技知识中心丝路培训基地落户西安交通大学。该中心由联合国教科文组织依托中国工程院成立,主要面向世界各国尤其是发展中国家的政策制定者、广大工程科技工作者提供咨询、科研、教育等知识服务。

西安市与斯洛文尼亚共和国马里博尔市签署发展友好城市关系意向书

3月27日,西安市与斯洛文尼亚共和国马里博尔市签署发展友好城市关系意向书。两市将互设联络窗口,进一步巩固发展两市友好合作关系,加快正式缔结友好城市。

中国(陕西)自由贸易试验区正式挂牌

4月1日,中国(陕西)自由贸易试验区正式挂牌,成为陕西改革开放史上的一座里程碑。按区域布局划分,中国(陕西)自由贸易试验区包括三个片区:中心片区(含陕西西安出口加工区、西安高新综合保税区和陕西西咸保税物流中心)、西安国际港务区片区、杨凌示范区片区。

西安—布达佩斯中欧班列开行

4月2日,载有41个集装箱的列车缓缓驶出西安港,开往9312公里外的匈牙利首都布达佩斯,标志着中欧班列(西安—布达佩斯)正式开行。这是继西安至华沙、汉堡、莫斯科之后,开行的第4条中欧班列线路。

西安西班牙签证中心设立

4月5日,西安西班牙签证申请中心正式开业,该中心位于西安领事馆区4号统建领馆一层。

柬埔寨驻西安总领事馆入区

4月6日,柬哺寨驻西安总领事馆签证中心签订入区协议,标志着西安领事馆区首家外国领馆:柬埔寨驻西安总领事馆正式入区。

"一带一路"沿线国家非通用语种专业开始招生

4月17日,西安外国语大学将增设哈萨克语、乌克兰语、马来语和波兰语4个"一带一路"沿线国家非通用语种专业,从2017年开始招生。

《西安市深化人才发展体制机制改革打造"一带一路"人才高地若干政策措施》发布

5月8日,西安市人民政府发布《西安市深化人才发展体制机制改革打造"一带一路"人才高地若干政策措施》，推出"23条人才新政"，计划5年内投入38亿元，引才、育才100万名。

青岛·西安关、检、港启动"一带一路"物流供应链一体化

5月12日，青岛·西安关、检、港在青岛签署推动《西安·青岛关、检、港推动"一带一路"物流供应链一体化备忘录》。西安港、青岛港缔结为友好港，这标志着丝绸之路经济带区域在通关、检验检疫一体化的基础上，启动物流供应链一体化。

海航现代物流落户西安

5月18日，海航现代物流集团旗下的扬子江航空开通西安—阿姆斯特丹、西安—上海—安克雷奇—芝加哥洲际航空货运航线，并举行陕西长安现代物流公司揭牌仪式。海航现代物流落户西安，是陕西省招商引资和打造"中国孟菲斯"的一项重要成果。

京东集团全球物流供应链总部等项目落户西安

5月22日，京东集团全球物流供应链总部、无人系统产业中心、京东云运营中心3个项目落户西安并举行签约仪式。此次京东集团在西安投资规模达205亿元，将有力推动智慧物流、电商运营、高端制造、无人物流、大数据云计算等新兴产业发展，为陕西省培育新动能、推动产业转型升级注入强劲动力。

首届"丝绸之路"地球物理国际论坛在西安举办

5月30日，2017丝绸之路国际博览会暨中国东西部合作与投资贸易洽谈会系列主题活动之一的首届"丝绸之路"地球物理国际论坛在西安举办。

"世界苹果中心"落户西咸新区空港新城

5月31日，"世界苹果中心"在西咸新区空港新城举行揭牌仪式，由西咸新区空港新城、新光控股集团、陕西苹果投资管理有限公司携手组建的"陕西丝路农品科技有限公司"，将借助强大的互联网、物流网络和金融服务，共建"世界苹果中心"。

2017丝绸之路国际博览会暨第21届中国东西部合作与投资贸易洽谈会在西安举行

6月3日至7日,2017丝绸之路国际博览会暨第21届中国东西部合作与投资贸易洽谈会在西安曲江国际会展中心举行。西安分团签约项目420个,总金额11650.71亿元,签约项目数量和总金额均居陕西省各市第一。

"2017丝绸之路机器人创意大赛"决赛在西安交通大学举行

6月4日,由中国自动化学会、丝绸之路大学联盟联合主办的"2017丝绸之路机器人创意大赛"决赛在西安交通大学举行。最终,来自西北工业大学的海思团队凭借水陆两栖机器人从16支代表队中脱颖而出,获得2017丝绸之路机器人创意大赛的冠军。

海航现代物流·第7届中国西部国际物流产业博览会在西安举行

6月16日至18日,海航现代物流·第7届中国西部国际物流产业博览会暨2017中国(西安)智慧交通博览会在西安曲江国际会展中心举行。本届博览会以"大西安、大交通、大物流"为主题,对加快构建具有"一带一路"特色的内陆开放试验区和人文交流新模式提供一个广阔的平台。

中国国际丝路中心项目在西咸新区开建

7月6日,中国国际丝路中心项目在西咸新区开建。中国国际丝路中心位于沣东新城中央商务区,总投资超400亿元,总建筑面积超200万平方米,建成后将成为现代化大西安新中心地标性建筑。

西安市与德国多特蒙德市合作发展备忘录签约仪式举行

7月7日,西安市与德国多特蒙德市合作发展备忘录签约仪式举行。双方将在经济、贸易、科技、文化、教育、体育、卫生等方面开展多种形式的交流与合作,促进两市共同繁荣发展;并鼓励促进两市有关商会、友好团体加强联系,开展民间友好交往。此次签约,标志着两市友好关系进入了崭新的阶段。

2017丝绸之路拉力赛圆满落幕

7月22日,2017丝绸之路国际汽车拉力赛暨中国越野拉力赛(CGR)收车仪式在西安曲江国际会展中心举行。经过激烈的拼争,德普雷顺利成为卫冕冠军,北京汽车越野世家车队克里斯蒂安获得亚军,创造中国军团在国际赛事上取得的最好成绩。

多个涉外机构签约入驻西安领事馆区

7月23日,2017驻华使节浐灞行暨涉外机构入驻西安领事馆区签约仪式在浐灞生态区举行。来自白俄罗斯、意大利、土耳其等国的10家外事机构正式签约入驻西安领事馆区。这批涉外机构为:白俄罗斯共和国企业联合会办事处、(意大利)丝绸之路国际文化艺术研究院中国区总部、世界设计师合作联盟中国区办事处、土耳其国家商务代表处中国区总部、美中企业家协会西北区办事处、加中企业促进会西北区办事处、加拿大陕西总商会西安办事处、加拿大浙江商会青年会西安办事处、加中教科文协会中国区办事处、捷克旅捷华人商会中国区代表处。

上海−西安−日喀则航线开通

7月30日,中国东方航空公司开通的上海−西安−日喀则航线首航成功。该航线开通后,西安旅客可3小时30分钟直飞日喀则,并实现当日往返。

2017西安丝绸之路国际旅游博览会在西安举行

8月4日至6日,2017西安丝绸之路国际旅游博览会在西安曲江国际会展中心举行,共有32个国家和地区的国际参展商参展,这是中国唯一以"丝绸之路"为主题的国际性大型旅游博览会。

浙江长龙航空开通首条西安始发航线

8月15日,浙江长龙航空开通西安−南昌−珠海首条早班始发航线。

2017首届世界西商大会在西安举行

8月19日至29日,2017首届世界西商大会在西安举行。其间,举办首届世界西商大会开幕式暨主题论坛、科技人才峰会暨"梦回长安校友行""新西安·新西商"光华论坛等活动。签约和在谈合作协议项目约160个,涉及新能源、新材料、特色小镇、文化旅游、金融、物流等多个领域,总投资额约6400亿元。

西咸机场成为全国第三个出境自助空港口岸

8月19日,西安咸阳国际机场成为继首都机场、深圳机场后全国第三个开通出境自助通关的空港口岸。旅客刷证件、按指纹、识面相,平均10秒钟即可完成出境边检查验手续,最快的仅用时6秒钟,通关速度大幅提升。

圆通和申通落户西安国际港务区

8月21日,西安国际港务区与圆通、申通两大物流企业签约,合作建设圆通(西安)跨境商贸及服务产业园项目、申通西北地区转运中心项目。这两大项目的落户,将极大地促进西安的物流产业发展,对西安建设丝绸之路经济带上重要的内陆中转枢纽港起到积极的推动作用。

中国国际通用航空大会在西安举行

8月24日至27日,2017中国国际通用航空大会在西安举行。期间,举办通用航空高峰论坛及专业论坛、航空设备器材展、项目推介签约及成果发布、首届通航大会创新创业大赛等活动。签约35个项目,总投资额346.3亿元。

西北首个中外合作办学机构开学

8月28日,西北地区首个中外合作办学机构——西北工业大学伦敦玛丽女王大学工程学院开学。作为落户西北地区首家中外合作办学机构,学院是两校长期致力于材料学科国际交流合作的结晶、中英高级别人文交流机制的重要成果,也是我国高等教育国际化发展战略的重要组成部分。

中国国际贸易促进委员会与西安市合作备忘录签约

8月31日,中国国际贸易促进委员会与西安市人民政府合作备忘录签约暨中国贸促会(陕西)自由贸易试验区服务中心揭牌仪式在西安高新区举行。中国国际贸易促进委员会和西安市将在促进对外贸易投资合作、开展国际交流、提升西安市会展业水平、加强涉外商事法律工作,以及开展政策研究和培训等方面进行深入合作,助推陕西自贸区西安区域建设。与此同时,中国国际贸易促进委员会在中国(陕西)自由贸易试验区设立服务中心,将进一步延伸贸促系统贸易投资促进和商事法律服务,将贸促会系统的各项业务和资源优化整合,向自贸试验区导入、延伸,助力企业国际化发展。

西藏航空开通西安直飞泰国苏梅岛国际航线

9月6日,国内首家高原航空公司——西藏航空开通西安－苏梅岛国际航线,这是西安首条直飞泰国苏梅岛的航线。

第四届丝绸之路国际艺术节在西安开幕

9月7日至21日,第四届丝绸之路国际艺术节开幕。艺术节分4大板块,其中,有23个国家和地区以及国内18个省(市、区)的艺术家参与舞台艺术表演,总演出场次达184场,涵盖音乐、舞蹈、戏剧等多种艺术门类。

第二届丝绸之路工商领导人(西安)峰会暨丝绸之路国际文化周在西安举行

9月8日至9日,第二届丝绸之路工商领导人(西安)峰会暨丝绸之路国际文化周在西安大唐西市举行。来自70多个丝路沿线国家的600余位嘉宾参加。其间,举行金融服务平台助推"一带一路"建设、经济全球化与互联互通、"一带一路"建设与企业投资发展等6大平行论坛与"各国商协会商贸合作交流会""西安市招商推介会""丝绸之路国际总商会新会员颁证授旗仪式""务实合作项目成果展示和签约"4项专题活动,发布《丝绸之路国际总商会为构建人类命运共同体贡献力量的西安共识》与《关于共同构建国际文化艺术品交易规则和团体标准的倡议书》,并向为促进国际经贸繁荣发展作出卓越贡献的杰出人士颁发"丝绸之路国际总商会卓越领袖奖"(金骆驼奖)。

中欧班列"长安号"抵达暨精品线路签约仪式在汉堡举行

9月11日,中欧班列"长安号"驶入汉堡铁路货运码头,正在德国访问的西安市代表团一行前往接车,并出席"一带一路"中欧班列(西安－汉堡)精品线路签约仪式。同时,中欧班列"长安号"驻德国办事处揭牌。

《关于推广支持创新相关改革举措的通知》印发

9月14日,国务院印发《关于推广支持创新相关改革举措的通知》,将在全国或京津冀、上海、广东(珠三角)、安徽(合芜蚌)、四川(成德绵)、湖北武汉、陕西西安、辽宁沈阳8个全面创新改革试验区域内,推广涉及科技金融创新、创新创业政策环境、外籍人才引进和军民融合创新4个方面共13项支持创新相关改革举措。

全国"双创周"西安主会场启动

9月15日,2017年全国大众创业万众创新活动周西安主会场启动。作为此次活动周西安主会场,位于经开区的西安创业大街正式投入运营。西安创业大街将为创业创新者提供"一站式办公"、成果转化、投融资对接、路演活动、创业培训等多领域全方位服务。

2017欧亚经济论坛在西安举行

9月21日至23日,2017欧亚经济论坛在西安举行。本届论坛以"共建'一带一路':发展战略的对接"为主题。在继续巩固金融、文化、旅游、科技等传统对话机制的基础上,论坛增设教育、地学、农业、气象等分会和"一带一路"国际产能合作博览会、"丝绸之路"经济带城市合作圆桌会、"一带一路"设施联通峰会等,多领域加强"一带一路"建设和区域经济合作。76个国家和地区的中外政要、专家学者、知名企业家参会。

上海合作组织成员国地方领导人圆桌会在西安召开

9月21日,上海合作组织成员国地方领导人圆桌会在西安召开。会议围绕"地方合作助力国家发展战略对接"主题,进行深入讨论和交流,共话合作发展。陕西愿以此次圆桌会议为契机,与上海合作组织各成员国地方政府完善合作机制,共享机遇,共谋发展,建立更加密切的交流合作关系,进一步加强双方在经贸、文化、教育、农业、旅游等各领域合作。

"一带一路"人才培养签约挂牌仪式举行

9月23日,西安交通大学与西安国际港务区"一带一路"人才培养签约暨"丝路国际学院"的"丝路培训基地""丝路创新创业基地"挂牌仪式举行。

西安市与阿富汗巴尔赫省马扎里沙里夫市举行发展友好城市关系意向书签字仪式

9月23日,西安市与阿富汗巴尔赫省马扎里沙里夫市发展友好城市关系意向书签字仪式举行。双方将积极促进两地间在经贸、科技、文教、卫生等方面的交流与合作,并在条件成熟时正式缔结友好城市关系。

西安国际马拉松赛举行

10月28日,2017西安国际马拉松赛在西安永宁门举行,这是西安首次举办国内最高规格的马拉松赛事。本次比赛以"阳光、向上、美丽、开放"为赛事总基调,设全程马拉松、半程马拉松和迷你马拉松(4.5km)三个比赛项目,来自26个国家和地区的2万名运动员参赛。

西安—布拉格直飞航线开通

10月29日,东航西北分公司开通了西安—布拉格直飞航线。该航线是西北地区首条直飞布拉格的航线。

2017全球硬科技创新大会在西安举行

11月7日至8日,2017全球硬科技创新大会在西安举行。大会以"硬科技改变世界,硬科技引领未来,硬科技发展西安"为主题,包括开幕式暨高峰论坛和15个分论坛,共计16场活动。大会首次发布《2017年中国城市硬科技发展指数报告》。

首届"全球程序员节"在西安开幕

11月9日,首届"全球程序员节"在西安开幕,全球程序员与来自海内外的软件行业意见领袖、国家部委领导、"一带一路"沿线国家代表、国内"一带一路"门户城市政府、知名软件企业、软件创新企业、高校和科研机构等各界嘉宾会聚西安。

第二届月球定标国际研讨会在西安举办

11月13日至16日,第二届月球定标国际研讨会在西安举办。本次研讨会设立4个研讨专题,共60多个交流报告,从月球观测、对月定标模型进展、星上定标及波段间标定、MTF测算等4个方面进行了全方位的研讨。此次会议的举办,将为我国航天遥感器定标体系完善、卫星数据光谱与辐射定标精度的提高以及气象卫星数据质量与精度的提升起到积极的推动作用。

国家发展和改革委员会批复《西安国家通用航空产业综合示范区实施方案》

11月15日,国家发展和改革委员会正式批复《西安国家通用航空产业综合示范区实施方案》，提出以西安为中心建设较为完整的通用航空全产业链，构建"一基地多园区"发展格局。

首届"西安市国际专家顾问团圆桌会议"召开

11月16日，首届"西安市国际专家顾问团圆桌会议"召开。以"一带一路：新西安、新机遇、新发展"为主题，旨在通过与会专家顾问的国际视角、专业知识、丰富经验和远见卓识，共议共商共建共谋西安大发展的崭新篇章。

西安蝉联"全国文明城市"荣誉称号

11月17日，全国精神文明建设表彰大会在北京举行，西安蝉联"全国文明城市"荣誉称号。

西安国际创业大赛颁奖典礼在西安举行

11月24日，西安国际创业大赛总决赛在西安索菲特国际会展中心圆满完成，大赛以"激发创新活力，畅享创业西安"为主题，选取了具有代表性的美国硅谷、德国柏林、以色列特拉维夫、澳大利亚悉尼、南非开普敦5个国外赛区和北京、深圳、杭州、武汉、成都、西安6个国内赛区同台比拼。大赛自2017年7月启动以来，4个月共收到来自美国、德国、以色列、澳大利亚、南非及国内多个城市的1200余个项目，经过激烈角逐，共选拔出信息技术、生物医药、先进制造业与新材料领域109个优秀参赛项目晋级总决赛，最终评选出了24个优胜项目。

西安市汉长安城未央宫遗址入选国家考古遗址公园

12月2日，国家考古遗址公园现场工作会在浙江省慈溪市召开。会上，国家文物局公布了第三批国家考古遗址公园名单，西安市汉长安城未央宫遗址成功入选国家考古遗址公园。这是继2010年汉阳陵国家考古遗址公园、秦始皇陵国家考古遗址公园、唐大明宫国家考古遗址公园获得授牌后，陕西省遗址保护建设再度获此殊荣。至此，陕西省国家级考古遗址公园增至4处，占全国总数的九分之一，数量跃居全国第一。

2017"丝绸之路"第二届国际定向邀请赛在西安举行

12月2日,2017"丝绸之路"第二届国际定向邀请赛在西安大唐西市开赛。来自中国、哈萨克斯坦、格鲁吉亚、赞比亚、俄罗斯、意大利等17个国家的48支队伍共200余人,以定向赛的名义齐聚丝绸之路起点,用运动的方式感受丝绸之路文明。

西安建设"一带一路"文化高地研讨会在北京大学燕南园召开

12月9日,西安建设"一带一路"文化高地研讨会在北京大学燕南园召开。

西安"丝绸之路文化园"项目协议在北京签署

12月10日,总投资额120亿元的"丝绸之路文化园"项目协议在北京签署,围绕"丝绸之路国际总商会总部、艺术品国际商务中心、丝绸之路博览园、社区医院及健康社区"等功能板块,打造大西安人文交流空中门户和城市文化会客厅。

西部机场集团航空物流有限公司西安地区年货邮吞吐量突破20万吨

12月25日,西部机场集团航空物流有限公司西安地区年货邮吞吐量突破20万吨暨国际快件监管中心投运仪式在西安咸阳国际机场航空货站国际快件监管中心举行。

西安4所高校通过来华留学质量认证

12月27日,西北工业大学、西北大学、长安大学、西安石油大学4所高校通过全国第二批试点院校来华留学质量认证。

西安国际美食之都论坛暨授牌仪式在西安举行

12月29日,西安国际美食之都论坛暨授牌仪式在西安曲江宾馆举行。世界中餐业联合会向西安市人民政府授予"国际美食之都"的称号牌匾。

西安—奥克兰直飞航线开通

12月30日,天津航空有限责任公司开通西安—奥克兰直飞航线首航,15个小时即抵新西兰。

2018

西安航空基地综合保税区经国务院批复设立

1月5日,西安航空基地综合保税区经国务院批复设立。该保税区是我国中西部地区首个以航空制造产业为发展特色的综合保税区。西安航空基地综合保税区规划面积1.5平方公里,以发展民用航空产业为核心,按照国家赋予的保税加工、保税物流和保税服务三种功能,做强仓储物流、对外贸易、国际采购与分销配送、国际中转、检测和维修服务、研发、加工制造等保税业务,定位于国内一流、世界知名的航空产业国际合作特区。

法国总统马克龙访问西安

1月8日至10日,应国家主席习近平邀请,法国总统马克龙对中国进行国事访问,首站到访陕西。马克龙一行在陕期间参观了秦始皇帝陵博物院、大雁塔、化觉巷清真大寺,并在大明宫国家遗址公园发表演讲。

阿里巴巴丝路总部揭牌仪式举行

1月16日,西安与阿里巴巴集团第二批合作项目签约暨阿里巴巴丝路总部揭牌仪式举行。签约仪式上,盒马鲜生、"城市交通大脑""城市水务大脑"、科技产业扶贫、网络丝绸之路、菜鸟智慧物流基地、阿里巴巴创新中心等13个项目签约。

陕西省首个援非妇幼项目启动

1月23日,中国与马拉维妇幼健康工程项目推进会暨赴非专家组启程仪式在西安交通大学第一附属医院举行。项目专家组将在马拉维进行工作,向当地医护人员介绍我国妇幼卫生工作经验,并开展产妇和新生儿的救治、保健、管理等知识培训及仪器设备使用培训。

西安成为全国第9个国家中心城市

2月7日,国家发展和改革委员会、住房和城乡建设部印发《关中平原城市群发展规划》,明确西安成为全国第9个国家中心城市。

西安与海航现代物流集团共建"一带一路"中欧合作产业园

3月19日,西安经济技术开发区管委会与海航现代物流集团签署战略合作框架协议,合作共建"一带一路"中欧合作产业园,打造合作平台,设立产业基金,加快西安向西开放步伐。

西安与博世(中国)投资有限公司进行座谈签约

3月19日,西安与博世(中国)投资有限公司进行座谈,双方签订《共建"一带一路"中欧合作产业园起步区战略合作框架协议》。

第五十三届全国工艺品交易会在西安曲江国际会展中心举行

3月23日至26日,第五十三届全国工艺品交易会在西安曲江国际会展中心举行。本届交易会展场面积达5万平方米,国际标准展位达2300多个,来自全国28个省(区、市)的1300家企业参展。

中国·西安2018"一带一路"国际灯光节在西安举行

3月23日至5月2日,由西安市人民政府和荷兰驻华大使馆共同主办的中国·西安2018"一带一路"国际灯光节在西安举行。其间,展示了10位享誉全球的荷兰艺术家的高科技灯光艺术作品。

"2018世界华文媒体西安行"活动在西安举行

3月27日至29日,"2018世界华文媒体西安行"活动在西安举行。来自全球12个国家17家媒体的负责人先后到西安高新技术产业开发区、西安国际港务区、西安奥体中心施工现场、大明宫国家遗址公园等地进行采访。

三星西安二期项目正式开建

3月28日,三星(中国)半导体有限公司70亿美元存储芯片二期项目开工奠基仪式在西安高新区举行。这个项目的落地,刷新了中西部最大外商投资纪录,同时也是我国改革开放以来电子信息领域最大的外商投资高科技项目。

西安被评为"全国十大正能量城市"

3月29日,在第六届"媒体公益与社会责任"研讨会上,西安被评为"全国十大正能量城市"。

2018西安丝绸之路国际旅游博览会在西安举办

3月30日至4月1日，2018西安丝绸之路国际旅游博览会在西安曲江国际会展中心举办。本届博览会以"优质旅游 共享发展"为主题，本届博览会展馆面积约4万平方米，设置了国际展区、国内展区、陕西省内展区、消费展区、温泉旅游展区、自驾游及房车露营展区、美食展区共7大特色展区。

2018西安国际港务区"一带一路"杯全运之城青少年足球全国邀请赛在陆港足球运动主题公园举行

4月5日至7日，2018西安国际港务区"一带一路"杯全运之城青少年足球全国邀请赛在西安陆港足球运动主题公园举行。有来自西安、铜川、汉中、榆林、兰州、武汉等地的学校、青训中心、俱乐部的15支代表队参赛。

西安港牵手乌兹别克斯坦撒马尔罕

4月9日，乌兹别克斯坦撒马尔罕州西安港企业交流对接会在西安国际港务区举行，150多名中、乌企业家现场对接洽谈，寻求合作。对接会上，撒马尔罕经济与服务学院与西安外国语大学旅游学院签署谅解备忘录，西北中亚商务公司与环南国际食品交易城、陕机建、华陆集团和隆基集团签署战略合作协议。这是中国（陕西）自由贸易试验区西安国际港务区扩大与"一带一路"沿线国家经济合作，创建与"一带一路"沿线国家人文交流新模式。

西安首次设立海外"招才引智工作站"

4月11日，西安向西北工业大学墨尔本校友会"招才引智工作站"进行授牌，作为西安首个海外"招才引智工作站"，将作为西安在澳洲的"人才联络站"，为澳洲高层次人才来西安搭建桥梁。

"通丝路"陕西跨境电子商务人民币结算服务平台上线仪式举行

4月16日，"通丝路"陕西跨境电子商务人民币结算服务平台上线仪式举行。"通丝路"平台是中小微企业走出去的"人民币网上丝绸之路"，助推中国（陕西）自由贸易试验区开发建设的重要金融创新举措。

淘宝大学丝绸之路(西安)培训基地揭牌

4月18日,中国(陕西)自由贸易试验区西安国际港务区"一带一路"电子商务哈萨克斯坦培训班开班暨淘宝大学丝绸之路(西安)培训基地揭牌仪式举行。"一带一路"电子商务哈萨克斯坦培训班由西安国际港务区管委会与哈萨克斯坦共和国大使馆共同举办,对来自哈萨克斯坦100名企业家和国内电商企业的200名学员进行培训。

中俄丝路创新园在沣东新城开园

4月19日,中俄丝路创新园开园仪式暨中俄丝路科技教育论坛在西咸新区沣东新城举行。本次活动以"聚焦中俄合作·共话一园两地"为主题,会期2天。开园仪式上,俄罗斯立德集团、俄罗斯Ketch up集团、俄罗斯中小企业联盟、俄罗斯亚洲工业企业家联合会四家俄方机构分别与西咸新区沣东新城签订战略合作协议,正式入驻中俄丝路创新园。

西安临空经济示范区正式获批

4月25日,国家发展和改革委员会、民航局正式批复设立西安临空经济示范区,示范区位于西咸新区空港新城,面积144.1平方公里。这是西北地区首个国家级临空经济示范区,也是西安又一国家级对外开放平台,对于增强大西安对外辐射能力,提升城市发展能级具有里程碑式的意义。

中国东方航空公司开通西安—圣彼得堡航线

5月2日,中国东方航空公司开通西安—圣彼得堡直飞航线,该航线是东航首条从西安直飞圣彼得堡的航线,是西北地区第二条直飞俄罗斯的航线,也是陕西省开通的第10条跨洲航线。

"一带一路"核心区和自由贸易试验区建设智库论坛在西安召开

5月6日,以"新时代、新作为、新篇章"为主题的"一带一路"核心区和自由贸易试验区建设智库论坛在西安召开。与会专家学者一致认为,中国在推动"一带一路"行稳致远、自由贸易试验区改革创新方面作出不可或缺的贡献。

西安开通西北首条直飞伦敦航线

5月7日，天津航空GS7987航班，从西安咸阳国际机场飞往英国首都伦敦，这标志着西安乃至西北地区首条直飞英国伦敦航线的正式开通，也是西安直达欧洲的第七条航线。

第九届全球秦商大会召开

5月8日至10日，第九届全球秦商大会在西安举行，其规模、国际化程度等均创历届之最，本次大会以"新时代 新秦商 新作为"为主题。

第三届丝绸之路国际博览会暨中国东西部合作与投资贸易洽谈会召开

5月11日至15日，第三届丝绸之路国际博览会暨中国东西部合作与投资贸易洽谈会在西安曲江国际会展中心召开。本届大会围绕政府对话、企业合作、民间交流、友城互动等方面策划6大类40项会议活动，涵盖经贸、人文、投资、科技、金融等20多个领域。来自美国、法国、英国、日本、西班牙、韩国、泰国、尼泊尔、哈萨克斯坦等20多个国家和30多家境外企业参展，设置展位2600个，参展企业达2000多家，展销展示各类特色产品达到上万余种。会议通过《上合组织成员国跨境动物疫病联合防控合作会议联合声明》，形成《2018丝绸之路商务合作（西安）圆桌会共识》，发起成立丝绸之路大学联盟航天航空子联盟等11个"一带一路"教育教学和研究机构。陕西省代表团签订利用外资项目合同总投资额51.22亿美元，签订国内联合项目合同总投资额14045.21亿元，高新技术成果交易合同总投资额5.19亿元。

考古视野下的丝绸之路国际论坛在西安召开

5月12日至13日，考古视野下的丝绸之路国际论坛在西安召开。来自哈萨克斯坦、吉尔吉斯斯坦、蒙古、巴基斯坦、俄罗斯、塔吉克斯坦、英国的考古学家和国内文物主管部门及考古研究院所、高校的专家学者出席论坛。

中欧班列"长安号"首开跨境电商专列

5月21日，首趟中欧班列"长安号"跨境电商专列抵达西安国际港务区西安铁路集装箱中心站。该趟中欧班列是5月5日由德国汉堡始发，车上满载京东全球购的汽车用品、家居等商品，途经波兰、白俄罗斯、俄罗斯、哈萨克斯坦，从阿拉山口入境。这是京东物流运用中欧班列"长安号"开通的首趟汉堡—西安精品专列,也是中欧班列"长安号"首趟跨境电商物流专列。

唐都长安1400年国际学术研讨会在西安举行

6月18日至19日,由西安市人民政府和陕西师范大学主办,以长安与世界对话为主题的唐都长安1400年国际学术研讨会在西安曲江宾馆举行。

西安至西宁全货运航线在空港新城开通

6月19日,西咸新区空港新城管委会、西部机场集团、龙浩航空三方在空港新城共同签约保障西安至青海西宁全货运航线运营,标志着陕西首条高原货运航线在空港新城正式开通。至此,依托西安咸阳国际机场,西咸新区空港新城已累计开通14条全货运航线。

西安当选"中国经济发展最成功的城市"

6月22日,中国社会科学院和《经济日报》社共同发布《中国城市竞争力报告No.16——40年:城市星火已燎原》,西安当选"中国经济发展最成功的城市"。

最高人民法院第二国际商事法庭在西安揭牌

6月29日,最高人民法院第二国际商事法庭在西安揭牌,为"一带一路"建设提供公正高效司法服务和法治保障,标志着人民法院服务保障"一带一路"建设进入新阶段。

第二届世界西商大会成功举办

6月29日至7月1日,第二届世界西商大会在西安举行。本届大会以"一带一路:新时代 新西安 新西商"为主题,邀请国内外西安籍政、商、学、文界代表、"新西安人"民营企业家代表、"一带一路"沿线相关国家驻华使领馆代表等1300余人参加。

第二届中国(西安)丝路经济带人力资源发展高峰会在西安举行

7月18日,第二届中国(西安)丝路经济带人力资源发展高峰会在西安曲江国际会展中心举行。来自全国13个省(区)市的人社厅、局以及9个人力资源服务行业协会、11个国家级人力资源服务产业园和320余家人力资源服务机构近800人参会。

第四届"丝绸之路"中国·西安国际乒乓球公开赛在西安举行
8月4日至5日,第四届"丝绸之路"中国·西安"禧福祥六年西凤杯"国际乒乓球公开赛在城市运动公园体育馆举行,来自国内外的33支参赛队伍的150余名选手参赛。

西安获批跨境电子商务综合试验区
8月7日,国务院发布《关于同意在北京等22个城市设立跨境电子商务综合试验区的批复》,同意在西安设立跨境电子商务综合试验区。

西安当选2019"东亚文化之都"
8月30日,在黑龙江省哈尔滨市举行的第十次中日韩文化部长会议上,三国文化部部长共同为当选2019年"东亚文化之都"的西安授牌。

科大讯飞丝路总部揭牌
8月31日,科大讯飞丝路总部揭牌暨首批合作项目签约仪式在西安高新区举行,签署了人工智能助力西安智慧教育、智慧医疗、智慧警务战略合作协议。

全球创投峰会在西安举行
9月5日至6日,2018全球创投峰会开幕式暨主论坛在古城西安举行。开幕式现场发布了《关于支持西安国家自主创新示范区聚集创投机构和创投人才的若干意见》,并成立全球丝路创投联盟。

"丝路电视国际合作共同体"高峰论坛在西安举行
9月11日至13日,2018"丝路电视国际合作共同体"高峰论坛在西安举行。来自41个国家和地区、110家媒体和机构的300余名海内外嘉宾参加论坛。论坛以"新时代、新作为、新跨越"为主题,现场发布了十余项共同体近期主要合作成果签约项目以及《丝路电视国际合作共同体2018年度工作报告》。

第三届中法文化论坛在西安举行

9月17日至20日,以"'一带一路':文明互鉴与创新"为主题的第三届中法文化论坛在西安举行。其间,举办"中法市长对话"等6项主题活动、"中法青年论坛"等8项平行文化分论坛以及"大明宫与凡尔赛宫的对话"图片展等9项文化展览交流活动。

第七届亚太经合组织(APEC)电子商务工商联盟论坛在西安召开

9月19日,第七届亚太经合组织(APEC)电子商务工商联盟论坛在西安召开。

2018世界篮球峰会暨2018国际篮联三人篮球U23世界杯在西安举办

10月3日至7日,2018世界篮球峰会暨2018国际篮联三人篮球U23世界杯在西安举办。来自世界各地的40支三人篮球队伍齐聚西安陕西省体育场东广场,在这里展开为期5天的三人篮球对决。

第五届丝绸之路国际电影节在西安举行

10月8日至13日,第五届丝绸之路国际电影节在西安举行。本届电影节评审单元,从68个国家的565部中外优秀影片中,评选出2018金丝路传媒荣誉"最佳故事片""最佳动画片""最佳纪录片""最佳男演员""最佳女演员"5项大奖。

世界文化旅游大会峰会在西安举办

10月9日,2018世界文化旅游大会峰会在西安浐灞生态区开幕。会议共设置"世界文化旅游大会峰会开幕式""西安创建世界旅游时尚之都高峰论坛",以及"无限空间——文旅产业大趋势""未来已来——千禧世代旅游目的地营销战略""与世界同行——西安旅游国际化发展"等3个论坛,旨在融汇中外思想、东西文化,以开放包容的胸怀、国际化的视野,积极寻求旅游产业发展新机遇,探索旅游业升级转型之路,共谋新时代旅游业发展未来。

全球PM2.5研究与治理大会(AJM2018)在西安举办

10月16日至20日,全球PM2.5研究与治理大会即AGU JING (Joint Internationa Network in Geosciences) Meeting(AJM2018)在西安

举办。本次大会由美国地球物理联合会(AGU)与中国科学院(CAS)联合举办。以"全球视角下的中国大气PM2.5变化、影响与防治"为主题,旨在汇聚全球力量,寻找应对全球环境恶化、人类健康和幸福受到威胁的解决方案。来自世界各地20多个国家和地区约800人参加了会议,共收到会议摘要450余份,180多个口头报告,270多个poster报告,是全球PM2.5研究与治理领域的一次顶级盛会。

2018西安国际马拉松赛鸣枪开跑

10月20日,2018西安国际马拉松赛在永宁门广场鸣枪开跑,来自30多个国家和地区的3万名选手参赛。

第二届"全球程序员节"在西安举办

10月24日至25日,第二届"全球程序员节"在西安高新国际会议中心举办,本次会议以"数字世界,码动未来"为主题,聚焦"程序员""软件定义世界""一带一路""务实创新""科学武装""创新人才"等6项内容。

丝路科技人才资本大市场暨城市客厅系列项目开工仪式举行

10月30日,丝路科技人才资本大市场暨城市客厅系列项目开工仪式在高新区举行,本次开工的8个项目,总投资141亿元,涵盖公共服务、产业孵化、商务办公、医疗服务等领域。

联合国全球卫星导航系统国际委员会第十三届大会在西安开幕

11月8日至9日,联合国全球卫星导航系统国际委员会第十三届大会在西安举行。来自16个国家和地区以及16个国际组织的400余名代表,对全球卫星导航系统(GNSS)建设发展的20余项议题进行了深入交流,形成了广泛共识。

全球硬科技创新暨"一带一路"创新合作大会在西安举行

11月8日至11日,2018全球硬科技创新暨"一带一路"创新合作大会在西安举行。此次大会以"硬科技发展西安,硬科技改变世界,硬科技决胜未来"为主题,其间,举行包括2018全球硬科技创新暨"一带一路"创新合作大会开幕式暨高峰论坛、2018西安全球硬科技产业博览会、2018硬科技智库圆桌论坛等22场系列活动。还发布《2018中国硬科技产业发展白皮书》，宣读《"一带一路"硬科技创新合作西安宣言》，表彰奖励2017年国家、省部级科技进步奖代表，西安市2018年"十佳科技企业家"和"十佳创新人物"代表。

西安获评多项城市品牌称号
11月17日，在首届中国城市品牌杭州高峰论坛上，西安被评为"2018国际访客影响力十强城市""2018中国城市文化影响力十强城市""2018中国城市治理影响力十强城市"。

第十七届西安国际音乐节举行
11月20日，第十七届西安国际音乐节在柏林爱乐乐团的演出中拉开帷幕，来自全球16个国家的539位艺术家进行近30场演出。

西安开通首条直飞澳门航线
11月22日，长龙航空GJ8965航班从西安咸阳国际机场飞往澳门，标志着西安开通首条直飞澳门航线。这是西北地区唯一一条直飞澳门的航线。

西安获"中国创投20年最具潜力城市"奖
12月2日，在苏州召开的"2018中国年度创投人物大会暨中国创投二十年盛典"上，西安获得"中国创投20年最具潜力城市"奖。

西安举办丝路国际金融中心核心区项目集中签约仪式
12月7日，丝路国际金融中心核心区项目集中签约仪式在西安高新区举行。集中签约的项目共21个，涉及现代金融、智能制造、总部经济、生物医疗、文体教育、基础配套等多个领域，总投资额1437亿元。

西安与哥伦比亚内瓦等签署发展友好城市关系意向书
12月9日，西安市与哥伦比亚内瓦市、韩国安东市签署发展友好城市关系意向书。

"世界唐人街·相聚长安城"海内外文商旅大集系列活动在西安举行
12月9日至11日,"世界唐人街·相聚长安城"海内外文商旅大集系列活动在西安举行。来自外交部、驻华使领馆的官员以及境外城市代表、全球各地华人代表、唐人街代表、西安籍侨胞代表等百余人参加开幕式。

西安开通西北首条直飞马德里航线
12月12日,中国东方航空MU263航班从西安咸阳国际机场飞往西班牙马德里,标志着西安开通西北首条直飞马德里航线。

"一带一路"国际音乐产业博览会暨乐器科技及音乐教育展在西安举办
12月13日至16日,西安首届"一带一路"国际音乐产业博览会暨乐器科技及音乐教育展在西安曲江国际会展中心举办。

设立西安"一带一路"综合改革开放试验区
12月17日,陕西省人民政府下发《关于设立西安"一带一路"综合改革开放试验区的批复》,同意设立西安"一带一路"综合改革开放试验区。

中国(西安)跨境电子商务综合试验区启动
12月21日,中国(西安)跨境电子商务综合试验区启动仪式暨新闻发布会在西安国际港务区举办。西安将依托西安综合保税区、西安高新综合保税区、西安航空基地综合保税区、西咸空港保税物流中心、西安出口加工区等区域,着力推进跨境出口B2B模式,促进进口与出口协调发展。

西安咸阳国际机场开通西北首条直飞洛杉矶航线
12月31日,西安咸阳国际机场开通直飞美国洛杉矶航线,这是西北地区首条直飞美国洛杉矶的航线。

2019

第三届"一带一路"国际时尚周在西安举行
1月9日至13日,第三届"一带一路"国际时尚周在西安举行。

西安咸阳国际机场扩建工程获国家批复
1月11日,国家发展和改革委员会正式批复西安咸阳国际机场三期扩建工程项目建议书(发改基础〔2019〕52号),标志着西北民航最大的基础设施项目前期工作取得重大进展。三期工程设计旅客吞吐量8300万人次、货邮吞吐量100万吨、飞机起降架次59.5万架次。

西安获4项大奖
1月12日,中国开放发展与合作高峰论坛暨第八届环球总评榜发布典礼在北京举行。西安获"2018中国国际营商环境标杆城市""2018中国最具投资吸引力城市""2018绿色发展和生态文明建设十佳城市""2018中国优化人才创新创业环境十佳城市"4项大奖。

西安获"2018绿色发展示范城市"和"2018首批生态型城市"称号
1月20日,由新华网主办的"第五届绿色发展峰会"在北京召开。西安获"2018绿色发展示范城市"和"2018首批生态型城市"称号;西安浐灞生态区获"生态文明建设典范开发区"称号。

关中海关在西安出口加工区正式揭牌开关
1月25日,西安海关隶属关中海关在西安出口加工区A区正式揭牌开关。关中海关承担辖区内海关管理职责,承接企管、稽查、减免税审批、特殊监管区外加工贸易审批、非贸审批等执行操作职责,承办西安出口加工区A区、B区以及西安高新综合保税区等海关特殊监管区域的海关业务。

西安举办2019"西安年大使行"活动
2月27日至3月2日,西安举办2019"西安年大使行"活动。巴林、牙买加、阿尔巴尼亚、加蓬、厄瓜多尔、苏里南、萨摩亚、智利、伊朗、日本、越南等11个国家的驻华使节参观了秦始皇帝陵博物院、大唐芙蓉园、大明宫国家遗址公园、大唐不夜城、大唐西市博物馆、关中民俗艺术博物院和老钢厂设计创意产业园，参加了大唐迎宾礼，体验了活字印刷、华阴老腔，还走进了西安国际港务区、西安高新区、西安浐灞生态区等开发区听取推介汇报，了解西安的创新、发展成就。

2019意大利国际合作博览会暨"一带一路"展会推介会在西安举行

3月11日，2019意大利国际合作博览会暨"一带一路"展会推介会，在西安创新设计中心举行。

联合工作组赴西安国际港务区考察调研

3月11日，由来自中国、白俄罗斯、德国、哈萨克斯坦、蒙古、波兰、俄罗斯等7国铁路部门专家组成的联合工作组赴西安国际港务区考察调研，并召开专家工作组会议，针对各国在铁路运输领域开展深度合作、推动中欧班列"长安号"更多线路开行展开交流探讨。

西安—宁波、西安—青岛陆海联运班列首发

3月25日，在西安铁路集装箱中心站，首列西安—宁波、西安—青岛的陆海联运班列从西安港正式始发。

西安当选为2019"东亚文化之都"

3月26日至28日，"东亚文化之都"中国西安活动年启动活动举行。西安与日本东京都丰岛区、韩国仁川广域市共同当选为2019"东亚文化之都"。

2019西安丝绸之路国际旅游博览会举行

3月29日至31日，2019西安丝绸之路国际旅游博览会举行。本届博览会以"创新发展品质文旅"为主题，设置国际展区、国内展区、陕西展区、消费展区、文化展区、旅游商品展区、温泉展区以及航空航线展区、房车露营展区、体育旅游展区等特色展区，展会面积4万平方米。吸引43个国家和地区的参展商参会，签约项目45个，总投资额389.5亿元。

西安颁发首批外国留学生实习签证

4月3日,西安市公安局出入境管理局为三名外国留学生颁发了实习签证,这是西安首批颁发的外国留学生实习签证。

第16届中国国际物流节西安开幕

4月8日至11日,以"新丝路新枢纽新物流"为主题的第16届中国国际物流节暨青岛港·第9届中国西部国际物流产业博览会在西安举办。业内顶尖专家,科研机构代表,"一带一路"沿线国家或城市的驻华参赞、官员以及国内外知名物流企业精英等齐聚西安,共话物流发展大计。

西安至莫斯科全货运航线顺利开通

4月14日,阿特兰航空公司B737-400F货机从西安咸阳国际机场起飞,西安至莫斯科全货运航线顺利开通,这也是陕西首条由外国航空公司执飞的全货运航线。

2019年第四届能源金融国际学术会议在西安举行

4月19日至21日,2019年第四届能源金融国际学术会议在西安举行。来自中国、澳大利亚、英国、奥地利、日本、新加坡、马来西亚、印度、伊朗、印度尼西亚等国家的100余名专家学者,就能源价格与金融市场稳定、能源环境与绿色金融、气候变化与能源定价等能源金融领域的热点问题进行探讨。

中俄丝路工业与科技创新论坛在西安圆满举办

4月25日,2019中俄丝路工业与科技创新论坛在西咸新区沣东新城中俄丝路创新园成功举办。本次论坛上,中俄丝路创新园与莫斯科大学科技园、联合国纯净生产中心签订合作协议并举行揭牌仪式。

第六届国际商协会投资与贸易洽谈会在西安举行

4月29日,第六届国际商协会投资与贸易洽谈会在西安举行。此次洽谈会旨在进一步推进"一带一路"建设,搭建国际工商界磋商对话平台,加强各国机构、商协会和企业之间建立合作机制,发挥联系政府、服务企业的桥梁纽带作用,促进企业间开展务实合作。

西安与多个国外城市结为友好城市
5月7日,西安市与俄罗斯圣彼得堡市、西班牙瓦伦西亚市、尼泊尔布托市、韩国安东市、突尼斯迦太基市结为友好城市。

第四届丝绸之路国际博览会暨中国东西部合作与投资贸易洽谈会召开
5月11日至15日,第四届丝绸之路国际博览会暨中国东西部合作与投资贸易洽谈会在西安举行。25个国家(地区)的200余家境外企业和23个省(区、市)的2000余家企业参展,展销、展示各类特色产品2万余种。期间,举办主旨论坛、重要会议、投资促进活动等65项经贸合作交流活动和11场重要会见活动,还配套举办文化、旅游、艺术、美食等活动,参会人数达25万人次。举办3场集中签约仪式,签订合同项目65个,涉及教育、医疗、现代农业、智能制造、能源化工等多个领域,总投资额1151.09亿元。

陕西首条第五航权航线开通
5月12日,从韩国首尔起飞的KE325全货机降落在西安咸阳国际机场。此航班在货物卸机后,又满载货物,继续飞往越南河内。标志着陕西首条第五航权航线,首尔—西安—河内全货运航线开通。

第二届中国(陕西)自由贸易试验区发展论坛暨创新发展研讨会举办
5月12日,陕西省人民政府主办的"第二届中国(陕西)自由贸易试验区发展论坛暨创新发展研讨会"在西安召开。本次论坛以"深化改革扩大开放与自由贸易试验区高质量发展"为主题,积极推动国内外自由贸易领域发展。

首趟中欧班列"长安号"(西安—明斯克)跨境电商出口专列从西安车站始发
5月28日,首趟中欧班列"长安号"(西安—明斯克)跨境电商出口专列从西安港新筑车站始发。该专列的开行,将为中国与白俄罗斯在农业、食品、电子制造等领域的贸易搭建便捷跨境物流通道,有效提升跨境电商企业配送响应速度和物流运转能力。

2019年"世界无烟日"宣传活动在西安市举行
5月31日,2019年"世界无烟日"宣传活动在西安举行。活动现场,世界卫生组织授予西安市人民政府"2019年世界无烟日"奖。

西安市与奥什市正式缔结为友好城市

6月13日,西安市和奥什市签署友好城市关系协议书,双方正式缔结为友好城市。奥什市成为西安市第34个国际友好城市。

西安获得"2019创新创意超级杯营商环境创新大奖"

6月29日,在深圳市举办的"融时代创无限——2019创意共享大会暨创新创意超级杯盛典"上,西安获得"2019创新创意超级杯营商环境创新大奖"。

西安直飞静冈航线开通

7月1日,四川航空3U8649航班从西安咸阳国际机场飞往日本静冈,标志着西安直飞静冈航线开通。

西安获"中国国际化营商环境建设标杆城市"

7月2日,在2019中国国际化营商环境高峰论坛暨《中国城市营商环境投资评估报告》发布会上,西安获"中国国际化营商环境建设标杆城市"。

西安获"国际物流大通道建设突出贡献城市"

7月3日,在第十九届中国国际运输与物流博览会暨2019世界科技物流大会上,西安获"2019国际物流大通道建设突出贡献城市"。

西安港构建国际多式联运大通道

7月6日,由西安港始发,满载机械设备、家用电器的中欧班列"长安号"(西安—巴库),一路向西,经过17天长途跋涉,跨越里海,抵达阿塞拜疆首都巴库的苏姆盖特站。这是中欧班列"长安号"开辟的又一新线路,标志着西安港探索出跨里海直达巴库的国际多式联运大通道,助力中国和中东欧经贸往来和"一带一路"高质量发展。

"健康中国丝绸之路"第二届"正义杯"传统武术精英大赛在西安举行

7月13日至14日,"健康中国丝绸之路"第二届"正义杯"传统武术精英大赛在西安财经大学举行。来自中国、俄罗斯、伊拉克等国家和地区的144支代表队的1800余名运动员参赛。

西安航空基地综合保税区（一期）顺利通过预验收

7月15日，西安航空基地综合保税区（一期）顺利通过联合预验收组的预验收，标志着西安航空基地综合保税区已基本具备封关运行条件，为下一步迎接海关总署和国家部委的正式验收奠定良好基础。

WCG（世界电子竞技大赛）2019世界总决赛在西安举行

7月18日至21日，WCG（世界电子竞技大赛）2019世界总决赛在西安曲江新区举行。中国选手获10枚奖牌，其中金牌4枚。

2019年第四届"丝绸之路"全国国际象棋棋协大师赛在西安举行

7月19日至22日，2019年第四届"丝绸之路"全国国际象棋棋协大师赛在西安举行，共有来自全国各地的约500名选手参赛。

西安—伦敦金融城签订友好合作关系协议书

8月1日，伦敦金融城金融服务业委员会主席安德鲁·马斯登代表团一行到访西安，并签署了《西安市与伦敦金融城城市间友好合作关系框架协议书》，这将进一步推动两市在金融领域的深入务实合作与长期发展。

西安航空基地综合保税区（一期）正式通过国家验收

8月8日，西安航空基地综合保税区（一期）正式通过国家验收。这标志着西安航空基地综合保税区建设迈向新台阶，将为扩大对外开放、推动航空产业转型升级提供国际化新舞台。本次验收由海关总署牵头，会同国家发展和改革委员会、财政部、自然资源部、商务部、税务总局、市场监督管理总局、外汇管理局等7个部委组成联合验收组。

"东亚文化之都"工作交流会在西安举办

8月13日至14日，"东亚文化之都"工作交流会在西安举办。"东亚文化之都"历届当选城市和候选城市代表、专家代表、文化和旅游部国际交流与合作局相关人员等100余人参会。

"建设内陆自由贸易港打造对外开放新高地"圆桌论坛在西安举办
8月20日,"建设内陆自由贸易港打造对外开放新高地"圆桌论坛在西安举办。此次论坛将为陕西加快推动中欧班列集结中心及陆海联运大通道建设,实现中欧班列高质量、市场化、可持续发展注入新的强大动力,为陕西内陆自由贸易港建设凝聚共识、积蓄力量、贡献智慧。

西安—迪拜航线正式开通
8月28日,由中国东方航空执飞的西安—迪拜航线将盛大开航。至此,西安直飞迪拜的首条航线正式开通,这也是西安直飞中东地区的首条航线。

2019全球创投峰会在西安举行
8月28日至30日,2019全球创投峰会在西安举行。会议发表《西安市加快推进科技创新型企业"科创板"上市的扶持政策》《2019年中国城市科技金融发展指数》《西安高新区生态系统生产总值》。同时,宣布"陕西先导光电集成创投基金"募资完成,标志着国内首支专注于光电芯片领域的基金成立。

西安直飞里斯本航线开通
8月30日,随着JD429航班起飞,西安直飞里斯本航线正式开通。该航线是中葡两国间唯一的直达航空通道,也是西安年内新开的第8条国际客运航线。

第六届丝绸之路国际艺术节在西安、延安、铜川等地举行
9月7日至21日,第六届丝绸之路国际艺术节在西安、延安、铜川等地举行。本届艺术节期间,10余万名观众走进剧场观看演出,开、闭幕式及文艺演出网络直播点击量突破1350万次,微信、微博等新媒体阅读量突破500万人次。

2019欧亚经济论坛在西安举行
9月10日至12日,2019欧亚经济论坛在西安举行。本届论坛以"共建'一带一路':高水平合作,高质量发展"为主题,设开幕式暨全体大会及10个平行分会,举办各项活动25项。

"一带一路"2019陕西国际铁人三项赛暨铁人三项世界锦标赛资格赛在西安举行

9月15日,由陕西省体育局、西安市人民政府、万达体育集团主办的"一带一路"2019陕西国际铁人三项赛暨铁人三项世界锦标赛资格赛西安站比赛,在西安浐灞生态区世博园举行。来自40多个国家和地区的近千名选手,在绵绵细雨中同场竞技,吸引了大批市民和游客现场观看。

2019西安国际骨科学术大会在西安举行

10月11日至13日,2019西安国际骨科学术大会在西安曲江国际会展中心举行。

2019中国国际石墨烯创新大会在西安市举行

10月19日至21日,2019中国国际石墨烯创新大会在西安举行,来自全球30多个国家和地区的石墨烯领域知名专家及企业家代表参会。

2019西安国际马拉松赛举办

10月20日,2019西安国际马拉松赛举办,来自中国、日本、美国、新加坡、韩国、马来西亚、法国等30个国家和地区的3万名选手参赛。

第三届全球程序员节在西安隆重举行

10月24日至25日,第三届全球程序员节在西安举行,来自海内外软件行业嘉宾和顶尖程序员近2000人齐聚西安,共襄盛会。

2019全球硬科技创新大会在西安成功举办

10月30日,2019全球硬科技创新大会在西安成功举办。本届大会以"硬科技·引领变革的力量"为主题,设置人工智能、信息技术、航空航天、生物技术等话题,大会同期举办创新发展论坛和钱学森论坛,以及14场分论坛活动。

首趟中欧班列"长安号"(西安—安卡拉)专列抵达土耳其安卡拉

11月6日,首趟中欧班列"长安号"(西安—安卡拉)专列顺利抵达土耳其安卡拉。这是中欧班列运营史上首次跨越里海且穿越海底隧道的国际班列,从此

"一带一路"将对接土耳其"中间走廊"倡议,为两国进一步加强经贸往来提供重要助力。

西安航空基地综合保税区正式封关运行

11月8日,西安航空基地综合保税区正式封关运行,这标志着西安航空产业开放合作的国际化大舞台正式启幕,迈入发展新阶段。西安航空基地综合保税区正式封关运行后,将围绕"五大中心"的发展目标,紧紧依托西安航空基地雄厚的航空产业基础,建设全国一流、世界知名的航空产业保税服务园区,打造高水平开放高质量发展的对外开放新平台。

2019年"一带一路"西安历史文化国际学术研讨会在西安举行

11月8日至9日,2019年"一带一路"西安历史文化国际学术研讨会在西安文理学院召开,来自中国、巴基斯坦、土耳其、巴勒斯坦、伊朗、尼泊尔、乌兹别克斯坦等国家和地区的140余名专家学者出席了会议。

西安市与摩洛哥非斯市结为国际友好城市

11月14日,西安市和摩洛哥非斯市签署《建立友好城市关系协议书》,结为国际友好城市。

西安获得"2019中国最具幸福感城市"称号

11月25日,"2019中国最具幸福感城市"榜单在广州揭晓,西安再次获得"2019中国最具幸福感城市"称号。

布鲁塞尔-西安和西安-德里全货运航线开通

11月27日,布鲁塞尔-西安、西安-德里全货运航线开通。这两条航线的开通,进一步织密西安咸阳国际机场面向欧洲、西南亚的航空货运网络,对于实现陕西在"一带一路"沿线的贸易畅通、丝路联通具有重要意义。

"丝路西安行——2019外媒记者看西安"主题采访活动举行

11月27日至29日,"丝路西安行——2019外媒记者看西安"主题采访活动举行。

西安144小时过境免签新政落地

12月1日起,西安航空口岸实施部分国家外国人过境144小时免办签证政策。

"一带一路"金融法律合作签约仪式暨中国西部金融争议解决论坛在西安举行

12月6日,"一带一路"金融法律合作签约仪式暨中国西部金融争议解决论坛在西安举行。会上,中国国际经济贸易仲裁委员会丝绸之路仲裁中心与陕西、甘肃、宁夏、青海、新疆银行业协会签署合作框架协议。

金奈—西安、西安—孟买两条国际货运航线开通

12月7日,金奈—西安、西安—孟买两条国际货运航线正式开通。航线的开通进一步拓宽中国联通南亚市场的"空中丝绸之路",对于构建中印经济走廊货运大通道、加快西安乃至中国与南亚地区的贸易往来具有重要作用。

陕西首条第五航权客运航线叶卡捷琳堡—西安—普吉航线开通

12月17日,陕西首条第五航权客运航线叶卡捷琳堡—西安—普吉航线发布会在西安机场召开。航线的开通进一步突显了西安联通俄罗斯与东南亚国家的重要节点作用,打通了俄、中、泰三国的空中通道,积极提升西安机场国际中转旅客比例,助力构建东西双向互济的国际航线网络,为西安机场打造大型国际枢纽机场奠定坚实基础。

第三届西商大会举行

12月27日,第三届西商大会举行。大会发布"2019西安民营企业100强榜单",颁发"2019十佳金纽带商会奖""2019十佳扶贫之星西商奖""2019十佳双创西商奖""2019十佳先进制造业西商奖""2019十佳杰出西商奖"等5个奖项。

2020

"一带一路"西安国际电子竞技大会暨首届国际数字娱乐产业发展高峰论坛在西安召开

1月8日,"一带一路"西安国际电子竞技大会暨首届国际数字娱乐产业发展高峰论坛在西安国家民用航天产业基地召开。本次大会特别邀请了国内外行业代表、电竞协会会长、学界专家等嘉宾。

国务院批复设立陕西西咸空港综合保税区

1月17日,国务院批复设立陕西西咸空港综合保税区。作为空中丝绸之路重要节点和"三个经济"起源地,在西安发力产业结构升级关键期,西咸新区空港新城又迎来一次全新的发展机遇和重大利好。

国家科学技术部发布《关于支持西安建设国家新一代人工智能创新发展试验区的函》

3月9日,国家科学技术部发布《关于支持西安建设国家新一代人工智能创新发展试验区的函》,明确支持西安建设国家新一代人工智能创新发展试验区。

首趟西安至巴塞罗那中欧班列开行

4月8日,75019次列车从西安新筑车站驶出,这趟满载50车太阳能板的中欧班列一路向西,驶往西班牙巴塞罗那,全程约1.2万公里,这是首次开行西安—巴塞罗那中欧班列。

西安—达卡国际全货运航线开通

4月12日,西安—达卡国际全货运航线开通。该航线的开通依托西安机场"一带一路"航空物流枢纽建设,搭建起面向南亚国家的空中运输通道,将极大提升西安和达卡两个国家级物流枢纽高时效的商贸互通,有助于陕西乃至西北地区企业进一步拓展东盟贸易市场,吸引现代服务业等产业集聚和优化升级。

西安至法兰克福"客改货"包机首航

4月25日，西安至法兰克福"客改货"包机首航。

西安招商云平台及2020年重点招商项目发布仪式在曲江宾馆举行

5月21日，西安招商云平台及2020年重点招商项目发布仪式在曲江宾馆举行，仪式采取现场召开+互联网线上直播双模式面向全球发布。签约项目15个，总投资额110.62亿元。

中欧班列西安至加德满都南亚航线首开

5月22日，中欧班列西安至加德满都南亚航线首开。班列将中西部地区的化工、机械制造、能源、特色轻工、材料、装备制造等产业通过高效快捷的中欧班列进入尼泊尔，带动产业聚集，激发中尼两国的经贸合作活力。

陕西省首条洲际第五航权全货运航线首尔－西安－洛杉矶开通

6月7日，陕西省首条洲际第五航权全货运航线首尔－西安－洛杉矶开通。为西安航空物流枢纽建设和陕西发展"三个经济"注入新活力，对于打造内陆改革开放高地，畅通陕西商贸国际物流通道，织密与东亚、北美经贸联系具有重要意义。

第七届丝绸之路国际电影节在西安举办

10月11日至16日，第七届丝绸之路国际电影节在西安举办。电影节突出人类命运共同体理念，以"丝路连接世界、电影和合文明"为主题，着力彰显"一带一路"特色，设置欢迎活动、影片特别推荐、电影展映、电影论坛、电影市场、陕闽交接活动6大主题活动和电影嘉年华配套活动，旨在打造专业化、国际化电影盛会，宣传展示陕西新时代新担当新形象。

2020第四届全球程序员节在西安举行

10月23日至24日，2020第四届全球程序员节在西安举行。大会以"云启信创，码动未来"为年度主题，聚焦信创产业、数字经济等热点议题，举办"云启信创，码动未来"主论坛、信创产业发展圆桌峰会、多个分论坛及程序员之夜等活动。

西安入选"2020夜间经济20强城市"

10月23日至25日,由中国旅游研究院和无锡市等共同主办的2020中国夜间经济论坛在无锡举办。西安入选"2020夜间经济20强城市";大唐芙蓉园景区入选"2020游客喜爱的十大夜景区";《长恨歌》入选"2020游客喜爱的十大夜间演艺",西安成为西部获奖最多的城市。

纪录片《从长安到罗马》第二季在中意两国媒体全面播出

11月6日,纪录片《从长安到罗马》第二季在中意两国媒体全面播出。纪录片从品味东西、城市奇观、时尚设计、美术雕塑、治国之道五个主题切入,以体验式场景为主线,从美食、建筑、服饰、艺术及制度等生动解读两国文明。

2020西安国际马拉松赛在永宁门鸣枪开跑

11月8日,2020西安国际马拉松赛在西安永宁门鸣枪开跑。来自全国各地的2.4万余名选手齐聚古城西安,感受"西马"带来的精彩和震撼,为即将到来的第十四届全国运动会全面预热。

西安市与西班牙瓦伦西亚市结为友好城市

11月24日,西安市与西班牙瓦伦西亚市结为友好城市。

2020腾讯全球数字生态大会首个城市峰会在西安举行

12月1日,2020腾讯全球数字生态大会首个城市峰会在西安举行。大会秉承"数字优先"的理念,以"数字未来,产业共进"为主题,围绕"数字新经济、产业新格局、云端新生态"三个核心议题展开,共同探讨西部智慧风向标。

西安"一带一路"国际商事法律服务示范区多个中心在西安国际港务区揭牌

12月1日,西安"一带一路"国际商事法律服务示范区中国－上海合作组织法律服务委员会西安中心、"一带一路"律师联盟西安中心、西安"一带一路"国际商事争端解决中心和国家生物安全证据基地在西安国际港务区揭牌。

国际古城墙(堡)联盟签约仪式在西安城墙景区通过线上视频会议举行

12月3日,由西安城墙管理委员会提议并联合意大利威内托大区古城墙城市联盟、英国约克市城墙管理机构共同发起的国际古城墙（堡）联盟签约仪式在西安城墙景区通过线上视频会议举行。

首列"安西欧"国际货运班列从安康东站始发

12月8日，首列"安西欧"国际货运班列从安康东站始发。"安西欧"班列是继"渭西欧"开行之后，西安携手省内兄弟城市安康，深度融入共建"一带一路"大格局，推进中欧班列（西安）集结中心建设，构建新发展格局的重要举措。

西咸空港综合保税区（一期）通过国家验收

12月25日，西咸空港综合保税区（一期）通过国家验收。

2021

西安—浦东全货运航线首航仪式在西安咸阳国际机场举行

1月8日,西安—浦东全货运航线首航仪式在西安咸阳国际机场举行。该航线由西北国际货运航空有限公司执飞,是该公司组建成立后的首航。

X8153次中欧班列"长安号"从新筑车站驶出开往霍尔果斯口岸

3月22日,X8153次中欧班列"长安号"从新筑车站驶出开往霍尔果斯口岸,标志着2021年中欧班列"长安号"运输数量突破3万车。

2021年西安产业项目集中签约大会举行

3月24日,2021年西安产业项目集中签约大会举行。本次签约项目215个,总投资额3037.3亿元,涵盖新能源、新材料、航空零部件、智能制造、生物医药、电子信息、数字经济、文旅康养等多个领域。

西安获评"全国十大正能量城市"

3月28日,由阿里巴巴天天正能量主办的2021媒体公益与社会责任研讨会暨2020年度正能量人物颁奖典礼在杭州举行。会上,阿里巴巴天天正能量发布《2020年度公益报告》,陕西获评"全国十大正能量省份",西安获评"全国十大正能量城市"。

第五届丝绸之路国际博览会暨中国东西部合作与投资贸易洽谈会在西安举行

5月11日至15日,第五届丝绸之路国际博览会暨中国东西部合作与投资贸易洽谈会在西安举行。本届丝博会主宾国—斯洛伐克共和国国家馆位于西安国际会展中心3号馆,通过展示主宾国整体形象、投资领域和重大合作项目,开展投资洽谈和大宗商品贸易,进一步促进"一带一路"国家和地区间合作。

中欧班列"长安号"首列中亚回程公共班列抵达西安国际港站

5月13日,中欧班列"长安号"首列中亚回程公共班列抵达西安国际港站,标志着中亚回程班列实现常态化、公交化运行，对形成面向中亚、南亚、西亚国家的通道具有积极推动作用。

陕西省光子产业创新联合体成立大会在西安举行

5月13日，陕西省光子产业创新联合体成立大会在西安举行。大会以"追光聚力，两链互融"为主题，邀请政府、科研院所、高校、企业和投资机构代表齐聚一堂，共同探讨陕西光子产业发展。

西安－新西伯利亚货运航线开通

5月14日，西安－新西伯利亚货运航线开通，标志着空港跨境电商"9610"出口业务的常态化运营。这是西咸新区空港新城2021年开通的第三条全货运国际航线，"跨境+航线"的组合，为空港新城打造内陆改革开放高地注入新动力。

西安国际港－宁波舟山港陆海联运大通道班列从西安国际港发车

6月2日，西安国际港－宁波舟山港陆海联运大通道班列从西安国际港发车，同时西安港与宁波舟山港签署战略合作协议，携手打造"海铁联运+中欧班列"新发展格局。

2021全球硬科技创新大会在西安举行

6月8日至10日，2021全球硬科技创新大会在西安举行。

2021世界交通运输工程技术论坛在西安举行

6月16日，2021世界交通运输工程技术论坛在西安举行。本次大会以"新技术·新模式·新交通"为主题，来自产业界、企业界、高校及科研机构的20多位院士，1000多位学术领军人物、国内外知名企业家、国际组织代表等6000名嘉宾参会，同时吸引了上万人次参观展览。

第2000列中欧班列——X75069次中欧班列"长安号"从中国铁路西安局集团有限公司西安国际港站开出

7月8日，2021年陕西开行的第2000列中欧班列——X75069次中欧班列"长安号"从西安国际港站开出,驶向捷克首都布拉格。

西安国际港站扩能改造工程竣工

8月30日,历时近两个月的西安国际港站扩能改造工程竣工。

中华人民共和国第十四届运动会在西安奥体中心体育场举行

9月15日至27日,中华人民共和国第十四届运动会在西安奥体中心体育场举行。中共中央总书记、国家主席、中央军委主席习近平出席开幕式并宣布运动会开幕;中共中央政治局常委、国务院总理李克强出席闭幕式并宣布运动会闭幕。

2021欧亚经济论坛经贸合作博览会在西安举行

10月18日至20日,2021欧亚经济论坛经贸合作博览会在西安举行。论坛期间,来自46个国家和地区的政、商、学各界与会嘉宾深入沟通交流,为欧亚各国高质量发展注入了新的思想活力。本届论坛采用"会议+展览"模式,设论坛开幕式暨全体大会、工商领袖会议暨经贸合作洽谈会等会议及相关配套活动,同时举办欧亚经济论坛经贸合作博览会暨中国(陕西)进出口商品展。

2021西安国际创业大赛总决赛在西安举行

12月1日至6日,2021西安国际创业大赛总决赛在西安举行。

第七届丝绸之路国际艺术节在西安举办

12月2日至6日,第七届丝绸之路国际艺术节在西安举办。本届艺术节继续秉承中华文化"和平、和谐、合作"价值理念,聚焦"丝路核心、中华文化、国际元素"三个主题,坚持"丝路艺术的盛会、民心相连的桥梁、人民群众的节日"办节宗旨,设有开闭幕式、文艺演出、美术展览、艺术论坛在内的4个板块40余场展演活动。

西安受邀参加"丝绸之路城市市长在线对话论坛"

12月15日,G—Global 21世纪世界大会举办,西安受邀参加"丝绸之路城市市长在线对话论坛"。

2022

中欧班列"长安号"新年首列开启新路线
1月1日,一列满载着51个集装箱的中欧班列驶出西安国际港站,奔向德国曼海姆。这是2022年西安发出的首趟中欧班列,为陕西又新增了一条通往欧洲的国际物流大通道。

首趟中欧班列抗疫保供返程专列抵达西安
1月7日,一列满载1066吨哈萨克斯坦面粉的中欧班列缓缓驶入西安国际港站,这是2022年从国外驰援西安的首趟中欧班列抗疫保供面粉专列,为助力西安疫情防控,满足粮油市场需求提供了有力保障。

西安首份RCEP原产地证书签发
1月17日,在关中海关的指导帮扶下,西安对外贸易经济开发有限公司出口日本的8.7吨化学制品成功申办了一份RCEP原产地证书,这也是关中海关审核签发的西安首份RCEP原产地证书,标志着RCEP在西安正式落地实施。

2022年首趟茶叶中欧班列"长安号"发车
1月22日,装载汉中茶叶及农副特产的X9003次中欧班列"长安号"驶离西安国际港站,向乌兹别克斯坦塔什干一路疾驰。班列以茶叶及其他农副特产为主,是陕西2022年第一趟茶叶中欧班列,装载的茶叶来自汉中市西乡县,这是该县2022年第一单外贸出口茶叶。

西安稳步推进"一带一路"综合试验区建设
2月7日,西安印发《"十四五"西安建设"一带一路"综合试验区实施方案》,提出推进"一带一路"综合试验区建设的指导思想,确定了"十四五"期间西安推进"一带一路"综合试验区建设的"总体目标"。

2022年陕西首趟中印铁海联运班列开行
2月14日,2022年陕西省首趟中印铁海联运班列从西安国际港站出发,开往青岛黄岛港,班列运载的物品将从黄岛港经海运运往印度。

"汉语桥"线上语言文化体验项目冬令营开营

2月14日,由教育部中外语言交流合作中心主办,西北大学承办的"汉语桥"线上语言文化体验项目——"穿越古今学汉语"举行线上冬令营开营,来自吉尔吉斯斯坦、越南、俄罗斯等3个国家的100余名师生参加。

中欧班列"长安号"集拼中心获批并发出首单

2月16日,随着铁路安检和海关监管施封动作的完成,满载出口货物的首柜驶出中欧班列"长安号"集拼中心,标志着"先报关,后装箱"新模式正式运行。

五矿(西安)加工制造和期货金融产业园落户西安国际港务区

2月24日,五矿(西安)加工制造和期货金融产业园正式落户西安国际港,将构建辐射西部、面向"一带一路"的大宗商品产业聚集区,助力中欧班列西安集结中心建设。

陆港集团——中欧班列"长安号"比亚迪专列东西双向首发

3月5日,西安陆港集团联合青岛港等为比亚迪定制的运输服务方案,中欧班列(西安—布达佩斯)和铁海联运班列(西安—埃及)东西双向首发,有效降低了企业综合物流成本。

全国首个内陆港口成功获批启运港退税试点资质

3月15日,西安国际港务区成功获批全国首个内陆港口启运港退税试点资质。

西安市首个对外文旅交流活动举行

3月23日,世界城地组织亚太区旅游委员会文化旅游发展研讨会在线上举行。会议围绕"旅游促进和谐发展和交流互鉴"主题,深入探讨世界城地组织亚太区旅游委员会文化旅游交流合作和创新发展路径,为全球旅游业的复苏与重塑增添信心和希望。

第十一届APEC中小企业技术交流暨展览会开幕

3月31日，由工业和信息化部、陕西省人民政府共同主办的第十一届APEC中小企业技术交流暨展览会在西安开幕。本次会议以"技术创新、绿色发展、合作开放、共享共赢"为主题，设主论坛和8场专业论坛及相关配套活动，为广大中小企业提供全方位的展览展示、供采对接、合作洽谈、交易服务。

西安碑林海峡两岸临书展在西安碑林博物馆开幕

4月6日，"临古开新 共书辉煌——西安碑林海峡两岸临书展"在西安碑林博物馆开幕。开幕式以两岸视频连线的形式，在西安和台北同步举办。本次活动组织两岸书法爱好者临写西安碑林博物馆珍藏的历代书法名碑，从征集的1600余幅作品中评出获奖作品101件。

"世界一流考古机构"暨陕西考古博物馆开馆活动在西安举行

4月16日，国家文物局、陕西省人民政府合作共建"世界一流考古机构"暨陕西考古博物馆开馆活动在西安举行。陕西考古博物馆主体建筑面积10700平方米，是集"科学发掘、保护利用、展示阐释"于一体的专题博物馆。该馆将文物与出土背景相结合，以考古的视角解读遗址，勾勒出我国考古的发展脉络，对于展示中华文明多元一体、兼容并蓄的总体特征具有重要意义。

西安港成为全国首个陆路启运港退税政策试点内陆港

4月18日，全国内陆港启运港退税试点政策首单业务启动仪式在西安国际港站举行，标志着西安港成为全国首个陆路启运港退税政策试点的内陆港，"长安号"成为全国首个享受启运港退税政策的中欧班列。

西安首趟中老铁路国际货运列车开行

4月22日，中老铁路（西安—万象）国际货运列车搭载一批纺织品货物，从西安国际港站缓缓驶出，驶向老挝首都万象。这是陕西西安开行的首趟中老铁路国际货运列车，标志着陕西及我国中西部地区直达老挝及东南亚地区又打通了一条安全快捷的国际物流新通道。

中欧班列"长安号"双集中心菜鸟首单启运

4月30日，中欧班列"长安号"双集中心菜鸟首单跨境电商货物正式启运。这是西安国际陆港集团致力于打造集运业务聚集示范区,发挥平台资源整合优势,联合菜鸟网络为跨境电商货物提供的一个更规范、更高效的物流解决方案,将有力促进中欧班列(西安)集结中心建设。

全国首列陆路启运港退税试点海铁联运班列到达广西北部湾港

5月4日,"陆路启运港退税试点政策海铁联运班列(西安—北部湾港)首达仪式"在广西钦州举行。搭载纯棉半漂布和化肥等物品的X9607次班列,于4月29日从西安国际港站始发,抵达钦州港后将换乘集装箱船出海至印度尼西亚。

西安市与格鲁吉亚库塔伊西市签署发展友城关系意向书

5月6日,西安市与格鲁吉亚库塔伊西市以视频会议并共同签署两市发展友好城市关系意向书。

中国(陕西)自由贸易试验区(西安区域)高质量发展研讨会举行

5月7日,中国(陕西)自由贸易试验区(西安区域)高质量发展研讨会在西安举行,与会人员围绕下一步改革创新方向和工作重点畅所欲言、贡献力量。

致敬"西北考古第一人"特展启幕

5月15日,由西北大学、新疆维吾尔自治区博物馆、新疆师范大学主办,多家单位协办的"丝路丹心——黄文弼与丝绸之路"特展在西北大学博物馆正式启幕。特展用系列活动,全方位回顾、纪念"西北考古第一人"、丝绸之路考古开拓者黄文弼的生平事迹及他在考古学和教育学上取得的重要成就。

中国国际贸易促进委员会陕西省分会牵线搭桥名优产品"陕"亮港澳

5月18日,由中国国际贸易促进委员会陕西省分会、陕西国际商会主办的陕西名优产品走进港澳线上推介会暨战略合作协议云签约仪式在西安举办。

丝路琉光——从地中海到长安的古代玻璃艺术展亮相西安

5月17日,丝路琉光——从地中海到长安的古代玻璃艺术展在西安博物院亮相,参展文物总计360件(组)。

中国(西安)跨境电子商务综合试验区展示中心揭牌

5月20日,中国(西安)跨境电子商务综合试验区展示中心揭牌仪式暨西安市跨境电子商务联盟成立大会在西安举行。西安市跨境电子商务联盟的成立,不仅助力西安跨境电子商务行业高质量发展,也将带动宝鸡市、延安市跨境电商综合试验区发挥区位优势,共同形成促进全省内贸外贸高质量、高标准融合发展的新局面。

西安携手20余家日企畅叙"云端"

5月27日,由西安市人民政府、商务部投资促进事务局联合主办的"长安共此时"——2022西安市与知名日资企业合作交流会在西安举办。会议以"线下+线上"的模式开展,20余家日本驻华机构代表、日资企业高管约40人受邀参会。

西安—阿拉木图货运航线开通

6月5日,西安—阿拉木图全货运航线顺利开通。

世界城地组织亚太区旅游委员会第一届会员大会在西安召开

6月10日,世界城地组织亚太区旅游委员会第一届会员大会在西安召开。此次会议发布了世界城地组织亚太区旅游委员会会标、官方网站,通过世界城地组织亚太区旅游委员会章程、年度工作计划和新会员城市入会申请,表决并公布第一届主席团成员和理事会成员。

西安外向型经济全媒体工作站设立

6月16日,西安报业传媒集团(西安日报社)与西安外商投资企业协会签署战略合作协议,并为双方共同设立的"西安外向型经济全媒体工作站"揭牌。

西安石油大学留学生参加"感知中国——魅力三秦行"活动

6月16日至17日,西安石油大学组织承办了国家留学基金委2022年"感知中国——魅力三秦"行社会实践和文化体验活动,来自俄罗斯坦桑尼亚等17个国家的39名在华留学生参加活动。

第四届"一带一路"全球健康国际研讨会暨丝绸之路大学联盟2022健康论坛采用线上方式在西安召开

6月17日至19日,"第四届'一带一路'全球健康国际研讨会暨丝绸之路大学联盟2022健康论坛"举行。大会以"跨学科国际合作·应对人类挑战·共促全球健康"为主题,来自国内外160多位特邀资深专家和领导者分享了精彩报告,约11万人次通过直播平台观看了会议。

国际体验官探访西安日常

6月20日,"常见常新 常行长安"国际体验官探访西安主题活动启动。来自英国、意大利等国家的优质视频创作者化身国际体验官,开启为期5天的西安精彩之旅。

中欧班列"长安号"与陆海新通道实现互联互通

6月21日,首列中欧班列"长安号"(海防—西安—阿拉木图)班列从西安国际港站首发,标志着陆海新通道与中欧班列"长安号"首次实现通道互联互通。

国际友人"走读西安"活动顺利进行

6月22日,国际友人"走读西安"——发现不一Young古城之美主题沙龙在西安大明宫丹凤门遗址博物馆成功举办,来自日本奈良、比利时布鲁塞尔、意大利庞贝等世界古城的嘉宾在线上分享了自己与古城遗址保护的故事。

首列俄罗斯进口食品专列抵陕

6月24日,首列俄罗斯进口食品专列抵陕接车仪式在西安国际港务区举行。据了解,该专列共有货柜45个、重达750吨,包括俄罗斯15家企业的食品、酒水、饮料等产品。

西安—塔什干全货运航线开通

6月24日,由土耳其航空公司与圆通航空合作运营的西安—塔什干全货运航线开通。

中国(陕西)自由贸易试验区西安区域高质量发展专题研讨会召开

6月28日,中国(陕西)自由贸易试验区西安区域高质量发展专题研讨会召开,会议围绕"推动陕西自由贸易试验区西安区域高质量发展"主题开展讨论,充分听取省、市相关部门和专家学者、企业家代表的意见和建议。

西安－圣彼得堡货运航线开通

6月29日,西安－圣彼得堡货运航线开通,将进一步拓宽中西部地区与俄罗斯的经贸往来,为陕西"空中丝绸之路"建设再添动力。

西安"一带一路"建设和中国(陕西)自贸试验区建设工作推进会召开

7月12日,西安"一带一路"建设和中国(陕西)自贸试验区建设工作推进会召开,传达学习习近平总书记在第三次"一带一路"建设座谈会上的重要讲话和全国、全省有关会议精神,研究部署西安推进"一带一路"建设和中国(陕西)自由贸易试验区建设工作。

中国(陕西)自由贸易试验区推出进口摩托车单车认证监管新模式

7月13日,为促进进口摩托车产业发展,优化通关服务,提升通关效率和贸易便利化水平,中国(陕西)自由贸易试验区西安国际港务区功能区联合西安车站海关推出"一次进境、一次检测"进口摩托车单车认证监管新模式,解决了进口单车贸易企业物流运输成本和时间成本过高的问题。

陕西推进中医药服务"抱团出海"

7月18日,由陕西省商务厅、陕西省中医药管理局联合召开的陕西中医药服务抱团出海座谈会在国家中医药服务出口基地西安中医脑病医院举行。与会代表讨论了拟筹备成立陕西中医药服务贸易国际合作联盟的相关章程。

"2022丝绸之路万里行——西望中国"大型融媒自驾采访活动正式启动

7月19日,"2022丝绸之路万里行——西望中国"大型融媒自驾采访活动启动仪式在西安举行。

"丝绸之路文化内容原创基地"项目启动

7月19日，由陕西省图书馆承担的"丝绸之路文化内容原创基地"项目在西安正式启动，将致力于挖掘陕西优秀传统文化，以时代精神激活中华文明生命力。

首趟"十西欧"集结班列开行

7月20日，首列中欧班列"长安号""十西欧"班列满载汽车配件等货物从西安国际港站发车。

第六届丝绸之路网络安全论坛在西安举办

7月27日，2022第六届丝绸之路网络安全论坛在陕西大会堂盛大启幕。本次论坛以"共做安全先锋保障网络应用"为主题，旨在聚焦新一轮科技革命和产业变革的历史契机下的网络安全问题，共同探讨网络安全产业、信息技术产业创新、网络治理等热点话题。

"西安—满洲里—莫斯科"中欧班列开行

7月31日，50车日用百货搭载X8151次中欧班列，从西安国际港站始发，经满洲里口岸出境，开往俄罗斯莫斯科。

2022"一带一路"媒体合作论坛在西安开幕

8月9日，2022"一带一路"媒体合作论坛在西安开幕。论坛以"聚焦全球发展 深化互联互通"为主题，探寻互利共赢之路更加广阔美好的未来。本次论坛设置"一带一路"区域合作和全球发展倡议媒体对话会两个分论坛。

首列中欧班列西亚通道陕投专列开行

8月9日，首趟中欧班列西亚通道陕投集团专列从西安国际港站发车。这是中国铁路西安局集团有限公司与地方企业合作开行中欧班列的又一硕果，也为陕西内陆搭建了效率高、成本低、服务优的国际贸易通道。

第30届中国西部国际装备制造业博览会暨欧亚国际工业博览会在西安举办

8月11日，第30届中国西部国际装备制造业博览会暨中国欧亚国际工业博览会在空港新城西安临空会展中心拉开帷幕。本届博览会以"践行'双循环'战略、促进产业融合发展"为主题,促进实体产业与互联网、大数据、人工智能深度融合。

首列亚欧陆海贸易大通道日韩过境汽车海铁联运(笼车)班列发车

8月12日,首列亚欧陆海贸易大通道(名古屋—天津·西安—阿拉木图)日韩过境汽车海铁联运(笼车)班列在天津顺利发车。

第六届丝博会在西安举办

8月14日至18日,第六届丝博会在西安举办。来自韩国、泰国、新加坡等70多个国家和地区的境外嘉宾和客商以及国内20多个省份的客商通过线上和线下结合的方式参会,大会以"互联互通互融·共进共享共赢"为主题,邀请乌兹别克斯坦共和国担任主宾国,推动共建"一带一路",共享国际合作新机遇。

西部陆海新通道——陕桂海铁联运班列常态化开行

8月14日,首趟西部陆海新通道——陕桂海铁联运常态化班列从西安国际港站发车,开往广西北部湾港。这是广西与陕西共享新通道发展机遇,加快西部陆海新通道建设的又一务实举措。

中欧班列"长安号"中越国际货运班列(西安—河内)首发

8月23日,首列中欧班列"长安号"中越国际货运班列(西安—河内)从西安国际港站始发,标志着陕西西安畅通了连接东盟的陆路贸易通道。

陕西首家本土货运航空公司完成国际首航

8月29日,陕西首家本土货运航空公司——西北国际货运航空有限公司所属一架波音757-200飞机由西安飞往泰国曼谷。

首趟中欧班列中药材专列抵达西安

8月31日,首趟中欧班列(土库曼巴希—西安)中药材专列抵达西安。这是我国首趟从土库曼斯坦整列进口中药材的中欧班列,也是土库曼斯坦至西安的首列中欧回程班列。

"中亚五国"留学生教育培训专项工作会召开

9月2日,"中亚五国"留学生教育培训专项工作会在长安大学举办。会议讨论研究了《西安市"中亚五国"留学生教育培训计划项目工作委员会方案》,商讨安排部署推进相关工作。

西安碑林两岸临书展亮相台湾南投

9月3日,"临古开新,共书辉煌——西安碑林海峡两岸临书展"在台湾南投开幕,展出西安碑林博物馆所藏名碑拓本和两岸优秀书法作品,搭建两岸以"书"会友的平台。

中欧班列"长安号"运邮专线开行

9月16日,中欧班列"长安号"国际运邮专线首发仪式在西安国际港站举行。此次首发标志着西安国际港务区和陕西邮政的创新合作,实现了中欧班列"长安号"干线通道优势和邮政万国邮联网络的优势结合。

第三届"一带一路"长安智库论坛举行

9月24日,第三届"一带一路"长安智库论坛暨谱写陕西高质量发展新篇章论坛在西安举行。

2022国际自主无人系统大会在西安举行

9月24日,2022国际自主无人系统大会在西安召开。国内外28位院士通过线下及线上方式参加大会,共同探讨无人系统领域学术和技术问题。

中国—中亚民间友好论坛在西安举行

9月27日,来自中国和中亚五国的嘉宾共同出席在西安举行的中国—中亚民间友好论坛。开幕式上,中国—哈萨克斯坦传统医学中心、中国—中亚农业合作中心、中国—中亚综合农业科技示范园区悉数揭牌,教育培训计划、减贫惠农计划正式启动。

航空物流公司顺利完成西安—比什凯克特种货物包机任务

9月28日,一架载有34吨特种货物的全货机自西安咸阳国际机场起飞前往吉尔吉斯斯坦比什凯克机场，标志着西安咸阳国际机场首次同中亚地区国家实现了特种货物包机航线的联通。

西安市在韩国开展系列友好交流活动

10月9日至13日，西安市代表团在韩国参加世界城地组织（UCLG）第七届会员大会期间，开展了与三星电子等企业，以及大田、庆州、晋州、拉巴特等城市的友好交流活动，向世界讲好西安故事、传播中国声音。

陕西省首个外国人才创业工作证颁发

10月10日，外国人才创业工作证颁发仪式暨企业座谈交流会在西咸新区沣东新城自贸新天地举行。活动现场，来自刚果（布）的外籍留学生创业者英勇获得由陕西省科技厅与西安市科技局、西咸新区科技局共同颁发的陕西省首个外国人才创业工作证。

西安市与摩洛哥拉巴特市签署发展友好城市关系意向书

10月13日，西安市与摩洛哥拉巴特市签署发展友好城市关系意向书，正式缔结为友好交流城市。

中国（陕西）国际贸易"单一窗口"智能客服上线运行

10月18日，中国（陕西）国际贸易"单一窗口"智能客服正式上线运行。智能客服平台的建设内容包括：在线客服IM、智能机器人、知识库管理系统、工单管理系统及报表中心等。

丝绸之路大学联盟文化遗产圆桌论坛工作会议召开

10月24日，2022丝绸之路大学联盟文化遗产圆桌论坛工作会议在线召开。来自西安交通大学、利物浦大学等高校相关领域学者围绕"后疫情时期文化遗产保护国际合作机遇与挑战"展开了讨论。

首趟"全程时刻表"中欧班列从西安国际港站成功组织发运

10月26日，全国首趟境内外"全程时刻表"中欧班列从西安驶出。实施境内外

"全程时刻表"意味着从出发站到抵达站用时相对可控,可进一步提高运输时效。

中国首趟境内外"全程时刻表"中欧班列顺利开行

10月26日,载满着50车光伏逆变器、电动压缩机、吸尘器等货物的X8155次中欧班列,从西安国际港站出发驶向德国的杜伊斯堡,这标志着全国首趟境内外"全程时刻表"中欧班列顺利开行,中欧班列运行时刻表首次实现全程贯通,中欧班列高质量发展迈入新阶段。

中国(陕西)－泰国投资合作交流会在西安举办

10月31日,中国(陕西)－泰国投资合作交流会在西安举办。双方聚焦优势产业和合作项目,开展精准对接交流,对于进一步加强陕西省与RCEP成员国实现更高层次、更广领域务实合作起着积极作用。

《中乌丝绸之路考古》邮票邮折发行

11月4日,《中乌丝绸之路考古》邮票邮折发行仪式在西北大学举行,这是西北大学以文物为载体讲好中乌人文交往合作故事的重要行动。《中乌丝绸之路考古》邮票以中乌联合考古成果为题材,全套邮票共13枚。

"2022丝绸之路万里行·西望中国"在西咸新区启程

11月14日,"2022丝绸之路万里行·西望中国"大型融媒体活动在西咸新区启程。本次活动媒体团车队将分为南北两线,穿行在西部地区,围绕创新西部、开放西部、美丽西部等主题,打造一批精品节目。

西安市与民航西北地区管理局签署全面推动区域民航业高质量发展合作框架协议

11月16日,西安市人民政府与民航西北地区管理局签署全面推动区域民航业高质量发展合作框架协议。双方将共同推动西安深度参与空中丝绸之路建设,努力打造以西安国际航空枢纽为核心的"一带一路"商贸物流中心和人文交流基地。

"司法+市场监管"知识产权纠纷调解新模式落地西安

11月16日,西安市市场监督管理局港务浐灞分局与西安市灞桥区人民法院举办"一带一路"国际商事法律服务示范区知识产权案件调解协作框架协议签约仪式暨首批知识产权调解案件移交启动仪式。这标志着"一带一路"国际商事法律服务示范区在知识产权保护领域建成了诉讼、仲裁、调解一体化多元纠纷解决体系,进一步推动知识产权纠纷调解一体化、专业化、法治化。

西北大学协办联合国气候变化大会中国角CCUS边会

11月16日,作为《联合国气候变化框架公约》第27次缔约方大会的重要组成部分,中国角"中国碳捕集利用与封存(CCUS)新进展"主题边会在埃及沙姆沙伊赫举行,这是西北大学第4次协办联合国气候变化大会中国角边会。

"中乌科技考古与文化遗产保护国际联合实验室"成立

11月16日,由西北大学与乌兹别克斯坦"丝绸之路"国际旅游与文化遗产大学共同建设的"中乌科技考古与文化遗产保护国际联合实验室"正式成立。

西安—新西伯利亚国际全货运航线复航

11月19日,西咸新区空港新城联合圆通航空公司,促进西安—新西伯利亚国际全货运航线复航,为跨境电商、国际贸易及生产制造企业构建稳定的航空物流运输和商贸交易"空中通道"。

亚欧青年领导人交流营暨亚欧青年绿色发展论坛举办

11月29日至30日,首届亚欧青年领导人交流营暨亚欧青年绿色发展论坛在西安举办。来自亚欧国家的百余名中外青年代表线上参与活动,围绕发展绿色能源、提升生态系统质量等话题进行深入对话和交流。

陕西省首个跨境电商零售进口退货中心仓启用

12月1日,首批300余件跨境电商退货商品在陕西西咸空港综合保税区内的退货中心仓完成查验及申报,标志着陕西首个跨境电商零售进口退货中心仓正式启用。

2022丝绸之路国际产学研用合作会议在西安召开

12月8日,2022丝绸之路国际产学研用合作会议——丝绸之路传统文化保护开发利用国际产学研用合作研讨会在西安召开。此次研讨会以东西方文明对话为大背景,搭建常态化的东西方文明对话视野下的丝绸之路考古与文化遗产管理国际合作平台,推动全球各主要研究机构开展国际联合考古和文化遗产管理领域的深度合作,探讨中外合作高水平人才联合培养机制,促进文明互鉴与地区交流。

欧亚经济论坛2022产业链发展峰会线上举办

12月15日,由西安市人民政府主办的"欧亚经济2022产业链发展峰会"以线上方式举行。本次产业链发展峰会采取"1+4"模式,由1场主旨论坛和4个产业链高质量对话构成。

欧亚经济论坛配套博览会西安开幕

12月19日,欧亚经济论坛经贸合作博览会暨中国(陕西)进出口商品展在西安临空会展中心开幕,将持续深化欧亚经济论坛的影响力,打造立足西部、辐射全国、面向欧亚的经贸合作平台。

第九届丝绸之路国际电影节展映活动启动

12月30日,第九届丝绸之路国际电影节展映活动在西安启动。本届电影节设立了经典影人、丝路视野、万象大观、女性故事、4K重现、奇境漫笔等11个展映单元。国内外百余部大片佳作在院线和网上展映,让电影节成为一场惠民的文化盛宴。

2023

中欧班列"长安号"2023年新年班列首列启航
1月1日,中欧班列"长安号"2023年新年班列暨首列粤陕(广州—西安—欧洲)国际班列从西安国际港站迎新启航,标志着粤港澳大湾区正式加入西安港,"朋友+西欧"线路扩展至18条。

第九届丝绸之路国际电影节在西安召开
1月3日,第九届丝绸之路国际电影节在西安召开。本届电影节吸引了90个国家和地区的1598部影片角逐"金丝路奖",数百位国内外影视界领军人物、知名专家学者参与其中,成为促进丝路沿线文明互鉴和民心相通的重要活动。

中国南方航空西安至阿拉木图、西安至比什凯克国际正班航线首航仪式在空港新城举行
1月5日,中国南方航空西安至阿拉木图、西安至比什凯克国际正班航线首航仪式在空港新城举行,将进一步助力西安国际航空枢纽建设,加强陕西与中亚国家的经贸往来、旅游发展和人文交流,促进临空经济高质量发展。

西安获批建设综合性科学中心和科技创新中心
1月15日,西安获批建设综合性科学中心和科技创新中心,成为我国第四个获批建设"双中心"的城市。

中欧班列"长安号"开行首趟汽车出口专列
1月16日,中欧班列"长安号"开行首趟汽车出口专列,将261辆陕西制造的汽车运出国门,助力国产汽车走向世界。

陕西省推进西安领馆区建设联席会议第一次会议在西安领馆区召开
1月17日,陕西省推进西安领馆区建设联席会议第一次会议在西安领馆区召开。会后,"陕西省推进西安领馆区建设联席会议办公室"正式揭牌。

西安—比什凯克首条国际航线开通

2月11日，西安—比什凯克首条国际航线开通。这是南方航空继开通西安至阿拉木图国际航线后，在陕开通的第二条国际正班航线，也是陕西首条通达比什凯克的国际航线。

西安咸阳国际机场开通西安—普吉全货运航线

2月15日，西安咸阳国际机场开通西安—普吉全货运航线，标志着2023年陕西至东南亚国家首条定期全货运航线正式起航。

"中国—新西兰猕猴桃'一带一路'联合实验室陕西中心"在西安市周至县挂牌

2月20日，"中国—新西兰猕猴桃'一带一路'联合实验室陕西中心"在西安市周至县挂牌。

陕西省与乌兹别克斯坦锡尔河州在西安签署发展友好合作关系备忘录

2月21日，陕西省与乌兹别克斯坦锡尔河州在西安签署发展友好合作关系备忘录。

第六届"一带一路"汽车产业发展国际论坛暨汽车产业链高质量发展协作大会在西安开幕

2月23日，第六届"一带一路"汽车产业发展国际论坛暨汽车产业链高质量发展协作大会在西安开幕，会上集中签约22个项目，总投资规模达160.7亿元。

圆通航空开通西安—乌兰巴托货运航线

2月25日，圆通航空开通西安—乌兰巴托货运航线。目前圆通航空已在西安开通飞往东南亚、中亚的多条国际货运航线。

哈萨克斯坦铁路快运股份公司与西安自贸港建设运营有限公司签署战略合作协议

3月1日，哈萨克斯坦铁路快运股份公司与西安自贸港建设运营有限公司签署战略合作协议。

西安航空基地综合保税区（二期）通过国家验收

3月1日，西安航空基地综合保税区（二期）通过国家验收，进一步助力开放型经济发展。

"西安—塔什干"全货运航线正式复航

3月4日，"西安—塔什干"全货运航线正式复航。自此，西安咸阳国际机场在中亚地区构建起"阿拉木图""塔什干"空中物流双通道有力支撑"一带一路"经贸发展。

西安与哈萨克斯坦北哈州文化班列发车

3月7日，西安与哈萨克斯坦北哈州文化班列在西安国际港站发车。此次首发的文化班列，携带着西安市妇联为北哈州妇女儿童精心准备的手绘丝巾、皮影等非遗作品。

西安服务贸易创新发展（香港）推介会举行

3月15日，以"深化贸易合作、展望双赢未来"为主题的西安服务贸易创新发展（香港）推介会在香港会议展览中心举行。

西安高新区与韩国荣达半导体有限公司举行签约仪式

3月22日，西安高新区与韩国荣达半导体有限公司举行签约仪式，由韩国荣达投资设立全资子公司——荣达材料（西安）有限公司建设的荣达核心精密零部件制造项目正式落地高新区。

"一带一路"高峰论坛·陕西—新加坡合作交流会举办

3月29日，省属企业"一带一路"高峰论坛·陕西—新加坡合作交流会在西安举办，与会嘉宾围绕陕西企业国际化经营发展新加坡投资现状等主题进行了深入交流。

第二届新亚欧陆海联运通道自由贸易试验区联盟大会召开

3月30日，第二届新亚欧陆海联运通道自由贸易试验区联盟大会暨创新发展高峰论坛在西安召开。联盟各自贸片区共同发布并签署《新亚欧陆海联运通道自贸试验区创新西安宣言》。

跨境电商高质量发展论坛举办
4月6日,西安市跨境电子商务协会成立大会暨跨境电商高质量发展论坛在浐灞生态区顺利举行。

"一带一路"沿线国家优势产业地图首发
4月15日,由西安交通大学主办的"一带一路"沿线国家标准高端论坛暨"一带一路"沿线国家优势产业地图首发式在中国西部科技创新港举办。

首趟中欧班列(商洛—西安—乌兹别克斯坦·撒马尔罕)开行
4月18日,首趟中欧班列(商洛—西安—乌兹别克斯坦·撒马尔罕)开行,为加快中欧班列(西安)集结中心建设、服务乡村振兴、助力"一带一路"建设添一条国际物流大通道。

第13届中国西部国际物流产业博览会开幕
4月20日,第13届中国西部国际物流产业博览会在西安国际会展中心开幕。

西安直飞伦敦国际客运航线正式复航
4月23日,西安直飞伦敦国际客运航线正式复航。该航线是西安咸阳国际机场恢复的首条洲际航线,持续打通中国西北区域连接欧亚大陆的空中通道。

亚洲文化遗产保护联盟大会开幕
4月25日,亚洲文化遗产保护联盟大会在西安开幕。大会发布了《亚洲文化遗产保护联盟西安宣言》,为"丝绸之路考古合作研究中心"揭牌,并启动了亚洲文化遗产保护基金。

西安—泰国普吉国际航线顺利复航
5月2日,西安—泰国普吉国际航线顺利复航,将为本地旅客提供更多国际旅行选择,也方便了全国旅客经由西安中转前往泰国旅行。

西安举办首届中国—中亚峰会
5月19日,首届中国—中亚峰会在西安召开,国家主席习近平出席并发表题为《携手建设守望相助、共同发展、普遍安全、世代友好的中国—中亚命运共同体》的主旨讲话。习近平同中亚五国元首签署了《中国—中亚峰会西安宣言》,并通过《中国—中亚峰会成果清单》。

中国—中亚实业家委员会成立
5月19日,中国—中亚实业家委员会在西安正式成立,将为中国与中亚五国工商界在多双边领域交流合作搭建全新高质量平台、提供机制化保障,标志着中国—中亚机制框架下的工商界合作迈上新台阶。

西安迎来第5家外国总领事馆
5月19日,哈萨克斯坦驻西安总领事馆开馆,西安迎来继韩国、泰国、柬埔寨、马来西亚总领事馆之后的第5家外国总领事馆。

西安咸阳国际机场首批中亚水果入境
5月23日,一批乌兹别克斯坦新鲜樱桃落地西安咸阳国际机场,这是中国—中亚峰会举办后陕西省首次进口乌兹别克斯坦水果产品,也是西安咸阳国际机场进境水果指定监管场地入境的首批中亚水果。

"一带一路"国际商事法律服务示范区发展研讨会开幕
5月25日,最高人民法院"一站式"国际商事纠纷多元化解决平台建设暨"一带一路"国际商事法律服务示范区发展研讨会在西安开幕。会上,华东政法大学外国法查明研究中心、西南政法大学中国—东盟法律研究中心等6家机构与西安国际港务区管委会签约,入驻"一带一路"国际商事法律服务示范区。

中欧班列"长安号"冷链进口恢复常态化
5月29日,首批从俄罗斯进口的180余吨牛肉、鸡翅等肉类产品在西安港进口肉类指定口岸完成检验检疫并放行,标志着中欧班列"长安号"冷链进口恢复常态化。

"中兴通讯西安铁运枢纽中心"揭牌仪式举行

5月30日,中欧班列"长安号"(西安—塔什干)中兴通讯出口专列发车仪式暨"中兴通讯西安铁运枢纽中心"揭牌仪式在西安国际港站举行。

中国(陕西)自由贸易试验区RCEP企业服务中心揭牌

5月31日,中国(陕西)自由贸易试验区RCEP企业服务中心在西咸新区空港新城揭牌。该中心是西北地区首个省级RCEP企业服务中心,有效引导和鼓励外经贸企业扩大RCEP经贸合作朋友圈、增强参与国际市场竞争力、加速转型升级步伐。

西安国际港务区公开宣判我国首例适用塔吉克斯坦共和国法律的涉外商事案件

6月8日,中国首例适用塔吉克斯坦共和国法律作出判决的涉外商事案件,在西安国际港务区公开宣判。

2023中国(西安)电子商务博览会在西安国际会展中心开幕

6月15日,2023中国(西安)电子商务博览会在西安国际会展中心开幕。博览会集中展示中亚五国好品好物、促消费选品直播和社区新零售、电商平台及供应链、跨境电商、数字商务、电子商务配套服务、电商人才与教育培训、大学生直播助力乡村振兴,工业互联网和企业电子商务化建设等板块内容。

中德合作交流会在秦创原西安科创基金园开幕

6月27日,中德合作交流会在秦创原西安科创基金园开幕。与会代表共同探讨新形势下中德两国企业的合作新机遇,搭建企业投资、贸易合作交流平台。

全国首列中欧班列境内外"全程时刻表"进口班列从德国启程

6月27日,全国首列中欧班列境内外"全程时刻表"进口班列(杜伊斯堡—西安)从德国启程。

中国—阿拉伯国家青年领袖对话会在西安举办

7月8日,2023中国—阿拉伯国家青年领袖对话会在西安举办。此次对话会以

"中阿青年共创绿色未来"为主题,与会代表深入交流,共话友谊与发展。

全国首趟中欧班列境内外"全程时刻表"回程班列抵达西安

7月9日,全国首趟中欧班列境内外"全程时刻表"回程班列抵达西安,这标志着中欧班列境内外"全程时刻表"班列首次实现了有来有往,为服务"一带一路"建设、助力丝路沿线国家贸易互通注入了新动能。

西藏航空TV6019西安－加德满都航班正式恢复

7月9日,西藏航空TV6019西安－加德满都航班从西安起飞,前往尼泊尔,标志着该条国际航线正式恢复。

中国(陕西)国际贸易"单一窗口"法律服务平台正式上线

7月11日,中国(陕西)国际贸易"单一窗口"法律服务平台正式上线,为外贸企业提供风险预警、法律咨询、商事调解及仲裁服务等法律服务。

西安市政府代表团赴哈萨克斯坦阿拉木图市访问

7月15日至17日,西安市政府代表团赴哈萨克斯坦阿拉木图市访问,开展系列经贸交流活动,拓展西安市与哈萨克斯坦在通道联通、贸易促进、人文交流等领域的合作空间。

宏鹰国际货运(CEVA Logistics)"西安－阿拉木图"跨境卡车首发仪式在西安举行

7月19日,宏鹰国际货运(CEVA Logistics)"西安－阿拉木图"跨境卡车首发仪式在西安综合保税区举行,这标志着宏鹰国际货运陆海、陆空、卡铁等多式联运项目正式落地西安港。

第六届中国国际进口博览会招商路演(陕西)在西安成功举办

7月25日,第六届中国国际进口博览会招商路演(陕西)在西安成功举办。

第十届中国国际农产品贸易对接会在西安开幕

7月25日,2023年国际农产品流通产业大会暨第十届中国国际农产品贸易对接会在西安开幕。本次大会以"国际融合·数链未来"为主题,为各国农产品贸易提供了重要的合作平台。

中欧班列陕乌经贸合作隆基绿能光伏组件出口专列首发仪式在西安举行

8月3日,中欧班列(西安—塔什干)陕乌经贸合作隆基绿能光伏组件出口专列首发仪式在西安国际港务区中铁联集西安中心站举行。

第十届中国西部文化产业博览会与西安丝绸之路国际旅游博览会开幕式在西安举行

8月17日,第十届中国西部文化产业博览会与2023西安丝绸之路国际旅游博览会开幕式在西安国际会展中心举行。陕西将深化与东西部省区市及丝路沿线国家交流合作,不断激发文化创新创造活力,在互利共赢中推动文化产业高质量发展。

首趟"西安港—比利时·安特卫普隆基海铁联运"专列从西安国际港站发车

8月24日,首趟"西安港—比利时·安特卫普隆基海铁联运"专列从西安国际港站发车。该趟班列装载着总货值约480万美元的隆基绿能光伏组件,直达青岛港,再换乘中远海运的班轮出海至比利时安特卫普。

西安国际港务区和内蒙古自治区乌兰察布合作的中欧班列成功开行

8月29日,由西安国际港务区和内蒙古自治区乌兰察布合作的中欧班列成功开行,标志着乌兰察布加入西安港"朋友圈",中欧班列"长安号""+西欧"线路拓展至21条。

2023丝绸之路考古与文化遗产保护国际学术研讨会在西安举办

8月29日至9月2日,丝绸之路考古合作研究中心第一届学术委员会第一次全体会议暨2023丝绸之路考古与文化遗产保护国际学术研讨会在西安举办。开幕式上,来自中国、哈萨克斯坦、蒙古国、土库曼斯坦、乌兹别克斯坦和伊朗的代表共同启动"丝路考古网"。

秦创原总窗口国际科技创新交流合作联盟成立大会在西安举办

9月6日，秦创原总窗口国际科技创新交流合作联盟成立大会在西咸新区举办。联盟共征集首批成员单位69家，其中服务端单位24家，涉及美国、德国、意大利等多个国家和地区；需求端单位45家，主要为西咸新区范围内各类产业园区、孵化载体及科技型企业。

西安高新区举行丝路科学城集中签约仪式

9月11日，西安高新区举行丝路科学城集中签约仪式，总投资382亿元的31个项目落地丝路科学城，将进一步推动片区综合能级大幅提升。

2023年全球秦商大会在西安开幕

9月21日，2023年全球秦商大会在西安开幕。本次大会以"新秦商 勤行天下·强陕西 秦勇当先"为主题。举办新能源产业发展论坛等4场专题活动和"高校校友回归·助力陕西发展"等4场特色活动。大会征集527个重点招商推介项目，涉及装备制造、能源化工、航空航天、新材料、半导体及集成电路等18个重点产业领域。

中德职业教育发展交流会在西安成功举办

9月22日，中德职业教育发展交流会在西安成功举办。本次交流会以"产教融合、科教融汇，优化职业教育类型"为主题，阶段性总结了西安近年来职业教育发展成果和经验做法，共同交流了西安和德国职业教育特点和典型经验，共商未来职业教育高质量合作发展的对策建议。

2023欧亚经济论坛在西安开幕

9月22日，2023欧亚经济论坛在西安开幕。本届论坛设置开幕式暨全体大会及政策沟通、金融合作、经贸交流、科技创新、生态保护、文旅发展、人文互通等领域13场分会活动，通过各界的广泛对话，持续释放中国—中亚峰会效应，扩大中国与欧亚国家的全方位、多领域务实合作，携手建设合作共赢、相互成就的共同体。

西安国际港站累计开行量突破2万列

9月28日,第2万列中欧班列"长安号"从西安国际港站开往莫斯科。西安国际港站成为全国首个中欧班列累计开行量突破2万列的车站。

2023丝绸之路大学联盟论坛开幕式在西安交通大学举行

10月8日,2023丝绸之路大学联盟论坛开幕式在西安交通大学举行。本届论坛以"新技术革命背景下世界高等教育的发展与创新"为主题,旨在高质量推进共建"一带一路"国家在教育、文化、科技、产业、医疗等领域全方位交流合作,努力将联盟打造成响应"一带一路"倡议的重要合作平台。

"一带一路"记者组织负责人采风活动在西安举行

10月14日至16日,由中华全国新闻工作者协会(中国记协)主办的"一带一路"记者组织负责人采风活动在西安举行。由巴西、尼日利亚等40个国家的70余名记者组织负责人和媒体代表组成的采风团走进陕西,用镜头和文字展现陕西新形象、新风貌,促进文明交流互鉴。

第九届丝绸之路国际艺术节开幕式在西安举行

10月15日,第九届丝绸之路国际艺术节开幕式在西安举行。本届丝绸之路国际艺术节以"丝路新乐章 美好新未来"为主题,开展文艺演出美术展览、惠民巡演、线上展播4个板块活动和马来西亚文化日、丝路起点文旅体验、儿童戏剧周、非遗大集、青年艺术家扶持计划、国际现代艺术周6项专题活动。

第四届丝绸之路经济带人力资源发展大会在西安举行

10月19日,第四届丝绸之路经济带人力资源发展大会在西安举行。本届大会以"塑造新动能——现代化人力资源的高质量发展"为主题。

丝路国际建筑科技大会在西安举行

10月20日,丝路国际建筑科技大会在西安举行。会上,西安建筑科技大学发起成立了"丝路国际建筑科技大学联盟",来自23个国家的45所高校成为首批联盟成员。

首趟橡胶产品专列"延长号"从西安驶出

10月24日,首趟海铁联运(西安—青岛—东南亚)橡胶产品专列"延长号"满载50个集装箱的轮胎产品,从西安国际港站驶出。这是陕西落实中国—中亚峰会成果,在中欧班列(西安)集结中心建设中再次迈出的坚实一步。

第四届海峡两岸(陕西)经贸科技合作大会在西安开幕

10月24日,第四届海峡两岸(陕西)经贸科技合作大会在西安开幕。大会以"抢抓新机遇 共享新发展"为主题,开展专项推介会、产业对接会、两岸青年创新创业沙龙、参观考察等活动。

西安代表团访问各国友好城市

10月24日至11月2日,陕西省委常委、西安市委书记方红卫率西安市代表团对乌兹别克斯坦、哈萨克斯坦、白俄罗斯进行友好访问。其间,代表团参加人文、经贸、科技、物流、农业等领域交流活动,考察企业海外投资经营情况等。

丝绸之路(西安)国际传播论坛在西安开幕

10月25日,丝绸之路(西安)国际传播论坛在西安开幕,来自50多个国家和地区的约300位嘉宾围绕"以高质量国际传播促进文化传承发展"主题开展交流研讨。

第八届"西安·韩国周"活动在西安成功举办

10月27日至29日,第八届"西安·韩国周"活动在西安易俗社文化街区成功举办,主要展示西安特色商品、韩国化妆品等,以及韩国旅游宣传和中韩文化演出。

"一带一路"十周年中南亚发展研讨会召开

10月28日,"一带一路"十周年中南亚发展研讨会召开。来自复旦大学、武汉大学、西安交通大学、陕西师范大学、中央党校(国家行政学院)、中国改革开放论坛战略研究中心、兰州大学、四川大学、云南省社会科学院等高校和智库的50多位专家学者,共话"一带一路"十年的丰硕成果与美好前景,提出了诸多建设性意见和建议。

陕西经典艺术亮相土库曼斯坦

10月31日,土库曼斯坦"中国文化年"开幕式暨文艺晚会在土库曼斯坦阿什哈巴德穆卡莫夫宫国家文化中心举办,陕西文艺演出代表团用精彩的节目为土库曼斯坦人民奉献上了一场具有中国传统文化特色的文艺盛宴。

亚欧青年绿色发展论坛在西安举办

11月3日,全球发展青年先锋交流营暨亚欧青年绿色发展论坛在西安举办。

2023全球硬科技创新大会开幕式在西安举行

11月3日,2023全球硬科技创新大会开幕式在西安举行。开幕式上,发布了西安高新区国家硬科技创新示范区建设三周年成效、西安加快推进硬科技产业化发展若干措施、西安"硬科技重大突破",并就共建西安"双中心"校地院地融合发展示范区签约。

2023光子产业发展暨硬科技成果转化论坛举行

11月3日,由中国科学院西安分院、中国科学院西安光机所、西安高新区管委会主办的"2023光子产业发展暨硬科技成果转化论坛"在西安举行。论坛上还举行了陕西光子产业生态体系成立仪式、产业链融合发展签约仪式以及光子产业链基金签约仪式,发布了追光计划"跃迁行动"以及国内首份光子产业发展白皮书和硬科技ESK价值投资责任报告。

中欧班列(西安—巴库)跨里海国际运输走廊班列开行

11月5日,中欧班列(西安—巴库)跨里海国际运输走廊班列从西安国际港站鸣笛启航。本趟班列从西安国际港站始发,一路向西,从霍尔果斯口岸出境,经跨里海国际运输走廊开往阿塞拜疆的巴库港,全程运输时间11天左右。

2023西安与跨国公司上海对话会顺利举办

11月6日,2023西安与跨国公司上海对话会在上海举办。会议邀请知名跨国公司、商协会代表齐聚一堂,开展对接交流,深挖投资合作潜力,推介西安市产业发展和营商环境。

文化共融"一带一路"看长安文化交流活动举办

11月7日,由西安市委网信办主办的"文化共融'一带一路'看长安"主题文化交流活动成功举办。当天,来自塔吉克斯坦、阿尔及利亚等国家的采访团,实地探访老菜场市井文化创意街区、易俗社文化街区和西咸新区沣东新城自贸服贸产业园,亲身感受西安深度融入共建"一带一路"大格局的生动实践。

欧亚经济论坛及配套博览会招展招商推介会举行

11月8日,欧亚经济论坛及配套博览会招展招商推介会在上海圆满举行。会议就双城优势互补拓展务实合作机遇、共享"一带一路"建设发展成果等话题,展开深入交流探讨。

第22届西安国际音乐节开幕

11月11日,第22届西安国际音乐节盛大开幕。音乐节以"听!世界正交响"为主题,力图打破国际地域的限制,让不同国度、不同民族的音乐相互碰撞与交流,为乐迷呈现一部世界民族的音乐交响诗。本届音乐节持续至2024年1月,包含"开幕演出""大洋两端""西安协奏"与"跨年交响"四个音乐板块,还将延续第20届西安国际音乐节发起的"导盲犬进剧院计划",让音乐节举办得有热度,更有温度。

西安当选世界城地组织亚太区执行局、理事会成员

11月13日至15日,世界城地组织亚太区第九届会员大会在浙江省义乌市召开。来自36个国家和地区的城市、国际组织、驻华使领馆、商协会机构等近500名代表参加大会。经全体理事会成员讨论审议,一致同意西安当选世界城地组织亚太区执行局、理事会成员,成为世界城地组织亚太区209个会员中的24位执行局成员之一、56位理事会成员之一。

"丝路海运"新能源产品专列发车

11月15日,西安国际港—宁波舟山港"丝路海运"新能源产品专列发车暨战略合作协议签约仪式在西安国际港站举行。该班列的开行,是西安国际港务区与宁波舟山港落实"积极推进'丝路海运'港航贸一体化发展"的具体实践和务实举措。

"一带一路"共建国家(地区)侨商论坛在西安市举办

11月15日,由中国侨联、陕西省人民政府主办以"经贸往来·丝路偕行"为主题的"一带一路"共建国家(地区)侨商论坛在西安市举办。论坛发布了《海外华侨华人社团合作倡议书》。

第七届丝绸之路国际博览会暨中国东西部合作与投资贸易洽谈会开幕

11月16日,第七届丝绸之路国际博览会暨中国东西部合作与投资贸易洽谈会在西安开幕。本届丝博会以"经贸拓展·互联互通·互利共赢"为主题,会期内将举办多场国际国内会议、论坛及各类投资贸易促进活动,其中在国际交流展首次增设中亚五国展区、对外合作重大项目展区和韩国商品展区。

汉语桥线上团组交流项目在西安举行结业仪式

11月16日,由中国教育部中外语言合作交流中心主办、西安理工大学承办的2023年汉语桥线上团组交流项目"字里行间话长安"以线上线下相结合的形式举行结业仪式。

建设面向中亚南亚西亚国家通道论坛举行

11月17日,西安市委市政府举办建设面向中亚南亚西亚国家通道论坛,共商合作大计、共谋发展之道,推动西安打造内陆改革开放高地再上新台阶。

中国(陕西)自由贸易试验区高质量发展论坛举办

11月17日,中国(陕西)自由贸易试验区高质量发展论坛在西安国际会展中心举办。论坛以"实施自贸试验区提升战略,稳步推进高水平制度型开放"为主题,邀请相关专家学者和园区代表建言献策和"难题会诊"。

中欧班列(西安)集结中心高质量发展论坛召开

11月17日,中欧班列(西安)集结中心高质量发展论坛召开。论坛以"共享机遇·携手合作高质量建设中欧班列西安集结中心"为主题,共话发展与合作,并签订了《优化服务推动中欧班列长安号"+西欧"城市政务跨域通办倡议》《高质量发展"全程时刻表"班列战略合作协议》。

"一带一路·长安茶叙"文化交流活动在西安举办

11月18日,"一带一路·长安茶叙"文化交流活动在西安举办。交流会上,西安市侨界、工商界和西安欧美同学会代表人士,曲江新区、国际港务区、浐灞生态区等开发区相关负责人和吉尔吉斯斯坦来宾品茗交流,畅谈"一带一路"倡议提出十年来西安民间交流实践与成果。

西安进入中国外贸百强城市20强榜单

11月21日,《中国海关》杂志发布2022年"中国外贸百强城市"榜单,西安居全国第20位、西部第一。在关键指标中,西安外贸效益竞争力居全国第14位,彰显了西安市对外贸易发展势能强劲、韧性十足。

西安跻身全球科研城市前20强

11月22日,英国《自然》杂志发布《2023自然指数——科研城市》,西安位列第20名,首次入围全球前20强。

南方航空公司西安-阿拉木图航班增至每周两班

11月22日起,南方航空公司将西安-阿拉木图航班增至每周2班,并对首乘国际旅客开展"小南红马甲"特色服务,用"亲和精细"的服务理念打造国际首乘旅客畅行无忧。

第十七届中国新能源国际博览会暨高峰论坛举行

11月23日,第十七届中国新能源国际博览会暨高峰论坛在西安举行。本届大会由全国工商联批准,全国工商联新能源商会、西咸新区管委会共同主办,以"新能源助力现代化"为主题,聚焦多能互补、应用场景、新型业态等行业热点,通过"展研结合"的形式,全面分享产业生态、技术迭代等最新观点,全方位展示国内外新能源产业链各环节的新技术、新材料、新产品、新业态。

中欧班列"渭西欧"华阴专列发车

11月28日,中欧班列"渭西欧"华阴专列从渭南市华阴市罗敷工业园区始发,在西安港集结后,驶向乌兹别克斯坦塔什干。

西安新开通两条国际空空中转通道

12月3日,西部机场集团航空物流公司依托至中亚地区的直达、中转国际货运航线,全面升级国际航空物流全链条服务举措,新开通"阿拉木图—西安—悉尼"和"西安—阿拉木图—赫尔辛基"等国际空空中转通道,助推陕西省航空物流发展持续提质升级。

首趟中欧班列"长安号"(俄罗斯萨列普塔—西安—北部湾—泰国林查班)互联互通班列开行

12月3日,X9592次列车从西安国际港站缓缓驶出,标志着首趟中欧班列"长安号"(俄罗斯萨列普塔—西安—北部湾—泰国林查班)互联互通班列开行,这是中欧班列"长安号"有效衔接西部陆海新通道班列的最新成果。

西安市文化产业推介会在西班牙瓦伦西亚市举办

12月5日,西安市文化产业推介会在西班牙瓦伦西亚市举办。推介会上,西安重点就文旅演艺、文创设计、文物数字化、丝绸文化等方面的文化产业发展情况进行了推介。

第三届长安非洲论坛举行

12月9日,第三届长安非洲论坛在西北大学举行。来自全国非洲研究、区域与国别研究和政治与国际关系研究领域的百余名专家学者,聚焦新时代中非合作的机遇挑战和理论实践开展学术交流探讨,共同为推进新时代中非共建"一带一路"合作建言献策,推动构建新时代高水平中非命运共同体。与会学者还围绕"新时代中非合作的机遇与挑战""非洲知识生产、现代性与民族国家构建""非洲安全治理与国际关系"等问题开展了交流探讨。

2023西安卫星应用大会盛大开幕

12月12日,2023西安卫星应用大会在西安国际会议中心盛大开幕。本届大会以"启航长安 星耀神州"为主题,旨在搭建有利于卫星应用产业高质量发展的合作交流平台,营造更加优越的卫星应用发展环境,推动卫星应用产业高质量发展。本届大会的召开,吸引了来自全国卫星应用相关政、产、学、研、用各界代表逾千人参会。与会代表围绕卫星应用领域的科技创新、成果转化等话题展开广泛、深入交流,共同推动卫星应用技术不断突破,实现卫星应用产业跨越式发展。

欧亚经济论坛及配套博览会招展招商推介会在武汉召开

12月14日,欧亚经济论坛及配套博览会招展招商推介会在武汉召开。与会100余位政商企界代表,就西安、武汉两座"一带一路"重要节点城市聚焦欧亚经济论坛机遇、打开广阔合作空间展开深入交流探讨。

西安入选全国特色型消费中心城市

12月14日,第二届中国(澳门)国际高品质消费博览会暨横琴世界湾区论坛上发布了《国际消费中心城市建设年度报告(2023)》,西安入选9座特色型消费中心城市之一。

西安花卉产业出口欧洲空中通道正式打通

12月19日,西安首批鲜花产品搭载俄罗斯伏尔加—第聂伯航空VI2426全货运航班由西安直飞莫斯科,标志着西安市花卉产业出口欧洲空中通道正式打通。

哈萨克斯坦西安码头落成投用

12月23日,全国首个哈萨克斯坦铁路物流投资项目——哈萨克斯坦西安码头项目在西安国际港务区正式落成投用。哈萨克斯坦西安码头项目总占地约120亩,主要建设货物仓库、集装箱堆区,与西安国际港站集装箱装卸场区快速连接,满足集装箱"快送快取"需求。